Die sanfte Offensive
Untersuchungen zur Verwendung politischer Euphemismen in britischen und amerikanischen Printmedien bei der Berichterstattung über den Golfkrieg im Spannungsfeld zwischen Verwendung und Mißbrauch der Sprache

Aspekte der englischen Geistes- und Kulturgeschichte

Aspects of English Intellectual, Cultural, and Literary History

Herausgegeben von Jürgen Klein

Ernst-Moritz-Arndt-Universität Greifswald

Band 27

PETER LANG

Frankfurt am Main · Berlin · Bern · New York · Paris · Wien

Andreas Bohlen

Die sanfte Offensive

**Untersuchungen zur Verwendung politischer Euphemismen
in britischen und amerikanischen Printmedien bei der
Berichterstattung über den Golfkrieg im Spannungsfeld
zwischen Verwendung und Mißbrauch der Sprache**

PETER LANG
Europäischer Verlag der Wissenschaften

Die Deutsche Bibliothek - CIP-Einheitsaufnahme

Bohlen Andreas:

Die sanfte Offensive : Untersuchungen zur Verwendung
politischer Euphemismen in britischen und amerikanischen
Printmedien bei der Berichterstattung über den Golfkrieg im
Spannungsfeld zwischen Verwendung und Mißbrauch der
Sprache / Andreas Bohlen. - Frankfurt am Main ; Berlin ; Bern ;
New York ; Paris ; Wien : Lang, 1994
  (Aspekte der englischen Geistes- und Kulturgeschichte ;
  Bd. 27)
  Zugl.: Potsdam, Univ., Diss., 1992
  ISBN 3-631-47259-5

NE: GT

ISSN 0724-486X
ISBN 3-631-47259-5
© Peter Lang GmbH
Europäischer Verlag der Wissenschaften
Frankfurt am Main 1994
Alle Rechte vorbehalten.

Printed in Germany 1 2 3 5 6 7

Vorwort des Herausgebers:

Diese neue Buchreihe stellt ein Forum bereit zur offenen wissenschaftlichen Behandlung der Geistes- und Kulturgeschichte im Gebiet Großbritanniens: dabei können die Gegenstände ebenso mit methodisch neuen Ansätzen wie mit herkömmlichen Verfahrensweisen erforscht werden. Im letztgenannten Fall werden bislang wenig bearbeitete Themen bevorzugt.

Es sollen Arbeiten zur Intersektion der kulturellen Systeme in der britischen Gesellschaft (Kunst, Politik, Wissenschaft, Philosophie) und Arbeiten zur Transformation derselben in verschiedenen Medien in die Reihe aufgenommen werden. Doch gehört zu den Themen der Reihe auch der Komplex der Alltagswelt, wie er sich in sozialen, mentalen, wirtschaftlichen Formen und Verhaltensweisen zeigt. Arbeiten zur englischen Literatur, die in dieser Reihe erscheinen, können sowohl verschiedenen Gattungen und Epochen als auch einzelnen Werken oder Schriftstellern ebenso wie textuellen und theoretischen Strukturanalysen gewidmet sein.

Die Reihe steht für die Veröffentlichung von Dissertationen, Habilitationsschriften und anderen Monographien offen, aber auch für Tagungs- und Sammelbände. Publikationssprachen sind Deutsch und Englisch.

Ernst-Moritz-Arndt-Universität Greifswald
 Jürgen Klein

Für Ulrike

*An expert is one
who knows more and more
about less and less.*

(Nicholas Murray Butler)

Vorwort

Die vorliegende Arbeit entstand von September 1989 bis Juli 1992 am Fachbereich Anglistik und Amerikanistik der Universität Potsdam, die während dieser gesamten Zeit selbst im Entstehen begriffen war und sich allmählich aus dem Kern der Pädagogischen Hochschule und später der Brandenburgischen Landeshochschule entwickelte.

Mein Dank gilt all jenen, die durch ihre Hilfe und Unterstützung in einer Zeit des gesellschaftlichen Umbruchs und der Neuorientierung in Ostdeutschland an der Fertigstellung der Arbeit einen großen Anteil hatten und mir auch in kritischen Augenblicken mit Rat und Tat zur Seite standen.

Insbesondere möchte ich Herrn Prof. Dr. habil. Achim Hoffmann vom Fachbereich Anglistik und Amerikanistik für dessen Engagement bei der Betreuung der Untersuchung, nicht nur in linguistischer Hinsicht, herzlich danken. Seine fachliche Kompetenz und seine kritischen Hinweise, aber auch sein Einfühlungsvermögen stellten eine wichtige Grundlage für das Gelingen meiner Arbeit dar.

Mein Dank gilt darüber hinaus Herrn Dr. Martin Conboy, der als englischer Muttersprachler das in der Arbeit behandelte sprachliche Material durchsah und mir durch seine Kommentare neue und ergänzende Einsichten und Anregungen vermittelte.

Desweiteren danke ich Frau Ursula Becker und Frau Magda Schönfeld für die Unterstützung bei der schreibtechnischen Ausführung. Sie waren mir jederzeit eine geduldige und schöpferische Hilfe.

Ein besonderer Dank gebührt dem Peter Lang Verlag, der die Publikation meiner Arbeit in der vorliegenden Reihe ermöglichte sowie Herrn Prof. Klein, der als Herausgeber sofort Interesse an der Thematik zeigte und somit keinen unwesentlichen Anteil daran hatte, daß die Arbeit nunmehr einer breiteren Öffentlichkeit zugänglich ist.

Letztlich wäre auch ohne das Verständnis, die Geduld und die Unterstützung meiner Familie nichts von dem möglich gewesen, was in Form der Untersuchungsergebnisse vorliegt.

Für kritische und konstruktive Hinweise und Meinungsäußerungen zum Inhalt und Gegenstand des Buches wäre ich dem interessierten Leser sehr dankbar. Ich wünsche allen bei der Lektüre Anregungen für weiterführende Gedanken und neue Einsichten zu Wirkungsmöglichkeiten von Sprache insgesamt und zum Phänomen der euphemistischen Ausdrucksweise in der Sprache insbesondere.

Potsdam, im März 1994   *Dr. Andreas Bohlen*

INHALTSVERZEICHNIS

VERZEICHNIS DER VERWENDETEN ABKÜRZUNGEN

Anmerkung: Abkürzungen für verwendete Zeitungen und Zeitschriften sowie für Wörterbücher, Enzyklopädien usw. finden sich im Literaturverzeichnis; in Abbildungen, Tabellen usw. verwendete Abkürzungen sind teilweise dort erklärt; gebräuchliche Abkürzungen wie die im Duden aufgeführten, u. a., dgl., z. B., usw. werden an dieser Stelle nicht gesondert aufgeführt.

Abschn.	Abschnitt
Adj	Adjektiv
Adv	Adverb
AE	American English
A_E	euphemistischer Ausdruck (= lexikalische Einheit in euphemistischer Funktion)
AjP	Adjectival Phrase (Adjektivverband)
A_N	neutraler Ausdruck
AusE	Australian English
AvP	Adverbial Phrase (Adverbialverband)
Be.	Bericht(e)
BE	British English
Bsp.	Beispiel(e)
BU	Bildunterschrift(en)
CanE	Canadian English
Euph.	Euphemismus, Euphemismen
GB	Großbritannien
d. A.	der (vorliegenden) Arbeit
dt.	deutsch
engl.	englisch
et al.	et alii (und andere)
H_E	relative Häufigkeit von Euphemismen (= Anzahl der Euphemismen je 100 Wörter)
i. a.	im allgemeinen
i. e. S.	im engeren Sinne
i. w. S.	im weitergefaßten Sinne
KB	Kurzbericht(e)
KM	Kurzmeldung(en)
Ko.	Kommentar(e)
LE	lexikalische Einheit(en)
LSV	lexisch-semantische Variante (bzw. lexikalisch-semantische Variante)
LS/ZISW	Linguistische Studien, Zentralinstitut für Sprachwissenschaft der Akademie der Wissenschaften der DDR
N	Noun (Substantiv)
NP	Noun Phrase (Substantivverband)
SAE	South African English
St.	Statement(s)
SZ	Schlagzeile(n)
Vb	Verb
VP	Verb Phrase (Verbverband)

1. Vorbemerkungen

1.1 Begründung der Themenwahl und Zielstellung der Untersuchung

Die von uns vorgelegte Untersuchung ordnet sich ein in das Forschungsprojekt "Untersuchungen zur Sprachwirkungsforschung und zu Wechselbeziehungen zwischen Grammatik und Lexik" am Fachbereich Anglistik und Amerikanistik der Universität Potsdam.

Somit stellt diese Arbeit gewissermaßen einen Mosaikstein im Gesamtbild einer Vielzahl wissenschaftlicher Untersuchungen zum Komplex semantischer und pragmatischer Problemstellungen dar und schließt direkt an Arbeiten zu einigen damit verbundenen speziellen Fragen an. So wurden insbesondere an den Universitäten[1] zu Potsdam und Leipzig diesbezüglich einige interessante Forschungsarbeiten vorgelegt (vgl. z. B. WEDDE 1980, KLEMM 1986 oder die Arbeiten von HEISS 1987 zu Anglizismen, von WALTER 1979 zur Inversion bzw. von SCHMIEDEL/SCHUBERT 1979 zu Schlüsselwörtern).

Die vorliegende Dissertationsschrift konzentriert sich auf semantische und pragmatische Aspekte der euphemistischen Ausdrucksweise insbesondere in journalistischen Texten (Publizistik) des heutigen Englisch. Ihre theoretische Grundlage ist die Auffassung von der gesellschaftlichen Determiniertheit der Sprache jedes einzelnen Individuums. Die kommunikativ-funktionale Sprachbetrachtung bildet die sprachwissenschaftliche Grundlage für das Herangehen an das Problem des Euphemismus. Bei der Analyse der Bedeutung sprachlicher Einheiten mit euphemistischer Funktion spielt die Betrachtung dieser in ihrem jeweiligen sprachlichen und außersprachlichen Kontext eine besondere Rolle, d. h. die zu Analysezwecken isolierte sprachliche Einheit wird in ihrem kommunikativen Bedingungsgefüge betrachtet (vgl. z.B. LABOV 1984), welches letztlich erst den Ausschlag darüber gibt, ob bei einer sprachlichen Einheit eine euphemistische Funktion vorliegt oder nicht.

Die Analyse des kommunikativen Bedingungsgefüges ist um so wichtiger einzuschätzen, da, wie weiter unten noch zu zeigen sein wird, bestimmte lexikalische Einheiten ihre euphemistische Funktion erst in ihrem aktuellen Bezug auf gesellschaftliche, ökonomische, juristische usw. Sachverhalte entfalten. Ein einzelnes Wort für sich genommen ist, abgesehen von wenigen Ausnahmen, von denen unten noch die Rede sein wird, weder euphemistisch noch ein Euphemismus. Erst im jeweiligen "kommunikativen Rahmen" (A. HOFFMANN 1977, 20) kann einem Wort, einer Wortgruppe, einem Satz oder gar einem ganzen Text eine euphemistische Funktion zukommen.

Es kann nicht Ziel dieser Arbeit sein, den Euphemismus in allen seinen Bezügen und Wechselwirkungen mit anderen sprachlichen Erscheinungen gleichermaßen ausführlich zu betrachten. Der Rahmen der Dissertation machte die Konzentration auf bestimmte grundlegende Aspekte und Zusammenhänge notwendig. Eine detaillierte Auseinandersetzung verschiedener Wissenschaftsdisziplinen mit dem

---

[1] Eingeschlossen sind hierbei selbstverständlich Arbeiten, die an der Pädagogischen Hochschule Potsdam bzw. der Brandenburgischen Landeshochschule Potsdam, den Vorläufern der am 10. Juli 1991 gegründeten Universität Potsdam, vorgelegt wurden.

Problemkreis des Euphemismus steht noch aus. So könnten u. a. die Textlinguistik, die Psycholinguistik sowie die Soziolinguistik wertvolle neue Erkenntnisse einbringen und die theoretischen Einsichten entscheidend erweitern.

Die Einbeziehung der Interrelation von Sprachsystem und sprachlich-kommunikativer Tätigkeit (vgl. z. B. LEHNERT 1969, 90; S. J. SCHMIDT 1972, 82 f., 91 ff.) in die Untersuchungen zum Problem des Euphemismus ist eine der wichtigsten Voraussetzungen zum umfassenden Verständnis dieser sprachlichen Erscheinung. Ebenso sind der wechselseitige Zusammenhang von Sprache in der genannten Interrelation von Sprachsystem (langue) und Sprachtätigkeit (parole) einerseits und menschlicher Tätigkeit allgemein andererseits (vgl. u. a. DE SAUSSURE 1967) sowie jener zwischen Sprache und Denken (vgl. u. a. SAPIR 1949, WHORF 1962, HERDER 1817, HUMBOLDT 1949, NEUBERT 1981 b) zu beachten.

Das Hauptanliegen der vorliegenden Arbeit ist die Aufklärung grundlegender Zusammenhänge zwischen dem Gebrauch sprachlicher Mittel und deren praktischen Auswirkungen in der Kommunikation zwischen den Menschen vor dem Hintergrund bestimmter gesellschaftlicher Zusammenhänge und Sachverhalte. Natürlich treten hierbei auch Gesetzmäßigkeiten der englischen Sprache in Erscheinung, diese sind jedoch immer auch unter kommunikativem Aspekt zu analysieren und zu beurteilen. Somit kann diese Untersuchung einen Beitrag leisten zur Ausprägung einer kommunikativen Orientierung der Ausbildung von Studenten der Anglistik, künftigen Übersetzern, Studenten pädagogischer Fachrichtungen, insbesondere künftiger Sprachlehrer und anderer Richtungen, die direkt oder indirekt die englische Sprache zum Gegenstand haben. Die Orientierung der Arbeit auf journalistische Texte bietet darüber hinaus die Möglichkeit einer Einbeziehung von Erkenntnissen über den Euphemismus und seinen Charakter sowie seine Wirkungsweise in die Ausbildung von Studenten der Journalistik sowie auch der Politikwissenschaft unter dem Aspekt einer fremdsprachigen Ergänzung.

Da auch unsere deutsche Muttersprache in den untersuchten sprachlichen Erscheinungen zumindest ähnliche Implikationen aufweist, gewissermaßen Parallelen in der deutschen Entsprechung in bestimmtem Umfange vorhanden sind, stellt die Arbeit u. E. eine nützliche Ergänzung einiger Einsichten in das System, die Funktionen, die Leistung der Sprache dar. Dies trifft mehr oder weniger auch auf andere Fremdsprachen zu, da das Tabu in allen bekannten Kulturen der Welt vorhanden ist (vgl. hierzu Abschn. 3.2 d. A.) und der Euphemismus in allen Sprachen ein probates Mittel darstellt, dieses Tabu in der sprachlichen Kommunikation zu umgehen (vgl. Abschn. 3.3 d. A.).

Ein bewußtes Herangehen insbesondere der o. g. Berufsgruppen an die hohe Verantwortung, die sie für die Ausprägung eines kritischen Bewußtseins gegenüber der Sprache, für eine kritische Beurteilung des Einsatzes bestimmter sprachlicher Mittel und seiner Wirkungen auf die Entwicklung des Denkens, für die Heraus-bildung eines kritischen Herangehens bei der Auseinandersetzung mit der gesellschaftlichen Umwelt tragen, erweitert den Blickwinkel und läßt auf lange Sicht die Ausprägung eines kritischen Sprachbewußtseins bei immer mehr Menschen erhoffen, die heute noch oft, ob aus Unwissenheit, Gleichgültigkeit oder Desinter-esse, den Möglichkeiten sprachlicher Manipulation ausgeliefert sind.

Je kritischer und illusionsloser der Umgang mit Sprache betrieben wird, um so mehr lassen sich manipulative Eingriffe in die gesamtgesellschaftliche Kommunikation offenlegen und die Urheber einer solchen Manipulation der Sprache und des Verhaltens anderer durch Sprache erkennen, wenngleich keine Illusionen darüber bestehen sollten, daß sich solche Eingriffe überhaupt verhindern lassen könnten. Vielmehr scheint es für Politiker wie für Journalisten, wodurch dies auch immer motiviert sein mag, zur Gewohnheit geworden zu sein, objektive Tatsachen zu verdrehen, zu verhüllen und zu verschleiern, unangenehme Sachverhalte durch sprachliche Mittel zu beschönigen, ebenso wie die Politik in der heutigen Zeit oft eine Eigendynamik zu gewinnen scheint, die parteipolitische Interessen über das Gemeinwohl stellt, was den Begriff der Demokratie selbst ad absurdum führt. Die Befähigung des Individuums zu schöpferischem, unabhängigem Denken kann einen Beitrag dazu leisten, bestehende Mißstände abzubauen. HALLIDAY schreibt in diesem Sinne bezogen auf die Notwendigkeit der Lösung globaler Menschheitsprobleme, daß diese

"are not just problems for the biologists and physicists. They are problems for the applied linguistics community as well. I do not suggest for the moment that we hold the key. But we ought to be able to write instructions for its use." (1990, 31).

Hierfür bieten sich durch die tiefgreifenden demokratischen Veränderungen des Herbstes 1989 und der Folgezeit nunmehr auch im Osten Deutschlands günstigere Bedingungen.

Die vorliegende Arbeit kann dazu beitragen, Studierenden einen Einblick in die Komplexität des Wechselverhältnisses von Sprachsystem und kommunikativer Funktion zu vermitteln, sie besser zu befähigen, konnotative Komponenten von Wortbedeutungen zu erkennen und deren pragmatische Funktion weitgehend selbständig zu bestimmen. Deshalb steht die sprachliche Erscheinung des Euphemismus, insbesondere seine semantischen und pragmatischen Merkmale im Mittelpunkt der Beschreibung des untersuchten Sprachmaterials.

Entsprechend der o. g. Einordnung der Arbeit in die Forschungen an der Universität Potsdam lassen sich für die Untersuchung folgende grundlegende Zielstellungen zusammenfassen:

Die vorliegende Dissertationsschrift soll einen Beitrag leisten zur Verbesserung des theoretischen Niveaus und der Vervollkommnung der praktischen Ergebnisse bei der Ausbildung insbesondere von künftigen Lehrern der englischen Sprache und Übersetzern, von Anglistikstudenten und Studenten der Journalistik sowie der Soziologie und der Politikwissenschaft. Sie soll die theoretischen Einsichten zu einer speziellen sprachlichen Erscheinung, dem Euphemismus in der politischen Sprache in ihrem interrelationalen Zusammenhang von langue und parole, vertiefen und unter dem besonderen Aspekt der journalistischen Berichterstattung und Information der Öffentlichkeit, vor allem in Großbritannien und in den USA analysieren und kommentieren.

1.2   Zu methodischen Aspekten

Entsprechend der genannten Zielstellung und dem Gesamtanliegen der Arbeit werden folgende Arbeitsschritte und untergeordnete Teilziele den methodologischen Rahmen unserer Untersuchungen bilden:

1. Auseinandersetzung mit den philosophischen und theoretisch-linguistischen Grundlagen einer kommunikativ orientierten Betrachtung der Sprache;

2. Darstellung der Entwicklung theoretischer Positionen zur sprachlichen Erscheinung des Euphemismus, insbesondere im Zusammenhang mit dem Tabu und dem Begriff der *Norm;*

3. Explikation und Erörterung einiger für den Forschungsgegenstand relevanter Grundbegriffe, insbesondere der *lexikalischen* und der *aktuellen Bedeutung,* der *Konnotationen,* der *Periphrase* u. a.;

4. Versuch einer Arbeitsdefinition des Euphemismus und Abgrenzung dieses Begriffs von angrenzenden Erscheinungen (z. B. *Metapher, Litotes, Ironie, Synonym, Lüge* usw.);

5. Analyse des Charakters der *Sprache der Politik* und des *journalistischen Stils;*

6. Skizzierung der gegenwärtigen Situation im britischen und amerikanischen Medienwesen und sich daraus ergebender Konsequenzen für den Forschungsgegenstand und seine Untersuchung;

7. Darstellung von Wesen und Funktion des Euphemismus an Hand der Analyse von signifikanten Beispielen aus einem Korpus journalistischer Texte; Versuch einer Differenzierung und Neuordnung der Euphemismen, unter *semantischem, syntaktischem, kommunikativ-funktionalem* und *sprachhistorischem Aspekt* sowie unter dem Aspekt ihrer *Häufigkeit;*

8. Bemerkungen und Beispiele zu Fragen der Sprachwirkung, des Bedeutungs-wandels und der pragmatischen und philosophischen Relevanz im Zusammen-hang mit der Euphemisierung objektiv gegebener Sachverhalte;

9. Zusammenfassung der Ergebnisse und Darstellung theoretischer Ausgangs-punkte für weiterführende Untersuchungen.

1.3   Zu einigen theoretischen Ausgangspositionen und Annahmen

Sprache kann sowohl als System als auch als sprachliche Tätigkeit und Kommu-nikation sowie in dieser Interrelation unter ganz verschiedenen Aspekten betrachtet und beschrieben werden. Wir halten eine vorrangig tätigkeitsbezogene Betrachtung, die linguistische, psychologische, soziologische und logische Gesichtspunkte einbezieht und wie sie u. a. von W. SCHMIDT 1986, HARTUNG et al. 1974, RŮŽIČKA/MOTSCH 1983, MOTSCH/VIEHWEGER 1983 und nicht zuletzt von FIRTH 1958, HALLIDAY 1976 und 1990, AUSTIN 1962, SEARLE 1970 vertreten wird, für die richtige Herangehensweise an das Phänomen Sprache und seine gesellschaftliche Signifikanz. Mit der Sprache verbundene Begriffe wie die des Abbildes, des Denkens, des Bewußtseins oder der Erkenntnis bedürfen eindeutiger theoretischer Definitionen, die insbesondere auch die Interrelation zwischen diesen

Erscheinungen erfassen. Hierbei gilt es vor allem, neuere philosophische und psychologische Auffassungen und Einsichten einzubeziehen. Im wesentlichen können wir den Erkenntnissen von LORENZ/WOTJAK 1974 zustimmen, die auf bemerkenswerte Weise Erkenntnistheorie und Semantik zu verbinden suchten. Hiervon wird im Zusammenhang mit der Bedeutung und der Aktualisierung von Wortbedeutungen noch die Rede sein.

Bei der Behandlung des Problems der Bedeutung wird desweiteren auf verschiedene Sichtweisen und theoretische Ausgangspunkte einzugehen sein, ohne der Vielfalt der mehr oder weniger fundierten und praktikablen Auffassungen zu diesem Problemkreis eine weitere oder gar völlig neue hinzufügen zu wollen. Dieses Problem wird zumindest solange existieren, wie der Linguistik kein anderes Mittel als die Sprache selbst zur Verfügung steht, um die Sprache als solche zu beschreiben. Eine Metasprache, die die Grundlage für eine allumfassende, objektive Beschreibung einer Theorie der Bedeutung sein könnte, existiert bisher nicht. Dennoch ist es von vorzüglicher Wichtigkeit, zum Problem der Bedeutung eine deutliche Position zu beziehen, basieren doch eine Reihe weiterer essentieller Fragestellungen der Sprachwissenschaft direkt oder indirekt auf diesem Gegenstand.

Zu Fragen der Bedeutungsproblematik schließen wir uns ausdrücklich den Auffassungen von LYONS 1977 - 78, LEECH 1981, ULLMANN 1967, SCHIPPAN 1975 an. Die Arbeiten von HARTUNG et al. 1974 und W. SCHMIDT 1986 bilden für uns eine wesentliche Grundlage für die Auseinandersetzung mit der sprachlichen Kommunikation, wobei den kommunikativen Bedingungen und Faktoren ein Hauptaugenmerk zuzuwenden ist, wenn es um die Analyse der durch den Gebrauch bestimmter sprachlicher Strukturen erzielten Wirkungen geht. Ohne an dieser Stelle bereits Ergebnisse vorwegnehmen zu wollen, läßt sich bereits mit Bestimmtheit sagen, daß die kommunikativen Bedingungen, Ziele, Intentionen etc. beim Problem des Euphemismus eine besondere Rolle spielen. Sprachliche und außersprachliche Bedingungen beeinflussen auf unterschiedliche Weise Entstehung, Wirkung und Charakter der Euphemismen. Bei der Behandlung der Konnotationen folgen wir insbesondere den Positionen von SCHIPPAN 1979 und 1985 sowie LEECH (1981, 12 ff.). Die Klärung des Begriffsinhaltes der Periphrase basiert im wesentlichen auf den Untersuchungen von LEINFELLNER 1971 und auf den Explikationen einschlägiger enzyklopädischer, insbesondere linguistischer Lexika. Einbezogen werden jedoch selbstverständlich auch neuere Erkenntnisse diverser Autoren zu den jeweiligen Problemkreisen.

Den Ausgangspunkt für unsere speziellen Untersuchungen zum Euphemismus in der journalistischen Texten des heutigen Englisch bilden die umfangreichen Darstellungen von LEINFELLNER 1971 und LUCHTENBERG 1975 und 1985, die aus verschiedenen Blickwinkeln, jedoch von ähnlichen theoretischen Grundpositionen aus, den Euphemismus speziell in der politischen Sprache übereinzelsprachlich bzw. in der deutschen Gegenwartssprache allgemein untersucht haben. Die Erkenntnisse dieser Untersuchungen sind eine wesentliche Grundlage für eigene, im weiteren noch zu erarbeitende und darzustellende Auffassungen.

Hauptuntersuchungsgegenstand der vorliegenden Arbeit sind das britische und das amerikanische Englisch; wo dies nützlich und notwendig erscheint, wird jedoch auch auf Unterschiede oder Besonderheiten in regionalen Varianten sowohl innerhalb des Vereinigten Königreiches wie auch im Weltmaßstab sowie auf soziale Varietäten hingewiesen. So verwenden wir ebenso wie WEDDE den Begriff der *Kommunikationsgemeinschaft* (vgl. 1980, 5). Wo wir auf verschiedene soziologisch bzw. soziolinguistisch bedingte Gruppen einzugehen haben, wird von *gruppenspezifischen Erscheinungen* die Rede sein.

Folgende Grundpositionen und Annahmen bilden den Ausgangspunkt für unsere weiteren Untersuchungen:

1. Sprachliche Kommunikation ist ein Grundbedürfnis und eine der wesentlichsten Grundlagen der menschlichen Gesellschaft. Sie ist Voraussetzung und zugleich Ergebnis der menschlichen Tätigkeit. Sprache und Denken bilden dabei eine Interrelation. Ohne Sprache wären weder das Denken noch das Bewußtsein, noch deren Entwicklung möglich (vgl. z. B. LEECH 1981, 58; ALBRECHT 1975 a, 156; NEUBERT 1981 b, 1294 ff.; SAPIR 1949, 4; LYONS 1980). Dabei ist jedoch weder eine Gleichsetzung von Sprache und Denken, noch die Überbetonung einer Seite der Interrelation zwischen Sprache und Denken zu befürworten (vgl. z. B. LORENZ/WOTJAK 1974, 99 f.). Ebenso können wir einer Verabsolutierung der Rolle der Sprache in der Gesellschaft, der die Vertreter der *General Semantics*[2] das Wort reden, nicht zustimmen. Die hieraus resultierende überoptimistische Sicht auf etwaige "Heilkräfte" der Semantik in bezug auf die Besserung der menschlichen Gesellschaft (vgl. hierzu CHASE 1937, ix) kritisieren wir ausdrücklich, da sie einen falschen Eindruck vom Charakter der Gesellschaft, die primär von den in ihr herrschenden geistigen, ökonomischen, kulturellen usw. Verhältnissen bestimmt wird, vermittelt sowie der Semantik eine exponierte Stellung im System der Wissenschaften zuweist, die ihr in der Realität nicht zukommt. Wir schließen uns vielmehr der Meinung von LEECH an, der ausführt:

> **"In spite of the undoubted power that language can have over the attitudes and behaviour of men, it must surely be a mistake to assume that in the social sphere, any more than in the psychological sphere, man is the slave, and language the tyrant. The relation between language and social organization or social control is a complex one of reciprocal dependence."** (1981, 58).

Indem der Mensch sich die Sprache nutzbar machte, schuf er die Voraussetzung zur systematischen materiellen Veränderung der Welt. Umgekehrt bejahen wir das Primat der Wirklichkeit gegenüber der Sprache, dem Denken und dem Bewußtsein. Nur aus der Entwicklung der materiellen Welt heraus konnten Sprache und Bewußtsein entstehen. Die bewußte Veränderung der Wirklichkeit, die Entwicklung des Denkens und der Sprache sind Prozesse, die nicht nebeneinander ablaufen, sondern sich wechselseitig bedingen und beeinflussen.

---

2 vgl. z.B. HAYAKAWA 1978, 15 f.; KORZYBSKI, A.: *Science and Sanity: An Introduction to Non-Aristotelian Systems and General Semantics.* - 4th edit. -Lancaster, Pa.: International Non-Aristotelian Library, 1958.

Sprache wird von uns aufgefaßt in ihrem Doppelcharakter als Abbild und zugleich Abbildinstrument (vgl. z. B. HARTUNG et al. 1974, 17; LORENZ/WOTJAK 1974, 105; NEUBERT 1981 b, 1301).

2. Das Wort stellt in der sprachlichen Kommunikation die kleinste bedeutungstragende und isolierbare Einheit der Benennung von Dingen, Erscheinungen, Prozessen usw. der Wirklichkeit dar. Trotz der Anerkennung der relativen Selbständigkeit des Wortes sollte diese nicht verabsolutiert und immer im Zusammenhang mit der Kontextgebundenheit der Bedeutung des einzelnen Wortes gesehen werden (vgl. NEUMANN et al. 1976, 399 f.; SCHIPPAN 1987, 11 ff., 77 ff.; AMOSOVA 1958, 3 ff.).

3. Wohl kaum eine andere Diskussion hat die Entwicklung der Linguistik so nachhaltig beeinflußt wie jene um die Definition der Bedeutung. Der Charakter der Wortbedeutung als umstrittener und mit verschiedensten Vorstellungen und Merkmalen verbundener Begriff, veranlaßte u. a. LEISI dazu, vom "Inhalt" des Wortes zu sprechen (vgl. 1961, 11), ohne daß dieser dabei qualitativ neue Akzente zu setzen vermochte. Wegweisend waren auf diesem Gebiet zunächst die Vertreter des englischen und amerikanischen Behaviorismus (u. a. BLOOMFIELD, SAPIR, FIRTH), deren Verdienst es war, aus der Linguistik eine exakte Wissenschaft entwickelt zu haben, die jedoch die Bedeutung als solche aus der exakten Sprachbeschreibung verdrängte, da *meaning* i. a. außersprachlich gedeutet wurde. In der Folge wollten u. a. CHOMSKY, HARRIS und LEES die Bedeutung sogar völlig aus der Linguistik ausschließen. Die funktionale Grammatik und Sprachbetrachtung (u. a. FIRTH, HALLIDAY, W. SCHMIDT, MEIER, KLAUS, ULLMANN) rückte die Bedeutung letztlich wieder in den zentralen Blickpunkt sprachwissenschaftlicher Untersuchungen und unterschied explizit zwischen Bedeutung und Funktion.

Die Durchsetzung jener Auffassungen, die zum Ziel hatten, sprachliche Erscheinungen aus der kommunikativen Funktion der Sprache, dem sprachlichen Handeln abzuleiten, wurden in der Linguistik auch als "pragmatische Wende" bezeichnet (vgl. hierzu BIERWISCH 1979, 48). BIERWISCH vertritt diesbezüglich die These, der Charakter, die Funktionsweise und die Struktur der Bedeutung sprachlicher Ausdrücke könne nur aus der sprachlichen Kommunikation, der sie dienen, erklärt werden (vgl. ebd.). Eine ähnliche Auffassung von der Bedeutung vertritt auch LYONS (1977-78, vol. 1). Diese Einsichten verarbeitet auch SCHIPPAN in ihrer Definition der Wortbedeutung, der wir uns im folgenden ausdrücklich anschließen. Sie erklärt die *Wortbedeutung* als

"gesellschaftlich gewonnene, durch Erkenntnis- und Kommunikationsbedürfnisse geprägte, durch die Beziehung auf Formative gegliederte ideelle verallgemeinerte Abbilder, die durch die aktive Widerspiegelungstätigkeit erzeugt und im Kommunikationsprozeß durch Formative vermittelt werden. Sie existieren als gesellschaftlicher Abbilddurchschnitt und bilden so die gesellschaftliche Invariante." (1987, 126).

4. Wir anerkennen die Zusammensetzung der Bedeutung aus begrifflich-rationalen und solchen Elementen, die auf Empfindungen, Wahrnehmungen und Vorstellungen, also auf sinnlicher Erkenntnis beruhen (vgl. LORENZ/WOTJAK 1977, 13). Wörter enthalten nicht nur begriffliche Komponenten, sondern meist darüber

hinaus auch eine emotionale und eine wertende Komponente. Teilweise läßt sich auch eine voluntative Komponente nachweisen (vgl. W. SCHMIDT 1972, 18).

5. Der Wandel in der Bedeutungsstruktur von lexikalischen Einheiten (Wörtern, Wortverbänden, Sätzen, Texten) ist immer auch im Zusammenhang mit der Entwicklung der Wirklichkeit, insbesondere der menschlichen Gesellschaft zu sehen. Hierbei ist es natürlich möglich, daß die natürliche und gesellschaftliche Wirklichkeit mehr oder weniger adäquat widergespiegelt wird. Dies hängt maßgeblich vom Verhältnis zwischen dem Charakter der Widerspiegelung und der objektiven (absoluten) Wahrheit ab. Sprache kann niemals unmittelbar die natürliche und gesellschaftliche Realität ausdrücken, sondern immer nur die menschliche Auffassung über diese. Insofern ist Sprache immer unscharf, die Auswahl sprachlicher Zeichen zur Darstellung von Sachverhalten, Gegenständen, Prozessen etc. der Wirklichkeit arbiträr und subjektiv (vgl. hierzu z. B. FRÖHLICH 1953, 118; SCHIPPAN 1987, 262 ff.; DIECKMANN 1969, 60 f.).

6. Der überwiegend kommunikativ-funktionale Charakter der Untersuchung kommt darin zum Ausdruck, daß die untersuchten Beispiele jeweils in engem Zusammenhang mit ihrer gesellschaftlichen Wirksamkeit, ihren praktischen Auswirkungen für die Kommunikation und die daran beteiligten Menschen betrachtet werden. Bedeutungsanalysen werden nicht zum Selbstzweck durchgeführt, sondern eingebettet in den gesellschaftlichen Zusammenhang, die Ergebnisse werden entsprechend der sozialen Signifikanz gewertet (vgl. auch WILSKE 1987, 12; BIERWISCH 1979, 48).

7. Die Sprache der Politik reduziert sich nicht auf den journalistischen Stil, wohl aber findet sie hier einen deutlichen und nachhaltigen Ausdruck. Darüber hinaus bieten die Massenmedien die günstigsten Möglichkeiten, politische Ziele, Strategien, Überzeugungen u. dgl. direkt oder indirekt an die Menschen gewissermaßen heranzutragen und somit entscheidend zu deren Verbreitung und letztlich zur Verwirklichung politischer Ziele beizutragen.

Die Sprache in der Politik dient primär der Beeinflussung von Menschen im Interesse einer bestimmten Idee, Partei, politischen Gruppierung etc. und der Durchsetzung bestimmter Ziele. Sprache ist in diesem Sinne das wichtigste, aber bei weitem nicht das einzige Mittel politischer Einflußnahme.[3]

Die politische Sprache kann deshalb insbesondere nicht vom außersprachlichen Kontext isoliert werden, da dieser im Gegenteil von besonderem Interesse für deren Charakterisierung ist. Anderenfalls gelangte man zu falschen, ja unbrauchbaren Schlußfolgerungen. Wie Sprache im allgemeinen nicht absolut von der Wirklichkeit zu trennen ist, so ist die Sprache der Politik Ausdruck bestimmter historischer Zustände, Prozesse, Entwicklungen etc. (vgl. u. a. DIECKMANN 1969, 12, 34, 47; BERGSDORF 1978, 10, 17).

8. Die Belegsammlung beinhaltete, wie noch zu zeigen sein wird, eine Reihe lexikalisch-semantischer Varianten (LSV) von Wortbedeutungen und neue Lexeme, die noch nicht Bestandteil des englischen Lexikons, respektive der uns zur

---

[3] Man denke z. B. nur an die Karikatur als künstlerisches Mittel zur politischen Einflußnahme, an die Fotografie, die Fotomontage usw.

Verfügung stehenden Wörterbücher und Enzyklopädien geworden sind. Wir vermuten mit A. HOFFMANN, " **daß im heutigen Englisch ... besonders im Bereich der Politik, Kultur, Wirtschaft u. ä. der lexikalischen Bedeutung von Wörtern bewußt und zu unterschiedlichsten Zwecken neue aktuelle Bedeutungen zugeordnet werden."** (1977 a, 35). Diese These wird im folgenden noch zu beweisen sein. Eine ähnliche Auffassung vertritt auch DIECKMANN (vgl. 1969, 38 ff.).

1.4 Zum Korpus

Die vorliegende Untersuchung basiert auf einer Materialsammlung, die Belege aus insgesamt fünf verschiedenen britischen und amerikanischen Printmedien umfaßt. Damit wird zwar nur eine begrenzte Zahl von Textsorten bzw. Darstellungsformen (vgl. Kap. 5.4 d. A.) erfaßt, dagegen können aber an Hand des relativ großen Umfangs des Korpus, insgesamt fast 1,5 Millionen Wörter, weitgehend zuverlässige Aussagen hinsichtlich bestimmter Charakteristika des politischen Euphemismus und seines Gebrauches in bestimmten Zeitungen und Zeitschriften das englischen Sprachraumes getroffen werden. Darüber hinaus gestattet uns die Konzentration auf einen bestimmten Themenkomplex der Berichterstattung in diesen Medien (Golfkrieg, Januar - März 1991), die untersuchten Presseerzeugnisse in einem gewissen Umfange direkt miteinander zu vergleichen.

Es kam uns bei der Korpusauswahl weniger auf die Breite der Medientitel an, als vielmehr auf die Tiefe der Analyse des Materials und die Zuverlässigkeit der getroffenen Schlußfolgerungen. Natürlich waren im Zusammenhang mit der journalistischen Berichterstattung über den Golfkrieg von vornherein viele politische Euphemismen zu erwarten, allerdings stellte sich die Häufigkeit politischer Euphemismen als noch größer heraus, als wir zunächst prognostizieren konnten.

Wir untersuchten die politischen Euphemismen auf der Ebene der parole, d. h. in ihrem aktuellen Gebrauch durch Journalisten bzw. Politiker in bestimmten Schlagzeilen, Berichten, Kommentaren, Kurzmeldungen usw., in kurzen Statements, Reden, in schriftlicher Form wiedergegebenen mündlichen Erklärungen usw. Es kann davon ausgegangen werden, daß die Wiedergabe der Ereignisse im Zusammenhang mit dem Krieg am Persischen Golf im Jahre 1991 bei der britischen und amerikanischen Öffentlichkeit und darüber hinaus weltweit auf größtes Interesse stieß, so daß das untersuchte Korpus eine Sphäre betrifft, die für die gesellschaftliche Kommunikation und Interaktion von größter Bedeutung war. Trotz dieser spezifischen Ausrichtung hinsichtlich des Themas, das in den von uns untersuchten Texten eine zentrale Rolle spielte, lassen sich hierbei Tendenzen und Wesenszüge feststellen, die auf die gesamte politische Berichterstattung in der Presse Großbritanniens und der USA verallgemeinert werden können.

Es machte sich erforderlich, Zeitungen und Zeitschriften sorgfältig auszuwählen, um trotz der relativ wenigen Titel, die Gegenstand der Untersuchung waren, nach Charakter, politischer Ausrichtung, Zielgruppen und Intentionen unterschiedliche Printmedien, d. h. eine ein möglichst weitgefächertes Spektrum umfassende Vielfalt an Zeitungen und Zeitschriften für die Auswertung zur Verfügung zu haben. Für diese Zwecke wählten wir letztlich den *Guardian*, den *Daily Mirror*, den *Morning Star* als Zeitungen sowie den *Economist* für Großbritannien und das *Time Magazine* aus den USA als Zeitschriften für unsere Untersuchung aus.

Der *Guardian* ist eine der traditionsreichsten Zeitungen Großbritanniens. Bereits 1821 gegründet, ist der *Guardian* den "quality papers" zuzurechnen (vgl. SCHÄFFNER/NEUBERT 1986, 65; KURIAN 1982, vol. I, 40). Von der politischen Ausrichtung ist die Zeitung als **"liberal and humanitarian in outlook; politically non-committed"** (BROOKS/FRAENKEL 1982, 113) einzuschätzen. KURIAN meint: **"To the left of *The Times*, *The Guardian* is the spokesman for progressive liberal thinking and social reform"** (1982, vol. II, 926). Als **"Britain's non-conformist conscience"** gehören zum Leserkreis meist jüngere Menschen, der Altersdurchschnitt der Leser liegt bei ca. 33 Jahren (vgl. ebd.) und damit deutlich unter dem der *Times* (38 Jahre) oder des *Daily Telegraph* (42 Jahre).

Der "Durchschnittsleser" des *Guardian* ist nach KURIAN **"more affluent and better educated than the average British citizen"** (ebd.), 75 % der Leser sind "white-collar workers", 30 % besitzen eine Hochschulbildung (vgl. ebd.). Dies ist für die Beurteilung der Verwendung politischer Euphemismen und deren Wirkungsmöglichkeiten durchaus zu beachten. Der *Guardian* wurde für seine Arbeit mit vielen Preisen dekoriert. Die finanzielle Unabhängigkeit wird durch den riesigen Trust garantiert, der hinter dieser Tageszeitung steht. Die Auflage stieg von 379.429 im ersten Halbjahr 1979 (vgl. ebd., 924) auf 487.000 im Jahre 1985 (vgl. TM 17.3.86, 46).

Der *Daily Mirror* wurde 1903 gegründet, motiviert durch die großen Erfolge, die die *Daily Mail* als erste Zeitung im "tabloid format" erzielt hatte. Die Leserschaft wuchs insbesondere während des II. Weltkriegs deutlich an (vgl. KURIAN 1982, vol. II, 924). Neben der *Daily Mail* gehört der *Daily Mirror* zu den einflußreichsten Vertretern der "popular press". Gegründet als "picture tabloid", wird bei der Berichterstattung im *Mirror* stets das Sensationelle betont, wobei bis heute die enge Verbindung von Wort- und Bildberichterstattung eine große Rolle spielt. Der *Daily Mirror* **"has consistently stressed the sensational, the human-interest, and the personal types of stories"** (EB 1987, vol. 3, 850). Dadurch werden politische Ereignisse, die in der Berichterstattung der Zeitung insgesamt einen kleinen Raum einnehmen, emotionalisiert, dem Leser oft einzelne Geschehnisse nahegebracht, während die Darbietung von Zusammenhängen, fundierte politische Analysen, die Aufdeckung des Wesens bestimmter Erscheinungen bzw. deren Ursachen selten oder gar nicht erfolgen. Dennoch ermöglicht es der politisch relativ unabhängige Standpunkt der Zeitung **"to adopt a 'common man versus bureaucracy' approach to many stories"** (ebd.). Der *Daily Mirror* befindet sich im Besitz der *Mirror Group Ltd.*, die u. a. auch den *Sunday Mirror* und *Sporting Life* herausgibt. Die Auflagenhöhe betrug im ersten Halbjahr 1979 durchschnittlich 3.623.039 (vgl. KURIAN 1982, vol. II, 924), stieg bis November 1990 auf etwa 3.820.577 und erreichte interessanterweise in der ersten Golfkriegswoche (14.1.-19.1.1991) mit etwa 3.839.624 Exemplaren (vgl. DMi 24.1.91, 1) einen deutlichen Zuwachs. Nicht selten steht der Daily Mirror in Großbritannien mit seiner Auflage an der Spitze aller herausgegebenen Tageszeitungen, was einen deutlichen Anhaltspunkt in bezug auf seinen Einfluß liefert.

Der *Morning Star*, erst 1966 gegründet, war in der Vergangenheit das Sprachrohr der Kommunistischen Partei Großbritanniens und bezeichnet sich selbst als Zeitung "for Peace and Socialism" (vgl. Zeitungstitel). Ihr politischer Standpunkt ist also deutlich links orientiert, ihr Einfluß mit nur 34.558 Exemplaren im 1. Halbjahr 1979 (vgl. KURIAN 1982, vol. II, 924) aber sehr gering. Wir bezogen jedoch den *Morning Star* mit in unsere Untersuchungen ein, um einerseits auch dieses politische Spektrum zu erfassen und andererseits zu zeigen, daß die Verwendung politischer Euphemismen nicht auf die großen Tageszeitungen beschränkt ist oder solche, die auf Grund ihrer Werbeeinnahmen ökonomisch und politisch abhängiger sind, als sie selbst meist zuzugeben bereit sind (vgl. auch Kap. 3.8 d. A.). Insgesamt muß man den *Morning Star* auch der "popular press" zuordnen, obwohl hier der Anteil politischer Themen an der Berichterstattung deutlich höher liegt als bei den meisten anderen "tabloids".

Der *Economist* ist eine Wochenzeitschrift Großbritanniens, die vor allem Themen der internationalen Politik und Wirtschaft behandelt und bereits 1843 gegründet wurde. SCHÄFFNER/NEUBERT schätzen ihn als **"traditionsreich und traditionsbewußt"** (1986, 55) ein. KURIAN bewertet den *Economist* als **"a politically independent and highly respected publication"** (1982, vol. II, 927). Anders als es der Name vermuten läßt, handelt es sich nicht um eine reine Wirtschaftszeitschrift. Zwar richten sich die Artikel in erster Linie an "business executives and investors" (EB 1987, vol. 4, 358), aber **"it gives excellent and wide-ranging coverage of general news and particularly of international political developments and prospects bearing on the world's economy"** (ebd.). Der *Economist* wird vorwiegend von Wirtschaftsfachleuten, aber auch von Regierungsmitgliedern in aller Welt gelesen (vgl. ebd.). Die *Encyclopaedia Britannica* stellt bezüglich des Stils und des politischen Standortes fest: **"Its writing is consistently lucid, and its editorial position is moderately to the left."** (ebd.). Die Auflagenhöhe betrug 1976 130.000 Exemplare (vgl. SCHÄFFNER/NEUBERT 1986, 55).

Die erste Ausgabe des wöchentlich erscheinenden US-Nachrichtenmagazins *Time* erschien am 3. März 1923. Herausgeber ist die 1922 gegründete Gesellschaft *Time Inc.*, heute einer der größten Zeitschrifteneditoren der Welt. Mit einem Profit von 572 Millionen Dollar aus der Herausgabe von insgesamt sechs Zeitschriften lag die Gesellschaft in den USA 1978 an der 1. Stelle aller Zeitschriftenherausgeber. Der Hauptsitz befindet sich in New York, das Nachrichtenmagazin wird jedoch auch weltweit herausgegeben. Verantwortlich für die Atlantic Edition für Europa zeichnet *Time-Life-International* in Amsterdam. Mit einer Auflage von 4.272.888 im ersten Halbjahr 1979 stand *Time* in den USA an 14. Stelle aller Zeitschriften (vgl. KURIAN 1982, vol. II, 969). Politisch bemüht man sich weitgehend um eine ausgewogene Berichterstattung, die kommerzielle Werbung nimmt einen breiten Raum in der Zeitschrift ein.

Ergänzend zur Materialsammlung war noch eine Umfrage geplant, da sich u. E. hierbei der enge Zusammenhang der Verwendung politischer Euphemismen und der Beeinflussung des Denkens und Handelns von Menschen am unmittelbarsten erfassen läßt. Eine solche Umfrage wäre bezüglich ihres Umfanges und des damit verbundenen Arbeitsaufwandes jedoch einer eigenständigen Arbeit nahegekommen,

so daß wir im Interesse der umfassenden Analyse unserer Untersuchungsergebnisse zum politischen Euphemismus an Hand des Korpus darauf leider
verzichten mußten. Sie könnte Gegenstand weiterführender Untersuchungen zum
politischen Euphemismus sein.

2. Zu einigen philosophischen und theoretisch-linguistischen Grundlagen einer kommunikativ orientierten Betrachtung der Sprache

2.1 Sprache, Denken, Wirklichkeit

Im Verlaufe der geschichtlichen Entwicklung spielten für den Prozeß der Menschwerdung neue, nicht mehr rein biologische Faktoren, sondern vor allem die zunehmende Vergesellschaftung der Arbeit eine exponierte Rolle, die zum Ausgangspunkt einer Entwicklung werden sollte, die in gewissem Sinne den Menschen erst zum Menschen machte, ihn aus dem Tierreich heraushob. So hat die Arbeit, die bewußte Tätigkeit zur Veränderung der Wirklichkeit gewissermaßen den Menschen geschaffen. Indem der Mensch arbeitete, lernte er sprechen und denken, entstand das Bedürfnis und die Möglichkeit zur Kommunikation, zum Austausch von Bewußtseinsinhalten zwischen den Menschen. In diesem Sinne ist auch das Bewußtsein selbst ein gesellschaftliches Produkt (vgl. z. B. ENGELS 1962, 446 f.; MARX/ENGELS 1962, 30 f.).

Auf die Interrelation von Sprache und Denken gehen bis in die Gegenwart eine Vielzahl von Untersuchungen ein, wobei dieser Zusammenhang oft sehr unterschiedlich interpretiert wurde und wird (vgl. u. a. HUMBOLDT 1949, SAPIR 1949, WHORF 1962, KACNEL'SON 1974, CHOMSKY 1970, GRAUMANN 1972, NEUBERT 1981 b). Ausschlaggebend hierfür waren verschiedene philosophische Ausgangspunkte einerseits, aber auch völlig unterschiedliche Aspekte des Herangehens, z. B. unter psychologischem Aspekt, andererseits.

Die oft und zu verschiedenen Zwecken, teils passend, teils unpassend, weil aus ihrem historischen Hintergrund und dem eigentlichen Zusammenhang herausgelöst, zitierte Auffassung von MARX und ENGELS, daß die Sprache die unmittelbare Wirklichkeit des Gedankens sei (vgl. MARX/ENGELS 1962, 30 f., 432), unterzieht NEUBERT (1981 b, 1294 ff.) zu Recht einer kritischen Analyse. Er kommt, den Zusammenhang von Sprache und Denken betreffend, zu dem Schluß:

> **"1. Denken ist an Sprache gebunden**
> **2. Denken wie Sprache sind 'Äußerungen des wirklichen Lebens' "**
> (ebd., 1301).

Es sei hier ausdrücklich angemerkt, daß wir NEUBERTS kritische Auseinandersetzung mit MARX und ENGELS nicht für der Weisheit letzten Schluß, jedoch für eine produktive Art der Infragestellung der Aussagen dieser deutschen Philosophen und für den damaligen Zeitpunkt, da die Philosophie im Sozialismus weitgehend durch ideologische Engstirnigkeit und Einseitigkeit geprägt wurde, für bemerkenswert halten. Es wäre fatal, den Erkenntnissen der beiden deutschen Klassiker auf Grund eines gescheiterten sozialen Experimentes undifferenziert gewissermaßen einen Platz auf dem Müllberg der Geschichte zuzuweisen. Vielmehr kommt es darauf an, nach einer ungerechtfertigten Allgemeingültigmachung und verordneten Anbetung der Einsichten MARX' und ENGELS' durch die Machthaber der als "sozialistisch" deklarierten Staaten, die wissenschaftlich-kritische Auseinandersetzung auch mit ihren Werken zu führen und ihnen somit *einen* angemessenen und nicht *den* exponierten und einzig gültigen Platz in der Wissenschaft der Wissenschaften zuzuweisen.

Zu Recht kritisiert NEUBERT, daß sich eine Reihe von Philosophen, die er nicht näher benennt, **"von der wirklichen Welt der gesellschaftlichen Verhältnisse soweit entfernt [haben], daß sie auf die Widerspiegelungsfunktion der Sprache ganz verzichten zu können glauben. Ihre Sprache ist nicht mehr an der Realität orientiert, sie reduziert sich auf die Symptomfunktion im Rahmen der Ideologie"** (ebd., 1298 f.). Nur eingedenk dieser kritischen Bemerkungen kann die Sprache als unmittelbare Wirklichkeit des Gedankens aufgefaßt werden und ist hier keineswegs als eine der objektiven Wahrheit nahekommende Widerspiegelung der Wirklichkeit zu betrachten. Allein das reale Leben der Menschen, die gesellschaftliche Wirklichkeit kann das **"entscheidende Kriterium für die Beurteilung des Wahrheitsgehaltes"** (ebd., 1299) einer Aussage, einer Reflexion über die Wirklichkeit, einer sprachlichen Äußerung über die reale Welt sein. Sprache ist insofern nicht nur ein Kommunikationsmittel, Mittel zur Äußerung von Fragen, Aufforderungen, Aussagen usw., sondern zugleich Mittel zur Herausbildung von Gedanken. Hieraus ergibt sich zwingend die potentielle Möglichkeit, über die Sprache das Denken der Menschen zu beeinflussen, ja zu manipulieren.

Diese Tatsache hat jedoch in der Linguistik wie in anderen Wissenschaften auch teilweise zu einer Überschätzung der Rolle der Sprache geführt (vgl. z. B. AUSTIN 1962, SAPIR 1949, WHORF 1962, SEARLE 1970, SEGERSTEDT 1947). Diese romantische Verklärung, die die Ideen des späten 18. Jahrhunderts von HERDER (1744 - 1803) und WILHELM von HUMBOLDT (1762 - 1835) wieder aufgriff, übte besonders Mitte unseres Jahrhunderts einen bedeutsamen Einfluß auf die sprachwissenschaftliche Forschung aus. Sie fand ihren Höhepunkt in der SAPIR-WHORF-Hypothese, jener Kombination der Prinzipien des linguistischen Determinismus (*linguistic determinism*), d. h. der Annahme, daß die Sprache das Denken determiniert und der linguistischen Relativität (*linguistic relativity*), die aussagt, daß jene Distinktionen, die in einer Sprache inkodiert sind, in keiner anderen Sprache zu finden sind (vgl. hierzu auch CRYSTAL 1987, 14 f.; NEUBERT 1962). Die Überbewertung der Rolle der Sprache findet sich in abgewandelter Form auch in der **"sprachlichen Zwischenwelt"** und im **"muttersprachlichen Weltbild"** WEISGERBERS, dem Hauptvertreter der inhaltbezogenen Grammatik (vgl. z. B. 1953-54, 1962) sowie bei Vertretern des Wiener Kreises um CARNAP, WITTGENSTEIN und NEURATH.

Die ausgehend von der Urgesellschaft immer weiter fortschreitende Teilung der Arbeit bis hin in die Gegenwart ist letztendlich die Ursache dafür, daß sich Gedanken und Ideen immer weiter verselbständigen und sich somit auch in zunehmendem Maße von der Realität entfernen konnten. War die gesellschaftliche Arbeitsteilung also einerseits Voraussetzung dafür, daß sich Philosophen, Wissenschaftler und auch Ideologen eingehender, viel differenzierter mit der Welt auseinandersetzen konnten, und war das Abstrahieren von den konkreten Umständen eine Notwendigkeit für die fortschreitende Erkenntnis der Welt auf den verschiedensten Wissensgebieten, so hat sich das Denken und mit ihm die Sprache zu einem **"eigenen Reich"** (MARX/ENGELS 1962, 432) verselbständigen können. Damit wurde die Sprache gewissermaßen zu einem Käfig für die Gedanken derjenigen, die es nicht vermögen, wieder **"aus der Welt des Gedankens in die wirkliche Welt herabzusteigen"** (ebd.).

Genau dies aber haben die Vertreter des semantischen Positivismus, die man in bezug auf die Linguistik eher als positivistische Semantiker bezeichnen könnte, eben nicht vermocht. Sie reduzierten alle Erkenntnis auf von der Sprache vermittelte Einsichten. Die unmittelbare Anschauung, Gefühle usw. werden aber auf diese Weise völlig außer acht gelassen. Jede Gesellschaftswissenschaft wird auf diese Weise auf Sprachkritik beschränkt. Wir halten es jedoch ebenfalls für falsch, die Metalinguistik SAPIRS und seines Schülers WHORF ausschließlich als "reaktionäre Variante" dieser positivistischen Strömung zu bezeichnen, wie dies HELBIG (1973, 151) tut. Während die Überbewertung der Rolle der Sprache in bezug auf die Gesellschaft und insbesondere bei der Entwicklung des Bewußtseins einer deutlichen Kritik unterzogen werden muß, sind die teilweise fruchtbaren Ansätze des Positivismus ebenso ausdrücklich anzuerkennen.

Indem sich die Menschen mehr oder weniger freiwillig in die Gefangenschaft einer sich von der adäquaten Widerspiegelung der Realität entfernenden Sprache begeben, ohne diese immer wieder am Kriterium der Wahrheit zu messen und damit an der Wirklichkeit selbst, entmündigen sie sich der Möglichkeit, diese sie umgebende Wirklichkeit mitzugestalten. Das Denken, selbst an die Sprache gebunden, wird somit in seiner Entwicklung eingeengt und behindert. Nur wenn die Sprache in ihrem Doppelcharakter als Abbild von der materiellen und gesellschaftlichen Realität auf der einen Seite und als Instrument zur Abbildung dieser Realität andererseits begriffen wird, lassen sich Vereinseitigungen in der Analyse der Sprache vermeiden (vgl. auch NEUBERT 1981 b, 1301).

In der Triade Materie - Sprache - Bewußtsein, in der das Verhältnis objektive Realität - Denken im Vordergrund steht, kommt unserem sprachlichen Zeichensystem eine einzigartige spezifische Funktion zu. Es dient als Instrument des Bewußtseins, kann sich aber auch ... gegenüber diesem verselbständigen." (ebd., 1295)

Dies ist auch die Grundlage dafür, daß Sprache, indem sie sich verselbständigt, und mit ihr das Denken, die reale Welt völlig oder teilweise falsch wiedergibt, d. h. sich im philosophischen Sinne von der absoluten Wahrheit immer weiter entfernt. Hier liegt, wird dies erkannt und im Interesse der Durchsetzung bestimmter Ziele von Menschen gegenüber anderen Menschen bewußt genutzt, auch die sogenannte **"Macht des Wortes"** begründet (vgl. u. a. SEGERSTEDT 1947, KLAUS 1964, KRAMARAE et al. 1984). Nicht selten ist sogar die Rede vom Wort selbst als **"Waffe"** (vgl. z. B. ALLAN/BURRIDGE 1991, BERGSDORF 1979, GREEN 1987, Preface, ix). In einer Vielzahl von Untersuchungen wird die als sozial signifikant realisierte Rolle der Sprache bei der Beeinflussung und Manipulation des Denkens und Verhaltens von Menschen hervorgehoben (vgl. u. a. SCHOLWIN 1971, HARTIG/ KURZ 1971, KAINZ 1972, LAY 1978).

Eigentlich handelt es sich nicht um eine Macht des Wortes im eigentlichen Sinne, wie sie auch die semantischen Positivisten bejahen, sondern um die gezielte Ausnutzung der Potenzen der Sprache zu manipulativen Zwecken, zur Beeinflussung von Menschen insbesondere im Interesse der Erlangung, Festigung und Unterstützung politischer Macht bzw. Machtausübung durch bestimmte politische Parteien, Gruppierungen, Personen etc. Die Wahrheit einer Aussage wird bestimmt durch das Verhältnis "zwischen einem objektiv-realen Sachverhalt und dem subjektiven gedanklichen Abbild dieses Sachverhaltes" (KLAUS 1964, 94). Somit ist der Wahrheitsgehalt einer Aussage objektiv bestimmt und liegt außerhalb und unabhängig vom Willen des Sprechers. Eine ganz andere Frage ist dabei, ob der jeweilige Rezipient den Wahrheitsgehalt der Aussage immer selbständig bestimmen kann. Dies mag bei einer totalen Lüge, also der Verdrehung der Tatsachen in ihr Gegenteil, noch relativ einfach erscheinen, vorausgesetzt der Rezipient hat überhaupt die Möglichkeit, den Wahrheitsgehalt zu beurteilen. Voraussetzung hierfür ist der freie Zugang zu empirischen Informationen. Gerade dies erscheint jedoch besonders im Bereich der Politik, ein Problem zu sein (vgl. besonders Kap. 3.4. - 3.8. d. A.).

Grundlage eines kommunikativ orientierten Herangehens an das Problem der Sprache ist die Anerkennung des gesellschaftlichen Charakters der Sprache (vgl. ALBRECHT 1975, 188). Wer, wie der Neopositivismus, Sprache und Wirklichkeit sowie Sprache und Gesellschaft trennt (vgl. hierzu auch STEGMÜLLER 1968, 236; NEUBERT 1962, HARNISCH 1972), verkennt die Rolle der Sprache folglich und ist somit nicht in der Lage, die philosophische Kategorie der Wahrheit als objektiv und vom subjektiven Empfinden des Menschen unabhängig zu bestimmen und zu begreifen. So wie die Sprache gesellschaftlichen Charakter trägt, bei aller Anerkennung der individuellen und gruppenspezifischen Besonderheiten ihres Gebrauches, so ist auch das Individuum geprägt von der Gesellschaft, in der es lebt.

Ebenso falsch wäre jedoch genauso eine Verabsolutierung der gesellschaftlichen Funktion und Bedeutung der Sprache, wie sie von den Vertretern des philosophischen Pragmatismus betrieben wird. Grundlage der Gesellschaft ist letzten Endes die materielle Produktion und nicht die Sprache an sich, obwohl sie zugegebenermaßen im Prozeß der Produktion eine immer größere Rolle einnahm und weiter einnimmt (vgl. KLAUS 1964, 25).

Wir wollen abschließend den Zusammenhang zwischen Sprache und Denken zusammenfassend charakterisieren. Weder die jeweils ungerechtfertigte Überbetonung der einen oder der anderen Seite dieser Interrelation kann dieses Wechselverhältnis objektiv widerspiegeln. Wir unterstreichen hier die Auffassung CRYSTALS, der bemerkte:

"First there is the hypothesis that language and thought are totally seperate entities, with one being dependent on the other. At the opposite extreme, there is the hypothesis that language and thought are identical - that is not possible to engage in any rational thinking without using language. The truth seems to lie somewhere between these two positions." (1987, 14).

Während CRYSTAL feststellt, daß die Sprache nicht an der gefühlsmäßigen Reaktion des Menschen auf bestimmte Objekte oder Erscheinungen beteiligt ist, Sprache nur unsere Gefühle im Nachhinein beschreiben kann, stellt er weiter fest:

"The thinking which seems to involve language is of a different kind: this is the reasoned thinking which takes place as we work out problems, tell stories, plan strategies, and so on. It has been called 'rational', 'directed', 'logical', or 'propositional' thinking ... The formal properties of language,

such as word order and sentence sequencing, constitute the medium in which our connected thoughts can be presented and organized." (ebd.).

Was CRYSTAL hier nur andeutet, haben insbesondere verschiedene Psychologen explizit bestätigt und verifiziert - die Existenz eines unbewußten Elementes im Denken des Menschen, das nicht unmittelbar an die Sprache gebunden ist, jedoch in engem Zusammenhang mit dem Bewußtsein existiert (vgl. z.b. ROTENBERG 1982, FREUD 1990).

Wir bejahen die Existenz des Unbewußten im Denken des Menschen und definieren es mit CLAUSS et al. (1983, 640):

> **"*Unbewußtes*:**
> **Begriff für jene potentiell bewußtseinsfähigen psychischen Verhaltens-bedingungen oder auch psychischen Inhalte, die dem Individuum aus bestimmten Gründen selbst nicht bewußt sind. *U.* ist zu unterscheiden von nur unklar bewußten oder schwer erinnerlichen Erlebnisinhalten. In der Psychoanalyse als Schlüssel für die Entstehung psychischer Störungen gebraucht."**[1]

Wir behaupten an dieser Stelle sogar, daß das Unbewußte in bezug auf den Euphemismus allgemein sowie auf den politischen Euphemismus im besonderen eine wichtige Rolle spielt. Allein aus der Annahme der Existenz des Bewußtseins läßt sich die enorme Wirkungskraft des Euphemismus nicht erklären. Würde die Euphemisierung eines Sachverhaltes, Gegenstandes, Zustandes etc. dem Rezipienten als solches immer bewußt, wäre die vorzügliche Eignung der Euphemismen zur Verschleierung und Verhüllung objektiv existierender Phänomene, d. h. zur sprachlichen Manipulation der Wirkung auf den Rezipienten in der Kommunikation, nicht erklärbar. Hier muß die Existenz eines unbewußten Elementes, das von seiten des Produzenten der euphemisierten sprachlichen Äußerung gezielt, teilweise jedoch auch selbst unbewußt genutzt wird, zwingend angenommen werden. Es wäre jedoch u. E. falsch, die Wirkung der Euphemismen völlig auf eine unbewußte Ebene verschieben zu wollen. Hierzu werden wir weiter unten noch detaillierter Stellung nehmen.

Wenden wir uns nunmehr dem Verhältnis von Sprache und Erkenntnis der Welt zu, welches für unsere Untersuchungen von äußerster Wichtigkeit ist.

2.2 *Sprache und Erkenntnis der Welt*

Aus dem bisher Gesagten ergeben sich zwei wesentliche Funktionen der Sprache, nämlich die kommunikative und die kognitive Erkenntnisfunktion. W. SCHMIDT (1983, 26) bezeichnet sie als die beiden **"Grundfunktionen der Sprache".** Das heißt, die Sprache dient einerseits zum Austausch von Bewußtseins-

---

[1] Dem Sinn nach entsprechende Definitionen des Unbewußten finden sich auch bei TEWES/WILDGRUBE (1992, 389), DORSCH et al. (1987, 713) und SURY (1974, 322). Zur psychoanalytischen Auffassung und Behandlung des Unbewußten vgl. S. O. HOFFMANN 1988. Vgl. auch Stichwort *unconscious mind* in: HARRÉ/LAMB (1983, 647 f.).

inhalten zwischen den Menschen, also der Kommunikation zwischen den Menschen im Prozeß der Produktion, aber auch in anderen Sphären des menschlichen Zusammenlebens, und andererseits bildet sie im Zusammenhang mit dem Bewußtsein und dem Denken die Grundlage für die Kognition, d. h. für die Erkenntnis der objektiven Welt. Erkenntnis ist u. r. die Widerspiegelung der Wirklichkeit über die Wahrnehmung und das rationale Denken. Die Erkenntnis vollzieht sich somit über das Entstehen und das Lösen von Widersprüchen. Sie trägt einen schöpferischen, aktiven Charakter. Indem der Mensch über die Erkenntnis gesetzmäßige Zusammenhänge der objektiven Welt aufdeckt, realisiert er Wege ihrer bewußten Veränderung. Die Erkenntnis bildet somit die Grundlage für die zielgerichtete Veränderung der Wirklichkeit. Die Widerspiegelung der Realität ist gekennzeichnet als aktiver Prozeß. Indem der Mensch widerspiegelt, eignet er sich die materielle Welt geistig an (vgl. VIEHWEGER et al. 1977, 33).

Die Sprache ist zu begreifen in ihrem Doppelcharakter als Voraussetzung für die Erkenntnis der Realität einerseits und als ihr Produkt, ihr Resultat andererseits.

"Alle Erkenntnis ist unlösbar mit der Sprache verknüpft. Ohne die Sprache kommt ein Wissen über die Struktur der Wirklichkeit nicht zustande." (ALBRECHT 1975, 158)

Wir wenden uns jedoch gegen eine Reduzierung der Erkenntnis auf Erkenntnis durch und über die Sprache, wie sie einige Linguisten (vgl. z. B. SAPIR 1949, WHORF 1962, WEISGERBER 1953-54) verfochten haben.

Wir halten es für wahrscheinlich, daß auch bei der Erkenntnis der Wirklichkeit unbewußte Faktoren zumindest eine wichtige Rolle spielen. Wie sonst ließen sich die Formierung bestimmter schöpferischer Gedankengänge oder manche uns in schriftlicher Form zugängliche Ideen, z. B. eines Poeten als Reflexion über ein Thema oder das Wiedererkennen einer nach vielen Jahren wiedergetroffenen Person auf der Straße, erklären, klammerte man dabei das Unbewußte von vornherein aus. Das Problem besteht eigentlich darin, daß das Unbewußte selbst sich der direkten Beobachtung entzieht (vgl. hierzu u. a. FREUD 1990, 264 f.; PACKARD 1971).

Bewußtseinsinhalte als Resultate des menschlichen Erkenntnisprozesses werden in der Sprache fixiert. Somit ist jede sprachliche Äußerung eines Individuums zugleich Ausdruck und im wahrsten Sinne des Wortes beredtes Zeugnis seiner individuellen Widerspiegelung der Wirklichkeit. Die qualitativ fortschreitende Erkenntnis der Welt ist abhängig von zuvor in sprachlicher Form fixierten Denkinhalten, die ihrerseits das Resultat zuvor abgelaufener Erkenntnisprozesse sind. Hierin zeigt sich das Wesen der geistigen Entwicklung des Individuums, des einzelnen Menschen. Aufbauend auf die bisherige Erkenntnis, auf den erreichten Entwicklungsstand des Bewußtseins, auf durch die Sprache gespeicherte Widerspiegelungsergebnisse, bewegt sich der Mensch in seiner Erkenntnis fort, entwickelt sich sein Bewußtsein, indem psychische Inhalte neu geordnet, gewonnene Einsichten an der Wirklichkeit geprüft und Schlußfolgerungen gezogen werden, die ihre Fixierung wiederum in sprachlicher Form finden.

Obwohl die Zusammenhänge zwischen Sprache, Denken, Bewußtsein und Unbewußtem nicht völlig geklärt sind und Forschungsergebnisse verschiedenster

Wissenschaftszweige hierzu noch ausstehen, läßt sich doch ein unlösbarer Zusammenhang zwischen ihnen mit aller Deutlichkeit konstatieren. Bei der Erkenntnis der Welt durch den Menschen wirken diese Faktoren auf das engste zusammen und beeinflussen sich wechselseitig.

2.3 Sprache und Sprachtätigkeit

Abgesehen von der Tatsache, daß Sprache an nahezu jeglicher Form der menschlichen Tätigkeit mittelbar oder unmittelbar beteiligt ist, ist auch Sprache selbst als eine Form menschlicher Tätigkeit aufzufassen. Diese Erkenntnis geht zurück auf W. von HUMBOLDT, der diesen äußerst wichtigen Aspekt in der Betrachtung der Sprache aufwarf. **"Sie selbst (die Sprache - A. B.)"**, stellt er fest, **"ist kein Werk (Ergon), sondern eine Tätigkeit (Energeia)"** (HUMBOLDT 1949, 44).

Grundzüge einer tätigkeitsbezogenen Auffassung von der Sprache finden sich auch bei HERDER (vgl. z. B. 1817). Eine Auffassung von sprachlicher Tätigkeit als gesellschaftlicher Tätigkeit stellt eine Weiterentwicklung der HUMBOLDTschen Ideen dar. Menschliche Tätigkeit allgemein fassen wir unter philosophischem Aspekt als:

"den gesellschaftlichen Prozeß der zweckmäßigen praktischen Veränderung der natürlichen und gesellschaftlichen Umwelt durch individuelle und kollektive menschliche Subjekte, die sich diese Umwelt praktisch-gegenständlich und ideell aneignen, hierbei materielle und ideologische gesellschaftliche Verhältnisse eingehen und ihre produktiven gesellschaftlichen und individuellen Kräfte entwickeln." (KLAUS/BUHR 1974, Bd. 2, 1204).

Entsprechend der besonderen Rolle, die die Sprache vor allem infolge ihrer kognitiven Funktion, also bei der Erkenntnis der Welt, spielt, kommt der sprachlichen Tätigkeit gegenüber allgemein-menschlicher Tätigkeit eine spezifische Bedeutung zu. Sprachtätigkeit überlagert gewissermaßen andere Tätigkeiten. Sprache und Sprechen sind nicht Selbstzweck, sondern Mittel zum Zweck der Verwirklichung kommunikativer Ziele (vgl. auch HELBIG 1986, 31; W. SCHMIDT et al. 1983, 40), wobei jeweils rationale, emotionale, imaginative und voluntative Komponenten der Bewußtseinstätigkeit an der Konstituierung bzw. Rezeption einer sprachlichen Äußerung beteiligt sind und auf diese Weise die Wirkung auf den/die Kommunikationspartner unterschiedlich beeinflussen (vgl. HARTUNG et al. 1974, 464 ff.).

Es ist u. E. unabdingbar, Sprache und sprachliche Äußerungen immer im Zusammenhang mit geistiger und praktischer Tätigkeit zu sehen. Wer Sprache vom realen Leben isoliert betrachtet, ohne wieder den Bogen zur Wirklichkeit zu schlagen und Sprache in Interrelation und in aktiver Wechselwirkung mit anderen Formen der materiellen, praktischen und geistigen Tätigkeit zu sehen, begibt sich auf das sprichwörtliche Glatteis einer einseitigen Weltanschauung, die den Blick auf grundlegende Zusammenhänge zwischen Wirklichkeit, Sprache, Denken, Erkenntnis, Bewußtsein und menschlicher Tätigkeit verstellt. Kommunikative Tätigkeit erweist sich in diesem Zusammenhang als **"eine spezifische Tätigkeit,** deren wesentliches Charakteristikum in der produktiven und rezeptiven Verwendung von sprachlichen Zeichen besteht" (HELBIG 1986, 31). Wenden wir uns im folgenden dem Zeichencharakter der Sprache zu.

2.4   Sprache als System von Zeichen

Es war das Verdienst von DE SAUSSURE, in der Linguistik die Reduzierung auf die Form überwinden zu helfen und den Charakter der Sprache als System von Zeichen herausgearbeitet zu haben (vgl. z. B. 1967 bzw. 1974). Damit überwand er das atomistische Formdenken der Junggrammatiker und setzte an dessen Stelle ein echtes Systemdenken, das es ermöglichte, Sprache aus sich selbst heraus zu verstehen. Obwohl er das Bezeichnete (*signifié*) und die Erscheinungen der objektiven Realität (*chose réelle*) nicht konsequent trennte, schuf er, wenngleich in noch etwas vager Form, die Voraussetzungen für das bilaterale Zeichenmodell in seinem Wechselverhältnis von *signifié*, also dem Bezeichneten, und *signifiant*, dem Bezeichnenden. Damit beeinflußte er die Entwicklung der Sprachwissenschaft in ganz erheblichem Maße (vgl. auch HELBIG 1973).

NEUMANN (1977, 38) hat darauf hingewiesen, daß Sprache sowohl unter dem Systemaspekt als auch als kommunikative Tätigkeit zu beschreiben ist, wobei der Tätigkeitsansatz zweifellos komplexerer Natur ist, da er den sprachsystematischen Aspekt in sich integriert und andererseits zugleich als spezifische Idealisierungsrichtung zuläßt bzw. sogar erfordert. Sprachliche Tätigkeit ohne und außerhalb des Sprachsystems ist nicht möglich, andererseits ist Sprache nur in der sprachlichen Tätigkeit erfaß- und beobachtbar (vgl. HELBIG 1986, 40).

Als zentrales Problem des Systems natürlicher Sprachen ist die Wechselbeziehung von Laut und Bedeutung, von Form und Inhalt anzusehen. SERÉBRENNIKOV et al. (1973-76, Bd. 2, 243) bezeichnen es als das "semiologische Kardinalproblem".

Bei der Charakterisierung von Sprache als System schließen wir uns dem Standpunkt von HELBIG an, der schreibt:

> "Jede Sprache ist ein System von Z u o r d n u n g e n (Hervorhebung von HELBIG - A. B.) von ideellen Bewußtseinsinhalten und materiellen Signalen, ein historisch entstandenes und gesellschaftlich vorgegebenes System von Regularitäten, das Laute und Bedeutungen in einem Regelmechanismus einander zuordnet (aufeinander abbildet), das Bewußtseinsinhalte in akustische und optische Strukturen (und umgekehrt) überführt, das eine ideelle mit einer materiellen Komponente verbindet." (HELBIG 1986, 40).

Jede Form sprachlicher Kommunikation beruht auf dem Vorhandensein eines gesellschaftlich fixierten Systems sprachlicher Zeichen (vgl. ebd.). Dieses bildet die Basis dafür, daß Bewußtseinsinhalte in eine schriftliche bzw. akustische Form umgesetzt werden können. Das Verhältnis zwischen den beiden wichtigsten Seiten des sprachlichen Zeichens, seiner materiellen, dem Formativ, und seiner ideellen, der Bedeutung, soll im folgenden im Mittelpunkt unserer Betrachtung stehen.

2.4.1 Das Verhältnis von Formativ und Bedeutung

Die sprachlichen Zeichen begegnen uns als relativ konstante Zuordnungen von Form (Formativ, materielle Hülle, Zeichenkörper) und Bedeutung, **"die sich als reproduzierbare Einheiten der Kommunikation und Erkenntnis gesellschaftlich herausgebildet haben und durch ihre spezifische Funktion einen speziellen Anteil an der Wirklichkeitserkenntnis und der sprachlichen Kommunikation"** (SCHIPPAN 1987, 69) besitzen.

Es gibt jedoch, abgesehen von Annahmen, nach denen die verschiedenen Weltbilder als ein Erzeugnis verschiedener Muttersprachen betrachtet und Sprachinhalte zu einer sprachlich-geistigen **"Zwischenwelt"** hypostasiert werden (vgl. vor allem WEISGERBER 1962 a, 5 ff.) und die infolgedessen auch teilweise zu einer nicht gerechtfertigten Überbewertung der Rolle der Sprache in der Gesellschaft führen, im wesentlichen zwei mögliche Auffassungen zum Problem des sprachlichen Zeichens. Dem sprachlichen Zeichen wird entweder ein unilateraler oder ein bilateraler Charakter zugewiesen. Während die erste Auffassung auf der Annahme beruht, das Formativ sei das sprachliche Zeichen, dem dann eine Bedeutung zugeordnet wird, betrachten die Vertreter der bilateralen Zeichenauffassung Formativ und Bedeutung als eine Einheit, wobei weder Formativ noch Bedeutung mit dem sprachlichen Zeichen selbst identifiziert werden können (vgl. hierzu z. B. NEUMANN et al. 1976, Bd. 1, 370; KLAUS 1964, 12 f.; LORENZ/WOTJAK 1974, 100 f.).

Wir schließen uns der bilateralen Auffassung des Zeichens im System der Sprache an, d. h. wir gehen davon aus, daß sprachliche Zeichen als relativ feste Zuordnungen von Formativ und Bedeutung im Bewußtsein gespeichert und in der sprachlichen Kommunikation bzw. Sprachverwendung entzweit werden, indem die Formativseite materialisiert und vom Empfänger bei der Rezeption schließlich wieder dekodiert, d. h. zur Zuordnung Formativ - Bedeutung wiederhergestellt wird (vgl. SCHIPPAN 1987, 88).

Welche Schlußfolgerungen ergeben sich nun hieraus für die Beschreibung des Verhältnisses von Formativ und Bedeutung? Um diesen Aspekt näher zu beleuchten, wenden wir uns zunächst der Explikation der Begriffe *Formativ* und *Bedeutung* zu.

"Formative als die Formseite des (bilateral aufgefaßten) Zeichens werden auf Grund ihrer Funktion als Bedeutungs- (Abbild) träger zu den Objekten in Beziehung gesetzt, sie bezeichnen die Objekte, die in der Inhaltsseite des Zeichens, in der Bedeutung abgebildet sind." (W. SCHMIDT et al. 1983, 21)

Wir haben im Abschnitt 1.2 bereits die Wortbedeutung definiert, wobei wir das *Wort* mit W. SCHMIDT auffassen als

"kleinste[n] selbständige[n], potentiell isolierbare[n] Redeteil, der als Einheit des phonetischen und grammatischen Baues und des Inhalts charakterisiert ist und sowohl hinsichtlich seines Lautkörpers als auch

seiner Bedeutung mit den übrigen Einheiten der Sprache in Beziehung steht" (1986, 13).

Der Wechselwirkung zwischen Formativ und Bedeutung entspricht jene zwischen Form und Inhalt auf philosophischer Ebene. Formativ und Bedeutung entsprechen dabei einander weder eindeutig noch eineindeutig (vgl. KACNEL'SON 1974, 20). Auch hier wird der arbiträre Charakter der Zuordnung von Formativ und Bedeutung einerseits sowie der unscharfe Charakter von Sprache in bezug auf ihre Widerspiegelungsleistung der Wirklichkeit deutlich, den wir an dieser Stelle noch einmal ausdrücklich hervorheben wollen. Ausnahmen mögen hier einige wenige Onomatopoetika sein. Ihnen wollen wir uns im Rahmen unserer Untersuchungen nicht näher zuwenden.

Die beschriebene Nichtparallelität zwischen den beiden Seiten des sprachlichen Zeichens kommt deutlich zum Ausdruck, wenn wir beispielsweise nur an Erscheinungen wie Polysemie, Homonymie oder Synonymie denken (vgl. z. B. KLEMM 1986, 19; OHNHEISER 1979, 42; ABRAHAM 1988, 849 ff.; ULLMANN 1967, 102).

Die Wechselbeziehung zwischen Formativ und Bedeutung ist Voraussetzung und Ergebnis der Widerspiegelung der Wirklichkeit im Bewußtsein des Menschen. Die objektive Welt ist mannigfaltig und kompliziert in ihrem Charakter. Mit Hilfe sprachlicher Zeichen wird versucht, diese Welt zu beschreiben, gewissermaßen den Dingen (resp. den Prozessen, Zuständen usw.) einen Namen zu geben, d. h. es wird auch zugleich widergespiegelt.

Entsprechend dem individuellen Stand der Bewußtseins- und Denkentwicklung erfolgt diese Widerspiegelung mehr oder weniger adäquat und findet ihren Niederschlag letztendlich auch in der sprachlichen Kommunikation (vgl. hierzu auch: LYONS 1968, LAKOFF/JOHNSON 1980). Trotz schier endloser Möglichkeiten der Kombination sprachlicher Mittel, des Ausdrucks von Gedanken, von Reflexionen über die Wirklichkeit in mündlicher und schriftlicher Form ist hier doch durch die relative Begrenztheit des Wortschatzes, durch gesellschaftliche und sprachliche Normen etc. doch eine gewisse Grenze gesetzt. Die außerhalb und unabhängig vom menschlichen Bewußtsein und Denken existierende Welt aber ist unendlich.

Hieraus erklärt sich die Tatsache, daß die Widerspiegelung sich der absoluten Wahrheit immer nur annähern kann, also relativen Charakter trägt. Denn die Welt befindet sich in unaufhörlicher Entwicklung, die Erkenntnis des Menschen kann dieser Entwicklung allenfalls folgen. Insofern ist die Sprache auch die **"unmittelbare Wirklichkeit des Gedankens"** (MARX/ENGELS 1962, 432), nicht aber die unmittelbare Wirklichkeit selbst, sondern Ausdruck ihrer Widerspiegelung, deren Voraussetzung und Ergebnis zugleich die Sprache ist.

Im Zusammenhang mit der Widerspiegelungsfunktion der Sprache ist die Interrelation von Abbild und Bedeutung von Interesse. Dieser wollen wir uns im folgenden detailliert zuwenden.

2.4.2 Abbild und Bedeutung

Trotz des engen Zusammenhangs, der zwischen Abbild und Bedeutung besteht und der z. B. in den Definitionen der Wortbedeutung durch SCHIPPAN (1987, 126), aber auch bei ALBRECHT (1975 a, 175 f.) deutlich zum Ausdruck kommt, sind Abbild und Bedeutung keinesfalls als identisch aufzufassen. LORENZ/WOTJAK definieren das *Abbild* als **"aktive Widerspiegelung der objektiven Realität"** (1974, 103). Dabei arbeiten sie deutlich den Unterschied zwischen individuellen Abbildungen, die von der Psychologie und der Psycholinguistik zu untersuchen seien, und überindividuellen Abbildern als Gegenstand der Soziologie und der Soziolinguistik, heraus (vgl. ebd., 103 f.).

Den Unterschied zwischen Abbild und Bedeutung charakterisieren diese Autoren insbesondere in ihrer Untersuchung "Zum Verhältnis von Abbild und Wirklichkeit", indem sie die *Bedeutung* als **"eine Bewußtseinsgröße, eine spezielle Form des Abbildes"** (1977, 3) erklären, die durch das Formativ vermittelt wird (vgl. hierzu auch SCHIPPAN 1987, 126. Im Gegensatz dazu ist das *Abbild* das **"Gesamtprodukt des Widerspiegelungsprozesses"** (LORENZ/WOTJAK 1977, 39; vgl. auch 43). Wichtig ist in diesem Zusammenhang die Feststellung, daß das Zeichen als Abbild keine Widerspiegelung der Strukturen der objektiven Realität in sprachlichen Strukturen darstellt (vgl. ALBRECHT 1975 a, 175). Das ändert jedoch nichts an der Tatsache, daß Abbilder Resultate einer aktiven Widerspiegelungstätigkeit sind (vgl. SCHIPPAN 1987, 126). *Wortbedeutungen* sind bereits **"gegliederte ideelle verallgemeinerte Abbilder"** (ebd.), was ihre Spezifik gegenüber dem Abbild allgemein ausmacht.

LORENZ/WOTJAK (1974, 105) unterscheiden zudem zwischen fünf verschiedenen Möglichkeiten, wie das *Abbild* im Sinne einer linguistischen Analyse verstanden werden kann:

(a) dem Begriff des Abbildes als logische, philosophische Kategorie,

(b) als fach- bzw. gruppenspezifisches Abbild (A_F),

(c) als das gesellschaftlich durchschnittliche Abbild ($A_\varnothing$),

(d) als wissenschaftlicher Begriff als Sonderfall eines in Inhalt und Umfang exakt definierten Abbildes (A_W) und

(e) als das jeweils individuelle Abbild eines bestimmten Objektes im Bewußtsein des einzelnen erkennenden Subjektes (A_i).

Für unsere speziellen Untersuchungen zum Euphemismus werden insbesondere die Auffassungen (c)-(e) eine Rolle spielen, wobei bei einer differenzierten Analyse bestimmter Gruppen innerhalb der Sprachgemeinschaft, die wir in dieser Arbeit leider nur sehr oberflächlich behandeln können, auch Variante (b) zu beachten sein wird.

Zusammenfassend läßt sich feststellen, daß die Bedeutung als sozial determinierte Struktur im subjektiven Bewußtsein der einzelnen Individuen bei der Produktion und Rezeption sprachlicher Äußerungen durchaus mit einem **"persönlichen Sinn"** (NEUBERT 1981 a, 12) angereichert bzw. durchsetzt sein kann. Dieser überlagert gewissermaßen die Bedeutung, die Bestandteil des Lexikons der Sprachgemeinschaft geworden ist, trägt in der Regel meist einen zufälligen und subjektiven Charakter und ist somit für den Erfolg der gesellschaftlichen Kommunikation insgesamt nicht oder nur bedingt relevant (vgl. ebd.).

Wir wollen an dieser Stelle darauf hinweisen, daß zum Verhältnis von Bedeutung und Abbild, so wie wir es oben beschrieben haben, konträre Auffassungen existieren, insbesondere solche, die von einer Gleichsetzung dieser Begriffe ausgehen bzw. völlig anders definieren. So konstruiert WEISGERBER mit seiner inhaltbezogenen Grammatik ein dreigliedriges Sprachmodell von Lautform, Wortinhalt und Außenwelt (vgl. 1962 a). So gibt es die Bedeutung für ihn im eigentlichen Sinne gar nicht, sondern sie existiert für ihn nur im Wort und zwar als Funktion des lautlichen Teils. So erfindet er eine "sprachliche Zwischenwelt", das "muttersprachliche Weltbild" (vgl. hierzu auch Kap. 2.2 d. A.) und entfernt sich somit von der Wirklichkeit; der gesellschaftliche Erkenntnisprozeß wird auf diese Weise vom Menschen getrennt. Eine ähnliche Auffassung vertraten auch die amerikanischen Positivisten in ihrer Hypothese von der linguistischen Relativität (*linguistic relativity*). Hierzu bemerkt CRYSTAL kritisch:

> **"That there are some conceptual differences between cultures due to language is undeniable, but this is not to say that the differences are so great that mutual comprehension is impossible. One language may take many words to say what another language says in a single word, but in the end the circumlocution can make the point ... However, a weaker version of the Sapir-Whorf hypothesis is generally accepted. Language may not determine the way we think, but it does influence the way we perceive and remember, and it affects the ease with which we perform mental tasks."** (1987, 15).

Wir können uns einer Vereinseitigung und Verabsolutierung der dem Individuum beim Spracherwerb durch die Gesellschaft vermittelten und von diesen aufgenommenen und verarbeiteten Verwendungsweisen und -normen für die Benutzung sprachlicher Zeichen und deren Bedeutung, wie diese z. B. in der SAPIR-WHORF-Hypothese vorgenommen wird, nicht uneingeschränkt anschließen. So behauptet WHORF, daß

> **"the world is represented in a kaleidoscopic flux of impressions which has to be organized by our minds - and this means largely by the linguistic systems in our minds"** (1962, 213).

Der Schritt bis zu einer, wie auch immer gearteten, **"sprachlichen Zwischenwelt"** ist hier wahrlich nicht weit. In dieser Hinsicht ist WHORF einer deutlichen Kritik zu unterziehen.

Die *Bedeutung* kann gewissermaßen als Durchschnitt aller von einer Kommunikationsgemeinschaft einem Formativ zugeordneten Abbildelemente aufgefaßt werden. Diese Auffassung vertraten auch SCHMIEDEL/SCHUBERT (1979, 8 f.). Allein hieraus ergibt sich zwingend, daß Bedeutung und Abbild keineswegs identisch sein können. Vielmehr verhalten sie sich in der oben beschriebenen Weise zueinander.

Es bleibt abschließend festzustellen, daß ein Abbild einerseits natürlich von dem Gegenstand, Prozeß, Zustand etc., auf den es sich bezieht, determiniert wird, andererseits ist aber das individuelle Abbild auch gesellschaftlich, d. h. von der Kommunikationsgemeinschaft, deren Angehöriger das Individuum ist, von ihren Traditionen, Erfahrungen, ihren historischen Besonderheiten usw. geprägt. Dies findet seinen Ausdruck insbesondere in den jeweiligen Lexikoneintragungen und Wörterbüchern einer Sprach- bzw. Kommunikationsgemeinschaft.

2.4.3 Wort und Lexem

Das Wort ist die grundlegende Einheit im Lexikon einer Sprachgemeinschaft. Bezugnehmend auf HUMBOLDT charakterisiert SCHIPPAN das *Wort* als **"sprachliche[n] Ausdruck von Verallgemeinerungen und gesellschaftlichen Wertungen, von rationalen und emotionalen Bewußtseinsinhalten"** (1987, 11).

Das *Lexem* abstrahiert also vom konkreten Wort in einem konkreten Kontext. Der jeweilige Wörterbucheintrag gibt darüber Auskunft, welche Bedeutung die Kommunikationsgemeinschaft zu einem bestimmten Zeitpunkt einem ganz bestimmten Formativ zuordnet. Lexeme sind somit Bestandteile des Sprachsystems. Sie tragen gegenüber dem konkreten Wort in einem konkreten Kontext einen allgemeinen, gesellschaftlichen, relativ objektiven Charakter. Indem sich das Individuum diese Lexeme in ihrer Einheit von Formativ und Bedeutung aneignet, übernimmt es zugleich gesellschaftliche Erfahrungen, Erkenntnisse, Einschätzungen und Wertungen. Somit sind Lexeme die gesellschaftliche Grundlage für die geistige Aneignung der Welt durch das Individuum.

Der Begriff des Wortes läßt nach SCHMIEDEL/SCHUBERT verschiedene Interpretationsmöglichkeiten zu, so daß wir phonologische, orthographische, grammatische und lexikalische Wörter unterscheiden müssen (vgl. 1979, 7). Wir konzentrieren uns diesbezüglich in der vorliegenden Untersuchung auf das *lexikalische Wort.*

Das Individuum erlernt Wörter, und indem es diese Wörter erlernt, übernimmt es die Zuordnung sprachlicher Formative zu bestimmten Bedeutungen und umgekehrt. Wir haben das *Wort* im Kapitel 1.2 bereits definiert. SCHIPPAN charakterisiert es wie folgt:

> **"Das Wort als wichtigstes Mittel der Nomination und Verallgemeinerung, Wertung und der Herstellung des kommunikativen Kontakts unterliegt stärker als jede andere sprachliche Einheit oder Regel dem Einfluß der Faktoren und Bedingungen gesellschaftlicher Lebensprozesse."** (1987, 13).

Diese exponierte Stellung des Wortes innerhalb der Sprache wird auch in unserer Untersuchung zu beachten sein. Lexem, Wort und Wortschatz sind Gegenstand eines wichtigen Zweiges der Linguistik, der Lexikologie. Am konkreten Wort, vor allem an seinem sprachlichen und außersprachlichen Kontext ist, bei Inbeziehungsetzung zur Wirklichkeit, die Adäquatheit der Widerspiegelung zu prüfen. Die Bedeutung eines Wortverbandes, eines Textes oder einer anderen syntaktischen Struktur ist jedoch mehr als die bloße Aneinanderreihung der einzelnen Wortbedeutungen in ihrer Summe. Dies spielt für die Abgrenzung bzw. für die Analyse über das Einzelwort hinausgehender syntaktischer Einheiten eine wichtige Rolle. Das Problem einer solchen Abgrenzung erwähnen auch SCHMIEDEL/SCHUBERT (vgl. 1979, 8). Hierauf wird weiter unten noch einzugehen sein.

Dem Wort werden in der Kommunikation teils real wirkende, teils aber auch mystisch verklärte Kräfte zugewiesen (vgl. z. B. SEGERSTEDT 1947, KLAUS 1964 u. a.). Das Wort besitzt scheinbar, in einem bestimmten sprachlichen Kontext verwendet, tatsächlich eine gewisse "Macht". SAPIR bemerkt hierzu:

> **"Would we be so ready to die for 'liberty', to struggle for 'Ideals' if the words themselves were not ringing within us? And the word, as we know, is not only a key, it may also be a fetter."** (1949, 17).

Wir können SAPIR hier nur recht geben. Genau dieser Punkt wird in unseren speziellen Untersuchungen zum Problem des Euphemismus noch einen großen Raum einnehmen. An dieser Stelle sei abschließend lediglich konstatiert, daß die sogenannte Macht des Wortes weniger vom Wort selbst ausgeht als vielmehr von seiner Verwendung in bestimmten sozialen, historischen, temporalen, lokalen und schließlich auch sprachlichen Kontexten. Ein Einzelwort kann bestenfalls als Schlagwort oder Parole eine solche mobilisierende Funktion besitzen (vgl. z. B. GREEN 1987, 2). Hierbei werden jedoch kaum die gesamten Bedeutungsbestand-teile eines Lexems aktualisiert, sondern nur bestimmte Teile dieser Bedeutungen. Dies führt uns zum Zusammenhang von Sem und Semem, der im folgenden Gegenstand unserer Betrachtungen sein soll.

2.4.4 Sem und Semem

Die Wortbedeutung auf der Ebene des Sprachsystems gliedert sich in verschie-dene Möglichkeiten der semantischen Fügbarkeit, in verschiedene potentielle Kontextbedeutungen, die sich jedoch erst auf der Ebene des Sprachgebrauches, bei der Verwendung sprachlicher Zeichen zum Zwecke der Kommunikation voll entfalten. Eine solche potentielle Kontextbedeutung fassen wir als *Semem* auf (vgl. SCHIPPAN 1987, 162).

> **"Als eine gesellschaftliche Norm und kommunikative Invariante kann das Semem als intersubjektiver Durchschnitt der individuellen Abbilder betrachtet werden, der üblicherweise mit dem jeweiligen Formativ im Bewußtsein aller fluent und native speakers verknüpft wird. Gesellschaft-lich wird hier synonym mit Sprachgemeinschaft gebraucht und das Semem zugleich als überindividuell gemeinsamer Kern der individuellen Abbilder betrachtet."** (LORENZ/WOTJAK 1974, 111 f.)

Somit ist das Semem mit bestimmten sprachlichen Formativen verknüpft, ist es Resultat und zugleich Voraussetzung der mit Hilfe der sprachlichen Zeichen erfolgenden interindividuellen Kommunikation. Somit ist die Zuordnung eines Semems zu einem bestimmten Formativ nicht zuletzt von bestimmten kontextualen Bedingungen abhängig. Eine Besonderheit begegnet uns bei polysemen Lexemen. Hier stellt ein Semem eine Bedeutung dar, die mit den anderen Sememen des polysemen Lexems strukturell verbunden ist. Das Semem als Systemeinheit abstra-hiert von den Wortformen des Sprachgebrauches, der Rede, der parole und wird aus den jeweiligen Kontexten isoliert. Diese verschiedenen Sememe sind bei polysemen Lexemen als Wörterbucheintrag verzeichnet. SCHIPPAN (1987, 163 f.) weist auf das Problem der Abgrenzung der Sememe von Sememvarianten hin und schlußfolgert:

"Man kann diejenige Einheit als Semem ansehen, die durch die jeweils gleiche Paraphrase umschrieben wird, die einen Kern semantischer Merkmale enthält, der bestimmte Kontextklassen erlaubt/fordert." (ebd., 164).

Als *Seme* bezeichnen wir jene "rekurrenten Abbildelemente ..., die als kleinste Einheit der semantischen Komponente aufgefaßt werden können" (ebd., 162 f.). Folglich ist das Sem Beschreibungseinheit, Konstituente der Merkmale eines Semems und somit kleinstes Bedeutungselement. Wir sind der Auffassung, daß eine Analyse der einzelnen Komponenten einer Bedeutung, d. h. eine Semanalyse im eigentlichen Sinne im Bereich des politischen Wortschatzes auf Grund des gegenwärtigen Forschungsstandes sehr problematisch, wenn nicht gar unmöglich ist. Andererseits erachten wir eine solche Analyse auch nicht für sinnvoll, da, anders als in anderen Wortschatzbereichen, eine sehr hohe Komplexität der Semstruktur vorliegt. Ebenso erweist sich hierbei das Fehlen metasprachlicher Erkenntnisse als hinderlich, was eine qualitativ angemessene theoretische Beschreibung dieses Wortschatzbereiches geradezu unmöglich macht. Wir wissen uns in diesem Zusammenhang einer Meinung mit SCHMIEDEL/SCHUBERT (vgl. 1979, 12).

2.4.5 Polysemie und Homonymie, die lexisch-semantische Variante

Um die Abgrenzung der beiden Phänomene Polysemie und Homonymie voneinander bemüht sich die Sprachwissenschaft schon seit geraumer Zeit. Verschiedene Untersuchungen führten hierbei zu dem Ergebnis, daß es kein Kriterium gebe, um diese Erscheinungen lexikalischer Mehrdeutigkeit voneinander zu trennen (vgl. dazu SCHIPPAN 1987, 170 ff.). Setzt man zur Unterscheidung lediglich semantische Kriterien an, wird dieses Problem tatsächlich kaum gelöst werden können (vgl. VIEHWEGER et al. 1977, 318). Grundsätzlich beruhen beide Erscheinungen auf der Beziehung zwischen Formativ und Abbild, und zwar der Zuordnung von mehreren Abbildern zu einem Formativ (vgl. ebd., 26). Nach Ansicht von LORENZ/ WOTJAK liegt der Unterschied in der Semstruktur des zu betrachtenden Lexems begründet (vgl. 1977, 109 f.). Die Sememe polysemer Wörter besitzen einen bestimmten Teil gemeinsamer Seme (vgl. auch VIEHWEGER et al. 1977, 318; SCHIPPAN 1987, 174). Solche verbindenden Bedeutungselemente existieren bei den Homonymen in der Regel nicht (vgl. SCHIPPAN 1975, 102).

Als hilfreich, aber für sich genommen nicht hinreichend, erweist sich ein grammatisches Kriterium:

"Wir sprechen von Homonymen, wenn die sprachlichen Einheiten unterschiedlichen Wortarten angehören, unterschiedliche grammatikalische Kategorien haben, grammatische Formen unterschiedlich bilden. Übergänge sind vorhanden, wenn die Bedeutungen in regulären semantischen Beziehungen zueinander stehen. Polysemie liegt dann vor, wenn die lexisch-semantischen Varianten den gleichen Anteil an grammatischen Kategorien haben und die grammatischen Formen auf gleiche Art bilden." (SCHIPPAN 1987, 174).

Eine Unterscheidung dürfte aber im konkreten Fall dennoch mit teilweise recht großen Problemen verbunden sein, da verschiedene Wörterbücher hierzu auch unterschiedlich Auskunft geben. Hinzu kommt, daß im Laufe der Sprachentwicklung Bedeutungseinengungen, aber auch -erweiterungen stattfinden können, die einerseits erst im Laufe der Zeit Eingang in die Wörterbücher finden bzw. sogar nur Bestandteil einer gruppenspezifischen Norm werden, die gesamtgesellschaftlich gesehen irrelevant und deshalb überhaupt nicht in Wörterbüchern vermerkt ist, jedoch objektiv innerhalb der Kommunikationsgemeinschaft existiert.

Abschließend sei hier der Begriff der lexisch-semantischen (bzw. lexikalisch-semantischen) Variante[2] erklärt. Wir gehen davon aus, daß lexisch-semantische Beziehungen bereits innerhalb des Sprachsystems, also auch außerhalb eines Kontextes existieren. Genannt seien hierfür nur die Beziehungen der Über- bzw. Unterordnung, die Hyperonymie und Hyponymie, die auch bereits ohne Kontext objektiv existieren können (vgl. hierzu u. a. SCHIPPAN 1987, 213 ff.). Aber auch paradigmatische semantische Beziehungen existieren nicht schlechthin zwischen Lexemen, sondern zwischen Bedeutungseinheiten von Lexemen, also den Sememen (vgl. ebd., 212). Aus diesem Grunde operieren wir nicht etwa mit "polysemen Lexemen", sondern schließen uns SCHIPPAN an und sprechen von *lexisch-semantischen Varianten,* die Träger von Ko-/Kontextbedeutungen sind (vgl. ebd.).

2.4.6 Zum Problem der Synonymie

Das Problem der Synonymie hat in der Linguistik breite Beachtung gefunden, was vor allem auf dessen theoretische Bedeutung sowie praktische Erfordernisse der Lexikographie, jedoch auch darauf zurückzuführen ist, daß sich in der Synonymie ganz verschiedene semantische Beziehungen im lexikalischen System der Sprache widerspiegeln.[3]

Wir halten im Sinne von OHNHEISER die traditionelle Bestimmung der Synonyme als **"Wörter mit unterschiedlicher lautlicher Gestalt, aber gleicher oder ähnlicher Bedeutung"** (1979, 28) für völlig unzureichend. Dennoch bedürfen wir einer relativ einfachen, handhabbaren Definition der Synonymie. Wir explizieren deshalb *Synonyme* als

"formal nicht gleiche (zum Unterschied zu den Varianten) LE (= lexikalische Einheiten - A. B.) gleicher Wortart oder mit gleicher syntaktischer Funktion, die gemeinsame relevante Bedeutungselemente (die gleiche begriffliche Bedeutungskomponente) und die Mehrheit gemeinsamer Kontextverbindungen (synonymischer Kontexte) haben und

---

[2] Der Begriff der *lexisch-semantischen Variante (LSV)* geht zurück auf A. I. SMIRNITZKI. Er wird von uns im Sinne von ZVEGINCEV, V. A.: Semasiologija. Moskva 1957, S. 125 f.; zit. bei W. SCHMIDT (1986, 32) verwendet.

[3] Vgl. hierzu auch ŠAPIRO, A. B. (1955): Nekotoryje voprosy teorii sinonimov (na material'e russkogo jazyka). - in: *Doklady i soobščenija instituta jazykoznanija AN SSSR, No. 8,* 72.

in einer homogenen Sprachgemeinschaft verwendet werden" (FILIPEC 1968, 196).

Synonyme sind also Lexeme, die sich auf den gleichen Begriff beziehen, das gleiche Denotat sprachlich widerspiegeln (vgl. auch SCHIPPAN 1987, 219). Synonyme verfügen deshalb über einen gemeinsamen **"Kern gleicher denotativ bedingter Seme"** (ebd.). Wichtig in diesem Zusammenhang erscheint uns die Feststellung, daß durch den Austausch von Synonymen in bestimmten Kontexten zwar der gleiche Denotatsbezug hergestellt wird, jedoch bestimmte Merkmale hervorgehoben bzw. unterdrückt werden können (vgl. ebd.). Gerade dieser Umstand soll für das Phänomen des Euphemismus noch eine wichtige Rolle spielen.

Mit der Übernahme der Definition von FILIPEC lehnen wir zugleich die Auffassung von einer möglichen **"absoluten Synonymie"** bzw. **"reinen Synonymie"**, also völlig identischen Semembeziehungen (vgl. ULLMANN 1967, 102), ab. Vielmehr sind wir mit AMMER der Überzeugung, daß es eine **"wirkliche Synonymie"** nicht gibt (zit. bei SCHIPPAN 1987, 218). Wir sind deshalb auch mit SCHIPPAN (1987, 129, Fußn. 61) einer Meinung, daß die Frage, ob bei der Bestimmung der Synonymie/Synonyme eine strenge Unterscheidung zwischen Bedeutungsidentität und Bedeutungs-ähnlichkeit erfolgen sollte, gegenstandslos werde, sobald man nach den Funktionen synonymer Einheiten fragt. Gerade an den Funktionen wird letztlich deutlich, daß es sich bei Synonymie nur um Bedeutungsähnlichkeit und nicht um völlige Identität zwischen den Semen verschiedener Lexeme handeln kann, denn sie beruhen eben auf den differenzierenden Merkmalen, obgleich der gemeinsame Denotatsbezug die Grundlage bildet.

WOTJAK bestimmt die Beziehungen zwischen den Synonymen in Abhängigkeit von der Zahl gemeinsamer semantischer Merkmale, auf Grund derer es zu einer gewissen Staffelung komme, von verschiedenen Graden semantischer Ähnlichkeit bis zu einer **"kaum wohl jemals erreichten Identität"** (vgl. 1971, 30 ff.).

ŠMELEV kritisiert gerade den Umstand, daß in fast allen Definitionen verwendete Synonymiekriterien wie **"Gleichheit der Bedeutung"**, **"Bedeutungsnähe"**, **"Austauschbarkeit"** im allgemeinen stets undefiniert bleiben. So sei Austausch-barkeit durchaus auch bei Nichtsynonymen gegeben (vgl. 1973, 130). Das Problem einer eindeutigen und zweifelsfreien Bestimmung der Synonymie auf dieser Grundlage wird jedoch solange nicht möglich sein, wie nicht eindeutige und vor allem einheitliche semantische Merkmale und eine semantische Metasprache entwickelt worden sind. Hier bleibt also der Sprachwissenschaft noch viel zu tun (vgl. dazu auch OHNHEISER 1979, 33 f.).

Nach unserer Auffassung sind synonymische Beziehungen möglich zwischen:

1. monosemantischen und polysemen Wörtern, die nahezu in ihrem gesamten Bedeutungsumfang übereinstimmen,

2. einem monosemantischen Wort und einer LSV einer polysemen LE,

3. je einer oder mehreren LSV polysemer Wörter

(vgl. auch OHNHEISER 1979, 34).

Zum Problem der Synonymie seien abschließend noch die Möglichkeiten der kommunikativen Funktion von Synonymen dargestellt (vgl. z. B. FLEISCHER/ MICHEL 1979, 74 ff.), die uns in bezug auf unseren Untersuchungsgegenstand als die wichtigsten erscheinen:

1.   **"Die im gleichen Text auftretenden Synonyme haben spezifische kommunikative Funktionen. Sie heben Merkmale hervor ... Begrifflich sind diese Synonyme identisch, aber in die Bedeutungen werden durch die Motivbedeutungen Seme eingebracht, die sich mit dem Wort verfestigen und Assoziationen auslösen können"** (SCHIPPAN 1987, 221), wobei hier mehr die Seme der denotativen Bedeutung als Gefühlswert oder konnotative Bedeutung gemeint sind. Unter diesem Aspekt ist auch ERDMANN zu verstehen, der diese Erscheinung als **"Nebensinn"** definierte und damit **"alle Begleit- und Nebenvorstellungen, die ein Wort gewohnheitsmäßig und unwillkürlich in uns auslöst"** (ERDMANN 1925, 107) bezeichnete.

So z. B. lassen sich *limited war, local operations, local hostilities, bushfire operations, brushfire war* (Bsp. vgl. GLÄSER 1966, 249) synonym verwenden, sind begrifflich weitgehend identisch (etwa: MILITARY INTERVENTION), jedoch heben sie über die Bedeutung der diese LE konstituierende Lexeme verschiedene Merkmale heraus. Auf diese Weise werden verschiedene **"Begleit- oder Nebenvorstellungen"** (ebd.) hervorgerufen.

2.   Synonyme können, indem sie bestimmte Merkmale eines Denotats hervorheben, in bestimmten Abstufungen auftreten, wobei jeweils ein Aspekt betont wird (vgl. hierzu auch SCHIPPAN 1987, 222).

So sind z. B. *junta, regime* und *government* Synonyme, wobei bei *government* das Merkmal (Sem) 'democratically elected' im Vordergrund steht, während dies bei *regime* und noch mehr bei *junta* in den Hintergrund tritt, während in umgekehrter Richtung, also von *junta* zu *government* das Sem 'based on force' stufenweise abgebaut wird. Eine solche Abstufung könnte man z. B. als "synonymische Reihe" bezeichnen (vgl. ebd.).

3.   **"Synonyme können eine 'steigernde' Funktion haben, wenn in der Reihung jeweils ein weiteres peripheres Sem auftritt"** (ebd.).

z. B. *contradictions - collisions - conflicts; collisions* und *conflicts* drücken eine weitere Zuspitzung und Vertiefung der Widersprüche ('contradictions') aus.

4.   Synonyme können erläuternde Funktion haben. Dies ist vor allem dann der Fall, wenn ein fachsprachlich konnotiertes Wort oder ein Fremdwort erläutert bzw. wenn ein polysemes Wort monosemiert werden muß (vgl. ebd., 222 f.).

z. B.: "A cliché is a stereotyped expression or a hacknayed phrase..."
(Bsp. aus: HOWARD 1986, 87).

Hier wird *hacknayed phrase* zur Erläuterung von *stereotyped expression* herangezogen.

5.   Das Synonym kann eine **"stärkere gefühlsmäßige Beteiligung, Emotionalität, Wertung ausdrücken"** (SCHIPPAN 1987, 223).

Dies wäre z. B. der Fall bei einem synonymischen Ersatz von 'bad' durch *bloody*, *damned* etc., von *shameful* für 'dishonourable', *to stink* für 'to smell' usw.

6. Wir kritisieren ausdrücklich die Ansicht SCHIPPANS (ebd., 222), die Wahl eines Synonyms aus dem Wortbestand werde von dem Bestreben gesteuert, das 'treffende' Wort auszuwählen und daß man diese Wahl **"mehr oder weniger unbewußt"** (ebd.) treffe. Dies mag zwar in einigen Fällen zutreffen, kann aber in dieser Absolutheit so nicht akzeptiert werden. Im Gegenteil: Der besondere Charakter der Synonyme, einmal diese, einmal andere Merkmale in den Vordergrund zu rücken, kann zu manipulativen Zwecken ganz bewußt genutzt werden. Die Wahl eines Synonyms wird dann umgekehrt von dem Bestreben gesteuert, das 'treffende' Wort zu umgehen, es bewußt zu vermeiden, über ein bestimmtes Synonym, das wichtige Seme in den Hintergrund treten läßt, dagegen andere Seme, z. B. um Emotionen hervorzurufen, überbetont, den Rezipienten gezielt zu täuschen bzw. zu einer ganz bestimmten Reaktion zu veranlassen.

Wir werden im Zusammenhang mit unserem Untersuchungsgegenstand noch einmal auf das Problem der Synonymie zurückkommen. Überdenkenswert erscheint uns jedoch in diesem Zusammenhang schon jetzt die Auffassung von LEISI, **"daß die Synonymität im Deutschen grundsätzlich anders gelagert ist als im Englischen: im Englischen sind die Synonyme mehr vertikal stilistisch, sozial) geschichtet ..., im Deutschen mehr horizontal (geographisch)"** (1955, 182).

Wenden wir uns nun einem der wichtigsten Probleme der Semiotik zu, dem Verhältnis von lexikalischer und aktueller Bedeutung.

2.4.7 Zum Problem der lexikalischen und der aktuellen Bedeutung

Das Problem der lexikalischen und der aktuellen Bedeutung hat eine ganze Reihe sprachwissenschaftlicher Untersuchungen beschäftigt, ohne daß es etwa eine einhellige Meinung dazu gäbe (vgl. hierzu: BIERWISCH 1979, 64 ff.; 1983 a, 64 ff.; 1983 b, 33 ff.; NEUBERT 1981 a, W. SCHMIDT 1986). Durch die Verwendung von lexikalischen Einheiten (Wörtern, Wortgruppen etc.) in einem bestimmten Kontext entsteht die **"kontextuell bedingte Äußerungsbedeutung"** (vgl. HELBIG 1986, 118). Diese ist nicht mehr rein linguistisch bestimmt, sondern wird zusätzlich beeinflußt von den Kenntnissystemen der Kommunikationspartner, von ihren Erfahrungen, Einstellungen, Haltungen usw. Dieser **"kommunikative Sinn"** (ebd.) kann weder bei rein linguistischer noch bei rein psychologischer Betrachtung voll erfaßt werden.

Die Semasiologie als die Lehre von den Wortbedeutungen (vgl. hierzu auch SCHIPPAN 1987, 35 ff.) hängt auf das engste zusammen mit den Disziplinen vor allem der Logik und der Psychologie. Gerade dieser Umstand ist in der Vergangenheit oft nicht ausreichend berücksichtigt worden. Auf diese Weise mußten semantische Analysen zum Selbstzweck werden, wenn davon ausgegangen wurde, daß die langue einziger Gegenstand der Semasiologie sei.[4] Langue und parole dürfen nicht

---

[4] So vertritt z. B. J. J. KATZ in seiner *Semantic theory* die Auffassung, "that a semantic theory can be constructed which is free of information derived from pragmatics and speakers' belief systems" (zit.

aufgefaßt werden als zwei völlig voneinander verschiedene Phänomene, sondern sie sind zwei Aspekte ein und derselben Erscheinung, nämlich des Phänomens Sprache: Sprachsystem und Sprachgebrauch (vgl. W. SCHMIDT 1986, 8 f.).

Die Erkenntnis des Zusammenhangs von langue und parole geht zurück auf DE SAUSSURE (vgl. 1967 bzw. 1974). Ohne das System der Sprache, die langue, könnten die Sprecher die Sprache nicht als Kommunikationsmittel verwenden. Andererseits ist die Sprache nur an Hand aktueller Äußerungen, also in der parole, auf deren Grundlage das System deduziert wird, analysierbar (vgl. HELBIG 1973, 35). Nur wer das interrelationale Verhältnis von Möglichkeit und Wirklichkeit versteht, das zwischen langue und parole existiert (vgl. dazu W. SCHMIDT 1986, 9), kann die Sprache in ihrer Ganzheitlichkeit erfassen. Wir vertreten hier voll und ganz die Meinung W. SCHMIDTS:

> **"Ich halte die Auffassung, die Semasiologie habe es nur mit der langue zu tun, für falsch, denn es ist offensichtlich unmöglich, die Grundfragen der Semasiologie zu lösen, wenn man die Wörter nur als Teil des sprachlichen Systems zu betrachten gewillt ist, ohne sie in ihrer realen Funktion, d. h. in der Praxis der gesellschaftlichen Kommunikation, also in der Rede zu untersuchen."** (ebd.).

Damit Sprache als Wirklichkeit in Erscheinung treten kann, muß sie in der Gesellschaft als Möglichkeit, also im Sprachsystem gegeben sein. Dies selbst ist aber wiederum Resultat vorausgegangener Akte der Sprachrealisierung (vgl. ebd.). Wenn wir also von Sprache sprechen, meinen wir immer beide Aspekte - langue und parole. Daraus resultiert logisch, daß wir das Wesen der Wortbedeutung **"in ihren Erscheinungsformen als Element der Rede   u n d**   (Hervorhebung von W. SCHMIDT - A. B.) **des sprachlichen Systems zu bestimmen und die Wechselbeziehung zwischen beiden Erscheinungsformen genau zu untersuchen"** (ebd., 10) haben. Also sind die jeweiligen konkreten Bedingungen zu untersuchen, die dazu führen, daß eine ganz bestimmte Möglichkeit zur Wirklichkeit wird. Wir haben aber auch die Bedingungen zu erfassen, die dazu führen, daß die **"aktuellen Wortbedeutungen der Rede"** (ebd.) die semantischen Möglichkeiten bereichern, also das Sprachsystem modifizieren und verändern. Wir definieren dementsprechend *lexikalische* und *aktuelle Bedeutung* mit W. SCHMIDT wie folgt:

> **"Die *lexikalische Bedeutung* (Hervorhebung von W. SCHMIDT - A. B.), die Wortbedeutung auf der Ebene der Sprache (besser: des Sprachsystems -A. B.) ist die Potenz der aktuellen Bedeutungen, die zu einem gegeben Zeitpunkt auf der Ebene der Rede realisiert werden können. Oder umgekehrt ausgedrückt: Die *aktuellen Bedeutungen* (Hervorhebung von W. SCHMIDT - A. B.) sind die verschiedenen auf der Ebene der Rede (der parole - A. B.) auftretenden Realisationen der Möglichkeiten, die die lexikalische Bedeutung, die Wortbedeutung auf der Ebene der Sprache (besser: des Sprachsystems - A. B.) enthält"** (1986, 28).

---

bei JACKENDOFF 1981, 425). JACKENDOFF (ebd., 425 ff.) kritisiert KATZ' Ausführungen und stellt fest, daß ein solches Herangehen an die Semantik fundamentale semantische Erscheinungen ausschlösse und sprachlich relevante Verallgemeinerungen verhindere.

Die lexikalischen Bedeutungen entfalten sich in sprachlichen Kontexten zu aktuellen Bedeutungen. Letztere werden also im Kontext realisiert (vgl. ebd., 29). Gerade im Kontext entstehen aber auch neue aktuelle Bedeutungen. In diesem Falle wird die lexikalische Bedeutung bereichert und entfaltet (vgl. ebd.).[5]

An dieser Stelle unserer Untersuchung halten wir es für notwendig, unsere Auffassung zum Problem des Kontextes darzulegen.

2.5 Kontext und Sprechsituation - sprachlicher und außersprachlicher Kontext

Zur Klärung des Wechselverhältnisses zwischen lexikalischer und aktueller Bedeutung haben wir u. a. bereits den Begriff des Kontextes verwendet. Um hier eine eindeutige Bestimmung des Begriffsinhaltes zu ermöglichen, halten wir es für zweckmäßig und notwendig, Kontext in diesem Zusammenhang zu definieren.

Der *Kontext* ist in verschiedenen Arbeiten sowohl in einem sehr weiten[6] als auch in einem engeren[7] Sinne definiert worden.

Wir schließen uns aus Gründen einer zweckmäßigen Trennung von sprachlichem und außersprachlichem Kontext der russischen Sprachwissenschaftlerin N. N. AMOSOVA an, die in Kontext und Sprechsituation (*kontekst - rečevaja situacija*) als Bedingungen für den Sprachgebrauch deutlich unterscheidet (vgl. 1958, 3 ff.). Sie definiert *Sprechsituation* als den konkreten Hintergrund, der es unabhängig von dem rein sprachlichen Kontext ermöglicht, ein mehrdeutiges Wort gerade in der Bedeutung aufzufassen, die in dem gegebenen Fall die einzig mögliche und richtige ist.

Betont sei hier, daß es natürlich Fälle gibt, in denen nicht nur eine Bedeutung möglich ist, so z. B. bei Mehrdeutigkeit im Sinne von mehreren möglichen aktuellen Bedeutungen, z. B. 'I knew this man. He was an *English teacher...*' (Lehrer

---

[5] SCHIPPAN (1987, 142 f.) unterscheidet ebenfalls zwischen der lexikalischen Bedeutung auf der Ebene der langue und der aktuellen Bedeutung auf der Ebene der parole. Sie setzt gewissermaßen dazwischen noch den Begriff der Kontextbedeutung (bzw. Kotextbedeutung), die sie definiert als "syntagmatisch differenzierte semantische Varianten - Sememe - einer Langue-Bedeutung. Sie sind als Langue-Bedeutungen angelegt, werden im Wörterbuch als Sememe ein und desselben Lexems unter dem gleichen Lemma verzeichnet. In ihnen sind die semantischen Elemente-Merkmale verfestigt, die die Einbettung in den spezifischen Ko- oder Kontext ermöglichen. Sie stellen somit eine Bedeutung eines polysemen Lexems dar. Mit ihnen operieren wir in der sprachlichen Kommunikation. Wir ermitteln sie aus dem Eintrag im Wörterbuch, der Definition oder Paraphrase." (ebd., 143). Es fragt sich, was diese zusätzliche Unterscheidung bringt, und inwiefern sich die Kontext- (resp. Kotext-) Bedeutung wirklich von der aktuellen Bedeutung unterscheidet bzw. inwiefern die Kontextbedeutung in die aktuelle Bedeutung eingeht. Es wäre allenfalls zu vertreten, wenn wir die Kontextbedeutung unter Hinzunahme lediglich des sprachlichen Kontextes und im Unterschied dazu zur Bestimmung der aktuellen Bedeutung sowohl des Kontextes als auch der Sprechsituation bestimmten. Da SCHIPPAN aber hinzufügt, "Diese aktuellen Bedeutungen werden aus dem konkreten Text erschlossen." (ebd.), erscheint uns die Unterscheidung bei ihr zu vage und ungenau.

[6] vgl. z. B. BRYANT, M. M. and J. R. AIKEN: *Psychology of English.* New York 1940, 31 f.

[7] Vgl. z. B. BUDAGOV, R. A.: *Vvedenije v nauku o jazyk'e.* Moskva 1958, 14.

englischer Herkunft oder Englischlehrer?). Der *Kontext* wird von AMOSOVA im Sinne des sprachlichen Kontextes definiert als Summe der Wörter, die sich mit einem gegebenen Wort kraft ihres semantischen Gehaltes zu einer Kommunikationseinheit verbunden haben. Dieser wird also durch seinen materiellen Wortbestand wirksam (vgl. auch W. SCHMIDT 1986, 34).

Wie wir noch sehen werden, spielen sowohl *Sprechsituation* als auch *Kontext* im Sinne von AMOSOVA, für die wir auch die Begriffe *außersprachlicher* bzw. *sprachlicher Kontext* synonym verwenden, beim Problem des Euphemismus eine besondere Rolle, wobei der Sprechsituation eine exponierte Stellung zukommt, da diese bei der Beurteilung eines Euphemismus in jedem Falle zu beachten ist, ja einen Euphemismus als solchen oft erst wirksam werden läßt. Der Kontext (= sprachlicher Kontext) spielt deshalb jedoch keine geringe Rolle.

"Der Kontext ist das Milieu, in dem sich die lexikalische Wortbedeutung entfaltet, in dem aus dem dialektischen Widerspruch zwischen den vorhandenen semantischen Möglichkeiten und dem konkreten kommunikativen Bedürfnis neue lexikalisch-semantische Varianten von Wörtern, also neue aktuelle Wortbedeutungen entstehen, die das Strukturgefüge der lexikalischen Wortbedeutung bereichern." (W. SCHMIDT 1986, 34)

Wir unterscheiden darüber hinaus mit AMOSOVA (1958, 10 ff.) und W. SCHMIDT (1986, 34, 55 ff., 91 ff.) zwischen lexikalischem und syntaktischem Kontext, wobei wir hierunter die besonderen lexikalisch-semantischen bzw. syntaktischen Bedingungen des Wortgebrauches verstehen.

Ausgehend vom Kontext wenden wir uns nun der denotativen und konnotativen Bedeutung zu.

2.6   Zur denotativen und konnotativen Bedeutung

Die Begriffe Denotat und Denotation sind in der Linguistik mit unterschiedlicher Bedeutung verwendet worden.

LORENZ/WOTJAK (1977, 133 f.) geben einen Überblick über Gebrauchsweisen des Terminus. ALBRECHT (1975 a, 57 f.) ergänzt darüber hinaus einige aufschlußreiche Hinweise zur historischen Entwicklung des Begriffsinhaltes.

Als *Denotat* bezeichnen wir mit SCHIPPAN **"eine Klasse von Objekten, die wir mit einem Lexem bezeichnen, die im jeweiligen Semem widergespiegelt werden"**(1987, 144). Wir müssen hierbei jedoch **"Objekte"** im weitesten Sinne fassen und verstehen darunter Gegenstände, Prozesse, Beziehungen und Erscheinungen der Wirklichkeit. Die **"Bedeutung als Abbild der Denotate"** (ebd.) ist demnach die *denotative Bedeutung*.

Das *Designatum* bei LEINFELLNER (vgl. 1971, 14) entspricht im wesentlichen der Bestimmung des *Denotats* durch SCHIPPAN. LEINFELLNER versteht unter Designatum:

"empirische Eigenschaften und Relationen, empirische Individuen und Objekte sowie empirische Verbindungen von empirischen Objekten mit

anderen empirischen Objekten, empirische Eigenschaften, Sachverhalte usw." (ebd.).

Ergibt sich aus dem bisher Gesagten nun die Schlußfolgerung, daß denotative Bedeutungen praktisch eine originalgetreue, gewissermaßen fotografische Wiedergabe der Objekte, Prozesse, etc. darstellen? Diese Frage ist mit aller Entschiedenheit zu verneinen. In die Abbilder der Denotate gehen immer auch Verallgemeinerungen, die durch die geistige Tätigkeit des Menschen entstanden sind, mit ein. Dies kennzeichnet den Charakter der denotativen Bedeutungen als **"Produkte der Kommunikations- und Erkenntnistätigkeit"** (SCHIPPAN 1987, 145) des Menschen.

Durch Feststellung, Vergleich und Ordnung, durch Bildung von Klassen und Herstellung von Beziehungen zwischen den Dingen, Erscheinungen usw. entsteht im Bewußtsein des Menschen ein **"inneres Modell der Außenwelt"** (ebd.). Demzufolge gehen auch die Einstellungen des Menschen zum Bezeichneten in die denotative Bedeutung mit ein, ebenso seine Gefühle, Wertungen und Überzeugungen. Auf diese Weise verbinden sich mit den Wörtern **"usuell-gesellschaftliche Wertungselemente und Gefühlswert"** (ebd.).

Somit verstehen wir letztendlich unter *denotativer Bedeutung:*

"dem Formativ zugeordnete, gesellschaftlich geprägte, sich aus invarianten Merkmalen aufbauende, verallgemeinernde Abbilder eines Bereiches der Wirklichkeit, die je nach Verallgemeinerungsebene auch Abbilder von Abbildern sein können. Sie baut sich aus Abbildelementen auf, die durch eine gesellschaftlich-determinierte Auswahl gewonnen werden ... Dabei gehen in die denotativen Bedeutungen auch Wertungen und emotional geprägte Merkmale ein; denn die ideelle verallgemeinernde Abbildung vollzieht sich in der dialektischen Einheit von Rationalem und Emotionalem." (SCHIPPAN 1987, 147).

Somit entsteht ein begrifflicher Kern der Wortbedeutung (vgl. Kap. 2.7 d. A.), ohne daß beide als identisch aufzufassen wären. Die denotative Bedeutung entsteht am Schnittpunkt von kommunikativer und kognitiver Tätigkeit des Menschen.

Mit dem Wortformativ und der damit verbundenen denotativen Bedeutung verbinden sich weitere Bewußtseinsinhalte, die *Konnotationen* (vgl. SCHIPPAN 1987, 155). Eine absolute Trennung der *Konnotation* als dem Nichtbegrifflich-Emotionalen und der *Denotation* als dem Begrifflich-Rationalen voneinander befürworten wir jedoch nicht, da dies dem interrelationalen Zusammenhang von Rationalem und Emotionalem entgegenstünde. (vgl. LORENZ/ WOTJAK 1977, 132). Vielmehr bestehen zwischen Denotation und Konnotation **"Wechselbeziehungen, durch die die Wortverwendung determiniert wird"** (SCHIPPAN 1987, 156).

Funktion der Konnotationen ist die Vermittlung zusätzlicher Informationen über die Kommunikationsabsicht, den Kommunikationsgegenstand und die jeweilige spezifische Kommunikationssituation. Als **"gesellschaftlich invariante Abbildelemente verschiedener Faktoren kommunikativer Ereignisse, kommunikativen**

Handelns" sind sie zugleich Bedeutungselemente der Lexeme, also bereits auf Ebene der langue (vgl. ebd., 156 f.).

Damit wird der enge Zusammenhang von *denotativer* und *konnotativer Bedeutung* deutlich:

> **"Während die denotative Bedeutung das verallgemeinerte Abbild des Bezeichneten ist, kennzeichnet die Konnotation die kommunikativen Bedingungen der Wortverwendung."** (ebd., 157).

Zu letztgenannten Bedingungen gehören u. a. Zeitraum, soziale Geltung, regionale Bindung, funktional-kommunikativer Bereich sowie kommunikative Geltung, aber auch die **"emotionale Höhenlage"** (vgl. SCHARNHORST 1964, 65 ff.). Im Unterschied hierzu setzt SCHUMANN eine **"Matrix mit Merkmalsoppositionen"** (1979, 117) an, um die Anwendungsbereiche bestimmter Lexeme zu bezeichnen:

> **"± geschrieben, ± spontan, ± expressiv, ± wertend, ± funktional, ±formal, ± offiziell, ± selten, ± reg. begrenzt, ± temp. begrenzt, ± fachbegrenzt, ± gruppenbegrenzt"** (ebd.; ausführlich hierzu auch SCHIPPAN 1987, 157 ff.).

Zusammenfassend können wir die *Konnotationen* wie folgt charakterisieren:

> **"Sie (die Konnotationen - A. B.) sind Regeln der Textproduktion und steuern die Bedeutungs- und Sinnerschließung. Damit bestimmen sie gleichzeitig die Stellung des Lexems im Sprachsystem. Wie die Kenntnis der denotativen Bedeutung gehören sie zum Sprachwissen."** (SCHIPPAN 1987, 161).

LEECH arbeitet sieben Typen der Bedeutung heraus, wobei seine *conceptual meaning* (vgl. 1981, 9) etwa mit unserer *denotativen Bedeutung* übereinstimmt. Die konnotative Bedeutung (*connotative meaning*), ordnet er, gemeinsam mit *reflected meaning*, *collocative meaning* und *social meaning* unter dem übergeordneten Begriff der *associative meaning* ein, wobei er als das Gemeinsame dieser Bedeutungstypen ansieht, daß

> **"all have the same open-ended, variable character, and lend themselves to analysis in terms of scales or ranges, rather than in discrete either-this-or-that terms"** (ebd., 18).

Als die konnotative Bedeutung (*connotative meaning*) bezeichnet er:

> **"the communicative value an expression has by virtue of what it r e f e r s t o** (Hervorhebung von LEECH - A. B.), **over and above its purely conceptual content"** (ebd., 12),

wobei er zugleich den relativ instabilen Charakter (im Gegensatz zu SCHIPPAN) und die Indeterminiertheit und Offenheit der konnotativen Bedeutung betont (vgl. ebd., 13).

Mit LEECH schließen wir uns der Relativierung der in der durch SCHIPPAN gegebenen Charakterisierung der Konnotationen als **"gesellschaftlich invariante Abbilder"** an und erkennen deren relative Offenheit an. Dies gilt um so mehr, wenn die Konnotationen als **"Wissen um die Wortverwendung, um den Geltungs-**

bereich des Lexems" (SCHIPPAN 1987, 161) bestimmt werden, denn genau dieses ist doch interindividuell unterschiedlich ausgeprägt und im gesamtgesellschaftlichen Maßstab eben nicht invariant, sondern nur relativ stabil, da sich auch das gesellschaftliche Bewußtsein, ebenso wie die natürliche und gesellschaftliche Wirklichkeit, in ständiger Entwicklung befindet.

2.6.1 Emotion, Konnotation und Denotation

Da ein besonders enger Zusammenhang zwischen Emotionen, Denotation und Konnotation besteht (vgl. z.B. SCHIPPAN 1987, 158), wollen wir uns diesem Problem gesondert zuwenden.

Grundlage der Emotionen sind Vorstellungen im psychischen Sinne (vgl. z. B. ALBRECHT 1975 a, 162 f.). *Emotionen* selbst sind

"neurophysiologische Prozesse, die auf Reizquellen des menschlichen Körpers beruhen (auf Hormonen, Sekreten, Ermüdungsstoffen usw.), und regulieren vor allem die unmittelbaren körperlichen Bedürfnisse und deren Befriedigung" (ebd.).

Emotionen begegnen uns im sprachlichen Bereich insbesondere im Zusammenhang mit der Metaphorisierung (vgl. ebd., 162), wobei diese i. a. in Form von Vorstellungen reproduziert werden. So können z. B. durch den Gebrauch bestimmter Wörter und Wendungen, über deren Bedeutung Emotionen als Teil der Konnotationen vermittelt werden, beim Kommunikationspartner auf der Grundlage gleicher oder ähnlicher Vorstellungen wiederum bestimmte Emotionen ausgelöst werden.

Inwiefern emotionale Merkmale repräsentiert sind, ist gegenwärtig noch heftig umstritten (vgl. J. HOFFMANN 1986, 61). J. HOFFMANN bemerkt bezüglich der Entstehung emotionaler Reaktionen:

"Emotionale Reaktionen entstehen als Resultat der Informationsverarbeitung aktuell bei der Kodierung von Objekten und Erscheinungen. Die emotionalen Reaktionen können selbst voneinander differenziert und klassifiziert werden. Diese Klassen entsprechen den Begriffen, die wir mit Wörtern wie Freude, Geborgenheit, Hoffnung, Angst, Ekel oder Wut bezeichnen. Werden durch die Objekte oder Erscheinungen einer bestimmten begrifflichen Klasse immer die gleichen emotionalen Reaktionen hervorgerufen, dann kann dies auch als begriffliches Merkmal repräsentiert werden, genauso wie Informationen über die sensorischen Wirkungen der zum Begriff gehörenden Objekte oder über die mit ihnen verbundenen Verhaltensweisen." (ebd.).

Wenn wir die psychologische Definition der Vorstellungen vor Augen haben, in der diese als **"ideelle Widerspiegelung, das reproduzierte subjektive Abbild von Gegenständen und Erscheinungen"** der Wirklichkeit und im Gegensatz zur Wahrnehmung als **"Reproduktion früher wahrgenommener Gegenstände"** (CLAUSS et al. 1983, 668) aufgefaßt werden, so müssen hiervon **"sprachliche Vorstellungen"** im Sinne von AMMER (1958, 57) unterschieden werden. Diesen mangele es im Gegensatz zur Vorstellung im psychologischen Sinne an Anschaulichkeit, wobei aber bestimmte Merkmale, **"begriffsnahe Kriterien"** (ebd.), die Plastizität der Vorstellung ersetzten. Unseres Erachtens sind aber ein psychologischer und ein sprachlicher Vorstellungsbegriff nicht eindeutig voneinander zu trennen (vgl. hierzu WEDDE 1980, 56). Vielmehr greifen die beiden Begriffe ineinander und ergänzen sich zu einem wesentlichen Vorstellungsbegriff.

Zum Zwecke des Hervorrufens von Emotionen beim Kommunikationspartner können verschieden konnotierte Lexeme aus dem Sprachsystem in der Kommunikation verwendet werden. So kann bereits auf der langue-Ebene ein Wort als /scherzhaft/, /ironisch/, /zärtlich/, /abwertend/ usw. konnotiert sein (vgl. SCHIPPAN 1987, 158). Emotionen werden aber primär in der Kommunikation, also auf der Ebene der parole, hervorgerufen, denn auch schon das Lesen eines isolierten Wortes (z. B. im Wörterbuch) kann als Kommunikation im weitesten Sinne angesehen werden. Die emotionalen Bedingungen des Wortgebrauches sind somit ein wesentlicher Bereich, den die Konnotierung betrifft, bei weitem aber nicht der einzige.

Der von SCHIPPAN (1987, 147) beschriebene Begriff des Gefühlswertes eignet sich in besonderer Weise zur Beschreibung des Zusammenhanges von denotativer bzw. konnotativer Bedeutung und Emotionen. Danach ist der *Gefühlswert*

> **"die Eigenschaft der denotativen Bedeutung, gesellschaftlich verfestigte emotionale Einstellungen zum Bezeichneten (zum Denotat) merkmalhaft zu enthalten. Er ist gegeben in der engen Verbindung wertender Elemente, der Elemente der Billigung oder Mißbilligung, der Hoch- oder Geringschätzung, mit den denotativ bedingten Bedeutungselementen"** (ebd.).

Dies stimmt im wesentlichen mit der Einschätzung von W. SCHMIDT überein, wonach viele Wörter neben und in Verbindung mit der begrifflichen Komponente, die den Kern der Wortbedeutung ausmacht, eine wertende und eine emotionale, manchmal auch eine voluntative Komponente enthalten (vgl. 1972 a, 18). W. SCHMIDT faßt übrigens in derselben Untersuchung wertende, emotionale und voluntative Komponenten als **"konnotative Bedeutungskomponenten"** (vgl. ebd.) zusammen, was den engen Zusammenhang von Denotation, Konnotation und Emotionen nochmals verdeutlicht.

Es wäre aber falsch, zu behaupten, daß Konnotationen oder das Auslösen von Emotionen erst im sprachlichen Kontext, also auf der Ebene der parole möglich seien. Schon das isolierte, kontextfreie Wort kann Träger von Konnotationen und potentiellen Emotionen sein. Wie sonst könnte man z. B. die Wirkung politischer Schlagwörter deuten, deren isoliertes Nennen bereits bestimmte Wirkungen erzielen, Emotionen hervorrufen kann (vgl. hierzu z. B. SCHAU 1985, GREEN 1987, 1 ff.). Offenbar wirken bei diesen ständig außersprachliche Bezüge, spezielle Assoziationen u. dgl.

2.6.2 Emotion und Wertung

Die Emotionen spielen eine wesentliche Rolle bei der Bewertung von Objekten und Erscheinungen der Wirklichkeit sowie von Begriffen (vgl. hierzu z. B. J. HOFFMANN 1986, 60 f.). Der Einfluß solcher Bewertungen auf die Verarbeitung begrifflicher Informationen ist in verschiedenen Untersuchungen der Psychologie (vgl. z. B. CLARK/FISKE 1982) nachgewiesen worden.

W. SCHMIDT vermerkt, daß die **"aus der Begriffskomponente resultierende positive oder negative Wertungskomponente ... in der Regel in Verbindung mit einer entsprechenden Gefühlskomponente"** (1972, 18) gekoppelt sei. PFEIFER unterscheidet ausdrücklich zwischen wertenden, emotionalen und voluntativen Komponenten, die **"merkmalhaft zur Bedeutung zählen und darum in Merkmalen zu formulieren sind"** und ebensolchen Komponenten, die lediglich **"Begleiterscheinungen, nicht aber Bestandteil der Bedeutung"** (1974, 18 f.) sind.

Den engen Zusammenhang von Wertung und Emotion anerkennen die meisten Untersuchungen verschiedener Linguisten zu diesem Thema (vgl. hierzu auch z. B. LUDWIG 1976, 25; W. SCHMIDT 1972). LUDWIG 1976 vertritt die Ansicht, daß es Lexeme gebe, deren Hauptaufgabe die Bewertung ist (sog. *Wertwörter*). Hierzu rechnet er z. B. gut/schlecht, gut/böse etc. Entsprechend ihrer Funktion, eine Eigenschaft anzugeben, wird es sich dabei in erster Linie um Adjektive handeln. Andere Lexeme implizieren Wertungen über ihre Bedeutungsstruktur. Im englischen Wortschatz besitzen z. B. *peace, war, democracy, fascism, nazi, crime, communism* etc. u. E. deutlich eine solche implizite Wertungskomponente. Entsprechend dem ideologischen Konzept, das hinter bestimmten Begriffsinhalten (vgl. Kapitel 2.7 d. A.) steckt, können solche Wertungen auch ideologiegebunden sein (vgl. auch SCHIPPAN 1987, 147).

Wir bejahen eindeutig die Frage, ob Wertungen und emotional geprägte Merkmale bereits Bestandteil denotativer Bedeutungen sind. In unterschiedlicher Weise prägen sich natürlich solche Bedeutungsbestandteile im Kontext aus und gehen so in die aktuelle Bedeutung ein. Die positiven bzw. negativen Wertelemente können positive oder negative Gefühle auslösen (vgl. ebd.). Einzelne Lexeme, die vom Sender (Sprecher bzw. Schreiber) in der Absicht, bestimmte Gefühle beim Rezipienten (Hörer bzw. Leser) auszulösen, bewußt in der Kommunikation verwendet werden, können auch bereits bei ihrem isolierten, also kontextfreien Nennen solche Emotionen auslösen. Dabei kann die denotative Bedeutung teilweise, ja sogar ganz in den Hintergrund treten; vgl. z. B. solche Lexeme wie *democracy, ugly, crime* o. ä., die bei ihrem bloßen Nennen bestimmte positive oder negative Gefühle hervorrufen können, ohne daß sich der Rezipient im Detail über die Denotation im klaren ist.

Dies hängt vor allem auch damit zusammen, daß bestimmte Wörter, insbesondere des politischen Wortschatzes, so oft mit positiven oder negativen Konnotationen gebraucht wurden, daß diese sich eingeübt haben und deshalb schon beim isolierten Auftreten des Wortes ausgelöst werden können (vgl. DIECKMANN 1969, 80). Somit sind solche o. g. Wertelemente auch **"Ausdruck der wertenden Einschätzung des Bezeichneten durch die Sprachgemeinschaft oder soziale Gruppe"** (SCHIPPAN 1987, 147).

Ergänzend sei hier noch unterstrichen, daß Gefühle, Emotionen auch durch die assoziative Sphäre des Wortes hervorgerufen werden können (vgl. ebd., 149), wobei diese Assoziationen sowohl vom Formativ (besonders bei Onomatopoetika) als auch von der Bedeutung (z. B. *fascism: crime, war, victim, concentration camp* etc.) ausgehen können.

Will man der Komplexität der Wortbedeutung bei deren Analyse gerecht werden, muß man deutlich zwischen Konnotationen, Emotionen und Wertungen unterscheiden, wobei natürlich ihr enger Zusammenhang außer Frage steht. Die Wirkung von Emotionen auf die Sprache, ihr Verständnis, damit aber auch auf das Denken sollte keineswegs unterschätzt werden.

> **"Objektivismus würde es ... bedeuten, wenn wir den Einfluß dieser Emotionen auf das Denken ableugnen oder gar ablehnen wollten. Sie sind nichts Übernatürliches oder Irrationales; vielmehr sind auch sie letztlich Abbild, Widerspiegelung bestimmter psychischer und gesellschaftlicher Zusammenhänge..."** (KLAUS 1964, 111 f.)

Wenden wir uns im folgenden einem weiteren wichtigen Problem der Linguistik zu, dem Zusammenhang von Bedeutung und Begriff.

2.7   *Bedeutung und Begriff*

Sowohl Begriff als auch Bedeutung sind verallgemeinerte Abbilder, die sich nur durch ihre Bindung an sprachliche Zeichen herausbilden können als individuelle gedankliche Einheiten (vgl. SCHIPPAN 1987, 152, Fußn. 46). Sowohl für Begriffe als auch für Bedeutungen gilt, daß sie als gesellschaftliche Begriffe fixiert und gespeichert werden. Sie stellen damit die gesellschaftliche Invariante bei der Herausbildung individueller Begriffe dar (vgl. ebd.). Dieser enge Zusammenhang zwischen Bedeutung und Begriff und ihre gemeinsamen Merkmale haben in der linguistischen Forschung zu Mißverständnissen und z. T. falschen Auffassungen, so z. B. zur Identifikation von Bedeutung und Begriff (vgl. z. B. SCHAFF 1969, 276) oder Begriff und Inhalt, geführt (zu den divergierenden Auffassungen vgl. z. B. SERÉBRENNIKOV et al. 1973 - 76, Bd. 1, 37 ff.).

Ein Begriff kann nur in Form von Bedeutungen sprachlicher Einheiten existieren (vgl. SCHIPPAN 1987, 152). Nach der Überzeugung von SCHIPPAN wird ein Begriff zur Wortbedeutung, wenn er auf ein bestimmtes Formativ bezogen wird (vgl. ebd.). Schon hieraus wird ersichtlich, daß Begriff und Bedeutung gar nicht identisch sein können.

Bedeutungen (Sememe) sind an konkrete Formative in konkreten Sprachen gebunden. Deshalb unterscheiden sie sich z. T. erheblich von Sprache zu Sprache. Begriffe hingegen entstehen als Kategorien des Denkens unabhängig von der konkreten Einzelsprache durch Abstraktionen, wenngleich natürlich die Sprache als Hilfsmittel bei der Begriffsbildung eine nicht unwesentliche Rolle spielt (vgl. hierzu auch SCHMIEDEL/SCHUBERT 1979, 10). Denn ein Begriff ist nur in sprachlicher Form, also wiederum nur in der konkreten Einzelsprache objektivierbar. Die Begriffsbildung ist an die sprachliche Kommunikation gebunden. Somit liegt der individuellen Begriffsbildung der jeweilige gesellschaftliche Begriff zugrunde (vgl. SCHIPPAN 1987, 152).

Diesen Zusammenhang unterstreicht auch die psychologische Begriffsdefinition. *Begriffe* können demnach vorliegen **"in benannter Form als *sprachlicher B.* oder**

in unbenannter Form als *nichtsprachlicher B.* oder *vorsprachlicher B.*
(Hervorhebungen von CLAUSS et al.; B. = Begriff - A. B.)" (CLAUSS et al. 1983, 72).

Der *Begriff* im Sinne der Psychologie entspricht damit weitgehend der philosophischen Explikation, wonach dieser **"eine, durch das ... Denken gewonnene, umgrenzte Allgemeinvorstellung [sei], in der eine Summe von Einzelvorstellungen zusammengefaßt ist"** (DORSCH et al. 1987, 83).

Mit Hilfe der Abstraktion von der konkreten Anschauung gelangen wir zu begrifflichen Elementen, wenngleich diese zunächst ihren Zusammenhang mit der primären Anschauungsgrundlage noch nicht völlig verloren haben. Man wird einer wissenschaftlichen Analyse der Begriffsbildung nur gerecht, wenn man die erkenntnistheoretische Problematik der Interrelation von Sinnlichem und Rationalem, von Rationalem und Emotionalem in Rechnung stellt (vgl. ALBRECHT 1975 a, 209). Begriffe dürfen deshalb keineswegs als reine Abstraktionen aufgefaßt werden.[8]

"Wenn wir also davon sprechen, daß Begriffe Abstraktionen von konkreten Gegenständen darstellen, so bedeutet das durchaus noch nicht, daß Begriffe nichts Konkretes mehr enthalten." (ebd., 208)

Denn das Allgemeine existiert doch auch immer nur im Einzelnen, Konkreten, im Besonderen. Nehmen wir z. B. den Begriff *politician*. Dieser Begriff enthält wiederum verschiedene Allgemeinbegriffe wie z. B. *'human being'*, 'interested in *politics'*, 'member of a political *party, government* etc.', *'male'* oder *'female'* usw. Es wird also sprachlich etwas Allgemeines ausgedrückt (vgl. ebd.). Im Begriff des *politician* ist das Allgemeine, das Gemeinsame enthalten. Spricht man also vom *politician* allgemein, so meint man damit nicht einen ganz konkreten, individuellen Politiker, z. B. George Bush, John Major etc., sondern das Gemeinsame aller *politicians*. Andererseits existiert dieses Allgemeine natürlich nur im Besonderen, d. h. in unserem Falle in dem jeweiligen konkreten Politiker.

Ein Begriff bildet somit Merkmale ab, die einer ganzen Klasse von Gegenständen eigen sind, d. h. allgemeine Merkmale der Gegenstände dieser Klasse (vgl. SCHIPPAN 1987, 152). Sowohl Semem als auch Begriff weisen überindividuellen Charakter auf und umfassen intersubjektive Abbildelemente (vgl. u. a. LORENZ/WOTJAK 1977, NEUBERT 1977a, NEUMANN et al. 1976). Genaugenommen fallen der begriffliche Kern der denotativen Bedeutung und der Begriff weitestgehend zusammen (vgl. SCHIPPAN, 1987, 153). Deshalb gehen wir mit SCHIPPAN (vgl. ebd.), aber auch mit LORENZ/WOTJAK (vgl. 1977, 164) konform, die zwischen wissenschaftlichem und Alltagsbegriff bzw. umgangssprachlichem Begriff unterscheiden.

Der *wissenschaftliche Begriff* umfaßt die **"von einer Wissenschaft festgelegten Inhalte[n] von Begriffen"** und die **"in ihrer *Fachsprache* festgelegten Formen ihrer *Verknüpfung* (Hervorhebungen von CLAUSS et al. - A. B.), die den aufgedeckten objektiven Gesätzmäßigkeiten entsprechen"** (CLAUSS et al. 1983, 77). Er ist damit per definitionem auf eine bestimmte und invariable Reihe von Abbildelementen und eine definitive Struktur festgelegt (vgl. SCHMIEDEL/ SCHUBERT

---

[8] Zur Begriffsbildung vgl. auch J. HOFFMANN 1986, 17 ff.; KLIX 1967.

1979, 10 f.). Termini als Sonderfall der LSV beinhalten die wissenschaftlichen Begriffe, da auch diese einer sprachlichen Objektivierung bedürfen, also auch mit einem konkreten Formativ verbunden werden.

Der *umgangssprachliche* bzw. *Alltagsbegriff* umfaßt meist eine relativ beschränkte Zahl invarianter Merkmale, die in der wissenschaftlichen Literatur auch als **"begrifflicher Kern"** (vgl. z. B. W. SCHMIDT 1986, 19) bezeichnet wurden, um die sich dann die verschiedenen nichtbegrifflichen Elemente der Wortbedeutung gruppieren, die von diesem "begrifflichen Kern" abhängen und ohne diesen auch nicht realisiert werden können (vgl. ebd.).

Diese relativ beschränkte Zahl invarianter Elemente, die zur Unterscheidung von anderen Bedeutungen notwendig und ausreichend ist und die Grundlage für die Kommunikation zwischen Sender und Empfänger darstellt, läßt aber auch ein bestimmtes Maß an Variablität offen. Somit sind eine gewisse Beweglichkeit und Unschärfe in den umgangssprachlichen Begriffen zu verzeichnen. Genau dies trifft aber auch auf potentielle Lexembedeutungen zu, was dazu führt, daß verschiedene linguistische Untersuchungen davon ausgehen, daß umgangssprachliche Begriffe und potentielle Lexembedeutungen in einem gewissen Maße gleichzusetzen sind (vgl. KACNEL'SON 1974, 161; LORENZ/WOTJAK 1977, 400 f.).

Auch SCHIPPAN hält es in diesem Zusammenhang für möglich, **"die denotative Bedeutung als sprachspezifisch und kommunikativ geprägten *Alltagsbegriff*** (Hervorhebung von SCHIPPAN - A. B.) **zu bezeichnen"** (1987, 153). Daraus folgt aber auch, **"daß ein und derselbe Begriff als Bedeutung verschiedener Wörter auftreten kann"** (ebd.). Der Begriff *war* (Krieg) wird z. B. in der Bedeutung von *military action, police action, liberation, retaliation* etc. realisiert.

Wir schließen uns der Auffassung von SCHIPPAN an, denn sowohl beim umgangssprachlichen Begriff als auch bei der (potentiellen) Lexembedeutung handelt es sich um flexible Konfigurationen relativ invarianter Merkmale einer bestimmten Klasse von Objekten der Wirklichkeit (vgl. VIEHWEGER et al. 1977, 32). Unseres Erachtens besteht eine enge Wechselbeziehung zwischen umgangs-sprachlichem Begriff und der denotativen Bedeutung in der beschriebenen Weise, jedoch gibt es dabei die Einschränkung, daß es Sememe gibt, denen kein vom Gegenstand der Wirklichkeit her bestimmter umgangssprachlicher Begriff entspricht, und daß auch umgangssprachliche Begriffe denkbar sind, wenn ihnen in einer bestimmten Sprache mehr als nur ein Semem entspricht (vgl. LORENZ/WOTJAK 1974, 116).

Schon am o. g. Beispiel *war* wird deutlich, wie in den verschiedenen Bedeutungen ein Begriff unterschiedlich realisiert oder die Beziehung zu einem bestimmten Begriff sogar zu verdrängen gesucht wird, indem bestimmte Merkmale aktualisiert oder nicht aktualisiert werden. Hier liegt u. E. auch eine wichtige Grundlage für das Phänomen des Euphemismus. Wir werden weiter unten hierauf eingehender zu sprechen kommen. Es ist jedoch unbestreitbar, daß bereits im Unterschied zwischen Begriff und Bedeutung potentiell Möglichkeiten angelegt sind, den Kommunikations-partner, ob nun bewußt oder unbewußt, zu täuschen bzw. Mißverständnisse hervor-zurufen, zumindest aber verschiedene Möglichkeiten der Interpretation des Bezuges von bestimmten Bedeutungen auf bestimmte Begriffe zuzulassen.

Wir definieren also *Begriff* mit CLAUSS et al. (1983, 72) unter psychologischem Aspekt als

"Klassifikationsresultat von Objekten bzw. Erscheinungen nach ihren Merkmalen ... Sie strukturieren oder klassifizieren den Orientierungsbereich und ermöglichen eine umgebungsangepaßte Reaktion bei wechselnden Objekten ..."

sowie unter philosophischen Gesichtspunkten als

"gedankliche Widerspiegelung einer Klasse von Individuen oder von Klassen auf der Grundlage ihrer invarianten Merkmale, d. h. Eigenschaften oder Beziehungen" (KLAUS/BUHR 1974, Bd. 1, 106)

bzw. als

"Abstraktionsklasse gleichbedeutender Wörter" (ebd.).

Da wir uns beim Problemkreis von Bedeutung und Begriff an einem Schnittpunkt psychologischen, semiotischen und erkenntnistheoretischen Forschungsinteresses befinden, divergieren auch die theoretischen Auffassungen z. T. recht erheblich (vgl. hierzu z. B. SCHIPPAN 1975, W. SCHMIDT 1987, SCHAFF 1969, LORENZ/WOTJAK 1977, DORSCH et al. 1987, 83; BRUGGER et al. 1976, 39 f.).

Wir wollen an dieser Stelle außerdem den Terminus *Schlüsselbegriff* explizieren. Wir verstehen darunter Begriffe, die in der Sphäre der Politik eines einzelnen Landes, eines bestimmten Territoriums, einer bestimmten Staatengruppe oder auch in der ganzen Welt in einer bestimmten geschichtlichen Periode von herausragender Wichtigkeit sind. Schlüsselbegriffe beziehen sich auf bestimmte gesellschaftspolitisch relevante Kräfte, Ereignisse, Prozesse, Entwicklungen usw. Sie sind eingebettet **"in ein Netz von interdependenten, semantisch verwandten Begriffen"** (SCHMIEDEL/SCHUBERT 1979, 12). Diese sind vor allem Ausdruck der ideologisch-weltanschaulichen und politischen Auseinandersetzung zwischen den gesellschaftspolitisch relevanten Kräften. Schlüsselbegriffe bestehen aus **"spezifisch gruppierten Begriffselementen, die sich zu einem charakteristischen Begriffskomplex vereinen"** (ebd.). Das findet seinen Ausdruck in einem Bedeutungskomplex (Semem), der mit einem bestimmten Formativ verknüpft ist. Demzufolge bedingt eine linguistische Analyse der Schlüsselbegriffe eine Sememanalyse jener Lexeme, die die jeweiligen Begriffe reflektieren (vgl. ebd.).

Der *Schlüsselbegriff* ist keinesfalls zu identifizieren mit dem *Schlagwort* (vgl. KLAUS 1971, 133 ff.; SCHAU 1985, 16 f.), zu dessen Wesen es u. a. gehört, den Rezipienten aufzuwühlen und zu provozieren und von diesem kategorisch eine Bewertung des bezeichneten Sachverhaltes zu verlangen. Schlagwörter können jedoch durchaus Ausdruck von Schlüsselbegriffen sein.

SCHAU charakterisiert treffend:

"Schlagwörter klopfen Köpfe weich, lenken das Denken in Einbahnstraßen, programmieren auf Freund-Feind-Bilder, errichten Schranken, grenzen ein, grenzen aus. Sie erzeugen Gefügigkeit, bringen eindimensionales Denken hervor und machen aus Herzen Folterkammern und

Mördergruben. In jedem Fall sind sie Träger einer ideologischen Botschaft ..." (1985, 17).

Auf das bisher nicht vollends geklärte Problem von begrifflichen und nicht-begrifflichen Komponenten der Wortbedeutung (vgl. hierzu SERÉBRENNIKOV et al. 1973-76, Bd. 2; NEUBERT 1978 u. a.) soll hier nicht näher eingegangen werden

Zusammenfassend soll noch einmal darauf verwiesen werden, daß es sich beim Begriff um eine erkenntnistheoretische Größe handelt. Hingegen ist die Bedeutung eine sprachwissenschaftliche Kategorie (vgl. z. B. REZNIKOV 1968, 65 f.). Beiden ist jedoch gemein, daß sie Abbilder, also Resultate der Widerspiegelung der Wirklichkeit sind.

"In den Bedeutungen spiegelt sich die unterschiedlich richtige Erkenntnis und Interpretation der Wirklichkeit wider, wobei die Unterschiede verschiedene Ursachen haben. Sie sind sozial determiniert ... und sie sind erkenntnistheoretisch bestimmt, d. h. sie sind abhängig von dem jeweils erreichten Stand in der Erkenntnis und Aneignung der objektiven Realität." (HARNISCH 1972, 43)

2.8 Zu den Begriffen der "empirischen Bedeutung" und des "Basis ausdrucks" bei LEINFELLNER - Der neutrale Ausdruck A_N

E. LEINFELLNER stellt in Ihrer Arbeit "*Der Euphemismus in der politischen Sprache*" in ihren theoretischen Ausführungen eine **"empirische Bedeutung B"** und eine **"kontextuale Bedeutung B' (= Sinn)"** einander gegenüber (vgl. 1971, 23 ff.). Grundlage ihrer **"empirischen Bedeutung"** ist die Annahme sogenannter Basisausdrücke bzw. Basisdesignatoren. Hierzu gehören nach ihrer Auffassung **"die Basissätze, die Basisterme, die Basisprädikate und die Basisindividual-ausdrücke (Basisindividuenausdrücke)"** (ebd., 15), wobei die beiden letztgenannten unter dem Ausdruck **"Basisterme"** zusammengefaßt werden. Sie behauptet weiter, alle diese Basisausdrücke seien **"empirisch"** (vgl. ebd.).

LEINFELLNER legt nun fest, daß im Interesse eines verständlichen und ökonomischen Sprachgebrauches immer das gleiche empirische Objekt, die gleiche empirische Eigenschaft jeweils mit demselben empirischen Term bezeichnet werde, wobei "immer" relativ zu verstehen sei (vgl. ebd., 16). Diese konstante Verbindung von Termen mit empirischen Designaten sei also als **"(konstante) Bezeichnungs-relation"** (ebd.) aufzufassen. Es bleibt völlig offen, woher die Basisausdrücke (Basisterme und -sätze) kommen, wer sie festlegt. LEINFELLNER bestimmt aber, daß zwischen Designaten und Basistermen eine **"ein-eindeutige Bezeichnungs-relation"** bestehe (vgl. ebd.).

Was eigentlich ist, was kann die *empirische Bedeutung* überhaupt sein? Wir haben weiter oben die Bedeutung allgemein bereits definiert. **"Empirisch"** wird in einschlägigen Lexika folgendermaßen bestimmt:

"empirisch [griech] - erfahrungsmäßig, sich auf Erfahrung, Beobachtung, Experimente usw. gründend." (KLAUS/BUHR 1974, Bd. 1, 311).

"Empirical (Gr. *empeirikos*, experienced)

Relating to experience. Having reference to actual facts.

(a) In epistemology: pertaining to knowledge gained a posteriori.

(b) In scientific method: that part of the method of science in which the reference to actuality allows an hypothesis to be erected into a law or general principal. Opposite of: normative." (RUNES 1983, 104).

Die empirische Psychologie beispielsweise geht **"von den erfahrungsmäßigen, richtiger erforschbaren, Gegebenheiten"** (SURY 1974, 66) aus.

Natürlich bedarf eine einmal festgelegte (lexikalische) Bedeutung der stetigen empirischen Überprüfung an der Wirklichkeit. Wozu aber konstruiert LEINFELLNER noch eine "empirische Bedeutung" zwischen der Wortbedeutung und der Realität? Sucht sie nach einem Äquivalent für den Begriff? Warum aber nennt sie ihn dann nicht einfach beim Namen? Offenbar liegt dies darin begründet, daß auch bei ihr Begriff und "empirische Bedeutung" nicht identisch sind. Vielmehr begibt sich LEINFELLNER auf die Spuren WEISGERBERS und seiner **"sprachlichen Zwischenwelt"**, seiner einseitigen Interpretation von HUMBOLDTS These von der **"Weltansicht der Sprache"** (vgl. hierzu HELBIG 1986, 59 f.). Denn welchen Wert haben angenommene **"Basisausdrücke"**, wenn diese selbst nicht empirisch nachweisbar sind?

Die Linguistik verfügt bisher nicht über eine Metasprache; einzig und allein dieser könnten solche "Basisausdrücke", oder wie immer man sie nennen mag, zugehörig sein. Ebenso ist die Ein-Eindeutigkeit der Zuordnung von "Basisausdruck" und Designat zwar der Theorie LEINFELLNERS und ihrer Begründung dienlich, entspricht jedoch in keiner Weise empirischen Tatsachen, sondern ist eine arbiträre Festlegung. Ohne eine Metasprache müssen die Auffassungen LEINFELLNERS reine Spekulation bleiben und sind somit in ihrem praktischen Wert zumindest anzuzweifeln. Im Grunde genommen führt sie durch die Angabe von "Basisausdrücken", die u. a. durch Euphemismen im Text ersetzt werden, ihre eigene Theorie ad absurdum. So gibt sie z. B. für den Euphemismus 'local operation' den "Basisausdruck" WAR an. Wer aber sagt uns, daß dieser nicht ARMED CONFLICT oder nur CONFLICT sein kann? Wo liegen die Kriterien dafür, welcher Ausdruck als Basisausdruck bezeichnet werden kann und welcher nicht?

Wir halten deshalb die Bezeichnung neutraler Ausdruck A_N für adäquater und verstehen darunter einen für einen euphemistischen Ausdruck A_E (Wort, Wortverbindung, Satz, Text u. dgl.) in einem bestimmten Kontext ersetzbaren, möglichst ohne Konnotationen behafteten und weitgehend objektiv die natürliche und gesellschaftliche Wirklichkeit widerspiegelnden Ausdruck (Wort, Wortverband, Satz, Text u. dgl. mehr), etwa im Sinne eines Wörterbucheintrags, der einen Gegenstand, Zustand, Prozeß etc. der Wirklichkeit bzw. einen Begriff weitgehend objektiv wiedergibt.

Hierbei sind wir uns der Probleme, die damit verbunden sind, durchaus bewußt. Denn Sprache als solche ist und bleibt immer unscharf. Selbst ein neutraler Ausdruck A_N kann selbst nur begrenzt neutral sein, kann die Wahrheit zu einem bestimmten Zeitpunkt nur relativ adäquat widerspiegeln. Letztlich ist die Angabe eines neutralen Ausdrucks in seiner Interrelation von Formativ und Bedeutung ebenso arbiträr wie die Zuordnung eines Formativs zu einer bestimmten Bedeutung überhaupt. Wir wollen den Begriff des neutralen Ausdrucks in keiner Weise verabsolutieren und geben zu bedenken, daß es für einen Gegenstand, einen Zustand, eine Erscheinung, einen Zusammenhang usw. der Wirklichkeit bzw. einen Begriff von dieser oft nicht nur einen, sondern mehrere potentiell mögliche, und letzten Endes auch vom subjektiven Empfinden, von den Erfahrungen, Einstellungen und vom Sprachgefühl des einzelnen sowie vom jeweiligen Entwicklungsstand der Sprache zum Zeitpunkt der Kommunikation über diese Wirklichkeit bestimmte, neutrale Ausdrücke A_N gibt.

In diesem Sinne halten wir den "neutralen Ausdruck" auch nicht für der Weisheit letzten Schluß, wohl aber für eine Möglichkeit, uns dem Begriffsinhalt eines euphemistischen Ausdrucks weitgehend anzunähern. Aus Gründen der Praktikabilität werden wir uns meist auf die Angabe nur eines neutralen Ausdruckes beschränken.

Zwischen Erscheinungen, Prozessen, Zusammenhängen etc. der Wirklichkeit und den neutralen Ausdrücken A_N besteht also u. E. keine 1 : 1 - Entsprechung. Vielmehr sind wir uns über den subjektiven und relativen Charakter des neutralen Ausdrucks im klaren. Wir reden damit jedoch keinesfalls einer individualistischen Auslegung das Wort, denn der (relativ) neutrale Charakter eines Ausdrucks manifestiert sich in der (gesellschaftlich entstandenen und geprägten) Bedeutung, ebenso wie konnotative Elemente auch bereits auf der Ebene der langue existieren und somit in einen neutralen Ausdruck A_N eingehen können.

Wir sind uns bewußt, daß es von Nachteil ist, einem Designat nicht eindeutig nur *einen* neutralen Ausdruck A_N zuordnen zu können. Dies aber wird ohne die Existenz einer Metasprache, d. h. eines objektiven Maßstabes zur Analyse und Begriffsbestimmung sprachlicher Ausdrücke, eine Utopie bleiben.

Es kann und soll an dieser Stelle nicht unsere Aufgabe sein, die Theorie LEINFELLNERS, so z. B. ihre Auffassung von der *kontextualen Bedeutung B'* und ihrem Zusammenhang mit der *empirischen Bedeutung B*, eingehender zu analysieren. Eine Auseinandersetzung mit dem von ihr verwendeten Begriffen der *empirischen Bedeutung* und des *Basisausdrucks* schien uns jedoch nützlich und notwendig. LEINFELLNER läßt zudem keine **"nicht-empirischen Designate und Bezeichnungsrelationen"** zu (1971, 14 ff.), wobei offen bleibt, wo eigentlich Abstrakta wie Freiheit (*freedom*) oder auch Gott (*God*) einzuordnen sind. Dies führt sie z. B. zu der Schlußfolgerung, es gebe eine "empirische Freiheit" und einen "Basisausdruck Freiheit" (vgl. ebd., 107), was nur mehr Verwirrung denn Klarheit stiftet.

2.9   Eigentliche und uneigentliche Redeweise - Zum Begriff der Periphrase

Die Unterscheidung in "eigentliche" und "uneigentliche" Redeweise bzw. in "eigentliche" und "uneigentliche " Bedeutung, wie sie in einigen sprachwissenschaftlichen Arbeiten in Anlehnung an die Rhetorik getroffen wird (vgl. u. a. LEINFELLNER 1971, 29 ff.; BERG 1978, ASMUTH/BERG-EHLERS 1974), führt oft zu dem trügerischen Schluß, daß hier eine eindeutige Unterscheidung möglich sei.

Selbst wer explizit nur die Begriffe "uneigentliche Redeweise" bzw. "uneigentliches Sprechen" (vgl. BERG 1978, 20) verwendet, impliziert damit das Vorhandensein eines "eigentlichen" Pendants. Genau hierin besteht jedoch das Problem. Eine "eigentliche" Entsprechung zu einer "uneigentlichen" Redeweise läßt sich nicht immer eindeutig bestimmen. Auch hier wirkt sich das weiter oben beklagte Fehlen einer Metasprache negativ aus. So lassen sich zu einem ironischen und damit im Sinne der Rhetorik "uneigentlichen" Satz (vgl. hierzu auch LAUSBERG 1973, 284), dessen jeweilige Wirkung natürlich auch vom außersprachlichen Kontext abhängt, durchaus verschiedene "eigentliche" Entsprechungen finden. So beispielsweise existieren zu dem in einer bestimmten Situation ironisch wirkenden Satz *Oh yes, you are so ugly* mehrere mögliche "eigentliche" Sätze, wie etwa *You know quite well that you are beautiful* oder *You are not ugly at all* etc.

Wir können es also keineswegs als gerechtfertigt ansehen, davon auszugehen, daß zu einem Ausdruck einer "uneigentlichen Redeweise" genau ein Ausdruck der "eigentlichen Redeweise" existiert. Abgesehen davon, daß wir für sprachwissen-schaftliche Zwecke auch hier die Bezeichnung *neutraler Ausdruck* in o. g. Sinne für "eigentlicher Ausdruck" als adäquater erachten, können und müssen wir ausdrücklich anerkennen, daß es sogar viele verschiedene Möglichkeiten gibt, den "eigentlichen" Sinn einer "uneigentlichen" Redeweise sprachlich wiederzugeben. Von einer "eigentlichen Redeweise" zu sprechen hat u. E. nur einen Sinn, wenn wir hierfür den im Kapitel 2.8 eingeführten Begriff des neutralen Ausdrucks A_N heranziehen.

Unter diesem Aspekt ist der neutrale Ausdruck A_N für einen Gegenstand, Prozeß, Zustand etc. der Wirklichkeit mit der "eigentlichen Redeweise" gleichzusetzen. Dabei muß jedoch die eigentliche Redeweise in diesem Sinne von der "eigentlichen Redeweise" der Rhetorik klar unterschieden werden. Um Mißverständnisse zu vermeiden, verwenden wir durchgängig den Begriff *neutraler Ausdruck*. Wir gehen davon aus, daß sich der neutrale Ausdruck A_N sowohl aus nur einem einzigen Wort, einem Wortverband bzw. einer festen Wortverbindung, einem Teilsatz, einem einfachen oder komplexen Satz, aber auch als Teiltext bzw. ganzer Text konsti-tuieren kann. In diesem Zusammenhang sprechen wir auch von einem neutralen Wort, einem neutralen Wortverband, einem neutralen Satz usw.

Es steht außer Zweifel, daß ein neutraler Ausdruck A_N im Laufe der Sprachent-wicklung durch die Aufnahme bestimmter Konnotationen in seine Bedeutungs-struktur seinen relativ neutralen Charakter verlieren, andererseits aber auch ein euphemistischer Ausdruck durch die Eigenschaft des "Verblassens", von der weiter unten noch zu sprechen sein wird, mehr und mehr den Charakter eines neutralen oder aber auch eines pejorativen Ausdrucks annehmen kann. Der Prozeß der Sprachentwicklung führt aber nicht gesetzmäßig in eine bestimmte Richtung, sondern Veränderungen dieser Art sind nur sehr bedingt und der hierfür notwendige Zeitraum ebensowenig genau vorherbestimmbar.

Die eigentlichen Redeweisen werden nach der ramistischen und den meisten anderen Rhetoriken auch als *Tropen* bezeichnet (vgl. LEINFELLNER 1971, 29).[9]

"Tropus est elocutio qua verbum a nativa significatione in aliam immutatur." (Omer Talon [Andomarus Taleus]: *Rhetorica eP Rami praelectionibus observata.* Lutetiae 1574, 6; zit. bei LEINFELLNER 1971, 29)

Die Definition der *Periphrase* in Meyers Großem Konversationslexikon von 1907 - 13 enthält ebenfalls wesentliche Aspekte jener sprachlichen Erscheinung, die die Rhetorik als "uneigentliche Redeweise" bezeichnet:

"Periphrase (griech., lat. C i r c u m l u t i o , Begriffsumschreibung), eine in Poesie und Beredsamkeit gleichmäßig vorkommende Redefigur, darin bestehend, daß ein Gegenstand, statt einfach bei seinem Namen genannt zu werden, sei es zur Vermeidung eines anstößigen Ausdrucks, sei es zum Schmuck der Rede durch Bezeichnung seiner Eigenschaften, Beziehungen zu andern etc., kurz auf Umwegen charakterisiert wird." (MEYER 1907 - 13, Bd. 15, 591).

Aber auch in der Definition der *Antiphrasis* ist die Nähe zumindest zu einigen Formen der "uneigentlichen Redeweise" nicht zu übersehen:

"Antiphrasis (griech.), eine Redefigur, durch die das Entgegengesetzte von dem ausgedrückt werden soll, was das Wort eigentlich besagt, oder einem Gegenstand ein Name beigelegt wird, der mit dessen Wesen in Widerspruch steht, z. B. die Bezeichnung der Rachegöttinnen als Eumeniden ("Gnädige"). Die A. ist eine Spezies der Ironie, und eine Spezies der A. ist der Euphemismus." (ebd., Bd. 1, 586)

Die Überordnung der Ironie und die Unterordnung des Euphemismus über bzw. unter die Antiphrasis scheint uns jedoch in dieser Form aus Gründen, die noch zu behandeln sein werden, nicht gerechtfertigt. Nicht jeder Euphemismus wird ironisch verwendet; schon hierbei wird ein innerer Widerspruch der o. g. Definition der Antiphrasis deutlich. Bemerkenswert ist in diesem Zusammenhang, daß der Begriff der *Antiphrase* bzw. *Antiphrasis* in den siebziger Jahren weder in der Mannheimer (BRD) noch in der Leipziger (DDR) Ausgabe des Bibliographischen Institutes enthalten ist (vgl. MEYER 1978 - 81, Bd. 1, 246; MEYER 1972 - 78, Bd. 1, 367).

Sowohl der Begriff *antiphrasis* als auch *periphrasis*, übrigens sogar der Begriff des *euphemism* sind erstaunlicherweise in der Encyclopaedia Britannica von 1967 überhaupt nicht enthalten (vgl. EB 1967). Dies ist um so bemerkenswerter, da die Encyclopaedia Britannica als eines der qualitativ besten Nachschlagewerke im englischen Sprachraum angesehen werden darf.

---

[9] Nach BERG (1978, 20) zählen zum "uneigentlichen Sprechen" jedoch "nur solche Figuren und Tropen ..., die die Bedeutung der betreffenden Ausdrucksform in charakteristischer Weise verändern". Er bezieht demnach Wortfiguren, die ihre stilistische Qualität durch Abweichung von grammatischen Regeln gewinnen, also syntaktisch konstruiert sind, ausdrücklich nicht mit ein (vgl. ebd.). ASMUTH/BERG-EHLERS (1974, 129) zählen die Litotes wie Ironie, Hyperbel und Euphemismus zu den sogenannten "Wahrheitstropen", da sich hier der Wahrheitswert des betreffenden Ausdrucks gegenüber der "eigentlichen Bedeutung" verschoben habe.

MEYER (1971 - 78, Bd. 10, 544) weist hin auf den **"quantitativ erweiternden"** Charakter der *Periphrase,* deren Hauptmerkmal die **"Umschreibung einer Artbezeichnung durch die Kombination einer entsprechenden Gattungsbezeichnung mit einer Bezeichnung"** sei, **"die ein charakteristisches Merkmal hervorhebt"**. Als Beispiele werden **"Wartburgstadt = Eisenach"** und **"schwarzes Gold = Kohle oder Erdöl"** angeführt (vgl. ebd.). Euphemismus, Hyperbel, Ironie und Litotes werden als *Sonderformen der Periphrase* angeführt (vgl. auch ebd., Bd. 4, 400; Bd. 6, 436; Bd. 8, 590).

Wir wollen hier für den Euphemismus vor allem den "quantitativ erweiternden" Charakter anzweifeln. Im Gegenteil, auch eine quantitativ verkürzte Form ist möglich. Zum Beispiel ersetzt der euphemistische Ausdruck A_N: *claimant* in bestimmten Kontexten die quantitativ umfassendere Formulierung "unemployed person; person claiming unemployment benefit" (vgl. SPIEGL 1987, 28). Auch scheint uns die Definition nicht auf alle Formen der Periphrase anwendbar. Insofern ist die Einordnung des Euphemismus unter die *Periphrase* bei dieser Definition problematisch. Besser handhabbar ist hingegen u. E. die folgende Explikation:

> **"Periphrase** [griech.] *die,* Umschreibung
> die *rhetorische P.* ist eine Figur, die den eigentlichen Begriff verschweigt, um
> ihn durch Angabe seiner Eigenschaften, Verhältnisse u. a. zu veranschaulichen
> ... Bei der *lexikalischen P.* ist dies der übliche Ausdruck geworden ..."
> (BROCKHAUS 1966 - 74, Bd. 14, 378).

Dabei bleibt die Unterscheidung in rhetorische und lexikalische Umschreibung etwas verschwommen. Eine Unterscheidung in *lexikalische* und *aktuelle* Periphrase ist u. E. günstiger und eindeutiger. Dabei ist die *lexikalische Periphrase* bereits auf der Ebene der *langue,* also im System der Sprache verankert, während die *aktuelle Periphrase* erst auf der Ebene der *parole,* also im aktuellen Sprachgebrauch gebildet wird und somit gewissermaßen okkasionellen Charakter trägt. Diese Unterscheidung soll uns weiter unten bei der speziellen Betrachtung des Euphemismus noch eingehender beschäftigen.

Wesentlich differenzierter stellt sich folgende Definition der Periphrase dar:

> ***"Periphrase*** auch ***Paraphrase*** **Umschreibung der üblichen Bezeichnung einer Sache, Person, eines Vorganges oder einer Erscheinung durch ein anderes Wort oder eine Wendung, die wesentliche oder charakteristische Eigenschaften des betreffenden Gegenstandes ausdrücken. Als Stilmittel im Alltagsgebrauch ebenso üblich wie in der Literatur und Publizistik..."**
> (CONRAD 1981, 196).

Außer einer Unterscheidung in bildliche, erweiterte und logische Periphrase werden als *Abarten der Periphrase* die Hyperbel, die Ironie, die Litotes und der Euphemismus angeführt[10] (vgl. ebd.).

---

[10] LEINFELLNER subsumiert unter uneigentlichen Redeweisen die ironische Redeweise, Metaphern "1. Art", understatement, euphemistische Redeweise und die Lüge als Grenzfall (vgl. 1971, 30).

BERG rechnet neben Hyperbel, Ironie und Litotes die Metapher, die Metonymie, die Synekdoche, die Emphase und die rhetorische Frage zu den Formen uneigentlichen Sprechens, klammert den

Unseres Erachtens ist kritisch anzumerken, daß die Definition zwar wesentliche Aspekte der Periphrase herausstellt, jedoch bei weitem nicht immer **"wesentliche oder charakteristische Eigenschaften"** ausgedrückt werden, sondern im Gegenteil z. B. gerade beim Euphemismus oft Eigenschaften in den Vordergrund gerückt werden, die nur eine periphere Rolle in bezug auf das Wesentliche, Charakteristische einer Sache, Person usw. darstellen.

Darüber hinaus erscheint uns die Gleichsetzung von Periphrase und Paraphrase nicht gerechtfertigt, es sollte vielmehr deutlich zwischen diesen beiden Erscheinungen differenziert werden. Während die Funktion der *Paraphrase* in erster Linie eine Präzisierung der vorhergehenden Aussage ist, umgeht die *Periphrase* diese Prazision in einigen Fällen ganz bewußt, wenngleich zu unterschiedlichen Zwecken (stilistische Wirkung, bewußte Täuschung, Schonung von Gefühlen, Ironisierung u. a.).

In diesem Sinne schließen wir uns den markanten und praktikablen Definitionen des *Collins English Dictionary* an und bestimmen somit die *Periphrase* (engl. *periphrasis)* wie folgt:

"...**1.** a round-about way of expressing something; circumlocution. **2.** an expression of this kind. [C 16: via Latin from Greek, from PERI- + *phrazein* to declare]" (CED 1989, 1142).

Im Gegensatz hierzu lautet die Definition der *Paraphrase* (engl. *paraphrase)*:

"... *n.* **1.** an expression of a statement or text in other words, esp. in order to clarify. **2.** the practice of making paraphrases. *vb.* **3.** to put (something) into other words; restate (something). [C 16: via French from Latin *paraphrasis,* from Greek, from *paraphrazein* to recount]" (CED 1989, 1115).

Zusätzliche Klarheit schafft die Bedeutung der Präfixe *para-* und *peri-*, die jeweils aus dem Griechischen stammen. Danach bedeutet *para*[1]- "alongside, beyond" (ebd., 1112), während *peri-* soviel ausdrückt wie "around, near, about" (ebd., 1141).

Obwohl ein konkreter Euphemismus offenbar Merkmale aufweisen kann, die leicht dazu verleiten, die sprachliche Erscheinung des Euphemismus generell als eine spezielle Form der Periphrase aufzufassen, halten wir eine solche Zuordnung dennoch für sehr problematisch, weil bei weitem nicht alle Euphemismen den o. g. Definitionen der Periphrase genügen. So z. B. kann zwar der euphemistische Ausdruck A_E *civilised world* (GUA 7.1.91, 5) für den neutralen Ausdruck A_N *"all countries having a high state of culture and social development, especially those of a Western standard"* in einem semantischen Sinne durchaus als **"round-about way of expressing something"** (CED 1989, 1142) verstanden werden. Formal gesehen genügt er dieser Explikation ganz sicher nicht, da er im Gegenteil einen Sachverhalt

---

Euphemismus aber aus (vgl. 1978, 21). Er definiert dabei uneigentliches Sprechen wie folgt: **"Uneigentliches Sprechen ist ... dann gegeben, wenn ein Sprecher etwas nicht so meint, wie er es sagt, und dabei offensichtlich anders verstanden werden will."** (ebd., 20).

Es ist einzusehen, daß der Euphemismus dann schon deshalb keine Form des uneigentlichen Sprechens sein kann, weil es u. U. gar nicht im Interesse des Sprechers/Schreibers ist, dem Rezipienten bewußt zu machen, daß er anders verstanden werden will, sondern es möglicherweise in seiner Absicht liegt, diesen vorsätzlich zu täuschen.

der Wirklichkeit gewissermaßen auf eine "Kurzformel" verknappt und es im übrigen dem Rezipienten überläßt, was er unter *civilised world* versteht, denn die Wörterbücher geben hierüber keine befriedigende Auskunft (vgl. z. B. CED 1989, OED 1989 u. a.).

Noch deutlicher wird die Unzulänglichkeit der Definitionen der Periphrase in bezug auf den Euphemismus in der Bestimmung des Begriffsinhaltes der Periphrase durch die Rhetorik. So expliziert LAUSBERG:

"Die Periphrase ist die Umschreibung eines Wortes durch *mehrere Wörter*." (1973, 305 - Hervorhebung A. B.).

Dies trifft nun gewiß nicht uneingeschränkt auf alle Euphemismen zu, sonst würde ein Einzelwort für eine euphemistische Funktion überhaupt nicht in Frage kommen.[11] Um so mehr muß es verwundern, daß LEINFELLNER die "euphemistische Redeweise" den "uneigentlichen Redeweisen" zuordnet (vgl. 1971, 30). Auch ASMUTH/BERG-EHLERS ordnen den Euphemismus den Tropen[12] zu, geraten jedoch mit sich selbst in Widerspruch, wenn sie feststellen, daß auch Periphrase, Synekdoche, Litotes und Fremdwörter eine beschönigende oder verhüllende Funktion haben können (vgl. 1974, 131). Ebendiese Funktion erfüllen nämlich auch die Euphemismen (vgl. Kap. 4 d. A.). Diesbezüglich schlußfolgert BERG richtig:

"Euphemismus ist offensichtlich weder eine Form des Tropus noch eine des uneigentlichen Sprechens, vielmehr eine mögliche Funktion, die diese erfüllen können." (1978, 149 f.).

BERG entwickelt hier einen produktiven Ansatz für die *funktionale* Auffassung des Euphemismus, die die Grundlage für unsere weiteren Untersuchungen bilden wird. Der Definition des Euphemismus wollen wir uns weiter unten detailliert zuwenden.

Wir wollen an dieser Stelle anmerken, daß wir auch die Auffassung LEINFELLNERS kritisieren, lediglich Metaphern 1. Art[13] den uneigentlichen Redeweisen zuzurechnen (vgl. 1971, 30 u. 46). Es ist u. E. nicht einzusehen, warum dann nicht alle Arten von Metaphern einbezogen werden sollen, zumal als Grundlage für die Unterscheidung von Metaphern 1. und 2. Art wiederum die bereits

---

11 Natürlich könnten bei einer solchen Definition der Periphrase auch nicht alle Metaphern zur Periphrase gerechnet werden, da auch sie durch Einzelwörter ausgedrückt werden können.

12 Zum Begriff der Tropen vgl. BERG (1978, 15) sowie MARTIN (1974,261). Während nach BERG die Tropen Einzelwörter ersetzen und im Gegensatz hierzu die Figuren durch Hinzufügen, Wegnehmen oder Umstellen von Wörtern die gesamte Wortfügung verändern (1978, 15), definiert das CED: "**trope** ... n. 1. *Rhetoric.* a word or expression used in a figurative sense ... [C 16: from Latin *tropus* figurative use of a word, from Greek *tropos* style, turn; related to *trepein* to turn]" (1989, 1629). Eine zusätzliche Unterscheidung in Tropen und Figuren ist u. E. unpraktikabel (vgl. auch MARTIN 1974, 261).

13 Der Unterscheidung in Metaphern 1. und 2. Art liegt die theoretische Annahme zugrunde, daß die Mehrzahl der Metaphern in Vergleiche aufgelöst werden kann, einige (deren Bezug zur Wirklichkeit nicht mehr bestimmbar ist) jedoch nicht bzw. nur teilweise. Demnach sind auflösbare Metaphern "Metaphern 1. Art" und nicht auflösbare "Metaphern 2. Art", wobei die Grenzen fließend sind (vgl. LEINFELLNER 1971, 46).

weiter oben diskutierte "empirische Bedeutung" herhalten muß, welche LEINFELLNER nur für Metaphern 1. Art anerkennt und für Metaphern 2. Art ausschließt (vgl. ebd., 46).

Durch die Linguistik ist hier offenbar noch eine umfangreiche theoretische Arbeit zu leisten, die es ermöglicht, Begriffe wie *uneigentliche Redeweise (uneigentliches Sprechen), Periphrase, Redefigur, Tropus* eindeutig zu definieren und voneinander abzugrenzen. Dieses Feld sollte nicht der Rhetorik allein überlassen werden, zumal diese Untersuchungen auch für die

Einordnung der Metapher u. a. sprachlicher Erscheinungen von Bedeutung sind. Der Rahmen der vorliegenden Arbeit reicht nicht aus für eine diesbezügliche detaillierte wissenschaftliche Auseinandersetzung. Viele Probleme können hier nur angedeutet, jedoch nicht endgültig gelöst werden. So halten wir die Einordnung der Metaphern insgesamt in die Periphrase einerseits ebenso für möglich wie die Auffassung der Metapher als *Funktion* von Wörtern, Wortverbände etc., ähnlich unserer Position zum Euphemismus (vgl. auch Kap. 4 d. A.). Was BERG zu den Metaphern schreibt, läßt sich weitgehend ebenso auf den Euphemismus übertragen:

"Wenn sprachliche Ausdrücke als Metaphern bezeichnet oder Sätze für metaphorisch erklärt werden, handelt es sich um eine verkürzte Redeweise. Sätze, Wörter, sprachliche Ausdrücke sind weder metaphorisch noch nicht metaphorisch. Sie können freilich metaphorisch gebraucht werden." (1978, 112; vgl. hierzu auch KELLER 1975, 49 f.).

Auf die Metaphern und die Differenzierung innerhalb der Metaphern kann und soll an dieser Stelle nicht näher eingegangen werden. Vielmehr sei verwiesen auf eine ganze Reihe spezieller Untersuchungen zu diesem Problemkreis.[14]

---

[14] Zur linguistischen Auseinandersetzung mit dem Problem der Metapher empfehlen wir insbesondere folgende Literatur:
- ALLEMANN, B.: Die Metapher und das metaphorische Wesen der Sprache. - in: *Weltgespräch 4*, Basel 1968.
- ARUTJUNOVA, N. D.: Jazykovaja metafora (sintaksis i leksika) - in : *Lingvistika i poetika*. Moskva 1979, 147 - 173.
- BLACK, M.: Metaphor. - in: BLACK, M.: *Models and metaphor*. Ithaca 1962.
- BLACK, M.: More about metaphor. - in: ORTONY 1980, 19 - 43.
- COSERIU, E.: Die Metaphernschöpfung in der Sprache. - in: U. PETERSEN (Hrsg.): *Sprache, Stukturen und Funktionen*. XII Aufsätze zur Allgemeinen und Romanischen Sprachwissenschaft. Tübingen 1971 (= Tübinger Beiträge zur Linguistik. 2.), 15 - 52.
- KÖLLER, W.: *Semiotik und Metapher*. Untersuchungen zur grammatischen Struktur und kommunikativen Funktion der Metapher. Stuttgart 1975.
- LAKOFF/JOHNSON 1980
- LEVIN, S. R.: *The semantics of metaphor*. Baltimore and London 1977.
- MEIER, H.: *Die Metapher*. Versuch einer zusammenfassenden Betrachtung ihrer linguistischen Merkmale. Diss. Zürich, Winterthur 1963.
- ORTONY 1980
- RICOEUR, P.: *The rule of metaphor*. Multi-disciplinary studies of the creation of meaning in language. London and Henley 1978.
- WEINRICH, H.: Semantik der Metapher. - in: *Folia Linguistica. Acta Societatis Linguisticae Europaeae, Tomus I*, 1967, 3 - 17.

Mit LEINFELLNERS Unterscheidung in Metaphern 1. und 2. Art nähern wir uns der Frage, ob jeder sprachliche Ausdruck zwingend eine Entsprechung in der Realität haben muß. Diese Frage muß von uns mit aller Entschiedenheit verneint werden. Trotz des engen Zusammenhangs von Sprache und Denken ist der Mensch zu schöpferischem Denken in dem Sinne fähig, daß er durch Neukombinationen von Bewußtseinsinhalten[15] in der Realität noch gar nicht existierende Gegenstände, Prozesse, Zustände usw. gewissermaßen geistig vorwegnehmen kann. Hierfür findet er neue Bezeichnungen oder bereits existierende sprachliche Ausdrücke erhalten neue Inhalte (Neologismenbildung). Wäre dies nicht so, wäre die Entwicklung der Sprache, aber vielmehr noch die Entwicklung des Menschen und der menschlichen Gesellschaft überhaupt undenkbar.

Unter diesem Aspekt existieren Gegenstände, Erscheinungen, Prozesse etc. oft schon in der Sprache und im Denken, bevor sie in der Gesellschaft realisiert werden. Ja, es ist sogar fraglich, ob eine Realisierung überhaupt immer erfolgt. Neue Ideen und Erkenntnisse zwingen zum Umdenken, zum Verwerfen alter Konzepte, bringen das Denken und die menschliche Entwicklung voran. Auf dieses Problem werden wir bei der speziellen Diskussion des Euphemismus noch einmal zurückkommen.

Zusammenfassend läßt sich sagen, daß dem Menschen zum sprachlichen Ausdruck von Denkinhalten in mündlicher oder schriftlicher Form verschiedene theoretische Möglichkeiten zur Verfügung stehen. Er kann Gegenstände, Personen, Prozesse usw. der Wirklichkeit direkt ansprechen, die Dinge gewissermaßen bei ihrem Namen nennen, sich also neutraler Ausdrücke, der "eigentlichen Redeweise" bedienen. Er kann jedoch ein Denotat auch indirekt ansprechen, sein direktes Nennen bewußt oder unbewußt, mit bestimmter Absicht oder ohne daß die Folgen vorausbedacht werden, vermeiden. Hierfür stehen verschiedene spezielle Formen der Periphrase zur Verfügung, die in der parole realisiert werden.

Zur weiteren Annäherung an das Problem der euphemistischen Ausdrucksweise wenden wir uns nun dem Wechselverhältnis von Gesellschaft und Sprache zu, also dem Gegenstand der Soziolinguistik im allgemeinen Sinne (vgl. GROSSE/ NEUBERT 1974 a, 9).

---

[15] Auf die Rolle des Unbewußten beim schöpferischen Denken wollen wir an dieser Stelle nicht näher eingehen. Es sei hier jedoch konstatiert, daß wir die Beteiligung des Unbewußten an der Ausformung neuer Denkinhalte nicht nur für möglich, sondern eher für zwingend wahrscheinlich halten.

3. Sprache und menschliche Gesellschaft

Im Abschnitt 2.1 haben wir bereits eingehend den Zusammenhang von Sprache, Denken und Wirklichkeit behandelt. Ein wesentlicher Bestandteil der Realität ist das gesellschaftliche Leben, das somit natürlich auch in der Sprache umfangreichen Widerhall findet. Andererseits wäre die menschliche Gesellschaft ohne Sprache, wie oben dargestellt, undenkbar. Die Kommunikation innerhalb der Gesellschaft ist Grundlage jeglichen Zusammenlebens zwischen den Menschen auf allen Gebieten, für ihre Kooperation, für das Streben nach gemeinsamen Zielen, aber auch für die kritische Auseinandersetzung miteinander, letztendlich Grundlage der Entwicklung der menschlichen Gesellschaft überhaupt.

Das Leben der Gesellschaft wird dabei mehr oder minder bewußt organisiert. In dieser Hinsicht spielt die Sprache eine wesentliche Rolle. Mit ihrer Hilfe wird vorausgeplant, analysiert, geschlußfolgert, organisiert, koordiniert, werden Entwicklungsziele geistig vorweggenommen und Ergebnisse der Entwicklung zum Ausgangspunkt für neue Entwicklungen gemacht. Natürlich gibt es Entwicklung auch ohne Sprache, so z. B. im Pflanzen- und Tierreich. Auch die biologische Entwicklung des Menschen hängt nicht in jeder Hinsicht von der Sprache ab. Die Entwicklung der Gesellschaft aber ist ohne Sprache undenkbar.

3.1 Gesellschaft und Norm

Normen allgemein bilden eine wichtige Grundlage menschlichen Zusammenlebens, für die Existenz der Gesellschaft. Im allgemeinsten Sinne des Wortes können wir *Normen* definieren als **"Handlungsanweisungen, ... Aufforderungen (die dazu dienen - A. B.), Übereinstimmungen in einem bestimmten Bereich des Verhaltens hervorzubringen"** (HELBIG 1986, 248).

Hierbei können Normen von unterschiedlicher **"Intensität oder Schärfe"** (KLAUS/BUHR 1974, Bd. 2, 877) sein.

> **"Demgemäß können Normen den Charakter von Befehlen, Geboten und Verboten, von Sollensforderungen, von Direktiven, von Empfehlungen oder Ratschlägen, von Erlaubnissen annehmen"** (ebd.).

Bezogen auf die zwischenmenschliche Kommunikation sind **"Normen an Zeichensysteme ... gebunden, treten als deren Bedeutung auf und werden durch sie übertragen"** (ebd., 878). Als Zeichensysteme begegnen uns dabei meist die natürlichen Sprachen (Sprachsysteme), es gibt jedoch auch künstliche Zeichensysteme, wie z. B. das Morsealphabet sowie andererseits Kunstwerke, Gesten u. a., die durchaus Träger von Normen bzw. Medium sein können, über das Normen vermittelt werden (vgl. auch ebd.).

Das Sprachsystem (langue) wird realisiert in der parole und begegnet uns dort in verschiedenen Varietäten, die wiederum Rückwirkungen auf das System haben können. QUIRK et al. unterscheiden fünf Typen von Varietäten bezogen auf **"(a) region ..., (b) social group ..., (c) field of discourse ..., (d) medium ..., (e) attitude ..."** (1991, 16), wobei die ersten beiden Typen relativ beständig sind und die Typen (c), (d), und (e) sich auf den Sprachgebrauch beziehen (vgl. ebd.). Sie bemerken hierzu:

"Any use of language necessarily involves variation within all five types, although for purposes of analysis we may abstract individual varieties (a related set of variation within one type" (ebd.).

Es fragt sich in diesem Zusammenhang, warum es trotz aller regionaler (AE, BE, AusE, SAE, CanE oder Scottish English, Cockney usw.) und sozialer Varianten (upper class, jargon u. a.), trotz aller verschiedenen Möglichkeiten in bezug auf den Sprachgebrauch gerechtfertigt ist, die Bezeichnung "English" für all diese Varietäten zu verwenden. QUIRK et al. geben als Begründung die Existenz eines **"COMMON CORE"** (ebd.) an, der im Grunde nichts anderes darstellt als die Gesamtheit aller charakteristischen Merkmale, die entstehen durch die Befolgung bestimmter sprachlicher, insbesondere grammatischer Regeln bzw. Normen.

"A COMMON CORE (Hervorhebung von QUIRK et al. - A. B.) **or nucleus is present in all the varieties so that, however esoteric a variety may be, it has running through it a set of grammatical and other characteristics that are present in all the others. It is this fact that justifies the application of the name 'English' to all the varieties."** (ebd.)

Unseres Erachtens entstehen solche charakteristischen, gemeinsamen Merkmale im Sprachgebrauch nicht nur durch die Befolgung sprachlicher, sondern auch außersprachlicher Normen, Konventionen, Traditionen, Sitten, Gebräuche, aber auch der politische und moralische Zustand der jeweiligen Gesellschaft und damit auch der Sprachgemeinschaft oder auch Tabus (vgl. Kap. 3.2 d. A.), religiöse Vorstellungen und Einflüsse u. v. a. spielen hierbei eine wichtige Rolle und beeinflussen den Sprachgebrauch nachhaltig. So z. B. können strenge sittliche und moralische Vorstellungen innerhalb einer Gesellschaft zum häufigen Gebrauch von Euphemismen im Alltag führen, wie dies etwa in der Viktorianischen Epoche in England der Fall war (vgl. z. B. NEAMAN/SILVER 1983, 6 f.).

Letzten Endes sind es die Übereinstimmungen infolge einer Entsprechung gegenüber solchen Normen, die ein gemeinsames Handeln von Menschen im Interesse bestimmter gemeinsamer Ziele erst ermöglichen. Im Sinne der Linguistik haben wir Normen aufzufassen als Aufforderungen **"zu einer bestimmten übereinstimmenden 'Beschaffenheit' sprachlich-kommunikativer Tätigkeit und insbesondere der in ihr hervorgebrachten Produkte, der Äußerungen"** (HARTUNG/SCHÖNFELD et al. 1981, 63). Wenn wir also von Normen sprechen, haben wir immer auch ihren Bezugspunkt zu beachten. Sprachliche Normen sind bereits auf der Ebene des Sprachsystems (langue) vorhanden, wirken sich jedoch vor allem im Sprachgebrauch, in der sprachlichen Kommunikation aus, sind also beobachtbar und verifizierbar auf der Ebene der parole.

Auf die Konstituierung solcher Normen haben verschiedene Faktoren einen Einfluß. Ein wesentlicher Punkt hierbei ist der historische Aspekt. Sowohl allgemeinmenschliche Erscheinungen wie auch spezifische nationale Besonderheiten der geschichtlichen Entwicklung wirken sich auf die jeweils aktuell bedeutsamen und gültigen Normen aus. So hat z. B. in Großbritannien das Durchschreiten bestimmter Entwicklungsstufen der Gesellschaft die Normen des gesellschaftlichen Zusammenlebens, jedoch auch die sprachlichen Normen, wie oben bereits angedeutet, in unterschiedlicher Weise beeinflußt. Zum anderen hat das Eintreten gewisser historischer Ereignisse (Eroberungsfeldzüge, u. a. 1066; englische bürgerliche Revolution, industrielle Revolution usw.) die heute gültigen gesellschaftlichen und damit natürlich auch die sprachlichen Normen entscheidend geprägt.

Beispielsweise hat sich der Puritanismus des späten 16. und des 17. Jahrhunderts in England nachhaltig auf den Sprachgebrauch ausgewirkt, indem strenge moralische und religiöse Normen den Gebrauch bestimmter Ausdrücke, u. a. für sexuelle menschliche Organe, körperliche Exkremente und mit ihnen verbundene Tätigkeiten, ja selbst für einige Kleidungsstücke u. dgl., weitgehend nicht zuließen und statt dessen in der Sprachgemeinschaft eine Vielzahl euphemistischer Ausdrücke hierfür entstanden, z. B. A_E: *inexpressibles* (A_N: trousers), A_E: *unmentionables* (A_N: trousers), A_E: *to relieve oneself* (A_N: to urinate)[1] usw.

Letztendlich werden soziale wie sprachliche Normen von den herrschenden ökonomischen und politischen Verhältnissen bestimmt (vgl. auch SCHIPPAN 1987, 271). Normen bilden sich auf der Grundlage politischer Einstellungen und Einsichten sowie weltanschaulicher Positionen heraus. Die Zugehörigkeit von Menschen zu bestimmten sozialen Gruppen und Schichten, aber auch zu Parteien oder außerparlamentarischen politischen Bewegungen wirkt sich wesentlich auf die Ausprägung sozialer und sprachlicher Normen bzw. die Anerkennung ihrer individuellen Bedeutsamkeit aus. Unter philosophischem und soziologischem Aspekt müssen wir *Normen* definieren als:

"die Ausführung (oder Unterlassung) von menschliche Handlungen betreffenden gedanklichen Festsetzungen, die mit dem Anspruch auf soziale Verbindlichkeit auftreten und dazu dienen, menschliches Handeln zu regeln, zu lenken, ihm eine bestimmte Richtung zu geben, es zu koordinieren, die also darauf abzielen, eine bestimmte soziale Ordnung zu realisieren." (KLAUS/BUHR 1974, Bd. 2, 877).

Dementsprechend sind *Normen* in bezug auf die sprachlich-kommunikative Tätigkeit zu verstehen als:

"gedankliche Festsetzungen, die den als Sprecher/Schreiber oder Hörer/Leser in kommunikative Beziehungen zueinander tretenden Menschen als Grundlage dafür dienen, wie sie bei der Realisierung der kommunikativen Beziehungen vorgehen können und müssen" (HARTUNG 1977, 12 f.).

Normen können dabei jeweils in Form von Gesetzen (Jurisdiktion) und anderen verbindlichen Regelungen (Erlasse, Vorschriften, Standards usw.) fixiert sein. Dies wird für die sozialen Normen z. B. in Form einer Verfassung, eines Grundgesetzes, Strafgesetzbuches, bürgerlichen Gesetzbuches usw., aber auch in Form von "ungeschriebenen Gesetzen" (Traditionen, Tabus usw.) deutlich.

---

[1] weitere Beispiele hierzu finden sich u. a. bei NEAMAN/SILVER 1990. LUCHTENBERG (1985, 105 ff.) gibt Beispiele für das Deutsche, die ähnliche Implikationen aufweisen.

Auch sprachliche Normen können fixiert (z. B. in Wörterbüchern, Grammatiken usw.) oder gesellschaftliches (resp. sprachgemeinschaftliches) Gemeingut in unfixierter Form (z. B. als gruppenspezifische Sprachnorm bei einem Jargon) sein.

Die besonders beim zuletzt Gesagten deutlich werdende Nähe von Norm und System, in unserem Falle von sprachlicher Norm und Sprachsystem, hat bei einigen Autoren zur Gleichsetzung der Begriffe *Norm* und *System* geführt, zumindest aber häufig zu deren Betrachtung als **"Einheit von zwei Aspekten bei der Betrachtung des gleichen Sachverhalts, der Invarianten sprachlicher Äußerungen (die nichts anderes sind als QUIRKS *common core* - A. B.)"** (HELBIG 1986, 251). Eine solche Auffassung vertreten z. B. NEUMANN et al. (vgl. 1976, 452 f.), wobei dem, allein unter dem Tätigkeitsaspekt betrachtet, zuzustimmen wäre.

Wir schließen uns der Auffassung von HARTUNG (1977, 29 ff., 50 ff.) an, der zwischen Objekt- und Widerspiegelungsebene klar differenziert. So fallen Norm und System auf der Ebene der konkreten Tätigkeit zwar weitgehend zusammen, dem Individuum tritt die Sprache als Norm gegenüber. Auf der Widerspiegelungsebene entsprechen System und Norm einander aber nicht völlig. Hier ist der Normbegriff weiter gefaßt als der des Systems und bezieht sich nicht nur auf die sprachliche Seite des Tätigkeitsprodukts (den Text), sondern auch auf die Rahmenbedingungen der Kommunikation (vgl. hierzu auch HELBIG 1986, 251). Daraus folgt, daß verschiedene Arten von Normen existieren - sprachliche (u. a. grammatisch-semantische und situative, linguistische und soziolinguistische Normen) und außersprachliche Normen (Normen für die Regelung der Rahmenbedingungen der Kommunikation) (vgl. hierzu auch HARTUNG 1977, 39 f.).

HELBIG verweist auf die zentrale Rolle, die der Normbegriff für die Soziolinguistik spielt:

> **"Weil die Varietäten nicht 'frei' und beliebig austauschbar sind, bestimmt die Norm die Wahl der sprachlichen Varietät. Wie die Varietäten gesellschaftlich determiniert sind, so sind auch die Normen sozial bestimmt. In den Normen werden sprachliches System und soziale Strukturen gleichsam aufeinander bezogen."** (1986, 252).

In engem Zusammenhang mit dem Begriff der Norm steht der Tabubegriff, dem wir uns im folgenden zuwenden wollen.

3.2　Zum Tabubegriff

Im vorhergehenden Abschnitt haben wir uns mit dem Begriff der Norm auseinandergesetzt und unterschieden in soziale und sprachliche Norm. Dabei wurde festgestellt, daß die soziale Norm Handlungsvorschriften für das Verhalten der Menschen in den verschiedenen Sphären ihres Zusammenlebens, ihrer sozialen Interaktion darstellt, während die sprachliche Norm ebensolche Vorschriften für den Gebrauch der Sprache in der kommunikativen Tätigkeit umfaßt. Aus dem weiter oben beschriebenen Zusammenhang von Sprache und menschlicher Tätigkeit können wir folgern, daß soziale und sprachliche Norm sich ständig gegenseitig beeinflussen, ja gewissermaßen ineinander übergehen, die eine Norm ohne die andere eigentlich gar nicht denkbar wäre. Soziale Normen werden mit Hilfe der

Sprache formuliert, wirken über diese, werden über diese weitervermittelt. Sprachliche Normen sind zugleich Ergebnis und Voraussetzung für soziale Kommunikation und Interaktion. Die Übergänge von sozialer zu sprachlicher Norm sind somit fließend. Dies führt dazu, daß ggf. eine eindeutige Entscheidung, welche Norm im konkreten Falle einen bestimmten Sprachgebrauch hervorgerufen hat, nicht immer möglich ist.

Das Tabu ist u. E. direkter Bestandteil der Normen menschlichen Zusammenlebens in der Gesellschaft. Die in der Gesellschaft gültigen Normen sind zugleich Grundlage des Tabus und beeinflussen dieses auf unterschiedliche Weise.

Der Begriff des Tabus hat in seiner geschichtlichen Entwicklung inhaltliche Veränderungen erfahren. Der Ursprung des Wortes *Tabu* geht auf das Tonganische, eine Sprache der polynesischen Sprachfamilie, zurück.[2] Das Wort fand im 18. Jahrhundert Eingang in die englische Sprache (vgl. CED 1989, 1549). Das tonganische *tapu* bedeutet soviel wie **"das 'stark Gezeichnete' im Gegensatz zum Gewöhnlichen"** (BROCKHAUS 1966 - 74, Bd. 18, 418) bzw. **'"intensiv gemerkt'"** (vgl. MEYER 1978 - 81, Bd. 7, 633).

MEYER (1964, 921) beschränkt die Definition des Tabus noch auf eine Erscheinung bei den Naturvölkern. Obwohl wesentliche Aspekte in der Erklärung des Tabus enthalten sind, müssen wir einerseits kritisieren, daß dieses Phänomen auf nur einige kleinere Völker beschränkt wird. Zum anderen wird der Ursprung des Tabus einseitig aus der Magie und Religion begründet. Das mag auf die Naturvölker zutreffen, läßt sich jedoch auf die moderne Gesellschaft und die in ihr ebenso existierenden Tabuerscheinungen nur unzureichend anwenden. Bereits die zweite Auflage dieses Lexikons (MEYER 1972 - 78) faßt das Tabu weiter und definiert es als

"religiös begründetes Verbot vieler Völker, das den Kontakt mit Lebewesen, Gegenständen, die Ausführung bestimmter Handlungen oder das Aufsuchen bestimmter Orte bzw. die Verwendung bestimmter Wörter untersagt. T.sitten beeinflussen in hohem Maße nicht nur das religiöse, sondern auch das wirtschaftliche und gesellschaftliche Leben ..." (ebd., Bd. 13, 393).

Die einseitige religiöse Begründung wird jedoch auch hier nicht überwunden. Interessant ist, daß beide Definitionen eine Vielzahl von Gegenständen, Prozessen, Handlungen usw. nennen, die mit einem Tabu belegt sein können, ebenso aber auch bestimmte Wörter *über* tabuisierte Erscheinungen der Wirklichkeit.

Eine religiöse Erklärung des Tabus findet sich darüber hinaus auch in weiteren Enzyklopädien (vgl. z. B. BROCKHAUS 1966 - 74, Bd. 18, 418 f.), aber auch bei HAVERS 1946 und WEBSTER (1973, 280 ff.). Es findet sich bei letzterem jedoch auch die Feststellung, daß der Begriff des Tabus eine Erweiterung erfahren habe:

---

[2] Das Königreich Tonga ist eine Inselgruppe von ca. 150 Vulkan- und Koralleninseln im Südwestpazifik, östlich von Fidschi. Tonga wurde 1900 Britisches Protektorat und erlangte erst 1970 seine Unabhängigkeit. Das Königreich Tonga ist heute Mitglied des britischen Commonwealth. Die etwa 98.000 Einwohner (nach UNO-Schätzungen 1974) der 675 km² großen Inselgruppe sprechen Tonganisch und Englisch (vgl. CED 1989, 1602).

"Die Phänomene, Gründe, Personen oder Gruppen, die einem Tabu unterliegen und die Sanktionen, mit denen Übertretungen belegt werden, sind von Gesellschaft zu Gesellschaft und im historischen Zeitablauf sehr verschieden. In Gegenwartsgesellschaften des westlich-industriellen Typs werden zahlreiche Verhaltensweisen und Normen, vor allem die auf das Sexualleben bezüglichen (→ Geschlechtserziehung) als T. bezeichnet, häufig in einer Verallgemeinerung des Begriffs ..." (ebd.)

Unseres Erachtens ist es ungünstig, den Tabubegriff zu eng zu fassen, da hierbei andere als religiöse Ursachen für das Entstehen von Tabus weitgehend unberücksichtigt bleiben. Wir schließen uns daher am ehesten der Auffassung LUCHTENBERGS an, die als Tabu ansieht alle **"mit Denk-, Anfaß- oder Nennverbot belegte[n] Gegenstände, Vorgänge oder Gedanken, was als gesellschaftlicher Prozeß begriffen werden muß, d. h. jedes Tabu entsteht in einer bestimmten Gesellschaft und ist durch ihre Besonderheiten bedingt"** (1975, 22). Aus dieser Definition läßt sich auch das abergläubisch-religiöse Tabu verstehen, denn auch dieses ist Resultat menschlichen Zusammenlebens, der Gesellschaft. Somit lassen sich unter *gesellschaftlichem Tabu im weitesten Sinne* alle entsprechenden Vorschriften der beschriebenen Art auffassen, während *gesellschaftliche Tabus im engeren Sinne* jene Tabus umfassen, die direkt aus dem gesellschaftlichen Zusammenleben erwachsen, wobei dann religiös-abergläubische Vorstellungen ausgeklammert bleiben (vgl. ebd.). Letztere spielen zumindest auf dem Gebiet der politischen Sprache eine untergeordnete Rolle.

Die Erweiterung des Tabubegriffs kommt auch deutlich zum Ausdruck in der Definition, die das CED gibt. So wird für das Substantiv, das in den zwei Varianten *'tabu'* und *'taboo'* auftritt, in zwei verschiedene Sememe unterschieden. Einmal wird (gewissermaßen im weiten Sinne) Tabu erklärt als **"any prohibition resulting from social or other conventions"**. Im engeren Sinne ist das Tabu eine **"ritual restriction or prohibition, esp. of something that is considered holy or unclean"** (1989, 1549).

Insbesondere in den letztgenannten Tabudefinitionen kommt der enge Zusammenhang von gesellschaftlichem Tabu und gesellschaftlicher Norm zum Ausdruck. Unter diesem Aspekt können wir unter Tabu jenen Teil der Norm verstehen, der den Teil der 'gedanklichen Festsetzungen' umschreibt, die sich auf menschliche Handlungen beziehen (und kollektive Gültigkeit und Verbindlichkeit besitzen), die n i c h t ausgeführt werden sollen und dürfen. Das Verbot kann hierbei auf ganz verschiedenen Ursachen beruhen, die von religiösen Vorstellungen über Aberglauben und gesellschaftliche Konventionen und Traditionen bis hin zu aktuellen Moralvorstellungen und Manipulationen reichen.[3]

---

[3] Mit dem Tabu beschäftigen sich eine ganze Reihe spezieller Untersuchungen, die zum Teil sehr konträre Auffassungen zum Ursprung und Charakter von Tabus vertreten und von denen wir einige empfehlen wollen:

DYEN, I.: Lexicostatistically determined borrowing and taboo. - in: *Language, 39, 1 (1963)*, 60 - 66.
EMENAU, M. B.: Taboos on animal names. - in: *Language, 24 (1948)*, 56 - 63.
FREUD, S.: *Totem und Tabu.* Frankfurt/M.: Fischer 1970
FRAZER, J. G.: *The golden bough.* - 3rd ed., 12 vols. - 1907 - 15; bes. vol. 2: *Taboo and the perils of sould.*

Der Vollständigkeit halber sei hier darauf verwiesen, daß Tabus (ähnlich den Normen) in der Gesellschaft sowohl als Gesetze, Vorschriften etc. in schriftlich fixierter Form als auch unbewußt, gewissermaßen im "Volksgewissen" wirken können. Daraus ergibt sich die Schlußfolgerung, daß bestimmte Tabus den Mitgliedern einer Gesellschaft auch aufgezwungen werden können. Sie werden jedoch nur dann voll zur Wirkung gelangen, wenn sie von der Mehrheit der Menschen akzeptiert und deren Durchsetzung von diesen unterstützt wird.

Ein negatives Beispiel aus der jüngeren Geschichte ist hierfür z. B. die Sprachregelung durch die Nazis im faschistischen Deutschland.[4]

Wir vertreten darüber hinaus den Standpunkt, daß Tabus durchaus nicht immer dem einzelnen bewußt werden müssen, sondern auch unbewußt auf bestimmte Handlungen Einfluß haben können. Unseres Erachtens wirkt sogar die Mehrzahl der Tabus über das Unbewußte. Werden bestimmte Handlungs- und Verhaltensweisen, darunter auch sprachliche Handlungen, genügend oft ausgeübt, so z. B. beim Aussprechen des Beileids zum Tode eines nahestehenden Angehörigen, werden diese automatisiert und dabei einem Tabu entsprochen, ohne daß dieses überhaupt bewußt werden muß.

Zusammenfassend läßt sich feststellen

"that the tabus current in any society tend to relate to objects and actions that are significant for the social order, and belong to the system of social order ... It is often impossible to know why a particular action or article has been singled out for such respect behaviour. But a general assumption is that such ritualization of respect involves implicit recognition of danger in disturbing significant social relations." (EB 1967, vol. 21, 599).

Ein Verhalten, das gegen in einer bestimmten Gesellschaft gültige Tabus verstößt, unterliegt, wirklich oder dem Glauben nach, bestimmten Sanktionen. Dies findet seinen Ausdruck ebenfalls in den Gesetzen einer Gesellschaft und den Strafen, die für bestimmte Vergehen vorgesehen sind und durch Gerichte ausgesprochen werden oder **"the sanction against a breach of the rule"** (ebd., 598) ist, so die religiös-abergläubische Auffassung, **"extrahuman or supernatural"** (ebd.). Häufig werden diese Sanktionen als automatisch in ihrer Wirkung betrachtet, d. h.

RADCLIFFE-BROWN, A. R.: *Taboo*. Stanford, Cal., 1939.
SPEICHER, G.: *Die großen Tabus,* 1969.
WEBSTER 1973

[4] Vgl. hierzu z. B.:
BERNING, C.: Die Sprache des Nationalsozialismus in: *ZdWF 17 (= 2 der Neuen Folge), H. 1/2 (1961),* 83 - 121; *H. 3 (1961),* 171 - 182; *ZdWF 18 (= 3 der Neuen Folge) H. 1/2 (1962),* 108 -118; *H. 3 (1962),* 160 - 172.
BORK, S.: *Mißbrauch der Sprache.* Tendenzen nationalsozialistischer Sprachregelungen. Bern/München 1970.
KLEMPERER 1947
STERNBERGER et al. 1968

man nimmt an, dem Verstoß gegen ein Tabu werde logisch und notwendig eine Strafe folgen, wie z. B. ausbleibender Erfolg beim Fischen und bei der Jagd, eine Krankheit, der Tod eines Angehörigen etc. Auf den neutralen Beobachter mögen diese Erscheinungen wie ein Zufall oder Unglück wirken, in den Augen des Gläubigen aber oder des abergläubischen Menschen ist es die Bestrafung für den Verstoß gegen ein Tabu und bestätigt seinen Glauben.

"With some tabus, however, the sanction is not automatic, but is invoked by the person controlling the tabu ..." (ebd.)

Dies trifft insbesondere auf die gesellschaftlichen Tabus zu, deren Einhaltung von der Gesellschaft, von der Familie, von einzelnen Mitgliedern der Gesellschaft kontrolliert wird. Speziell scheint dies für die Tabus im Bereich der Sprache zuzutreffen. Hier wird die Mißbilligung durch die Rezipienten, d. h. ggf. einzelne Menschen, aber auch ganze Menschengruppen oder die Mehrheit der Mitglieder einer Gesellschaft ausgesprochen. Die Sanktionen hierfür können in ihrer Intensität sehr unterschiedlich ausfallen. Besonders heftig aber scheinen diese zu sein, wenn außer einem vergleichsweise unbedeutenden sprachlichen Tabu zugleich gesellschaftlich anerkannte Tabus verletzt werden, die wiederum in engem Zusammenhang mit religiös motivierten Tabus stehen können. Beredtes Beispiel dafür sind zum Beispiel die 1988 erschienenen *Satanic Verses* des britischen Schriftstellers indischer Herkunft Salman Rushdie, die z. B. im Iran, aber auch anderen Ländern, in denen der Islam die vorherrschende Religion ist, zu heftigen Reaktionen führten, die bis zum offenen Aufruf von Ayatollah Chomeini reichten, den Autor zu ermorden. Auch hier wirkte die Sanktion nicht automatisch, sondern wurde ausgesprochen durch eine *"person controlling the tabu"*.

In bezug auf die Sprache der Politik, aber auch in anderen Sphären des gesellschaftlichen Lebens fungiert u. E. der Staat über seine Gesetze, Lehrprogramme, öffentlichen Sprachgebrauch usw. sowie die Sprachgemeinschaft selbst (z. B. bei der Durchsetzung durch den

Staat verordneter Tabus im III. Reich) als jene *"person controlling the tabu"*. Ein Staat kann sich aber auch traditionell existierende Tabus zunutze machen, um seine Politik durchzusetzen, wie dies insbesondere im oben beschriebenen Beispiel des Iran der Fall zu sein scheint, der das Erscheinen eines Buches zum Anlaß nimmt, um seine Politik, notfalls auch mit gewaltsamen Mitteln, durchzusetzen .[5]

PEI weist in seiner Definition des Tabu auf den engen Zusammenhang von Tabu und Euphemismus hin:

"taboo:
The avoidance of the use of certain words, and their replacement by euphemistic expressions, for superstitious, moral, social, etc., reasons."
(PEI 1960, 213).

---

[5] Hinzu kommt selbstverständlich in unserem Beispiel eine tiefe religiöse Verwurzelung des durch Rushdie übertretenen Tabus, auf die sich der islamische Staat im Iran stützen kann. Interessanterweise fällt es dem europäischen Betrachter schwer, die gereizten Reaktionen im Iran zu verstehen, was nicht zuletzt ein Beweis für die unterschiedliche Ausprägung bestimmter Tabus in verschiedenen Kulturen ist.

Unseres Erachtens ist es jedoch nicht zu vertreten, die Verwendung von euphemistischen Ausdrücken zur Umgehung eines Tabus dem Tabu selbst zuzurechnen. Der Euphemismus stellt für uns **eine**, nämlich sprachliche Form dar, ein existierendes Tabu zu umgehen.

Auf diese und eventuell weitere Möglichkeiten, ein Tabu zu umgehen oder besser ihm zu entsprechen, wollen wir im nun folgenden Abschnitt eingehen.

3.3 Möglichkeiten der Umgehung eines Tabus

Natürlich existiert potentiell auch immer die Möglichkeit, in der Gesellschaft anerkannte Tabus zu umgehen. Dies findet einerseits seinen Ausdruck in der Kriminalitätsrate, die die Verstöße gegen die in den Gesetzen fixierten Handlungs- und Verhaltenstabus umfaßt. Aber schon hier bleiben Tabuverstöße in Form von unaufgeklärten Fällen unsanktioniert, d. h. teilweise wird das gesellschaftliche Tabu erfolgreich umgangen.

Ebenso aber ist es auch möglich, andere, nicht in Gesetzen fixierte, jedoch gesellschaftlich anerkannte Tabus zu umgehen. Die extremste Form wäre, daß das Individuum das Tabu nicht anerkennt und somit offen den Widerspruch der Gemeinschaft erregt, indem es demonstrativ gegen das Tabu verstößt. Die zu befürchtenden Sanktionen werden je nach Gesellschaft und historischem Hintergrund, je nach Bedeutsamkeit des Tabus in der Gesellschaft und nach den jeweiligen Traditionen der Gemeinschaft unterschiedlich sein. So ist es sicher einfacher und ungefährlicher, gegen bestimmte Tabus zu verstoßen, die z. B. die Höflichkeit betreffen (z. B. erst einem Mann und dann einer Frau die Hand zu geben), als gegen tief verwurzelte, religiös, sexuell oder anderweitig begründete Tabus zu opponieren.

Auf sprachlichem Gebiet ist dies ähnlich. So wird es im Englischen heute z. B. bestimmt eher möglich sein, Kleidungsstücke direkt zu benennen (die immerhin im Zeitalter des Puritanismus auch mit Tabus besetzt waren), als etwa Sexualorgane, körperliche Exkremente, Geschlechtskrankheiten usw. direkt bei ihrem Namen zu nennen. Natürlich ist auch hier die jeweilige konkrete Kommunikationssituation (Zeit, Ort, Rezipienten, Verhältnis des Sprechers/Schreibers zu ihnen usw.) für die Wirkung bestimmter sprachlicher Ausdrücke mitentscheidend.

Auch für den Fall, daß es unausweichlich ist, über Gegenstände, Prozesse, Zustände etc. zu kommunizieren, die eigentlich einem Tabu unterliegen, stehen dem Sender (Sprecher/ Schreiber) verschiedene Möglichkeiten zur Verfügung, dem Tabu gerecht zu werden und die Dinge, wenn auch auf Umwegen, so doch anzusprechen. In erster Linie existieren hierfür die verschiedenen Formen der Periphrase, so die Hyperbel, die Litotes, die Ironie, aber auch der Euphemismus oder die Metapher, um gewissermaßen auszusprechen, was eigentlich nicht ausgesprochen werden darf oder sollte bzw. aus pragmatischen Überlegungen heraus vermieden wird. Mit Hilfe einer solchen indirekten Äußerung, eines indirekten Ausdrucks kann somit gewährleistet werden, daß über bestimmte Gegenstände, Prozesse, Erscheinungen etc. der Wirklichkeit kommuniziert werden kann, ohne dabei ein Tabu zu verletzen.

Der Grund der Verwendung solcher indirekten Ausdrücke kann jedoch auch einfach eine beabsichtigte stilistische Wirkung (z. B. Hyperbel, Metapher), das Vermeiden einer Verletzung von Gefühlen (z. B. Litotes), das Einbringen einer spöttischen Zusatzbedeutung (z. B. Ironie u. a.) sein. Nicht jede Periphrase, auch nicht jeder Euphemismus dient also dazu, einem Sprachtabu zu genügen. In besonderer Weise scheint hierzu jedoch der Euphemismus geeignet zu sein, der durch verschiedene Formen der Periphrase ausgedrückt werden kann. Wir werden weiter unten darauf zurückkommen. An dieser Stelle sei nur festgestellt, daß ein enger Zusamenhang zwischen der Existenz von Tabus, sowohl gesellschaftlicher (sozialer) als auch sprachlicher Art, und der Verwendung von euphemistischen Ausdrücken (Wörtern, Wortverbänden, Teilsätzen, Sätzen, Teiltexten, Texten) besteht.

Durch das Umgehen von Tabus in der zuletzt beschriebenen Form, also durch Euphemismen, ist es dem Sender (Sprecher/Schreiber) jedoch auch möglich, dem Rezipienten (Hörer/Leser) die Illusion zu vermitteln, daß er sich an existierende Tabus halte. Dies kann u. U. zu manipulativen Zwecken ausgenutzt werden. Der Sender kann durch den Gebrauch von Euphemismen vortäuschen, er respektiere ein bestehendes Tabu, ohne daß ein solches überhaupt existiert. Er konstruiert es somit praktisch selbst, "verordnet" es gewissermaßen. Beispiele hierfür gibt es in der politischen Sprache in Hülle und Fülle.

Somit kann sich der Sender gegenüber den Rezipienten durchaus rechtfertigen und sich darauf berufen, daß er mit einer bestimmten sprachlichen Äußerung zwar dieses oder jenes meinte, es aber zur "Schonung der Gefühle der Rezipienten", zur "Milderung unangenehmer Wahrheiten", zur "Wahrung der Sicherheit einer Person, einer Gruppe oder gar eines ganzen Staates" nicht direkt angesprochen habe. Leichtgläubigkeit und blindes Vertrauen des Rezipienten, etwa gegenüber bestimmten Politikern oder auch Journalisten, eröffnet und erleichtert jenen die Möglichkeit, die Sprache zu manipulativen Zwecken auszunutzen.

Zusammenfassend sei darauf verwiesen, daß das Tabu in jeder Gesellschaft existiert und seine historischen Ursachen ursprünglich im religiösen Glauben und Aberglauben begründet lagen. Der Charakter des Tabus bzw. der Tabus hat sich jedoch in den modernen Gesellschaften im Laufe der geschichtlichen Entwicklung grundlegend gewandelt. Tabus betreffen bestimmte, für das Zusammenleben der Menschen signifikante Sphären. Das Tabu bezieht sich in erster Linie auf Verhaltens- und Handlungsformen, die von der Gesellschaft aus verschiedenen Gründen als unmoralisch, verwerflich, anormal angesehen werden. Es kann dabei auch irrationale Elemente enthalten (vgl. hierzu EB 1967, Vol. 21, 598).

3.4   Information und Manipulation

Im vorhergehenden Abschnitt hatten wir bereits angedeutet, daß es möglich ist, Sprache zu manipulativen Zwecken zu gebrauchen oder besser gesagt zu mißbrauchen. Sprache kann also dem Sender ggf. die Möglichkeit eröffnen, bestimmte Ziele zu verwirklichen, ohne daß dies dem Rezipienten bewußt (gemacht) wird. Insofern unterstützt Sprache das Erreichen gewisser außersprachlicher Ziele, die in einem bestimmten sozialen Kontext stehen. Darüber hinaus dient Sprache jedoch auch dem Austausch von Bewußtseinsinhalten zwischen den Menschen, wir haben hier also ihre kommunikative Funktion im Auge (vgl. hierzu z. B. MARTINET

1971, 17). Die kognitive Funktion der Sprache betrifft hingegen die Erkenntnis der Welt mit Hilfe der Sprache. Kommunikative und kognitive Funktion werden auch als die Grundfunktionen der Sprache bezeichnet (vgl. W. SCHMIDT et al. 1983, 26).[6]

Wir halten es an dieser Stelle unserer Ausführungen für angebracht, zu erklären, was wir unter Information bzw. Manipulation verstehen. Beide Begriffe sollen eine wesentliche Rolle im weiteren Untersuchungsablauf spielen.

KLAUS unternimmt in seiner Arbeit zur "Macht des Wortes" den Versuch, einen semantischen und einen pragmatischen Informationsbegriff zu unterscheiden (vgl. 1964, 17 f.). Hierzu definiert er zunächst Nachrichten als **"Teilklasse der Information"** (ebd., 17). Seiner Ansicht nach sind Nachrichten **"solche Informationen, die zwischen Bewußtseinsträgern ausgetauscht werden"** (ebd.). Wie jede sprachliche Einheit seien auch diese eine **"Einheit von physikalischem Träger (Signal) und Bedeutung (Semantik)"** (ebd.). Der pragmatische Informationsbegriff umfasse **"jene Teilklasse von Informationen ..., die Träger von Bedeutungen sind** (Gibt es überhaupt andere Informationen? - A. B.) **und die bei dem Empfänger bestimmte Verhaltensweisen, Gefühle usw. auslösen"** (ebd., 18). Während als die Grundlage für den Austausch der semantischen Information der **"gemeinsame Bedeutungs- (Begriffs-) vorrat"** (ebd., 17) angesehen wird, sei für den Austausch der pragmatischen Information ein **"gemeinsamer Vorrat an Verhaltensweisen, Gefühlen usw."** (ebd.) die Basis.

Ziel unserer Untersuchung soll es nicht sein, die Berechtigung dieser Unterscheidung zu analysieren. KLAUS hebt jedoch in jedem Falle wichtige Aspekte des Informationsbegriffes hervor. So erscheint uns die Feststellung äußerst wichtig, daß die Information außer einem semantischen Inhalt auch einen pragmatischen besitzt. Mit einer, oberflächlich betrachtet, rein sachlichen Information werden in vielen Fällen auch Bewertungen vorgenommen, Verallgemeinerungen getroffen, bestimmte Reaktionen beim Rezipienten beabsichtigt und tatsächlich ausgelöst.

In diesem Sinne verstehen wir unter *Information* den Prozeß und das Ergebnis des Austausches von Bewußtseinsinhalten in der Kommunikation in mündlicher oder schriftlicher Form. Eine zusätzliche Unterscheidung in Information und Nachricht wie bei KLAUS erscheint uns für unsere Zwecke wenig sinnvoll, es sei denn, man versteht unter Information den Bewußtseinsinhalt und unter Nachricht die Übermittlung der Information bzw. die in mündlicher oder schriftlicher Form vorliegende Information. Wir verwenden daher Information und Nachricht weitestgehend synonym.

Wir anerkennen ausdrücklich, daß die sprachliche Information neben begrifflichen Elementen auch Wertungen enthält und daß solche Verallgemeinerungen und

---

6 LEECH (1981, 57) unterscheidet mindestens fünf Funktionen der Sprache in der Gesellschaft: *informational, expressive, directive, aesthetic and phatic function.*
KLAUS (1964, 57 ff.) unterteilt sprachliche Zeichen in die vier Hauptklassen *Designatoren, Appraisoren, Präskriptoren* und *Formatoren* in Anlehnung an MORRIS (*Language and Behavior.* New York 1955, 95), der sprachliche Zeichen danach unterteilt, daß sie : a) informieren, b) Bewertungen durchführen, c) bestimmte Antwortreaktionen hervorrufen und d) systematisieren und organisieren.

emotionalen Faktoren auch zur Steuerung des Verhaltens dienen können (vgl. auch SCHIPPAN 1987, 18). Die Auffassung, daß die Lenkung durch Sprache die eigentliche Triebkraft allen menschlichen Handelns sei, daß allein die sprachliche Kommunikation **"die grundlegenden Beziehungen zwischen den Menschen schaffe"** (ebd.), wie sie besonders von Vertretern der noopositivistischen sprach-philosophischen Richtung (vgl. z. B. HAYAKAWA 1978, SEGERSTEDT 1947) betont wird, möchten wir jedoch nachdrücklich kritisieren. Unseres Erachtens sind die materiellen und ökonomischen Gegebenheiten letztendlich die Grundlage allen menschlichen Zusammenlebens. Trotz der Wirkungsmöglichkeiten, die die Sprache durchaus besitzt, darf die Anerkennung dieser nicht zur Verabsolutierung und willkürlichen Überhöhung der "Macht des Wortes" führen.

In eine Reihe wissenschaftlicher Untersuchungen in der DDR wurde z. T. der Eindruck zu erwecken versucht, daß die Manipulation von Menschen mit Hilfe der Sprache ein spezifisches Problem der kapitalistischen Ordnung sei und im Sozialismus keinen Platz habe (vgl. z. B. KLAUS 1971, 213 ff., SCHNEIDER 1970, HARTUNG et al. 1982). Eine solche einseitige Interpretation lehnen wir ab und stellen im Gegenteil fest, daß manipulativer Sprachgebrauch in jeder sozialen Ordnung potentiell möglich ist und praktisch betrieben wird. Sprachliche Ausdrücke wie *"entwickelte sozialistische Gesellschaft"*, *"real existierender Sozialismus"*, oder *"ideologische Diversion"* auf der einen Seite konnten einer manipulativen Zielsetzung ebenso genügen wie *"Ostblock"*, *"Sowjetimperialismus"* oder *"roter Terror"* auf der anderen Seite. Wir definieren deshalb *Manipulation* mit CUBE als:

> **"eine absichtliche geistige Unterdrückung, ein absichtliches Niederhalten des intellektuellen Niveaus zum Zwecke der Steuerung; Manipulation ist dann weiter (und folgerichtig) die Steuerung von Menschen, ohne daß diese das angesteuerte Ziel oder die Steuerung selbst bemerken"** (1969, 127).

Die Manipulation kann dabei mit Hilfe der Sprache erfolgen. Wir sprechen in diesem Sinne auch von *manipulativem Gebrauch der Sprache* und meinen damit die Verwendung von sprachlichen Mitteln im Interesse bestimmter (z. B. politischer) Ziele, ohne daß dem Rezipienten diese Ziele bewußt werden oder er den Gebrauch der Sprache in diesem Sinne durchschaut. Eigentlich sollte in diesem Zusammenhang eher von einem Mißbrauch als von einem Gebrauch der Sprache gesprochen werden, will man nicht völlig von einer Wertung des Sachverhaltes Abstand nehmen.

Information und Manipulation können, wie aus unseren Ausführungen hervorgeht, durchaus sehr eng beieinander liegen. Selbst eine Information, gezielt eingesetzt, kann bereits der Manipulation einer bestimmten Reaktion des Rezipienten, dem Hervorrufen einer bestimmten Haltung, Handlung oder Verhaltensweise, dem Suggerieren einer ganz bestimmten Bewertung, dem beabsichtigten Schüren von Emotionen dienen, d. h. Appraisoren, Präskriptoren und Formatoren im Sinne von KLAUS (1964, 57 ff.) enthalten.

Diese Tatsache führt uns an ein spezielles Problem heran, nämlich die große Verantwortung, die Politiker und Journalisten gleichermaßen, aber darüber hinaus auch jeder einzelne, der vor einer breiten Öffentlichkeit Sprache verwendet, tragen.

3.5 Zur Verantwortung der Politiker und Journalisten in der Gegenwart

Nach CUBE (1969, 127 f.) ist Manipulation nur bei gutgläubigen, vertrauensvollen und ehrfürchtigen Menschen möglich. Wenn diese Feststellung auch sehr verein- fachend anmutet, so ist sicher richtig, daß gerade unkritische, leichtgläubige Menschen potentiell stärker gefährdet sind, in ihrem Denken und Verhalten Opfer einer gezielten Manipulation zu werden. Ein Mensch, der Informationen, Kommen- tare, Berichte, Äußerungen von Politikern, Wahlkampfreden etc. kritisch hinterfragt, politisch interessiert ist, gewissermaßen versucht, den Dingen auf den Grund zu gehen, der sich vielseitig über bestimmte Erscheinungen, Prozesse, Zustände usw. informiert, wird viel schwerer mit Hilfe von Sprache zu lenken sein. Es ist aber u. E. nicht gerechtfertigt, den Rezipienten allein, d. h. im Falle der Politik den Bürgern, die alleinige Verantwortung dafür zu geben, ob sie manipulierbar sind oder nicht.

Vielmehr muß, und dies ist für die heutige Zeit gültiger denn je, von jedem, der Sprache in der Öffentlichkeit verwendet, verlangt werden können, dies in einer verantwortungsvollen Weise zu tun, sich sachlich und ohne Schönfärberei, aber andererseits auch ohne Schwarzmalerei zu äußern. Natürlich ist dies ein Ideal, das sich nicht im Selbstlauf durchsetzen kann und von dem wir in der Gegenwart offenbar weit entfernt sind. Aber es wäre falsch, zu glauben, wir seien der Manipu- lation mit Hilfe der Sprache, also der "Macht des Wortes", hilflos ausgeliefert. Politiker und Journalisten insbesondere sollten von der demokratischen Öffentlich- keit in die Pflicht genommen werden, ihrer Verantwortung gerecht zu werden. Nur durch eine breite Mitgestaltung und Kontrolle durch möglichst viele Mitglieder der Gesellschaft wird es möglich sein, sich einem solchen Ideal anzunähern.

Es ist u. E. ein unhaltbarer Zustand, daß etwa Politiker sich gegenüber anderen Mitgliedern der Gesellschaft das Recht herausnehmen, diese über bestimmte empirische Fakten im unklaren zu lassen, sie im Gegenteil über diese Tatsachen bewußt zu täuschen versuchen, unangenehme Wahrheiten zu manipulativen Zwecken im Interesse kurzsichtiger pragmatischer Ziele (z. B. dem Abschneiden einer bestimmten Partei bei der nächsten Wahl) zu beschönigen oder gar die Menschen direkt zu belügen. Die Öffentlichkeit in einer demokratischen Gesellschaft kann und muß von allen, die Verantwortung für die Geschicke eines Landes übernommen haben, Ehrlichkeit und Aufrichtigkeit, die Wahrheit erwarten, ja verlangen können.

Angesichts des teilweise zu beobachtenden politischen Desinteresses bei einer nicht unbeträchtlichen Anzahl von Menschen scheinen diese Forderungen vielleicht utopisch. Jedoch kann eine qualitativ gute Aufklärungsarbeit in sprachlicher, aber auch in politischer Hinsicht, so im Mutter- und Fremdsprachenunterricht wie auch im sozialkundlichen Unterricht, dazu beitragen, die Bürger zu einem kritischen Heran- gehen an die Politik und insbesondere an die Sprache der Politik zu erziehen (vgl. auch LUCHTENBERG 1975, 66; BERGSDORF 1978, 10, 178).

Natürlich bestreiten wir keineswegs, daß der Politiker in bestimmten Situationen, so z. B. in innen- und außenpolitischen Krisen zu einem vorsichtigen Sprach- gebrauch gezwungen sein kann. Unbedachte Äußerungen können mit Sicherheit zur Verschärfung von Konflikten beitragen. Aber auch dann berechtigt ihn nichts zur Lüge gegenüber jenen, die ihm das Vertrauen ausgesprochen haben.

Eine ähnlich hohe Verantwortung tragen die Fernseh-, Rundfunk- und Zeitungsjournalisten. Ihre Berichterstattung über innen- und außenpolitische Ereignisse, aber auch das Wichten, das eventuelle Weglassen oder Hinzufügen von Informationen haben nicht zu unterschätzende Auswirkungen auf die Rezipienten, also die Bürger (rosp. Leser, Hörer und Zuschauer). Journalisten können Erkenntnisprozesse bei den Menschen durchaus positiv oder negativ beeinflussen, Bedürfnisse, Bewertungen, Emotionen etc. befördern oder unterdrücken. Beim Lesen oder Hören von Nachrichten hat man hingegen nicht immer den Eindruck, daß die Journalisten ihrer wichtigsten Aufgabe nachkommen, die Bürger objektiv, sachlich, unvoreingenommen zu informieren. Dies hat zum Teil unterschiedliche Ursachen, von denen noch die Rede sein wird. Aufgabe der Politiker und Journalisten gleichermaßen muß es sein, den Menschen Sachkenntnisse zu vermitteln und nicht Sachzusammenhänge zu verschweigen oder diese zu verschleiern.

In der heutigen Zeit, da die Entspannung in der Welt bemerkenswert voranschreitet, da die Konfrontation von Ost und West schrittweise abgebaut wird, jedoch regionale Konflikte oder auch die extremen Unterschiede zwischen den industriell entwickelten und den armen Ländern der Welt, aber auch die ökonomischen Unterschiede zwischen Ost und West politischen Zündstoff bergen, kommt den Politikern eine große Verantwortung zu. Der bewußte und verantwortungsvolle Umgang mit der Sprache spielt dabei nur eine, aber eine nicht zu unterschätzende Rolle. Ebenso betrifft dies die Journalisten, die eine große gesellschaftliche Bedeutung und Verantwortung besitzen. Nur wenn die Öffentlichkeit an der Lösung der Probleme der Gegenwart beteiligt wird, ist die Existenz der Menschheit für die Zukunft gesichert.

Wir halten es für notwendig, daß sich die Linguistik nicht aus diesen Problemen heraushält, sondern im Gegenteil ihren Beitrag dazu leistet, auf die Möglichkeiten wie auf die Gefahren hinzuweisen, die die Sprache und der Umgang mit Sprache im Interesse der Verwirklichung bestimmter Ziele hierbei bietet. Die Sprachwissenschaft darf nicht schweigen, wo Sprache offensichtlich mißbraucht wird. Und es steht ihr u. E. auch zu, nicht nur den Mißbrauch als Fakt, sondern auch jene zu kritisieren, die die Sprache für ihre persönlichen Zwecke oder im Interesse bestimmter Gruppen usw. mißbrauchen und aus der Gutgläubigkeit der weniger gebildeten Schichten politisches Kapital schlagen wollen.

3.6   *Politik und Sprache der Politik*

Wir haben oben bereits mehrfach die Begriffe *Politik* und *Sprache der Politik* bzw. *politische Sprache* verwendet. An dieser Stelle soll nun noch einmal eindeutig gesagt werden, was wir für unsere Untersuchungszwecke darunter verstehen.

DIECKMANN charakterisiert die *Sprache der Politik* wie folgt:

> **"Spricht man von 'Sprache der Politik', so meint man entweder Anwendung der Sprache der Politik oder den speziellen Wortschatz. Im ersten Sinne bezeichnet die Wendung eine Erscheinung der parole und ist nicht auf das spezielle politische Vokabular beschränkt; denn der Politiker verwendet zur Förderung seiner politischen Zwecke nicht eine Serie politischer Begriffe, sondern die deutsche (englische, französische,**

russische) Sprache mit einem mehr oder weniger starken Einschlag politischen Wortgutes. Im zweiten Sinne meint 'Sprache der Politik' politikeigene Sprachformen, die im wesentlichen einen Bestand von Wörtern ausmachen, der innerhalb des Gesamtwortschatzes den Sachbereich Politik benennt und sprachlich gliedert." (1969, 47).

Wenn wir uns in unserer Untersuchung also speziell den Euphemismen im politischen Sprachgebrauch zuwenden wollen, so meinen wir damit vor allem jene sprachlichen Formen, die sich mehr oder weniger eindeutig auf den Sachbereich der Politik beziehen. Unsere Aufmerksamkeit richtet sich daher weniger auf Euphemismen, die dem allgemeinen Wortschatz zuzuordnen, aber natürlich auch in der Sprache der Politik zu beobachten sind, d. h. in Reden und Statements von Politikern, in politischen Nachrichten, Berichten, Kommentaren, Leitartikeln, Essays, Interviews, Diskussionen im Fernsehen, im Rundfunk oder den Printmedien. Somit enthält die Sprache der Politik immer auch allgemeinsprachliche Elemente und stellt nicht etwa eine reine Sondersprache dar.

PHILIPSON stellt für England eine starke Zunahme umgangssprachlicher Wörter und Wendungen in der politischen Diskussion und eine deutliche Demokratisierung der ursprünglichen Fachsprache der Politik nach 1832 fest und führt dies auf den sozialen und politischen Aufstieg der Mittelklasse, die industrielle Revolution, die Entwicklung des Zeitungswesens und die demokratischen Reformen zurück (vgl. PHILIPSON, U. N.: Political Slang 1750-1850. Lund 1941; zit. bei DIECKMANN 1969, 52).

Zur Sprache der Politik in der Gegenwart nimmt DIECKMANN wie folgt Stellung:

"Im 20. Jahrhundert ... setzt die aktive Teilnahme der Staatsbürger (am politischen Leben - A. B.) **den gemeinschaftlichen Besitz des politischen Grundvokabulars voraus. Es liegt daher im Interesse der jeweiligen Machtelite, ihre Ideologiesprache und Institutionssprache in den allgemeinen Gebrauch zu überführen. Es ist jedoch sicher, daß der Großteil des politischen Wortschatzes trotzdem über eine sondersprachliche Geltung nicht hinauskommt."** (1969, 53).

Unseres Erachtens unterliegt DIECKMANN mit der letzten Feststellung einer Fehleinschätzung. Sicher gibt es eine Reihe fachsprachlicher Begriffe auch in der Politik, die dem Laien unverständlich oder nur teilweise verständlich sind. Wir bezweifeln jedoch, daß dies den überwiegenden Teil des politischen Wortschatzes betrifft. Vielmehr wird seitens der Politiker der Versuch unternommen, eine Vielzahl verschwommener Begriffe zu prägen, deren Inhalte auch in politischen Kreisen selbst nicht unumstritten sind und daher der Öffentlichkeit um so unverständlicher sein müssen.

Unsere Untersuchungen konzentrieren sich in erster Linie auf die politische Lexik auf der Ebene der parole, d. h. wir analysieren die *Verwendung* von Euphemismen insbesondere an Hand von Texten aus Zeitungen und Zeitschriften, also vor allem im schriftlichen Sprachgebrauch.

Die oben angeführte Definition der Sprache der Politik von DIECKMANN ist durchaus praktikabel, wenn hierzu der Begriff der Politik eindeutig bestimmt wird. Wir verwenden den Begriff der Politik in folgendem Sinne:

"Politik (von griech. politiké = 'Staatsführung', 'Staatsgeschäfte' von griech. polis = das Gemeinwesen, der Staat); ursprünglich und im engeren Sinne die Ordnung und Fülııung eines → Staates im Innern (staatl. → Innenpolitik) und die Gestaltung seiner Beziehungen zu anderen Staaten (staatl. → Außenpolitik). Heute und im umfassenden Sinn alle Handlungen, Bestrebungen und Planungen eines einzelnen, einer Gruppe oder Organisation, die darauf gerichtet sind, *1)* → Macht oder einen Anteil an der Macht innerhalb eines Gemeinwesens zu erwerben, zu festigen und/oder zu erweitern, mit dem Ziel, den eigenen Interessen innerhalb des Gemeinwesens Geltung zu verschaffen und das Zusammenleben seiner Mitglieder diesen Interessen und den ihnen zugrunde liegenden Ideen und Wertvorstellungen gemäß zu gestalten (Innenpolitik im weitesten Sinn), und *2)* Einfluß und Macht des eigenen Gemeinwesens nach außen, gegenüber anderen Gemeinwesen zu erringen, zu erhalten, zu festigen und/oder zu erweitern, um so dessen Interessen wirksam vertreten zu können (Außenpolitik im weitesten Sinn)..." (BECK 1986, 725 f.).[7]

Natürlich ist klar, daß die Politik ein relativ heterogener Bereich ist. Wir teilen diese Auffassung mit DIECKMANN:

"Der Bereich des Politischen ist offen. In historischer Sicht zeigt der Aufgabenbereich des Staates zur Gegenwart hin eine starke Erweiterung." (1969, 47).

Die Politik begegnet uns in fast allen Sphären des gesellschaftlichen Lebens: als Wirtschaftspolitik, als Sozialpolitik, als Außenpolitik, als Innen-, Kultur-, Bildungs- und Landwirtschaftspolitik etc. Und so treffen wir die Sprache der Politik praktisch überall an: in Form der politischen Schlagwörter[8], als Sprache der Verwaltung, der Gesetzgebung, der Überzeugung, der Verhandlung[9] oder auch bei Parteiveranstaltungen, als Leitartikel, bei Parlamentsdebatten oder einfach als Steuerbescheid, amtliches Schreiben[10] etc. Schon aus diesen Aufzählungen geht hervor, daß zwar in allen Fällen die Sprache politisch verwendet wird, im einzelnen mit ihrer Hilfe aber sehr unterschiedliche Zwecke verfolgt werden und somit auch stilistische Unterschiede auftreten (vgl. auch BERGSDORF 1978, 62).

Es kann nicht Ziel unserer Untersuchung sein, den gesamten Bereich des politischen Wortschatzes in seiner komplexen Bandbreite zu erfassen. Dies könnte Gegenstand weiterführender Untersuchungen sein. Wir beschränken uns auch aus

---

[7] Zum Politikbegriff vgl. auch : SCHLANGEN (1980, 13 ff.); KLAUS/BUHR (1974, Bd. 2, 941 ff.).

[8] KLAUS (1971, 56 ff.) spricht von **"aggregierten Symbolen"**.

[9] Diese Einteilung nehmen u.a. BERGSDORF (1978, 62) und EDELMAN (1964, 130 ff.) vor. Vgl. hierzu auch LUCHTENBERG (1985, 37 ff.).

[10] Vgl. BERGSDORF (1978, 62).

diesem Grunde auf journalistische Texte, die Aspekte der Innen- und vor allem der Außenpolitik Großbritanniens und der USA vorwiegend im Zusammenhang mit dem Golfkrieg 1991 behandeln und die daher auch zum politischen Sprachgebrauch zu rechnen sind, da sie z. T. direkt oder indirekt Äußerungen von Politikern wiedergeben bzw. die politischen Interessen des Staates direkt oder indirekt zum Ausdruck bringen.

Es darf jedoch nicht unerwähnt bleiben, daß die Sprache der Politik weit umfangreicher ist. Deshalb können verallgemeinernde Aussagen teilweise nur hypothetischen Charakter haben und müßten für anderen Bereiche des politischen Sprachgebrauches gesondert nachgewiesen werden. Wir stützen uns in unseren Untersuchungen jedoch andererseits auf eine signifikante Sphäre, in der uns politische Sprache begegnet, da wir gerade in den Medien überwiegend die Sprache der Überzeugung im Sinne BERGSDORFS (vgl. ebd.) antreffen, denn:

"Die gesellschaftliche und politische Kontrolle mit sprachlichen Mitteln findet ... in erster Linie durch die Sprache der Überzeugung statt, weil in ihr stärker als in den auf Effizienz bedachten Sprachstilen der Verwaltung und Gesetzgebung der wertende Charakter und die Absicht, Meinungen zu bilden und zu verändern, zum Ausdruck kommt." (ebd., 64 f.).

Da wir uns vorrangig mit journalistischen Texten beschäftigen werden, halten wir es für nützlich, einige Besonderheiten des journalistischen Stils herauszuarbeiten.

3.7 Zu Besonderheiten des journalistischen Stils

Die englische Sprache ist in Lexik, Grammatik, Syntax, Phonetik etc. ähnlich wie andere Sprachen, doch z. T. anscheinend in höherem Maße in sich differenziert. Dies wird insbesondere deutlich an einer schier unüberschaubaren Vielzahl von regionalen Varietäten sowohl innerhalb (z. B. Southern, Midland, Northern English etc.) als auch außerhalb des Vereinigten Königreiches von Großbritannien und Nordirland (AE, AusE, CanE, SAE etc.) (vgl. GRAUSTEIN et al. 1982, 15).

Abgesehen von regionalen wie auch sozialen Varietäten existieren, wie im Kapitel 3.1 d. A. angedeutet, eine ganze Reihe funktionaler Varietäten, die sich entsprechend der spezifischen Funktion unterscheiden, die die Sprache zu erfüllen hat (vgl. auch ebd., 17). Diese funktionalen Varietäten werden auch als **"registers"** (vgl. ebd.) bezeichnet. Hierzu rechnet man u. a. den Gebrauch der Sprache in Alltagsangelegenheiten, aber auch in der Sphäre der Wissenschaft, der Politik, im Sport, in der Wirtschaft sowie in der Presse, in der Rundfunk- und Fernsehwerbung usw. (vgl. ebd.).

Wenn wir im Sinne unserer Untersuchung vom journalistischen Stil sprechen, so sind wir uns der Tatsache voll bewußt, daß auch innerhalb dieses Stils genauer zu differenzieren ist. Es sind also sowohl Elemente des *publicistic style* als auch Elemente des *newspaper style* im Sinne von GALPERIN (1981, 287 ff.; 295 ff.) zu berücksichtigen.[11] So bezeichnet es GALPERIN als Hauptziel des publizistischen Funktionsstils

> **"to exert a constant and deep influence on public opinion, to convince the reader or the listener that the interpretation given by the writer or the speaker is the only correct one and to cause him to accept the point of view expressed in the speech, essay or article not merely through logical argumentation but through emotional appeal as well"** (1981, 287).

Insbesondere der Verweis auf diese emotionale Komponente im publizistischen Stil erscheint uns im Zusammenhang mit unserem Untersuchungsthema besonders signifikant. GALPERIN spricht darüber hinaus u. a. von einer **"brain-washing function"** (ebd.) im publizistischen Stil.[12]

Entsprechend der charakteristischen Kombination von logischer Argumentation und emotionalem Appell verbinden sich im publizistischen Stil Elemente verschiedener Stilebenen:

> **"Its coherent and logical syntactical structure, with an expanded system of connectives and its careful paragraphing, makes it similar to scientific prose. Its emotional appeal is generally achieved by the use of words with emotive meaning and other stylistic devices as in emotive prose; but the stylistic devices used in publicistic style are not fresh or genuine."** (ebd.)

Als Beispiele für den publizistischen Stil untersucht GALPERIN im folgenden **"oratory and speeches"**, **"essay"** und **"journalistic articles"** (vgl. ebd., 288 ff.). Für letztere werden insbesondere solche Merkmale hervorgehoben wie der häufige Gebrauch von **"rare and bookish words, neologisms (which sometimes require explanation in the text), traditional word-combinations and paranthesis"** (vgl. ebd. 295).

Die Funktion des *newspaper style* ist in erster Linie **"informing the reader and providing him with an evaluation of the information published"** (ebd., 297).

Dies veranlaßt GALPERIN zu der Schlußfolgerung, der wir uns inhaltlich anschließen können:

---

[11] Wir stützen uns an dieser Stelle auf Aussagen GALPERINS und halten seine Zitierung insofern für gerechtfertigt, da er nicht nur einer der wenigen Linguisten in Osteuropa war, die sich überhaupt der Stilistik der englischen Sprache widmeten, sondern darüber hinaus verknüpfte er, im Gegensatz etwa zur Sprachwissenschaft in den USA, die die Wortformation vor allem im Zusammenhang mit der Semantik untersuchte, Stilistik und Lexikologie eng miteinander. Somit gingen von GALPERIN wertvolle Impulse auch für die ostdeutsche Sprachwissenschaft vor 1989 aus.

[12] Die **"brain-washing function"** ist bei weitem nicht die einzige Funktion des publizistischen Stils. Wir heben sie an dieser Stelle lediglich hervor, da die Feststellung ihrer Existenz durch GALPERIN Rückschlüsse in bezug auf die Medienberichterstattung in der früheren Sowjetunion und den anderen osteuropäischen Staaten nahelegte, die wir für die damalige Zeit als durchaus nicht üblich erachten. Insofern konnten GALPERINS Arbeiten einen Ansatzpunkt für die kritische Auseinandersetzung mit der eigenen gesellschaftlichen Wirklichkeit darstellen. Ebenso deutlich sind wir uns jedoch auch der Grenzen bewußt, der die Wirkungsmöglichkeiten der Sprachwissenschaft in den "sozialistischen" Staaten, aber auch insgesamt unterlagen bzw. unterliegen.

"English newspaper style may be defined as a system of interrelated lexical, phraseological and grammatical means which is perceived by the community as a seperate linguistic unity that serves the purpose of informing and instructing the reader." (ebd.).

Natürlich lassen sich die Merkmale, die GALPERIN hier nennt, auch auf andere *registers* übertragen. Erst eine Vielzahl von Eigenschaften und Charakteristika machen die Besonderheiten des *newspaper style* aus und unterscheiden diesen von anderen Stilarten.

GRAUSTEIN et al. führen u. a. häufige Reduktionen und fehlende finite Verbformen in den Schlagzeilen der Zeitungen und Zeitschriften an (vgl. 1982, 18 f.). Andere **"journalistic style makers"** seien "**numerous so-called string compounds or nominalizations which help to save expensive newspaper space"** (ebd., 19).

Wichtig erscheint uns die Feststellung GALPERINS vom untrennbaren Zusammenhang von Information und Evaluierung, von denen je nach Charakter des Zeitungs - "Genres" der eine oder der andere Aspekt in den Vordergrund treten kann (vgl. ebd., 297). In den "brief news items" überwiegt beispielsweise meist der informative, im Kommentar hingegen oft der evaluative Aspekt.

GALPERIN ordnet dem *newspaper style* u. a. "editorials", "newspaper feature articles", "headline" zu (vgl. ebd., 295 ff.). Es erscheint uns zumindest problematisch, jeweils einen bestimmten Zeitungsartikel, Beiträge einer bestimmten Rubrik eindeutig dem *publicistic style* oder *newspaper style* zuzuordnen. Dieses Problem sieht auch GALPERIN:

"**Not all the printed matter in newspapers comes under newspaper style. The modern newspaper carries material of an extremely diverse character. On the pages of a newspaper one finds not only news and comment on it, press reports and articles, advertisements and announcements, but also stories and poems, crossword puzzles, chess problems and the like."** (ebd., 296).

Dennoch sind die beschriebenen Merkmale des *newspaper style* oder des *publicistic style* in unterschiedlicher Akzentuierung jeweils in ganz bestimmten journalistischen Texten feststellbar. Unseres Erachtens ist es für die Zwecke unserer Untersuchung günstiger, von *journalistic style* im Sinne von GRAUSTEIN et al. (vgl. 1982, 18 f.) zu sprechen. Unter diesem Aspekt unterscheiden wir beim Journalismus in verschiedene "sub-registers" und fassen hierunter z. B. "editorials", "news-items", "news-stories", "reports", reviews", "columns", "captions", "advertisements" usw. (vgl. ebd., 19).

Die allgemeinen Merkmale des journalistischen Stils bilden den lexikalisch-grammatischen Kern, um den sich die "sub-registers" formieren und dessen Peripherie diese bilden (vgl. ebd.). "Short news-items" bestehen beispielsweise selten aus mehr als einem komplexen Satz "**with proper or common noun subjects, complements, usually past tense verb forms - very often introduced**

by 'said' or synonymous verbs - and adverbial phrases or clauses indicating time and place" (ebd.).

GALPERIN stellt für das "sub-register" der "brief news items" einen häufigen Gebrauch spezieller politischer und ökonomischer Terminologie, von "non-term political vocabulary", "newspaper cliches", Abkürzungen und Neologismen fest (vgl. GALPERIN 1981, 298 f.).

Unter stilistischem Aspekt sind außerdem verschiedene Stilebenen (*stylistic levels*) zu beobachten:

> **"Newspaper English may vary from neutral to colloquial and is quite often, in American English, full of intimate features."** (GRAUSTEIN et al. 1982, 20)

Diese Unterscheidung erfolgt unter Beachtung der Kommunikationssituation und der Haltung, die der Sprecher/Schreiber gegenüber dem/den Rezipienten einnimmt. Darüber hinaus ergeben sich Unterschiede aus der Form des Gebrauches der englischen Sprache, d. h. es sind mit Bestimmtheit Differenzen festzustellen zwischen einem mündlichen und einem schriftlichen Sprachgebrauch, entsprechend dem jeweiligen Medium (vgl. ebd., 21).

> **"Register, stylistic level and medium together form a complex frame of reference."** (ebd.)

Es kann und soll nicht Anliegen unserer Untersuchung sein, den Gebrauch von Euphemismen unter stilistischem Aspekt detailliert zu beschreiben. Es ist jedoch nach unserer Auffassung notwendig, genau festzulegen, was wir unter journalistischem Stil oder auch unter journalistischen Texten verstehen. *Journalistische Texte* in diesem Sinne sind schriftliche oder mündliche Äußerungen, die den oben beschriebenen Merkmalen des journalistischen Stils genügen, d. h. sowohl Kurznachrichten, Berichte, Kurzberichte, Kommentare, Schlagzeilen, Interviews etc. in der Presse, bzw. in Rundfunk und Fernsehen.

Da für unsere Untersuchung eine allumfassende Analyse des gesamten journalistischen Stils nicht in Frage kommt, konzentrieren wir uns im folgenden auf journalistische Texte in der britischen und amerikanischen Presse. Zum besseren Verständnis unserer Untersuchung und zur Einordnung ihrer Ergebnisse erachten wir es für nützlich, auf einige Aspekte des britischen und amerikanischen Medienwesens in der Gegenwart einzugehen.

3.8   Zu einigen Aspekten des britischen und amerikanischen Medienwesens in der Gegenwart

Wie in anderen Bereichen der Wirtschaft in den entwickelten Industriestaaten lassen sich auch im Medienwesen ähnliche ökonomische Tendenzen und Entwicklungen beobachten. Dies ist vor allem darauf zurückzuführen, daß die Information und Beeinflussung der Meinungsbildung über Presse, Rundfunk und Fernsehen selbst einen Platz im Gesamtsystem der Wirtschaft einnimmt, d. h. für sich genommen einen bedeutenden Industriezweig darstellt (vgl. BEGLOW 1971, 40). Zu diesen Tendenzen gehört z. B. die zunehmende internationale Verflechtung der Medienriesen. So besaß beispielsweise der ursprünglich aus Australien stammende

"Medienzar" Rupert Murdoch (seit 1986 US-Staatsbürger) allein mehr als 80 Zeitungen und Zeitschriften auf 3 Kontinenten der Erde (vgl. BBY 1986, 352).

Einige wenige Medienmonopole beherrschen nicht selten einen Großteil des gesamten Marktes. Sie geben sich nicht mit einer Spezialisierung auf bestimmte Medien zufrieden, sondern sind meist auf allen Sektoren tonangebend. Die sechstgrößte Mediengesellschaft der USA *Gannett Co.* nennt nicht weniger als 86 Tageszeitungen, 6 Fernseh- und 14 Radiostationen ihr eigen (vgl. ebd., 353). Das wirtschaftliche Ausmaß solcher Medienriesen wird an einem markanten Beispiel deutlich: Die *Gannett Co.*, die u. a. auch die Tageszeitung *USA Today* mit einer Auflage von 1.247.000 (1986) herausgibt, erwarb in der größten Zeitungstransaktion des Jahres 1986 die *Evening News Association*, die Elternfirma der *Detroit News* (Auflage: 650.000), von der Scripps-Familie, in deren Besitz sie 112 Jahre lang gewesen war, für die unglaubliche Summe von 717 Millionen US-Dollar, wobei das "Paket" auch lukrative Fernsehstationen in sechs amerikanischen Städten beinhaltete (vgl. ebd.).

Bereits zu Beginn der 70er Jahre beherrschten die "großen Vier" des Medienmarktes, die *American Broadcasting Company (ABC), das Columbia Broadcasting System (CBS), das Mutual Broadcasting System (MBS)* und die *National Broadcasting Company (NBC)* nicht weniger als 1.243 der insgesamt etwa 5.000 privaten Rundfunksender, also rund ein Viertel. Auf dem Fernsehsektor hatten sich *ABC, NBC* und *CBS* die damals über 600 Fernsehsender Amerikas zu etwa gleichen Teilen untereinander aufgeteilt.

Die *U.S. Federal Communications Commission (FCC)* versuchte zwar über die Gesetzgebung solche Monopolisierungstendenzen einzudämmen, blieb dabei jedoch weitgehend erfolglos, so daß sich praktisch alle existierenden Rundfunk- und Fernsehsender der USA in direkter oder indirekter Abhängigkeit von diesen großen und etwa 80 weiteren mittleren Mediengesellschaften befinden (vgl. BEGLOW 1971, 52 f.). Donald Morrison spricht im Zusammenhang mit der sich immer weiter fortsetzenden Tendenz des Schluckens kleinerer Anbieter durch riesige Gesellschaften gegen Ende der 80er Jahre von einer **"epedemic of mergers and takeovers"** (vgl. BBY 1986, 352).

Ähnliche Tendenzen lassen sich für Großbritannien feststellen. So wechselten allein im letzten Quartal des Jahres 1985 fünf der insgesamt 17 sogenannten nationalen britischen Zeitungen den Besitzer, weitere drei mußten bis zu einem Drittel ihrer Arbeitskräfte entlassen (vgl. ebd., 353).

Das *Britannica Book of the Year* von 1985 verzeichnete **"a long-awaited change in printing union attitudes to the less labour-intensive new technologies"** (ebd.). Diese Veränderung hatte vor allem ein Mann ins Rollen gebracht: Eddie Shah, Verleger einer kleinen Kette freier Zeitungen in Nordwestengland. Anfang 1985 gab dieser bekannt, eine neue nationale Tageszeitung gründen zu wollen, die er, erstmals in der Zeitungsgeschichte Großbritanniens, nicht im Medienzentrum London, sondern außerhalb der Hauptstadt drucken lassen wollte.

"This gave existing owners both reason and excuse for speeding technological change and forced the printing and journalists' unions to negotiate seriously with national newspapers over the changes of method already being accepted in the regional and local press." (ebd.)

Auf diese Weise entstanden neue Produktionsstätten für nationale Tageszeitungen außerhalb der Fleet Street, dem britischen Zeitungszentrum in London. Aus dieser veränderten Situation heraus ist die Tatsache zu erklären, daß die Berry-Familie, einer der ältesten Zeitungsbesitzer in der Fleet Street schon im Dezember 1985 die Kontrolle über die *Telegraph group* an den kanadischen Geschäftsmann und Verleger (*Argus group*) Conrad Black abgeben mußte. Durch den Bau eines modernen Druckereizentrums in den East London Docklands entstand ein erhöhter Kapitalbedarf beim *Daily Telegraph* und seiner Schwester, dem *Sunday Telegraph*, den Conrad Black mit einer Investition von 20 Millionen Pfund deckte und über eine Option praktisch ab sofort die *Telegraph group* kontrollierte (vgl. ebd., 354).

Die internationale Welle von Gesellschaftsübernahmen und -verschmelzungen erfaßte auch Großbritannien. *United Newspapers*, eine Gesellschaft, die vor allem regionale britische Zeitungen und Zeitschriften herausgibt und bereits *Miller Freeman Publications* (US-Verleger) übernommen hatte, konnte sich 1985 auch *Fleet Holdings,* bei der u. a. der *Daily Express*, der *Sunday Express* und der *Daily Star* erscheinen, sichern. Ein berühmt-berüchtigtes Beispiel aus der jüngeren Geschichte ist der britische Verleger Robert Maxwell, der 1985 drohte, die erst 1984 erworbene *Mirror Group Newspapers* zu schließen, falls **"massive economies were not achieved"** (ebd. zit.). Er setzte sich durch: 2000 Arbeitsplätze, das entspricht einem Drittel aller Jobs bei der *Mirror Group*, wurden abgebaut. Ähnliche Tendenzen waren auch bei der *Rand Daily Mail* in Südafrika sowie bei *Le Monde* in Frankreich zu beobachten (vgl. ebd.).

Ein ähnliches Bild bietet sich für die großen Nachrichtenagenturen der Welt: *Reuter* (Großbritannien), *Associated Press - AP* und *United Press International - UPI* (beide USA) sowie *Agence France Press - AFP* (Frankreich), die mit ihren weltweit verzweigten Informationsdiensten und modernsten Kommunikationsmitteln ausgestattet selbst den Großteil der übrigen Pressedienste zu ihren Abonnenten zählen (vgl. BEGLOW 1971, 20).[13] Zwischen diesen Informationsmonopolen entspinnt sich ein erbitterter Konkurrenzkampf darum, wer eine bestimmte Meldung als erster gewissermaßen "in die Welt hinaus" sendet. Natürlich besitzen damit die Nachrichtenagenturen auch einen signifikanten Einfluß auf den Inhalt der Nachrichtensendungen und politischen Programme in Rundfunk und Fernsehen sowie der Berichte und Kommentare der Tageszeitungen und Zeitschriften in aller Welt. Nicht selten sind in solchen kurzen Meldungen bereits auch erste, z. T. immanente Wertungen enthalten. Wir werden darauf weiter unten im Zusammenhang mit den Kurzmeldungen in den Zeitungen zurückkommen.

---

[13] Die Bedeutung der ehemaligen sowjetischen Nachrichtenagentur *TASS* (Teletajpnoje Agenstvo Sovjetskogo Sojuza) hat mit dem Zerfall der UdSSR offenbar deutlich abgenommen. Ihre direkte Nachfolgerin ist *ITAR-TASS*. Die neue Agentur *Interfax* scheint heute für Rußland und die anderen Staaten der GUS eine zumindest ebenso wichtige Rolle zu spielen.

Die Agentur *Associated Press (AP)* belieferte beispielsweise zu Beginn der 70er Jahre nicht weniger als 3.000 Presseorgane, Rundfunk- und Fernsehstationen in 80 Ländern der Erde und noch einmal 1.700 Zeitungen und 2.500 elektronische Medien in den USA (vgl. ebd., 63).

Wie hart die Konkurrenz auch zwischen den Nachrichtenagenturen ist, beweist die Tatsache, daß die bereits seit 85 Jahren existierende US-Agentur *UPI* im Juli 1992 für 3,95 Millionen Dollar an das saudiarabische Unternehmen *Middle East Broadcasting Centre Ltd. (MBC)* verkauft werden mußte (vgl. Märkische Allgemeine Zeitung 2.7.92, 8).

Zwischen den Medienlandschaften in den beiden wichtigsten englischsprachigen Ländern, Großbritannien und USA, gibt es trotz der genannten gemeinsamen Tendenzen und Erscheinungen auch wichtige Unterschiede. So gibt es in den USA deutlich mehr Rundfunk- und Fernsehsender, selbst wenn man im Verhältnis dazu die größere Bevölkerungszahl in den USA in Rechnung stellt. Im Jahre 1989 standen insgesamt 11.561 Rundfunk-Transmitterstationen in den USA nur ganze 705 in Großbritannien gegenüber, während das Verhältnis bei den Fernsehsendern und -relaisstationen 6.837 zu 1.643 zugunsten der USA betrug (vgl. BBY 1991, 822). In den USA erschienen 1989 insgesamt 1.643 Tageszeitungen mit einer Gesamtauflage von 62.695.000 Exemplaren pro Tag. Dies entspricht einer relativen Auflage von 255 je 1.000 Einwohner. Großbritannien besaß im Vergleich dazu lediglich 124 Tageszeitungen, deren Gesamtauflage allerdings bei 25.159.000 (443 je 1.000 Einwohner) lag (vgl. ebd.).

Dies erklärt sich aus der nach wie vor bestehenden größeren Zentralisation des Medien- vor allem aber des Zeitungswesens in Großbritannien. Zeitungen wie der *Guardian*, die *Times*, aber auch *The Sun, Daily Mirror*, insgesamt 17 "national newspapers" erscheinen dort überregional. Dagegen sind oft sogar weltbekannte US-amerikanische Tageszeitungen wie die *New York Times* oder die *Washington Post* u. a. in den Vereinigten Staaten meist nur dort verbreitet, wo sie herausgegeben werden (vgl. auch BEGLOW 1971, 46).

Diese vorwiegend regionale Orientierung des Medienwesens, die sich nicht zuletzt auch darin äußert, daß sich 1980 mehr als die Hälfte aller Rundfunk- und rund ein Siebtel aller Fernsehstationen der Welt auf dem Boden der USA befunden haben (vgl. BBY 1982, 654), ist eine Besonderheit der Vereinigten Staaten. Die Aufgabe der überregionalen Information übernehmen z. T. Nachrichtenmagazine wie *Time* oder *Newsweek*. Diese schier unüberschaubare Medienvielfalt ist jedoch, wie wir oben zu zeigen versucht haben, nur scheinbarer Natur. Ein Blick hinter die Kulissen verrät den wahren Charakter dieser Medienlandschaft, die weitgehend von den Interessen riesiger "Medienfabriken" und ihrer Geldgeber bestimmt wird.

Tabelle 1 gibt einen Überblick über die Entwicklung des Zeitungswesens in ausgewählten Ländern, in denen Englisch das Hauptmittel der Kommunikation in der Gesellschaft darstellt. Vergleicht man die Angaben über die Anzahl der erschienenen Tageszeitungstitel miteinander, so läßt sich für Großbritannien eine nahezu gleichbleibende Zahl von Tageszeitungen feststellen, wobei gegen Ende der 80er Jahre aus o. g. Gründen wieder ein leichter Anstieg zu verzeichnen war. In den USA hat diese Zahl dagegen seit 1975 stetig abgenommen. Dagagen lassen sich zwei gegensätzliche Tendenzen in bezug auf die Auflagenhöhe pro 1.000 Einwohner feststellen. Diese zeigt in Großbritannien einen klaren Aufwärtstrend und liegt insgesamt gegenwärtig auch deutlich höher als in den USA, wo sie in den letzten zwei Jahrzehnten kontinuierlich abnahm.

Zieht man zudem die weiter oben gemachten Angaben in Betracht, so läßt sich für die USA ablesen, daß sich die Herausgabe der Zeitungen in den Händen von immer weniger Verlegern konzentriert, wobei die Gesamtauflage aller Zeitungen absolut dabei durchaus steigen kann. Großbritannien befindet sich möglicherweise an einem Wendepunkt der Entwicklung seines Zeitungswesens. Die Zahlen der nächsten Jahre werden darüber eine schlüssige Antwort zulassen.

Tabelle 1: *Die Entwicklung des Zeitungswesens in ausgewählten Ländern mit Englisch als Hauptsprache in den letzten zwei Jahrzehnten*

	1975-76[a]		1979-80[b]		1985[c]		1989[d]	
USA	1.756	352	1.745	282	1.668	267	1.643	255
GB	109	438	130	251	113	421	124	443
Australien	58	386	70	370	63	337	61	308
Kanada	121	235	119	218	114	217	109	213
Südafrika	26	k. A.	25	60	20	42	23	41
Indien	830	k. A.	992	k. A.	1.334	21	1.802	23

Erklärung: Anzahl der erschienenen Tageszeitungen insgesamt (links) und Gesamtauflage je 1 000 Einwohner (rechts). Einbezogen sind alle Zeitungen, die mindestens viermal pro Woche erscheinen.
k. A. = keine Angabe für den angegebenen Zeitraum

Quellen: *BBY* a) *1977, 648;* b) *1982, 654;* c) *1987, 866 ff.*; d) *1991, 818 ff.*

Wir wollen an dieser Stelle auch hervorheben, welche herausragende Rolle die Werbung in der Gegenwart sowohl für die Print- als auch für die elektronischen Medien und deren Existenz und Weiterentwicklung spielt. Weder ein privates Unternehmen auf dem Gebiet der Presse noch eine private Rundfunk- oder Fernsehstation wäre heute in der Lage, ohne Werbeeinnahmen zu existieren. Hieraus ergibt sich zwingend eine nicht zu übersehende Abhängigkeit der Medien von anderen Zweigen der Wirtschaft, und hier wiederum insbesondere von den großen Gesellschaften, die naturgemäß den überwiegenden Teil der Werbung bezahlen. In Großbritannien erfolgt die Vergabe der größten Werbeaufträge noch relativ zentralisiert, d. h. vor allem in der Hauptstadt London für die überregionale (nationale) Presse. Aber selbst in Amerika, wo der Wettstreit um die großen Aufträge eher auf regionaler Ebene ausgetragen wird, sind es vor allem die Reklamefonds der Monopolgesellschaften, um die konkurriert wird (vgl. BEGLOW 1971, 73).

Die Überlebens- und Konkurrenzfähigkeit einer Zeitung hängt vor allem davon ab, wie hoch ihre Auflage ist, welche Zielgruppe sie erreicht, wie hoch ihr Verkaufspreis angesetzt ist und welche Fähigkeit sie letztendlich besitzt, gewinnbringende Werbung anzuziehen (vgl. ebd., 76 f.). Schon Mitte der 60er Jahre gaben die amerikanischen Unternehmen insgesamt mehr als 5 Milliarden US-Dollar für Werbung aus (vgl. ebd., 79). Es wird deutlich, daß unter diesen Bedingungen das gedruckte Wort oder eine Radio- oder Fernsehsendung nicht mehr und nicht weniger ist als eine Ware, die möglichst anziehend "verpackt" werden sollte, damit **"sich der Verbraucher an eine bestimmte Zeitung ebenso wie an eine bestimmte Sorte Zigaretten, Bier usw. gewöhnen muß, damit er die politischen Anschauungen des Zeitungsbesitzers oder derjenigen, die hinter ihm stehen, von selbst übernimmt und sie ihm nicht offen aufgezwungen werden"** (ebd., 113).

Der Leser einer Zeitung, der "Konsument" einer politischen Sendung im Rundfunk oder im Fernsehen entwickelt eine bestimmte Erwartungshaltung. Dieser sollte die konsumierte "Ware" entsprechen. Aber eine solche Erwartungshaltung ist beeinflußbar. Ein Bürger, der glaubt, sich lediglich objektiv zu informieren, kann veranlaßt werden, etwas zu glauben, macht sich Meinungen zueigen, die man ihm in Kommentaren serviert, erhält Informationen, die zuvor von Nachrichtenagenturen und Chefredakteuren sorgfältig gewichtet und ausgewählt wurden. Auch ein gedrucktes oder gesendetes Statement eines Politikers kann Wertungen enthalten, die Meinung des Rezipienten beeinflussen.

Eine zunehmende Rolle spielen die Public Relations-Abteilungen der großen Wirtschaftsunternehmen, der Regierung, der politischen Parteien (z. B. Pressesprecher). Sie setzen Informationen in Umlauf, die dann von den Medien in unterschiedlicher Form wiedergegeben werden. Die Möglichkeit des Bürgers, sich dieser "Informationsindustrie" zu entziehen, sind begrenzt, obwohl die Medienvielfalt scheinbar riesig ist.

Es fragt sich nach all dem oben Gesagten, auf welche Weise in diesen Ländern das verfassungsmäßig garantierte Recht auf Informationsfreiheit gewährleistet wird. EVANS (1986, 355 f.) stellt für Großbritannien größere Einschnitte in dieses Recht fest als in den USA, was nicht zuletzt in der Bezeichnung entsprechender Gesetze zum Ausdruck komme (vgl. USA: *Freedom of Information Act,* GB: *Official Secrets Act*). Er nennt zwei Gründe, die seines Erachtens ausschlaggebend für die Beschränkung der Informationsfreiheit sind:

> **"First, information is frequently referred to by judges and politicians as if it were the property of the government and not of the people ... Second, in cases where free publication has been challenged, the British courts have fallen back on common law precedents rooted in the rights of property. There is no Bill of Rights to put personal rights into the balance, and a Bill of Rights is rejected on the grounds that it would limit the supremacy of Parliament."** (ebd., 356).

Unseres Erachtens ist die Angabe solcher Unterschiede nur teilweise gerechtfertigt. Daß die Situation in den USA nicht viel besser aussieht, hat nicht zuletzt der Golfkrieg 1991 bewiesen, als den Menschen in Großbritannien wie in Amerika, ja in der ganzen Welt, Informationen verweigert wurden, so z. B. über Opferzahlen auf seiten der Iraker, Bilder von der Kriegsfront, ökologische Auswirkungen des Krieges usw. Dieser Zustand mag zwar beklagenswert sein, stellt jedoch eine logische Folge des Charakters des Medienwesens dar. Die Informationsmittel und -quellen befinden sich in privater Hand bzw., wie im Falle der öffentlich-rechtlichen Anstalten, weitgehend in der Hand der Regierenden, obwohl dies offiziell vehement bestritten wird. Information ist nicht das Ziel, sondern ein Mittel, um in der harten Medienkonkurrenz zu überleben.

Ökonomische Zwänge, der Eingriff des Staates in den Informationsfluß (über Gesetze, zensurähnliche Maßnahmen wie im Falle des Golfkrieges usw.), der Einfluß der Höhe der Werbeeinnahmen und damit bestimmter Geldgeber auf den Inhalt von Zeitungen oder politischen Sendungen in Rundfunk und Fernsehen, die Entstehung immer größerer und mächtigerer Mediengesellschaften - all das sind Ursachen dafür, daß von einer Informations- und Pressefreiheit nur in einem relativen Sinne gesprochen werden kann. Einer der Urväter der US-Demokratie, James Madison, gab einst zu bedenken:

"A people who mean to be their own governors must arm themselves with the power knowledge gives. A popular government without popular information or the means of acquiring it, is but a prologue to a farce or tragedy or both." (zit. ebd., 355).

Natürlich ist der amerikanische oder britische Bürger in der Lage, eine Zeitung seiner Wahl zu kaufen, politische Sendungen seines Geschmacks zu sehen oder zu hören. Aber ist jeder Bürger entsprechend seines Bildungsgrades, seines sozialen Hintergrundes, seiner Sprachbeherrschung (z. B. Japaner oder andere ethnische Minderheiten in den USA o. ä.) dazu in der Lage, die Lüge von der Wahrheit, die Spekulation von der Tatsache, die Schönfärberei von der Wirklichkeit zu unterscheiden? Kann er einen Euphemismus beispielsweise in einem Zeitungsartikel oder in den Worten eines Politikers als solchen erkennen, d. h. weiß er um die empirischen Fakten?[14] Wir müssen kritisch feststellen, daß die Informiertheit der Menschen oft aus verschiedenen Gründen unzureichend und eine Politikverdrossenheit nicht nur in Deutschland, sondern auch in anderen westlichen Demokratien festzustellen ist. Wie sonst ließe es sich z. B. erklären, daß der US-Präsident mit den Stimmen nicht einmal eines Viertels der Bürger gewählt wird.

Wir erachten diesen Exkurs in einige wesentliche Aspekte des Medienwesens Großbritanniens und der USA für wichtig, gibt er uns doch interessante Aufschlüsse über die Gesamtwirkung politischer Texte, die Funktionsweise der Meinungsbeeinflussung über die Presse und die elektronischen Medien. Der Euphemismus in politischen Texten des heutigen Englisch ist nur **ein** Merkmal, nur **eine** Möglichkeit, beabsichtigte Wirkungen zu erzielen. Ihm wollen wir uns im folgenden detailliert zuwenden.

---

14 Man müßte an dieser Stelle berechtigterweise eigentlich die Frage stellen, ob der "Durchschnittsbürger" überhaupt darüber informiert ist, was ein Euphemismus ist. Dies wäre wohl notwendig, um in einem Text einen Euphemismus überhaupt als solchen zu erkennen. Aus unserer Erfahrung müssen wir diese Frage verneinen, was Schlußfolgerungen für die politische Bildung nahelegen sollte.

4. Der Euphemismus

4.1 Zum gegenwärtigen Erkenntnisstand

Im Abschnitt 2.9 haben wir eine erste Einordnung des Euphemismus vorgenommen. An dieser Stelle wollen wir nun zum gegenwärtigen Erkenntnisstand der Wissenschaft zum Phänomen des Euphemismus Stellung nehmen. *Meyers Großes Konversationslexikon* definiert den Euphemismus zu Beginn unseres Jahrhunderts als

"die Bezeichnung einer unangenehmen und anstößigen Sache, die man beim rechten Namen zu nennen sich scheut, mit einem milderen, beschönigenden Ausdruck, z. B. 'Freund Hein' für Tod, 'entschlafen' für sterben etc. s. Antiphrasis." (1907 - 13, Bd. 6, 166).

Hier wird also der Prozeß des Ersetzens eines Ausdruckes durch ein euphemistischen hervorgehoben. Eine ähnliche Erklärung gibt auch der BROCKHAUS zu Ende des 19. Jahrhunderts (vgl. BROCKHAUS 1893, 415 f.). Dem Euphemismus wird hier eine mildernde und beschönigende Funktion zugewiesen.

Andere Lexika weisen die Bezeichnung Euphemismus dem mildernden bzw. beschönigenden Ausdruck selbst zu (vgl. z. B. DUDEN-LEXIKON 1965, 788; HERDER 1954, Sparte 569). Letzteres Nachschlagewerk unterstreicht zudem den Aberglauben und allgemeine Anstößigkeit als Motive für die Euphemisierung sprachlicher Ausdrücke.

LEINFELLNER führt insgesamt fünf "traditionelle Explikationen" des Euphemismus an (vgl. 1971, 20 f.)[1], die sie alles in allem als unzureichend einstuft, wenn auch wesentliche Aspekte in unterschiedlicher Betonung in den jeweiligen Definitionen enthalten seien (vgl. LEINFELLNER 1971, 20 f.).

Auch die spezielle Explikation des politischen Euphemismus von SAFIRE (1978, 210 f.) kann nicht befriedigen, da die Verwendung empirischer Ausdrücke in der politischen Sprache einen tieferen Hintergrund hat als **"the avoidance of hard words; or obvious avoidance to underscore a cliché with ironic humor"** (ebd., 210; vgl. hierzu auch LEINFELLNER 1971, 20 f.).

LEINFELLNER versteht unter Euphemismus "stets ein sprachliches Gebilde mit bestimmten Eigenschaften und Funktionen, nicht aber die Entstehung dieses Gebildes" (ebd., 18).

---

[1] Ausführlich vgl. hierzu:

WILPERT,G. v.: *Sachwörterbuch der Literatur.* - 4. Aufl. - Stuttgart: Kröner, 1964, 192, Sp. 2.

SEIDLER 1966, 117.

NICHOLSON 1957, 167, col. 2.

MOREHAED, A. and L. (edit.): *The new American Webster handy college dictionary.* New York 1961, 164, col. 2.

WELLANDER 1917, 190.

Die Funktion des Beschönigens durch den Euphemismus wird auch in englischen, französischen und niederländischen Lexika betont (vgl. LUCHTENBERG 1975, 17). So definiert die *Encyclopaedia Britannica* von 1910 den Euphemismus in Anlehnung an die Rhetorik als **"a figure of speech in which an unpleasant or coarse phrase is replaced by a softer or less offensive expression ..."** (EB 1910, 892). Als sehr überraschend dürfen wir ansehen, daß *euphemism* als Begriff in der *Encyclopaedia Britannica* von 1967 wie auch 1987 nicht enthalten ist (vgl. EB 1967, EB 1987).

Das Wort *euphemism* findet sich im Englischen erstmals in Thomas Blount's *Glossographia* von 1656, wo es definiert wurde als **"a good or favourable interpretation of a bad word"** (zit. bei BURCHFIELD 1985, 13). Das Wort ist, ebenso wie im Deutschen, etymologisch abgeleitet von den griechischen Wörtern ευφημισμός ('the use of an auspicious word for an inauspicious one') und εὔφημος ('fair of speech') (vgl. ebd.).

Das CED (1989, 525 f.) unterscheidet bei der Definition des Euphemismus in *Bezeichnung* für das mildernde Wort (bzw. Wortverband) und den *Gebrauch* dieser sprachlichen Ausdrücke:

> **"1. an inoffensive word or phrase subtituted for one considered offensive or hurtful, esp. one concerned with religion, sex, death, or excreta. Examples of euphemisms are:** *sleep with* **for have sexual intercourse with;** *departed* **for dead;** *relieve oneself* **for urinate. 2. the use of such inoffensive words or phrases [C 17: from Greek** *euphemismos* **from EU - +** *phēme* **speech]."** (ebd.).

Die Definition bei KALM (1985, 222 ff.) gibt im wesentlichen dieselbe Unterscheidung. Es wird jedoch ausführlich auf Unterschiede im Gebrauch von Euphemismen in den verschiedenen Sphären des gesellschaftlichen Lebens (Politik, Soziologie, Psychologie, Journalismus usw.) eingegangen.

Ähnliche Aspekte beinhaltet, allerdings mehr implizit denn explizit, die Euphemismusdefinition bei CONRAD:

> **"Euphemismus** oder **Euphemie,** auch **Verhüllung** oder **Hüllwort:** verhüllende, mildernde oder beschönigende Ausdrucksweise aus (unterschiedlichen) Gründen der Rücksichtnahme und Ästhetik: *einschlafen* für *sterben, riechen* oder *duften* für *stinken, vollschlank* für *dick.* Vgl. auch Periphrase." (1988, 68).

LUCHTENBERG (1975, 18) sieht die beschönigende, mildernde und verschleiernde Funktion als die drei Hauptfunktionen des Euphemismus an, und sie stellt fest:

> **"Tabuisierte Dinge und Personen irgendwie auszudrücken, muß als erste Aufgabe euphemistischer Sprechweise angesehen werden."** (ebd.).

LEINFELLNER (1971, 21 f.) unterstreicht die Notwendigkeit einer Zweiteilung der euphemistischen Wirkungsweise, denn einerseits gehe es bei Euphemismen um das Vermeiden "harter Worte" (vor allem bei Euphemismen außerhalb der politischen Sprache), andererseits aber um das Verschleiern "harter Fakten" (in der politischen Sprache). Hieran anknüpfend unterscheidet LUCHTENBERG (1975, 23 f.) in *verhüllende* und *verschleiernde* Euphemismen (vgl. auch Kap. 5.5 d. A.).

"Verhüllende Euphemismen dienen zur Kommunikation über tabuisierte Begriffe etc. bzw. der Rücksicht auf Gefühle und Wertvorstellungen. Dabei ist i. a. von einer Gleichberechtigung zwischen Sprecher und Hörer auszugehen, die das Tabu anerkennen und demzufolge eine entsprechende Bezeichnung wählen." (ebd., 23)

Hingegen hätten verschleiernde Euphemismen vorrangig die Aufgabe, "bestimmte Sachverhalte dem Hörer in einer vom Sprecher ausgewählten Weise darzustellen, wodurch i. a. eine für den Sprecher günstige Auswahl getroffen wird" (ebd.).

Wir erkennen die Berechtigung und die Notwendigkeit der Differenzierung innerhalb der Euphemismen in dieser Weise an, obwohl wir wie LUCHTENBERG selbst (vgl. ebd., 23 f.) das Problem der nahezu synonymischen Nähe der Bedeutungen der Adjektive *verhüllend* und *verschleiernd* und Schwierigkeiten bei der Zusammenfassung der verschiedenen Euphemismusbegriffe sehen, **"da hier rhetorische Figur, politisch-soziologische Wertung und stilistisch-semantische Unterscheidungen zusammenkommen"** (ebd., 24).

Allein diese Feststellung zeigt bereits auf, wie problematisch eine praktikable Definition des Euphemismus ist, die allen Aspekten dieses sprachlichen Phänomens gerecht wird.

4.2 Probleme einer praktikablen Euphemismusdefinition

Grundlage unserer weiteren Untersuchung muß und kann nur eine möglichst praktikable Definition des Euphemismus sein. Schlußfolgernd aus Kapitel 4.1 und aus unseren Versuchen, uns diesem Ziel anzunähern, können wir folgende Probleme zusammenfassend darlegen, die sich für uns dabei als wesentlich erwiesen:

a)   Einschlägige Lexika und wissenschaftliche Untersuchungen, die sich direkt oder indirekt mit dem Problem des Euphemismus befassen, geben z. T. sehr voneinander abweichende, oft vage und unpraktikable Definitionen des Euphemismusbegriffes. Eine eindeutige Bestimmung einer sprachlichen Einheit als Euphemismus auf dieser Grundlage ist sehr problematisch, ja weitgehend unmöglich, wenn wir einmal von einigen wenigen Ausnahmen im Bereich der traditionellen Euphemismen (z. B. für Tod, sterben, Exkreta, den sexuellen Bereich u. ä.) absehen.

b)   Es gibt nur relativ wenige sprachliche Einheiten, die ausschließlich als Euphemismus fungieren (z. B. *to pass away* für: to die). Selbst bei diesen ist jedoch beispielsweise auch ein ironischer Gebrauch denkbar, so daß mithin kein Wort, kein Wortverband, kein Satz rein euphemistisch im eigentlichen Sinne des Wortes ist. Dies erschwert die Bestimmung des Euphemismus und führt jene Explikationen ad absurdum, die versuchen, den Euphemismus einseitig als bestimmte Wörter oder auch Bezeichnungen zu fassen.

c)   Eine sprachliche Einheit ist nur als euphemistisch erkennbar und bestimmbar, wenn die empirischen Tatsachen bekannt sind, d. h. eine Milderung, Verhüllung oder gar Verschleierung von Tatsachen, Fakten oder sprachlichen Ausdrücken, die den objektiven Sachverhalt adäquat widerspiegeln, ist nur als solche erkennbar, wenn eine möglichst objektive Information direkt zugänglich ist. Dies scheint zumindest für den Bereich der Politik fraglich, denn selbst Nachrichten, Kommentare, Berichte usw. über bestimmte Prozesse, Zustände, Sachverhalte etc. sind immer schon Information ü b e r etwas, gefiltert durch subjektive Standpunkte, Überzeugungen und Erfahrungen, durch das Netz von Nachrichtenagenturen, Rundfunkstationen, Redakteuren etc. (vgl. Kap. 3.8 d. A.), die selbst wiederum auch und vor allem in ökonomischen Zwängen stehen (Auflagenhöhe, Werbeeinnahmen u. a.). Der Euphemismus muß also immer im Zusammenhang mit dem außersprachlichen Kontext, mit der Situation gesehen werden, in der er angewandt wird und durch die er erst zu dem wird, was er letztendlich darstellt.

d)   Eine Reihe von Untersuchungen zum Problem des Euphemismus beschäftigten sich mit der Frage, ob die Euphemisierung die objektive Welt, d. h. den Gegenstand, Prozeß, Zustand usw., den er umschreibt, selbst betreffe oder einen bestimmten sprachlichen Ausdruck ü b e r die Realität. Es wird also hinterfragt, ob bestimmte Ausschnitte aus der Wirklichkeit oder die sprachlichen Ausdrücke hierfür tabuisiert werden. Diese Frage läßt sich im Einzelfall nicht immer eindeutig beantworten. Betrifft z. B. ein Euphemismus wie *comfort station* oder *powder-room* oder das familiäre *loo* das Wort *toilet* oder die Einrichtung als solche?

Bei Abstrakta, die euphemisiert werden (z. B. *Old Nick* für Devil) ist dies ähnlich. In vielen Fällen scheint der Gegenstand der Euphemisierung der sprachliche Ausdruck (das Wort, der Wortverband etc.) zu sein oder genauer die negativen Konnotationen, die Bestandteil seiner Bedeutungsstruktur sind.

e)   In den Abschnitten 3.2 und 3.3 d. A. haben wir bereits den engen Zusammenhang von Tabu und Entstehung und Gebrauch von Euphemismen behandelt. Aus dem Tabu der Naturvölker entstanden, das auf dem Aberglauben beruhte, mit dem Nennen einer Person, Sache usw. beim eigentlichen Namen würde diese selbst herbeigerufen oder erzürnt (z. B. *God, Devil, Death*), haben sich der Euphemismus und seine Ursachen grundlegend gewandelt. Neue Tabusphären sind hinzugekommen (Politik, Wirtschaft etc.), andere haben an Tabucharakter eingebüßt (Sexualität u. a.).

Dennoch scheinen auch heute noch gesellschaftliche Tabus zumindest den Gebrauch konventioneller Euphemismen regelrecht herauszufordern (z. B. auch im Deutschen: Sexualorgane, Exkremente, Tod usw.). Anders verhält es sich dagegen mit dem Euphemismus in der politischen Sprache. Hier scheint oft das politische Ziel (z. B. die nächste Wahl, das Durchsetzen bestimmter Gesetze o. ä.) das Motiv der Euphemisierung zu sein. Hier stoßen wir an die Grenzen zum manipulativen Gebrauch, bei dem nicht die adäquate Widerspiegelung der Wirklichkeit, das Vermitteln der Wahrheit, sondern meist kurzschrittige, leider oft auch kurzsichtige pragmatische Ziele im Mittelpunkt stehen. Hieraus ergibt sich die Frage, ob eine herkömmliche Definition des Euphemismus auf solche Fälle überhaupt anwendbar ist.

Ein nicht zu übersehendes Problem ist die bisher vorliegende nur relativ geringe Zahl umfassenderer Untersuchungen zum Euphemismusproblem für die englische Sprache, aber auch im Deutschen. Zudem wurden die wenigen Arbeiten von z. T. erheblich abweichenden Ausgangspunkten und vor allem von verschiedenen

Euphemismusdefinitionen aus geführt (vgl. HOWARD 1986, ENRIGHT 1985, CHILTON 1985/1988, PEI 1969, PARTRIDGE 1950, ORR 1963, MOSS 1985 a, MENCKEN 1963, MAY 1985, LEINFELLNER 1971, GLÄSER 1966, LUCHTENBERG 1975/1985, HAERTNER 1970). Das Euphemismusproblem ist zwar kein linguistisches Neuland, aber es wird künftig einen breiteren Raum in der sprachwissenschaftlichen Forschung spielen müssen, will man es in seiner ganzen Breite und in seinen verschiedenen Erscheinungsformen und Aspekten erfassen.

Für unsere Untersuchung ergab sich deshalb zunächst die Schwierigkeit, die wissenschaftliche Auseinandersetzung mit sehr verschiedenen Euphemismusexplikationen führen zu müssen, verschiedene Publikationen geben unterschiedlichste Definitionen des Euphemismus (vgl. auch Abschn. 4.1 d. A.). Zusammenfassend lassen sich folgende Merkmale feststellen:

1.   Charakterisierung des Euphemismus als *uneigentliche Redeweise* (Periphrase), aus der sich eine Nähe zu Litotes, Hyperbel, Metapher und Ironie ergibt. Die Lüge stellt den Grenzfall für den Euphemismus dar.

2.   Angabe einer *mildernden, beschönigenden, verhüllenden* oder *verschleiernden Wirkung* des Euphemismus (vgl. z. B. WILPERT 1979, SEIDLER 1966, NICHOLSON 1957, 167, LUCHTENBERG 1975/1985 u. a.)

3.   Als *Euphemismus* werden bezeichnet:

a) das "uneigentliche" Wort, der *Ausdruck* selbst, der einen direkten ersetzt,

b) der *Gebrauch* eines solchen Wortes bzw. Ausdrucks.

4.   Als *Motive* für den Euphemismengebrauch werden angeführt:

- das *Vermeiden* einer unangenehmen, anstößigen oder unheilvollen Sache aus Schamgefühl, Anstand, religiöser Scheu oder Aberglauben,

- das *Einhalten eines* religiös oder gesellschaftlich motivierten *Tabus,*

- *rhetorische Zwecke,*

- *Ironisierung.*

5.   Anerkennung eines *"Verblassens"* der euphemistischen Wirkung eines sprachlichen Ausdrucks in unterschiedlichem Zeitrahmen und daraus folgende Anstöße zum Bedeutungs- und Sprachwandel.

WELLANDER meint sogar, der Euphemismus weiche jedem Ausdruck stärkeren Gefühls aus (vgl. 1917, 119). Dies müssen wir nach unserem derzeitigen Untersuchungsstand bereits eindeutig verneinen; der Euphemismus ruft z. B. in der Politik im Gegenteil oft gerade stärkere Emotionen hervor (siehe auch weiter unten). In diesem Zusammenhang sind auch die Eintragungen in *Roget's Thesaurus* zum Euphemismus durchaus aufschlußreich: *underestimation, trope, falsehood, ornament, good taste, affectation, flattery, prudery* (ROGET'S 1987, 810).

Verschiedene Begriffe werden teilweise bzw. weitgehend synonym zum Begriff *Euphemismus* verwendet: *verh᎐ ˈende Umschreibung* (vgl. z. B. WILPERT 1964,

192), *milder, vager* oder *umschreibender Ausdruck* (vgl. z. B. NICHOLSON 1957, 167), *circumlocution*[2] (als ein möglicher übergeordneter Begriff), *Hüllwort* u. a.

Hingegen fielen uns eine Reihe unterschiedlichster Bezeichnungen für jene Arten von Jargons[3] auf, in denen ein gehäuftes Auftreten der euphemistischen Ausdrucksweise festzustellen ist: Newspeak [4], double talk (auch : doubletalk oder doublespeak)[5], Nukespeak[6], Officialese[7], Pentagonese[8], Journalese[9], Commercialese[10], gobbledegook (auch: gobbledygook)[11], Whitehallese[12], Federal

---

[2] lt. CED (1989, 289): "1. an indirect way of expressing something. 2. an indirect expression."

[3] Wir verwenden den Begriff *Jargon* im Sinne des CED: "**jargon**[1] ... n. 1. specialized language concerned with a particular subject, culture, or profession. 2. language characterized by pretentious syntax, vocabulary, or meaning ..." (1989, 816). Wir verwenden hierbei den Begriff *Fachsprache* mit dem ersten Semem für unsere Zwecke synonym.

[4] Diesen Begriff prägte G. ORWELL in seinem Buch *"1984"* für jene Sprache die Oldspeak (= Standard English) spätestens im Jahre 2050 endgültig abgelöst haben sollte und vor allem das Ziel hatte, *doublethink* durchzusetzen, zur einzig möglichen Art des Denkens zu machen (vgl. 1955, 305). *Doublethink* ist laut ORWELL **"the power of holding two contradictory beliefs in one's mind simultaneously, and accepting both of them"** (1955, 176). Zur detaillierten Beschreibung von *Newspeak* siehe insbesondere *Appendix: The principles of Newspeak* (ebd., 305 - 318). Vgl. auch GREEN (1984, Introduction, ix f.), CHILTON (1988, 35 ff.). CHILTON (1988, 37) weist auf die Nähe von *Newspeak* zum "restricted code" bei BERNSTEIN 1971 hin.

[5] lt. CED (1989, 459): "2. empty, deceptive, or ambiguous talk, esp. by politicians"; vgl. auch LUTZ (1987, 22)

[6] Dieser Begriff geht auf CHILTON zurück. Er wurde von ihm zunächst nur in einem Brief an einen Freund verwendet, war aber am 2. August 1981 (Hiroshima Day) Gegenstand eines Vortrages, der von ihm auf Einladung des Institute of Contemporary Arts in London gehalten wurde (vgl. auch CHILTON 1985, darin: FAWCETT, R. P., Foreword, ix ff.).

[7] oft auch: *official jargon* oder nur *jargon* (fälschlicherweise, da zum Beispiel *Journalese* oder *Commercialese* ebenfalls *jargon* sind); vgl. PARTRIDGE (1960 a, 22); lt. CED (1989, 526): "language characteristic of official documents, esp. when verbose or pedantic".

[8] nach NEAMAN/SILVER "the official language of the Department of Defense" (1983, 335)

[9] PARTRIDGE hierzu: "... itself perhaps on the anthology of Johnsonese (the style of Dr Samuel Johnson when writing in his more ponderous manner) is journalistic English of the worse kind; obviously much journalistic writing is good, some of it very good indeed - good, that is for its purpose ..." (1960 a, 22).

[10] PARTRIDGE dazu: "a term formed, like officialese, on the anthology of journalese, has also been called officese, to be avoided because of its similarities to officialese. Commercialese is likewise called business English. Strictly business English should mean the English used in the transaction of business, but in practice it is mostly regarded as synonymous with commercialese, which is the worst kind of English used in business." (1960 a, 22).

[11] lt. CED: "pretentious language, esp. as characterized by obscure phraseology" (1989, 650); nach PARTRIDGE: "the language of lesser officials and politicians" (1960 a, 22)

[12] Lt. CED: "**Whitehall** ... 2. the British government or its central administration." (1989, 1731); also jener Jargon, der von der Regierung und ihrer Umgebung bevorzugt wird.

prose (AE)[13], Washington Choctaw (AF)[14] oder gar Economese[15]. Diese Formen des Jargon sind typisch in erster Linie für drei Personengruppen: die Politiker, die Journalisten und die Geschäftsleute. Die Fachsprachen dieser drei Gruppen beeinflussen sich wechselseitig besonders intensiv (vgl. PARTRIDGE 1960 a, 23). GREEN stellt darüber hinaus fest: **"... there are as many 'professional slangs' as there are occupations in which they might evolve."** (1984, x). Diese Mannigfaltigkeit an Jargons macht es so schwierig, den Gebrauch von Euphemismen zu überschauen, ihre Wirkungsweise zu bestimmen, sie zu charakterisieren, zu ordnen und vor allem den Euphemismus in der politischen Sprache eindeutig abzugrenzen. Denn wo beginnt beispielsweise ein politischer Euphemismus, wo hört ein sprachlicher Ausdruck auf, fachsprachlicher Natur oder auch ein alltagssprachlicher Begriff zu sein?

Unseres Erachtens sind hier die Grenzen nicht eindeutig zu ziehen, sondern sie sind offensichtlich fließend. Mit unserer Definition der Sprache der Politik (vgl. Kap. 3.7 d. A.) haben wir versucht, eine Eingrenzung vorzunehmen, deren relativen Charakter wir an dieser Stelle nochmals unterstreichen wollen.

LUTZ (1987, 22) betont für die Identifizierung von *doublespeak*[16] die Bedeutung des nichtsprachlichen Kontextes. Dem schließen wir uns im Sinne unserer Untersuchung bezüglich der politischen Euphemismen ausdrücklich an:

"... if you have any doubts, you can identify doublespeak just by answering these questions:

- who is saying what to whom
- under what conditions and circumstances
- with what intent and with what results?" (ebd.).

Von Interesse ist u. E. auch die Frage nach der Existenz von Antonymen zum Begriff Euphemismus. ROGET'S *Thesaurus* (1987) und ROGET'S II (1988) geben keine Antonyme, sondern nur Synonyme an. LEINFELLNER (1971, 30) verwendet den Begriff *Kakophemismus* als Gegenstück zum Euphemismus und beruft sich dabei auf Aristoteles, der in seiner *"Rhetorik"* Kakophemismus und Euphemismus noch als "verleumderische bzw. schmeichelnde Metapher" (vgl. ebd.) bezeichnet hatte. Diese beiden Begriffe sind bei ihr jedoch der Metapher "nebengeordnet" und insgesamt den uneigentlichen Redeweisen untergeordnet (vgl. ebd.).

ENRIGHT (1985 a, 3 ff.) verwendet ebenso wie HOWARD (1986, 117) und ALLAN/BURRIDGE 1991 den Begriff *dysphemism*, den das CED wie folgt definiert:

---

[13] nach PARTRIDGE: " that weighty sort of official English which is issued from Washington" (1960 a, 22)

[14] in den USA scherzhaft für *Federal prose*, vgl. vorherige Fußnote

[15] nach PARTRIDGE: "that shocking abortion of English which is perpetrated by official economists" (1960 a, 22)

[16] LUTZ verwendet *doublespeak* in einem weiteren Sinne als das CED, das *doublespeak* vor allem als von den Politikern gesprochene Sprache definiert (vgl. 1989, 459). *Doublespeak* bei LUTZ wird praktisch synonym zum Euphemismus verwendet.

"... n. 1.   **substitution of a derogatory or offensive word or phrase for an innocuous one.**

2.   **the word or phrase so substituted. [C 19: DYS - + EUPHEMISM]"**
(1989, 477).

HOWARD beschreibt Dysphemismen als **"words and expressions that disparage good things by associating them with bad connotations"** (1986, 117). Dysphemismen bzw. Kakophemismen sind jedoch nicht zu verwechseln mit der von RAWSON (vgl. 1981, 1 f.) getroffenen Unterscheidung in positive und negative Euphemismen. Hierbei handelt es sich um zwei Seiten ein und derselben sprachlichen Erscheinung, des Euphemismus:

> **"The positive ones** (euphemisms - A. B.) **inflate and magnify, making the euphemized items seem altogether grander and more important than they really are. The negative euphemisms deflate and diminish. They are defensive in nature, offsetting the power of tabooed terms and otherwise eradicating from the language everything that people prefer not to deal with directly."** (ebd., 1).

Zusammenfassend können wir feststellen, daß es eine Reihe von Problemen bei der Erstellung einer praktikablen Euphemismusdefinition gibt. Diese ergeben sich einerseits aus der Vermischung linguistischer, stilistischer und rhetorischer Aspekte bei der Explikation des Begriffes und andererseits aus der sich zum Teil hieraus ergebenden Unklarheit, ob unter Euphemismus der sprachliche Ausdruck selbst, der Prozeß der euphemistischen Ersetzung (die Euphemisierung), der Gebrauch eines mildernden, beschönigenden, verschleiernden o. ä. Ausdrucks, etc. verstanden wird. Eine Veränderung dieser für die Linguistik, aber auch für andere Wissenschaftszweige unbefriedigenden Situation ist u. E. nur möglich über eine intensive, wissenschaftlich fundierte Auseinandersetzung mit dem Euphemismusproblem und eine Kritik verschwommener, unzureichender Explikationen des Euphemismusbegriffes. Dazu hoffen wir, mit unserer Arbeit einen Beitrag zu leisten.

Zum Zwecke der Vorbereitung einer Arbeitsdefinition des Euphemismus ist es von Nutzen, zu hinterfragen, welche Rolle der Euphemismus in der gesellschaftlichen Kommunikation insgesamt spielt. Dieser Fragestellung wollen wir uns im folgenden Abschnitt widmen.

4.3   Zur Rolle des Euphemismus in der gesellschaftlichen Kommunikation

Will man die Rolle begreifen, die der Euphemismus in der englischsprachigen Kommunikation in Großbritannien und den USA (aber auch in anderen Ländern, in denen Englisch die Hauptsprache ist) in der Gegenwart spielt, so scheint ein kurzer Blick in die Geschichte nützlich. BURCHFIELD trifft für Großbritannien hierbei folgende Feststellung:

> **"With the exception of the period before the Norman Conquest, when the evidence is too sparse to reach any reasonable conclusion, all periods of English can be seen to have been characterized by the presence of explicit or neutral vocabulary side by side with synonyms or near-**

synonyms of varying degrees of inexplicitness. The synonyms that are 'well-sounding' are often but not always euphemisms." (1985, 13).

Interessanterweise fehlte der Begriff *euphemism* in JOHNSONS *Dictionary of the English Language* von 1755, obwohl er in JOHNSONS Hauptquelle, Nathan BAILEY'S *Dictionarium Britannicum* (1739), enthalten war (vgl. ebd.). BOWDLER entfernte in seiner zehnbändigen Shakespeare-Ausgabe *The Family Shakespeare* von 1807 all jene Wörter und Ausdrücke aus dem Originaltext, **"which cannot with propriety be read aloud in a family"** (zit. bei RAWSON 1981, 7).[17] Noah WEBSTER gab 1833 seine bearbeitete Version der Bibel ("with Amendments of the language") heraus und er **"took out of the Bible every 'whore', every 'piss', and even every 'stink' while making a great many other curious changes ..."** (RAWSON 1981, 7).

Als Ursache für diese **"pre-Victorian linguistic revolution"** (ebd.) ab etwa 1750 bis Anfang des 19. Jahrhunderts nennt RAWSON **"a combination of reli- gious revival, industrialization, an emerging middle class, increasing literacy, and an improvement in the status of women"** (ebd.)[18]. So hatte die Entwicklung des religiösen Methodismus durch John Wesley und seine Anhänger in England in der ersten Hälfte des 18. Jahrhunderts Parallelen auch in Amerika in Form des *Great Awakening*, **"the religious revival that shook New England in the late 1730s"** (vgl. ebd.).

RAWSON stellt klar, daß eine Vielzahl von Euphemismen in Großbritannien und den USA, die meist der Viktorianischen Ära[19] zugerechnet werden, nicht selten schon in der Zeit der **"pre-Victorian prudery"** (ebd., 6) entstanden sind. Aus dieser Zeit stammen zahlreiche Euphemismen in bezug auf die Sexualorgane, sexuelle Handlungen, Körperexkremente, Menstruation, Tod, Krankheit usw., die z. T. bis heute in der englischen Sprache erhalten geblieben sind (z. B. A_E: *to pass away* für A_N: to die), d. h. solche Euphemismen, die Bestandteil der Alltagssprache sind.[20]

Erst für die zweite Hälfte unseres Jahrhunderts stellt BURCHFIELD eine Veränderung in den Ansichten über das Sexualverhalten fest, die auch zu Veränderungen in der Sprache, vor allem der lexikalischen Einheiten zur

---

[17] Bis heute gibt es im Englischen das Verb *bowdlerize* (oder *bowdlerise)* in der Bedeutung "to remove passages or words regarded as indecent from (a play, novel, etc.); expurgate" (CED 1989, 184). Vgl. auch: *bowdlerization* (oder *bowdlerisation*), *bowdlerizer* (oder *bowdleriser*) sowie *bowdlerism* (vgl. ebd.).

[18] Zu den verschiedenen Ursachen für die Verwendung von Euphemismen vgl. insbesondere Kap. 3.2 und 3.3 d. A.

[19] Gemeint ist die Zeit etwa ab der Amtseinführung von Queen Victoria im Jahre 1837. Sie regierte bis zu ihrem Tode 1901 das Vereinigte Königreich von Großbritannien.

[20] J. S. FARMER und W. E. HENLEY geben in *Slang and its analogues* (1890- 94) allein 650 englische Synonyme für *vagina* und etwa die Hälfte für *penis*. H. WENTWORTH und St. B. FLEXNER führen im *Dictionary of American Slang* 356 Synonyme für *drunk* an, mehr als für irgendeinen sprachlichen Ausdruck sonst (vgl. RAWSON 1981, 5 f.), was zugleich auf das Verblassen vieler Euphemismen aus der Viktorianischen Zeit hinweist sowie auf die Existenz traditioneller Euphemismen (vgl. Kap. 5.3 d. A.).

Bezeichnung der generativen Organe und anderer direkt oder indirekt damit verbundener Ausdrücke geführt haben (vgl. 1985, 14). Wir können jedoch seine folgende Schlußfolgerung nicht teilen:

"Instead a marked tendency has emerged to place screens of **euphemisms round the terminology of politics and race.**" (ebd.).

Zum einen gab es bereits zu einem früheren Zeitpunkt politische Euphemismen (vgl. z. B. NISBET 1985, 186; GREEN 1987, Introduction, ix) und zum anderen kann man sich die Entwicklung alltagssprachlich existierender und politischer Euphemismen nicht einfach nacheinander ablaufend vorstellen, wie es das Adverb "instead" nahelegt, sondern es handelt sich hier um nebeneinander ablaufende Prozesse, für die zeitliche Grenzen schwer bestimmbar sind und die sich auch künftig weiter fortsetzen werden, wobei auch zu erwartende Entwicklungen nicht mit Sicherheit vorausgesagt werden können.

Abgesehen davon scheint die Vielfalt politischer Euphemismen insbesondere in der zweiten Hälfte unseres Jahrhunderts, vor allem befördert durch entstandene globale Gefahren (Klimaveränderungen, Ozonloch, die Gefahr eines Nuklearkrieges und damit der Vernichtung der Menschheit usw.), jedoch auch durch das gewachsene politische Bewußtsein der Bürger in vielen Ländern herausgefordert, enorm gewachsen zu sein (vgl. z. B. GREEN 1984, ix f.; ORWELL 1963, 332 f.; LUCHTENBERG 1975, 41; CHILTON 1988, 27), obwohl es hierzu auch gegensätzliche Auffassungen gibt. So behauptet HOGGART: **"Euphemisms occur less in British politics than one might imagine."** (1985, 174). Dies darf wohl berechtigterweise in Zweifel gezogen werden.

Unseres Erachtens werden wir dem Euphemismus, insbesondere dem Euphemismus in der politischen Sprache nur gerecht, wenn wir das Problem der Euphemisierung von Sachverhalten und des Ersatzes neutraler, in bestimmten Zusammenhängen als zu negativ erachteter Ausdrücke durch euphemistische (umschreibende, beschönigende, verschleiernde etc.) als universelles gesellschaftliches Problem begreifen. So zwingt insbesondere die gesellschaftliche Wirklichkeit (Tradition, gesellschaftlich dominierende Auffassungen, historische Besonderheiten, Tabus usw.) in vielen Bereichen dazu, etwas (z. B. einen Sachverhalt, Gegenstand, Zustand usw.) günstiger erscheinen zu lassen, als er eigentlich ist bzw. negative Tatsachen zu verharmlosen, herunterzuspielen. Das Bedürfnis nach Selbstbestätigung und Erfolg, das Streben nach beruflicher und privater Erfüllung spielen hier eine wichtige Rolle. Oft werden negative Erlebnisse in das Unterbewußte verdrängt, wird über die positiven Erfahrungen immer wieder kommuniziert, während negative, unangenehme Ereignisse (Tod, Krankheit, Mißerfolg u. a.) meist verschwiegen, zumindest aber sprachlich beschönigt wiedergegeben werden. Das Vergessen solcher negativer Erlebnisse spielt auch eine nicht zu unterschätzende Rolle bei der Entlastung des Bewußtseins.

Nicht selten wird die Zukunft unter Zuhilfenahme vom Euphemismen dargestellt, die eine wichtige Rolle im Zusammenahng mit Visionen oder Utopien spielen (vgl. z. B. A_E: *geistige Wende* [Deutschland, 80er Jahre dieses Jahrhunderts], A_E: *liberté, egalité, fraternité* [Frankreich, um 1789 - französische Revolution], A_E: *new world order* [USA, 1991]). Erfüllen sich solche Hoffnungen, resp. Visionen, dann in

Wirklichkeit nicht, erlebt man häufig eine Idealisierung der Vergangenheit, die sich u. U. wiederum im Gebrauch von Euphemismen reflektieren kann.

In vielen Bereichen ist der Bürger gezwungen, selbst Euphemismen zu verwenden (Bewerbungsschreiben, Vorstellungsgespräche, Kondolenzen, Glückwünsche u. v. a.). Es ist leicht möglich, daß ein Individuum in Konflikt zu anderen Angehörigen seiner Kommunikationsgemeinschaft gerät, wenn es statt eines euphemistischen Ausdrucks einen neutralen oder einen mit negativen Konnotationen "belasteten" verwendet. Man stelle sich beispielsweise vor, in einem Zeitungsartikel über den Golfkrieg hätte ein Journalist geschrieben "Everyone of our soldiers is ready to *kill* (oder gar *murder*) the Iraqis". Statt dessen las man z. B. "Everyone is ... ready *to do the job*." (DMi 16.1.91, 6) oder "Saddam ... faces the very real threat that *force will be used*." (US-Verteidigungsminister Cheney, zitiert in: GUA 07.1.91, 1).

Es ist u. E. möglich, Euphemismen einerseits und Kakophemismen/Dysphemismen und Derogativa andererseits in diesem Zusammenhang als zwei Seiten derselben sprachlichen Konzeption bzw. als semantische Opposition aufzufassen[21]. So geht die Euphemisierung von Sachverhalten usw. der Wirklichkeit bzw. sprachlicher Ausdrücke, die diese bezeichnen, einher mit der sprachlichen Abwertung gegensätzlicher Erscheinungen oder auch gegensätzlicher Auffassungen über die Wirklichkeit. Diese muß durchaus nicht immer explizit erfolgen. So legt aber z. B. die Verwendung der Bezeichnung *"civilised peoples"* (vgl. z. B. GUA 12.1.91, 23) die angenommene Existenz eines Antonyms (z. B. "uncivilised peoples") ziemlich nahe, ohne daß dieses wirklich existiert. In den über solche Ausdrücke enthaltenen Auffassungen, Wertungen usw., die praktisch unbewußt "mitschwingen", liegt die eigentliche Gefahr solcher Euphemismen. Dem wollen wir uns in unseren weiteren Untersuchungen noch eingehender zuwenden.

Wie haben gezeigt, daß Euphemismen in den verschiedensten Sphären gesellschaftlicher Kommunikation verwendet werden und im Alltag wie in speziellen Bereichen der Kommunikation einen wichtigen Platz einnehmen. Diese Selbstverständigung, auch zu einigen historischen Gesichtspunkten des Euphemismengebrauchs, erschien uns wichtig vor allem in bezug auf die Erarbeitung einer praktikablen Arbeitsdefinition des Euphemismus, die im folgenden Gegenstand unserer theoretischen Überlegungen sein soll.

4.4 Versuch einer Arbeitsdefinition des Euphemismus

Schlußfolgernd aus dem gegenwärtigen Erkenntnisstand zum Problemkreis des Euphemismus und seiner Merkmale sowie aus den kritischen Bemerkungen zu existierenden Euphemismusdefinitionen müßte eine weitgehend praktikable Explikation des Euphemismus u. E. folgende Gesichtspunkte berücksichtigen:

---

[21] Eine solche Konzeption begegnet uns auch in der Gegenüberstellung von Gut und Böse, die für die westlichen Demokratien den Kern vieler Auffassungen (z. B. bei der Gegenüberstellung von *liberals* und *conservatives*)(vgl. GREEN 1987, 7) zu bilden scheint. Eine solche Konzeption ist übrigens auch für den nichtsprachlichen Bereich (z. B. Fotografie, Malerei u. a.) denkbar, wobei auch Mischformen sprachlicher und nichtsprachlicher Mittel (z. B. beim Film) möglich sind.

1.   Der Euphemismus als Begriff erfordert eine differenzierte Definition. Es muß deutlich unterschieden werden zwischen Euphemismus als Funktion und als Bezeichnung für eine lexikalische Einheit in euphemistischer Funktion. Darüber hinaus erfordert die Verwendung lexikalischer Einheiten in euphemistischer Funktion in bestimmten sprachlichen und außersprachlichen Kontexten eine adäquate Benennung. Wir halten hierfür die Bezeichnung *Euphemisierung* für angebracht, die den prozessualen Aspekt explizit hervorhebt. Gegenstand der Euphemisierung kann sowohl ein Gegenstand, Prozeß, Zustand, etc. der Wirklichkeit sein (z. B. A_E: *Peacekeeper* für A_N: MX intercontinental ballistic missile, vgl. LUTZ 1987, 24) als auch eine sprachliche Einheit zur Bezeichnung eines Ausschnittes dieser Wirklichkeit (z. B. A_E: *Operation Desert Storm* für A_N: Gulf war, vgl. z. B. ECO 19.-25.1.91, 21). Die Grenzen sind hierbei fließend, nicht immer ist der Gegenstand der Euphemisierung eindeutig zu bestimmen. Oft ist eine Mischung aus beidem für ein entstehendes Bedürfnis zur Euphemisierung verantwortlich (z. B. A_E: *human remains pouches* für A_N: body bag, vgl. GUA 14.1.91, 2).

2.   Die Motive und Ziele beim Gebrauch von Euphemismen sollten angedeutet werden. Hierfür sind über die meisten traditionellen Definitionen hinausgehend insbesondere das Durchsetzen bestimmter Ziele allgemein, die manipulative Beeinflussung oder im Extremfall sogar -lenkung von Menschen und das Erreichen bestimmter politischer Zielsetzungen (im Falle des politischen Euphemismus), jedoch auch die Schonung von Gefühlen, das Einhalten existierender gesellschaftlicher Tabus oder auch die Konfliktvermeidung (z. B. gegenüber bestimmten Minoritäten, Rassen, Gruppen usw.) zu ergänzen.

3.   Da meist das Konzept, der Begriffsinhalt, die Bedeutung, insbesondere die negativen Konnotationen einer lexikalischen Einheit der Euphemisierung unterliegen, ist bei der überwiegenden Zahl der in einem bestimmten Zeitraum vorwiegend als Euphemismus verwendeten lexikalischen Einheiten ein gewisses "Verblassen" der euphemistischen Wirkung, ähnlich der metaphorischen Wirkung bei den Metaphern, zu beobachten (vgl. auch HOWARD 1986, 118; LEINFELLNER 1971, 48; RAWSON 1981, 4 f. u. a.). Ein neuer euphemistischer Ausdruck anstelle eines mit negativen Konnotationen besetzten nimmt bald selbst in seine Bedeutungsstruktur dieselben oder andere weitere negative Konnotationen auf, wenn sich an dem Sachverhalt der Wirklichkeit selbst, für den er als Bezeichnung dient, nichts ändert. Ein euphemistischer Ausdruck wird meist nur für eine sehr begrenzte Zeit (und das gilt für die Sprache der Politik und den Journalismus insbesondere) dem Durchsetzen der beabsichtigten Ziele, die mit dem Gebrauch eines Euphemismus verbunden wurden, dienen können. Er wird also bald einem neueren Ausdruck weichen müssen, der den beabsichtigten Zielen in größerem Maße entspricht. Auch dieser Aspekt sollte in der Definition des Euphemismus enthalten sein.

4.   Eine lexikalische Einheit in euphemistischer Funktion kann ebenso wie die Hyperbel, die Litotes, die Metapher und die Ironie Merkmale der Periphrase aufweisen. So dient ein euphemistischer Ausdruck der Umschreibung eines Ausschnittes der Wirklichkeit, eines Begriffes oder eines sprachlichen Ausdruckes für diesen. Bei der Periphrase handelt es sich jedoch um eine **"Stil- und Redefigur"** (vgl. ABRAHAM 1988, Bd. 2, 578), beim Euphemismus in erster Linie um eine

Funktion. Aus diesem Grunde kann der Euphemismus nicht der Periphrase untergeordnet werden.

5.   Eine lexikalische Einheit in euphemistischer Funktion ist meist als synonym zum neutralen bzw. mit negativen Konnotationen behafteten sprachlichen Ausdruck aufzufassen. Dabei ist eine absolute Synonymie von vornherein auszuschließen, da der euphemistische Ausdruck natürlich eine eigene typische Bedeutungsstruktur aufzuweisen hat, die nicht dekungsgleich mit der des zu ersetzenden Ausdrucks sein kann, soll eine verhüllende oder verschleiernde Wirkung überhaupt zustande kommen. Die Synonymie kann jedoch insbesondere auf wenige, vor allem periphere Seme beschränkt sein.

6.   Die Euphemisierung von Gegebenheiten der Wirklichkeit oder sprachlicher Ausdrücke hierüber betrifft vor allem die Bedeutungsebene sprachlicher Ausdrüke. Neben der lexikalischen Bedeutung, die Allgemeingut einer Sprachgemeinschaft ist, existiert in der parole, d. h. beim Sprachgebrauch, eine aktuelle Bedeutung, die immer auch ein subjektives Element enthält. Dadurch kann die Entscheidung, ob ein bestimmter sprachlicher Ausdruck euphemistisch ist, d. h. eine euphemistische Funktion ausübt, oder nicht, im Einzelfall interindividuell unterschiedlich ausfallen.

So z. B. kann der Ausdruck "pinpoint bombing" (vgl. z. B. MS 11.2.91, 1) etwa auf einen Zeitungsleser der *middle class* oder der *lower classes* eine euphemistische Wirkung ausüben, während er für einen Militärexperten oder einen Politiker möglicherweise diese Funktion nicht besitzt, da dieser Begriff Bestandteil seines Fachjargons und ihm deshalb zumindest im Großteil seiner Bedeutungs-komponenten vertraut ist, d. h. auch mögliche negative Wirkungen einschließt wie z. B. zivile Opfer. Beim beschriebenen Leser könnte jedoch durchaus der Eindruck entstehen, die Waffen würden ausschließlich militärische Ziele mit höchster Genauigkeit vernichten, während unbeabsichtigte Nebeneffekte völlig auszu-schließen sind.

Auf diese Weise können politische oder andere Begriffe, insbesondere solche, deren Bedeutung umstritten oder ungeklärt, vor allem aber unscharf ist (und Sprache ist eigentlich immer, wenn auch in unterschiedlichem Maße, unscharf), bei ihrer Übertragung in die Alltagssprache bzw. bei ihrem Gebrauch im journalistischen Stil oder durch einen Politiker in einer Rede, einem Statement etc., in der parole euphemistisch gebraucht werden. So ist eine bewußte Ausnutzung zum Zwecke der Durchsetzung bestimmter Ziele möglich. Insofern trägt der Euphemismus relativen Charakter. Auch dieser Aspekt sollte Berücksichtigung finden.

Aus dem Gesagten geht hervor, wie kompliziert es ist, zu einer praktikablen, für alle Arten von Euphemismen (siehe unten) gleichermaßen gültigen und handhabbaren Definition des Euphemismus zu gelangen. Erschwerend kommt hinzu, daß dem deutschen Muttersprachler, der englische journalistische bzw. politische Texte hört oder liest, ja selbst vielen Wissenschaftlern, die Entscheidung, ob eine bestimmte sprachliche Einheit einen Sachverhalt adäquat wiedergibt oder euphemistisch umschreibt, verhüllt bzw. beschönigt, auf Grund der Tatsache schwerfällt, daß trotz von uns unterstellter guter Beherrschung der Fremdsprache ständig neue Euphemismen in die Sprache Eingang finden, im Einzelfall nicht selten ohne überhaupt Bestandteil des Lexikons der gesamten Sprachgemeinschaft zu werden, die erst als solche erkannt sein wollen. Hier spielen auch das Sprachgefühl, umfangreiches lexikalisches, auch etymologisches Wissen, die Kenntnis empirischer Fakten, politisches u. a. Sachwissen und insbesondere die notwendigen Einsichten über die verschiedenen Bedeutungskomponenten (Seme) sprachlicher Einheiten einschließlich von Konnotationen eine wichtige Rolle, die beim Nicht-Muttersprachler in vollem Umfang gar nicht möglich sind, da er die Sprache eben als Fremdsprache erlernt hat.

Dieser Probleme bewußt, haben wir uns mit unserer Untersuchung an ein kompliziertes Problem herangewagt, zu dessen Lösung zunächst Klarheit über den Inhalt des Euphemismusbegriffs herrschen muß. Unter Berücksichtigung der o. g. Aspekte und unter Einbeziehung bisheriger Erkenntnisse der Sprachwissenschaft definieren wir den *Euphemismus* wie folgt:

1. **die *Funktion* einer lexikalischen Einheit (eines einzelnen Wortes, eines Wortverbandes, eines Teilsatzes, eines einfachen Satzes, eines komplexen Satzes, eines Teiltextes oder eines ganzen Textes), objektive Tatsachen zu mildern, zu beschönigen, zu verhüllen oder zu verschleiern bzw. den Gebrauch von sprachlichen Einheiten, die die Wirklichkeit direkter, unmittelbarer, unbeschönigt bzw. unverhüllt und weitgehend adäquat widerspiegeln, zu vermeiden.**

Wir glauben, daß nur ein solcher *funktionaler Ansatz* dem Euphemismusproblem gerecht werden und größere Klarheit in bezug auf die Abgrenzung zu anderen sprachlichen Erscheinungen (z. B. Metapher, Litotes, Hyperbel usw.) schaffen kann (vgl. hierzu auch BERG 1978, 149 f.). Es handelt sich bei dieser Euphemismusdefinition gewissermaßen um den *Euphemismus im weitergefaßten Sinne (i. w. S.).*

2. **die Bezeichnung für eine *lexikalische Einheit,* die in einem bestimmten sprachlichen und außersprachlichen Kontext eine mildernde, beschönigende, verhüllende oder verschleiernde, d. h. euphemistische Funktion erfüllt.**

Bei dieser Explikation beziehen wir uns also gewissermaßen auf den *Euphemismus im engeren Sinne (i. e. S.).*

Anders als die meisten traditionellen Euphemismusdefinitionen beziehen wir auch lexikalische Einheiten jenseits von Wort und Wortverbindung (phrase) mit ein, da u. E. auf Satz- und Textebene eine euphemistische Funktion ebenfalls denkbar ist (vgl. u. a. CED 1989, 525 f.; LEINFELLNER 1971, 18 ff.; LUCHTENBERG 1985, 23 ff.; HOWARD 1986, 101; KALM 1985, 222; BURCHFIELD 1985, 13).

3. In Abweichung von einigen Explikationen (vgl. z.B. CED 1989, 252 f., Semem 2; OED 1989, vol. V, 436 u. a.) bezeichnen wir den Gebrauch von beschönigenden und verschleiernden sprachlichen Ausdrücken anstelle von Ausdrücken mit negativen Konnotationen und Assoziationen oder in semantischer Hinsicht neutraler Ausdrücke sowie die Ersetzung solcher sprachlicher Ausdrücke durch beschönigende oder verschleiernde lexikalische Einheiten nicht als Euphemismus, sondern als *Euphemisierung* von Gegenständen, Prozessen, Zuständen etc. der Wirklichkeit bzw. von diesbezüglichen sprachlichen Ausdrücken.

Wir haben uns, wenn wir bisher in der vorliegenden Arbeit den Begriff *Euphemismus* verwendeten, dementsprechend überwiegend auf Punkt 2 der Definition bezogen, also auf sprachliche Ausdrücke in euphemistischer Funktion. Um Mißverständnisse zu vermeiden, wollen wir im folgenden, wenn wir uns auf Punkt 1 der Definition beziehen, die Bezeichnung *euphemistische Funktion* verwenden. Bei Bezug auf Punkt 2 sprechen wir weiterhin von Euphemismus und meinen damit den Euphemismus i. e. S.

Die Verwendung von Euphemismen i. e. S. ist vor allem motiviert durch den Willen, existierenden gesellschaftlichen Tabus und damit bestehenden gesell-schaftlichen Normen zu genügen, Konflikten durch das Vermeiden des Gebrauches dem Sprecher/Schreiber zu "hart", zu "direkt" und in bezug auf einen bestimmten, meist außersprachlichen Kontext "unangebracht" bzw. in bezug auf das angestrebte Erreichen eines bestimmten kommunikativen Zieles "inadäquat" erscheinender sprachlicher Ausdrücke aus dem Wege zu gehen.

Der Euphemismengebrauch wird weiterhin bedingt durch Bestrebungen, bezüglich des Erreichens politischer Ziele den Hörer/Leser durch Sprache manipulativ beeinflussen oder gar lenken zu wollen oder auch durch das Bemühen, in bestimmten Situationen (z. B. Tod eines Angehörigen) die Gefühle des Hörers/Lesers zu schonen. In diesem Zusammenhang ist es u. E. nützlich, den unbewußten Gebrauch von Euphemismen *(unconscious euphemisms)*, der insbesondere solche Euphemismen i. e. S. betrifft, die schon vor langer Zeit Eingang in die Sprache fanden und deren ursprüngliche Motivation heute kaum noch bewußt wird, vom bewußten Gebrauch von Euphemismen i. e. S. *(conscious euphemisms)* zu unterscheiden, der vor allem beim manipulativen Gebrauch der Sprache eine wesentliche Rolle spielt (vgl. RAWSON 1981, 3). Letztgenannte Euphemismen können sowohl aufrichtig ("honestly") gebraucht, als auch deren Wirkung bewußt ("knowingly") ausgenutzt werden (vgl. ebd.).

"Conscious euphemisms also lead to social double-thinking, however. They form a kind of code. The euphemism stands for 'something else', and everyone pretends that the 'something else' doesn't exist. It is the essentially duplicitous nature of euphemisms that makes them so attractive to those people and institutions who have something to hide, who don't want to say what they are thinking, and who find it convenient to lie about what they are doing." (ebd.)

Durch die Erscheinung des "Verblassens" der euphemistischen Wirkung sprachlicher Ausdrücke im Laufe eines kürzeren oder längeren Zeitabschnittes kommt es zur Entstehung immer neuer euphemistischer Ausdrücke, resp. zur ständig wechselnden Verwendung bestimmter sprachlicher Ausdrücke in euphemistischer Funktion. Dabei muß es sich durchaus nicht immer um völlig neue lexikalische Einheiten (Neologismen) handeln. In bestimmten Kontexten ist durchaus die erfolgreiche euphemistische Verwendung eines bereits vorhandenen Lexems in einer neuen aktuellen Bedeutung denkbar. Folglich spielen die Euphemismen eine wichtige Rolle beim Bedeutungswandel (vgl. hierzu z. B. LEWANDOWSKI 1984 - 85, Bd. 1, 158 f.) und bei der Entwicklung der Sprache.

Euphemismen i. e. S. besitzen in ihren Merkmalen Ähnlichkeiten zu Formen der Periphrase (z. B. Metapher, Litotes, Hyperbel u. a.). Sie sind aber von diesen zu unterscheiden und nicht dem Begriff Periphrase unterzuordnen. Die Verwendung von Formen der Periphrase in euphemistischer Funktion ist jedoch recht häufig zu beobachten (vgl. BERG 1978, 149 f ; LUCHTENBERG 1985, 187 ff. u. a.).

Die meisten Euphemismen i. e. S. stehen zu jenen sprachlichen Ausdrücken, die sie ersetzen, im Verhältnis der Synonymie, d. h. einer Bedeutungsähnlichkeit (vgl. Kap. 2.4.6 d. A.). Wichtigstes Kennzeichen hierfür ist die Austauschbarkeit in bestimmten sprachlichen Kontexten (vgl. auch LUCHTENBERG 1985, 197). Ob dies für alle Arten von Euphemismen i. e. S. zutrifft, wird im weiteren zu prüfen sein.

Ein Euphemismus i. e. S. trägt immer auch relativen Charakter, d. h. die euphemistische Funktion eines bestimmten sprachlichen Ausdrucks kann interindividuell verstärkt oder abgeschwächt bzw. sogar gar nicht vorhanden sein. Dies hängt insbesondere von der Sprachbeherrschung, dem Sprachgefühl, von Kenntnissen und Erfahrungen eines Individuums sowie insgesamt vom außersprachlichen Kontext ab. Diese Feststellung gebietet es, daß man einen sprachlichen Ausdruck nicht mit absoluter Bestimmtheit als Euphemismus bezeichnen kann.

Ausgehend von den erarbeiteten theoretischen Ausgangspositionen können wir uns im folgenden einigen wichtigen Aspekten und Zusammenhängen detailliert zuwenden, die wir zugleich an Hand des von uns bearbeiteten Korpus verifizieren wollen.

4.5 Zur Standortbestimmung des Euphemismus in der Sprache

In den vergangenen Abschnitten haben wir uns eingehend mit der Darlegung von Problemen im Zusammenhang mit der Explikation des Euphemismus beschäftigt. Aufbauend auf den traditionellen Definitionen haben wir versucht, zu einer eigenen praktikablen Begriffsbestimmung zu gelangen. Es wurde deutlich, welche Rolle dem Euphemismus in der gesamtgesellschaftlichen Kommunikation zukommt. Ziel unseres weiteren Vorgehens soll es sein, Fragen zu einigen wesentlichen Merkmalen, zu Wechselwirkungen und Zusammenhängen sowie zu Konsequenzen und Auswirkungen im Zusammenhang mit der Existenz und dem Gebrauch von Euphemismen zunächst allgemein und danach speziell für den politischen Wortschatz nachzugehen und einen Beitrag zu leisten zu ihrer Klärung und zur Ergänzung sprachwissenschaftlicher Erkenntnisse zu diesem Problemkreis. Wo dies möglich ist, werden wir versuchen, zu Verallgemeinerungen zu gelangen, welche dann jeweils an Hand von Beispielen veranschaulicht werden sollen. Auf Grund des begrenzten Rahmens der Arbeit müssen wir uns auf einige wesentliche Aspekte beschränken, können wir nicht jeden Gedanken vertiefen und ausführlich behandeln.

4.5.1 Der Euphemismus in langue und parole

Wenn wir in diesem Abschnitt von Euphemismus sprechen, so wird deutlich, daß wir hier in erster Linie den Euphemismus i. e. S. meinen. In Anbetracht der Bedeutung des Kontextes (sprachlicher und außersprachlicher Kontext) für die

Entscheidung, ob es sich in einem konkreten Fall um einen Euphemismus handelt oder nicht, läßt sich schlußfolgern, daß sich ein Euphemismus als Funktion, also der Euphemismus i. w. S. nur auf der Ebene der parole, d. h. im aktuellen Sprachgebrauch, voll entfalten kann.

Zweifellos sind bereits auf der Ebene der langue potentielle Voraussetzungen dafür vorhanden, daß sich ein bestimmter sprachlicher Ausdruck zur Verwendung in euphemistischer Funktion mehr oder weniger eignet. Hierzu zählen zweifelsohne die Sememe eines bestimmten Lexems. In ihnen sind potentielle Kontextbedeutungen angelegt. Es existieren jedoch auch bereits Konnotationen, die ein bestimmtes Lexem im aktuellen Sprachgebrauch beispielsweise für eine Auf- oder Abwertung von Objekten, Sachverhalten der Wirklichkeit, für die Erfüllung einer gewissen kommunikativen Funktion prädestiniert erscheinen lassen. Insofern besitzt das Lexikon einer bestimmten Sprachgemeinschaft auch die Potenzen für einen Gebrauch von lexikalischen Einheiten in euphemistischer Funktion in der parole.

Dies schließt jedoch eine willkürliche Verwendung beispielsweise bestimmter Wörter zum Zwecke der Verhüllung, Beschönigung oder Verschleierung nicht aus. Im Gegenteil: Es läßt sich hier das Wirken bestimmter schöpferischer Elemente im Sprachgebrauch feststellen. Für eine isolierte lexikalische Einheit läßt sich in den seltensten Fällen mit Sicherheit voraussagen, ob sie in der sprachlichen Kommunikation eine euphemistische Funktion erfüllen können oder nicht. Letztendlich hat das gesamte kommunikative Bedingungsgefüge einschließlich des sprachlichen Kontextes einen Einfluß darauf.

Unseres Erachtens läßt sich auch nicht mit Sicherheit für ein bestimmtes Lexem eine potentielle euphemistische Wirkung ausschließen. Eine Ausnahme mögen hier die Funktionswörter bilden, die jedoch als Bestandteil von Wortverbänden, Sätzen und Texten einen Anteil an der euphemistischen Funktion eines sprachlichen Ausdruckes besitzen können. Es läßt sich dementsprechend vermuten, daß es in erster Linie Substantive, Verben, Adjektive und Adverbien - also **"major word classes"** im Sinne von CHALKER (1984, 20 f.) und LEECH/SVARTVIK (1984, 307) - und die aus ihnen konstituierten Wortverbände (phrases) sind, die eine euphemistische Funktion ausüben können. Hingegen ist kaum anzunehmen, daß von Angehörigen der **"minor (or closed) word classes"** (vgl. ebd.) eine entscheidende euphemistische Wirkung ausgeht. Dies erklärt sich vor allem daraus, daß **"their structural role is often more important than their meaning"** (CHALKER 1984, 21). Abgesehen davon steht das Merkmal dieser Wortklasse **"'closed', because normally no new words can be added and the total membership of the class could be listed"** (ebd.) außerdem in einem gewissen Widerspruch zur ständigen Suche nach immer neuen euphemistischen Ausdrüken.

Wollen wir jedoch dem Euphemismusproblem insgesamt gerecht werden, ist anzuerkennen, daß bereits auf der Ebene der langue Euphemismen existieren. Diese sind als Wörterbucheinträge z. T. bereits als solche gekennzeichnet. In diesen Fällen sind bestimmte Konnotationen fester Bestandteil der Lexembedeutung geworden, wie z. B. bei:

> **"powder room** n. Euphemistic.
> a lavatory for women in a restaurant, department store, etc."
> (CED 1989, 1202),

"**departed** ... *adj. Euphemistic.*
a. dead; deceased.
b. *(as sing. or collective n.*; preceded by the): *the departed.*" (ebd., 415),

"**pass** ... *vb.* ...
24. (intr.; foll. by *away, on* or *over)* a euphemism for **die**[1] (sense 1) ..."
(ebd., 1122).

Solche Wörter und Wortverbindungen gehören zum allgemeinen Wortschatz. Ihre
euphemistische Funktion entwickeln sie vor allem auf Grund von gesellschaftlichen
(sprachgemeinschaftlichen) Konventionen. Sie sind gewissermaßen "**gesellschaftlich anerkannte Milderungen für anstößige Wörter**" (LUCHTENBERG 1985, 152).
Diese kommen vor allem dadurch zustande, daß bestimmte Wörter oder andere
syntaktische Einheiten immer wieder in bestimmten Kommunikationssituationen (z.
B. beim Tod eines Menschen) mit gleicher kommunikativer Zielstellung (etwa
Schonung der Gefühle des Kommunikationspartners) aktualisiert, d. h. gebraucht
werden.

Für diese Zwecke stehen auf langue-Ebene verschiedene euphemistische
Ausdrücke zur Verfügung. Diese werden je nach Bedarf (z. B. bei schriftlicher oder
mündlicher Kondolenz, Nachruf etc.) ausgewählt. Nach LUCHTENBERG bilden
solche Ausdrücke "**Register vom gleichen begrifflichen Inhalt**" (1985, 152), d. h.
ihre denotative Bedeutung stimmt weitgehend überein. In den Konnotationen können
sich jedoch z. T. recht erhebliche Unterschiede ergeben, die einen euphemistischen
Gebrauch ermöglichen oder verhindern können (vgl. z. B. *to pass away, to fall
asleep, to bite the dust* etc. für A_N: to die).

LUCHTENBERG unterscheidet in langue- und parole-Euphemismen (ebd., 151
ff.). Parole-Euphemismen werden aus den in der langue vorgegebenen Mitteln
gebildet und in der Kommunikation realisiert. Es gibt allerdings keinerlei formale
Kennzeichen, die auf einen euphemistischen Gebrauch eines sprachlichen
Ausdruckes, auf einen Euphemismus i. e. S. schließen lassen. Die Wortbildungs-
muster liegen aber auf der Ebene der langue vor.

Während uns die langue-Euphemismen vor allem in der Umgangssprache, im
Alltagsgebrauch begegnen, finden wir parole-Euphemismen sowohl dort als auch in
bestimmten Gruppensprachen (Jargons). Letztere finden sich, abgesehen von
einigen Ausnahmen, die sich in der gesamten Sprachgemeinschaft durchsetzen,
kaum als Wörterbucheinträge wieder (vgl. auch ebd., 151). Aus dem Gesagten wird
deutlich, daß auch langue-Euphemismen nur auf der Ebene der parole beobachtbar
und zu beurteilen sind.

Eine solche Unterscheidung in langue- und parole-Euphemismen ist u. E. nicht
ganz unproblematisch, begegnen uns doch nicht selten Euphemismen i. e. S., die
sich keiner der beiden Gruppen mit Sicherheit eindeutig zuordnen lassen und sich
gewissermaßen in einer Übergangsphase zwischen diesen Gruppen befinden (vgl.
ebd., 152). Dennoch gibt uns die Kennzeichnung eines Lexems als "euphemistisch"
in einem Wörterbuch, eine wichtige Auskunft darüber, inwiefern ein solcher
Ausdruck in der parole noch manipulativ und z. B. Tatsachen verschleiernd (siehe
unten) gebraucht werden kann. Darüber hinaus ist ersichtlich, ob ein Euphemismus
bereits Allgemeingültigkeit und gesamtsprachgemeinschaftliche Verbindlichkeit

angenommen hat oder nicht. In der Regel deutet sich durch einen Eintrag im Wörterbuch an, daß ein Euphemismus auf dem besten Wege ist, allenfalls noch beschönigend, verhüllend wirken zu können. Das "Verblassen" dürfte rasch einsetzen und einen neuen Euphemismus i. e. S. für die Bezeichnung desselben Begriffes notwendig machen. Dies trifft insbesondere auf die politischen Euphemismen zu, da hier das Verblassen i. a. schneller vor sich geht als beispielsweise bei allgemeinsprachlichen Ausdrücken.

Es ist anzunehmen, daß gerade so viele Euphemismen gesamtgesellschaftliches Sprachgut geworden sind, die die Sphäre der Alltagssprache betreffen (z. B. Tod, Krankheit, Exkremente, generative Organe usw.), weil sie meist Dinge, Erscheinungen usw. bezeichnen, die einerseits seit langer Zeit in ihrem Charakter eine gewisse Konstanz aufweisen und über die andererseits immer und immer wieder in grundsätzlich ähnlichen Situationen kommuniziert wird, die natürlich auch fest in Sitten, Gebräuchen, Traditionen verwurzelt sind und die in vielen Fällen seit Generationen einem (wenn auch veränderlichen) gesellschaftlichen Tabu unterliegen. Sie beziehen ihre euphemistische Wirkung in erster Linie aus gesellschaftlichen Konventionen, die über Bildung und Erziehung von Generation zu Generation weitergereicht werden. Diese Euphemismen tragen somit selbst zur Bewahrung von Traditionen und Tabus bei.

Dagegen erscheint uns die Sphäre der Politik in ihrem Charakter dynamischer. Die Politik (und mit ihr die Sprache der Politik) muß auf Tagesfragen reagieren. Die politischen Parteien und ihre führenden Politiker sind in ihrem Wettstreit um Wählerstimmen, Ansehen und Machtanteile gezwungen, ständig nach vorteilhafter Selbstdarstellung, nach der Beschönigung negativer, das politische Ansehen schädigender Aspekte zu suchen. Vereinfacht gesagt: Es ist nicht notwendig, im Alltag neue Euphemismen z. B. für den Tod zu "erfinden", wenn die langue doch genügend davon bereithält; es ist jedoch bedeutsam, neue wirksame sprachliche Ausdrücke zu prägen, die der Spezifik einer aktuellen politischen Situation möglichst gut entsprechen. Insofern werden sich in der Politik die oben beschriebenen langue-Euphemismen kaum dazu eignen, solchen Erfordernissen zu entsprechen.

Man wird aus diesem Grunde politische Euphemismen als solche sehr selten auf der langue-Ebene finden. Sie sollten deshalb vielmehr im aktuellen Sprachgebrauch gesucht, festgestellt und analysiert werden, denn selbst die Wörterbucheinträge traditioneller politischer Schlagwörter wie *democracy, freedom, peace, liberal* usw. geben keinerlei Auskunft über deren möglichen euphemistischen Gebrauch auf der Ebene der parole, so z. B. in einem Statement, einer Rede, etc.

Nachdem wir uns im Abschnitt 2.9 bereits ansatzweise mit der Unterscheidung von Euphemismus und Periphrase beschäftigt haben, wollen wir im folgenden Abschnitt auf Berührungspunkte und wesentliche Differenzen zwischen Euphemismus und einzelnen Formen der Periphrase eingehen. Damit soll detailliert dargestellt werden, daß wohl Formen der Periphrase eine euphemistische Funktion ausüben können, der Euphemismus der Periphrase insgesamt jedoch nicht untergeordnet werden kann, d. h. der Euphemismus selbst ist keine Form der Periphrase, sondern eine mögliche *Funktion* verschiedener solcher Formen.

4.5.2 Zur Abgrenzung des Euphemismus gegen andere sprachliche Erscheinungen

Wie oben (vgl. Kap. 2.9. d. A.) bereits dargelegt, ist es u. E. weder adäquat noch praktikabel, den Euphemismus als Form der Periphrase aufzufassen und somit diesem Begriff unterzuordnen. Ursache einer solchen erfolgten Zuordnung ist meist eine unsaubere Trennung des rhetorischen Euphemismusbegriffs als **"That figure of speech which consists in the substitution of a word or expression of comparatively favourable implication or less pleasant associations instead of the harsher and more offensive one that would more precisely designate what is intended"** (OED 1989, vol. V, 436) von einem Euphemismusbegriff im Sinne der Semantik.

Dies führte z. T. zu einer Vermischung formaler und funktionaler Kriterien (vgl. z. B. LEINFELLNER 1971, ASMUTH/BERG-EHLERS 1974, LAUSBERG 1973, BERG 1978 sowie die Euphemismus-Definitionen in verschiedenen Lexika). Hinzu kommt, daß die Einordnung bestimmter sprachlicher Erscheinungen durch die Rhetorik nicht selten uneinheitlich erfolgte, auf diesem Gebiet die Unterscheidung von Tropus und Figur immer unklar begründet und umstritten war (vgl. MARTIN 1974, 261). Somit waren Zuordnungen und darüber hinaus die gesamte Systematik in dieser Sphäre der Rhetorik oft sehr arbiträr.

Dennoch weisen einige rhetorisch bestimmte Formen der Periphrase Gemeinsamkeiten mit dem Euphemismus auf, unterscheiden sich jedoch andererseits wesentlich von diesem. So konnten wir sowohl für den Euphemismus wie auch für die *Metapher* eine linguistische und eine rhetorische Betrachtungsweise feststellen (vgl. z. B. für die Linguistik: ORTONY 1980, HOWARD 1986, 100 ff.; WEINRICH 1966; für die Rhetorik: LAUSBERG 1973, WILPERT 1979 u. a.). In der Rhetorik werden vor allem die Uneigentlichkeit dieser beiden "Redefiguren" und ihre gemeinsame Nähe zum Vergleich[22] betont. Die aktuelle Bedeutung weicht oft erheblich von der lexikalischen ab (vgl. auch LUCHTENBERG 1985, 188). Euphemismen wie Metaphern sind nicht an Hand von formalen Kriterien bestimmbar, sondern auf semantischer Ebene. Beide begegnen uns sowohl auf der Ebene der langue als auch in der parole. Sie spielen eine sehr wichtige Rolle in der Praxis wertender Kommentierung (vgl. BACHEM 1979, 50). Den Vorgang, den BACHEM für die Dekodierung einer Metapher beschreibt, können wir uns auch bei der Analyse eines Euphemismus vorstellen.

" 'Dieses Zeichen kann an dieser Stelle nicht meinen, was es konventionell (lexikalisch - A. B.) bedeutet. Ich kann es also nicht automatisch dekodieren. Was es an dieser Stelle meint, kombiniere ich aus dem Kontext.'" (ebd., 50 f.)

Wichtig erscheint uns in diesem Zusammenhang die Bedeutung des sprachlichen Kontextes für beide sprachlichen Erscheinungen.

---

[22] Diese resultiert wohl aus einer niemals totalen, sondern eher partiellen, oft nur auf einem speziellen Sem beruhenden Synonymie beider sprachlicher Erscheinungen (vgl. auch Kap. 4.5.3 d. A.).

PORZIG definiert die Metapher als **"Verwendung eines Wortes außerhalb seines eigentlichen Bereiches"** (1971, 122).

CHILTON beklagt zu Recht die Unzulänglichkeit der rhetorischen Definition der Metapher:

> **"It is now increasingly recognized that metaphor plays an important role in our conceptualizations, and that is not to be dismissed as mere rhetorical ornament. Indeed, it is not to be classed solely as rhetorical ornament at all, since the most interestingly systematic cases are not novel, but so assimilated to our cognitive processes that they go unnoticed."** (1985, 21).

LAKOFF/JOHNSON (vgl. 1980, 77 ff.) heben die Rolle der Metapher bei der Strukturierung der menschlichen Erfahrung hervor. JACKENDOFF 1983 erklärt semantische Strukturen aus der metaphorischen Übertragung grundlegender psychologischer Strukturen (vgl. auch CHILTON 1985, 121). Wir können vermuten, daß solche grundlegenden Einflüsse auf Denkprozesse auch von Euphemismen ausgehen. Für das Erkennen von Metaphern und Euphemismen und ihrer denotativen und aktuellen Bedeutung spielen der individuelle Wissensstand, der Grad der Sprachbeherrschung, Sprachbewußtsein, Sprachgefühl u. a. eine wichtige Rolle (vgl. z. B. BACHEM 1979, 59; ORWELL 1963, 334).

LUCHTENBERG sieht den Tabuzwang als eine gemeinsame Entstehungsursache von Metaphern und Euphemismen (vgl. 1985, 190). Sowohl bei Metaphern als auch bei Euphemismen ist ein Verblassen zu beobachten (vgl. LEINFELLNER 1971, 48). Am deutlichsten werden Berührungspunkte von Euphemismus und Metapher bei Metaphern in euphemistischer Funktion (*Metapherneuphemismen* bei LUCHTENBERG 1985, *metaphorische Euphemismen* bei LEINFELLER 1971). In diesem speziellen Fall fallen Funktion und kommunikatives Ziel von Euphemismus und Metapher zusammen.

Allein die Tatsache, daß nicht jede Metapher ein Euphemismus und vice versa ist, zeigt jedoch einen wichtigen Unterschied zwischen diesen beiden sprachlichen Phänomenen. Beschränkt sich die Funktion des Euphemismus i. e. S. im wesentlichen auf das Verhüllen und Verschleiern von Objekten, Sachverhalten etc., so ist das Spektrum der Funktionen, die Metaphern ausüben können, bedeutend breiter und fällt nur im Falle metaphorischer Euphemismen zusammen (vgl. LUCHTENBERG 1985, 190). Euphemismen können auch mit Hilfe anderer sprachlicher Mittel gebildet werden. Abbildung 1 stellt in stark vereinfachter Form das Verhältnis von Euphemismen i. e. S. und Metaphern dar.

LEINFELLNER sieht den Hauptunterschied zwischen Metapher und metaphorischem Euphemismus ebenfalls in ihrer pragmatischen Funktion sowie in der Veränderung des Wahrheitsgehaltes eines betreffenden Satzes von *wahr* (bzw. *falsch*) zu *wahrscheinlich* (1971, 44). Wir halten ihre Ansicht, daß die Metaphern für politische Euphemismen nicht geeignet seien, da diese allzu vage und daher nicht überzeugend genug sind (vgl. ebd. 48) nicht für uneingeschränkt haltbar. So sind politische Euphemismen i. e. S. wie A_E: *the pilot's work* (DMi 12.2.91, 3) für

A_N: bombing, A_E: *the poor man's H-bomb* (DMi 16.2.91, 3) für A_N: fuel-air bomb oder A_E: *tool-box* (DMi 24.1.91, 2) für A_N: military arsenal, die offenbar auf metaphorischen Beziehungen beruhen, durchaus wirksam und auch nicht selten anzutreffen, sondern im Gegenteil relativ häufig.

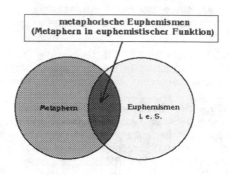

Abbildung 1: *Das Verhältnis von Metaphern und Euphemismen i. e. S.*

Die *Litotes* ist ein **"understatement for rhetorical effect, esp. when achieved by using negation with a term in place of using an antonym of that term"** [23] (CED 1989, 897). Der Begriff fand im 17. Jahrhundert Eingang in die englische Sprache und ist abgeleitet vom griechischen *litos* (= small) (vgl. ebd.). Nach LUCHTENBERG wird sie besonders dann verwendet, wenn eine Meinung, insbesondere über einen Gesprächspartner, nicht deutlich ausgedrückt werden darf, sondern in abschwächender Form ausgedrückt werden muß (vgl. 1975, 300 f.) Nach KAINZ zählen zur Litotes alle **"Verneinungen des Gegenteils des Gemeinten"** sowie die **"potentielle Ausdrucksweise"** mit Hilfe von solchen Wörtern wie *wohl, vielleicht, schwerlich, kaum* und Umschreibungen mit *scheinen*[24] (vgl. 1927, 226).

LUCHTENBERG ist der Auffassung, daß die Verneinung des Gegenteils des Gemeinten die euphemistische Verwendung der Litotes nahelegt, da es sich in jedem Falle um eine "Abschwächung" handele (vgl. 1975, 301). Wir können diese

---

[23] "Understatement" ist hier nicht zu verwechseln mit dem Begriff *understatement* wie er von LEINFELLNER 1971 verwendet wird. Dort ist *understatement* eine Form von Ironie, eine partielle Ironie, "nicht die Verneinung eines Basissatzes A, sondern bloß seine Abschwächung (eine 'instance'-Bildung)" (ebd., 42).

[24] Eine solche Ausdrucksweise läßt sich auch im Englischen registrieren. Entsprechende "marker" sind hier z.B. *probably, certainly, hardly, possibly, it is possible that, seemingly* etc.

Affinitäten zwischen Litotes und Euphemismus bestätigen.[25] Sie treten bei solchen Euphemismen wie A_E: *not-so-minor operations* für A_N: complicated or difficult (medical) operations (DMi 25.1.91, 2), A_E: *non-military targets* für A_N: civilian targets of strategic importance (DMi 29.1.91, 3), A_E: *non-conventional weapons* für A_N: nuclear, biological, chemical and other weapons of mass destruction (GUA 10.1.91, 21), A_E: *non-combat related* für A_N: caused by an accident (MS 5.2.91, 8) usw. deutlich zutage. Aber auch als negierter Verbverband *(verb phrase)* kann die Litotes einen euphemistischen Gebrauch erfahren z. B. A_E: *not to fight very hard* für A_N: to fight hardly/to be unable to fight (US-General Kelly über die irakischen Truppen im Golfkrieg; zit. in: DMi 1.2.91, 5).

Gegenüber metaphorischen Euphemismen (Metaphern in euphemistischer Funktion) sind Litotes-Euphemismen relativ selten anzutreffen. Entsprechend ihrer Natur sind sie besonders geeignet beispielsweise für das Herunterspielen unangenehmer Tatsachen, real vorhandener Gefahren, begangener politischer u. a. Fehler usw. Wie im Falle der Metaphern können wir auch die Litotes nicht direkt mit dem Euphemismus identifizieren, sondern sprechen im Falle eines euphemistischen Gebrauches von einer Litotes mit euphemistischer Funktion. Die Litotes selbst begegnet uns nicht auf der Ebene der langue, sondern jeweils im aktuellen Sprachgebrauch (vgl. LUCHTENBERG 1975, 301), obwohl die Negation selbst als potentielle Möglichkeit in der langue angelegt ist.

Die Litotes eignet sich besonders gut zur Manipulation durch Sprache, da es infolge ihres speziellen Charakters möglich ist, eine formal wahre Aussage zu treffen und dennoch eine Präzision in der Aussage zu umgehen. So z. B. läßt sich aus der Aussage General Norman Schwarzkopfs über der Charakter des Golfkrieges: "We're *not in the business of killing them* (the Iraqis - A. B.) but they're fighting and we're fighting them" (zit. in: GUA 28.2.91, 3), nicht direkt ablesen, ob nun Iraker getötet werden oder nicht. Schwarzkopf hat letzten Endes nur die vage Behauptung getroffen, daß das Töten der Iraker nicht die hauptsächliche Aufgabe *(the business)* der alliierten Truppen am Golf sei, was formal sicher so stimmt, in einem Krieg jedoch zwingende Tatsache sein dürfte. Er könnte sich jedoch z. B. bei einer späteren Nachfrage immer darauf berufen, nicht gesagt zu haben, worin letztlich die Aufgabe der Truppen besteht, sondern lediglich, worin sie *nicht* besteht. Ein Aspekt wird in den Vordergrund gestellt, ohne letzten Endes das Wesen, den Kern zu treffen. Im Gegenteil: eine solche wesentliche Aussage wird hier offenbar bewußt vermieden.

Nicht jede Litotes muß auch ein Euphemismus sein. So z. B. ist auch der ironische Gebrauch einer Litotes denkbar. Unter Umständen kann aber ein solcher Sprachgebrauch nur am Tonfall (beim mündlichen Sprachgebrauch) oder an drucktechnischen Mitteln (etwa Anführungszeichen) erkannt werden, wobei auch dann Fehldeutungen möglich sind (vgl. auch LEINFELLNER 1971, 42).

Die *Ironie* wird wie folgt definiert:

> "irony[1] ... *1.* **the humorous or mildly sarcastic use of words to imply the opposite of what they normally mean. *2.* an instance of this, used to draw**

---

[25] Zur Litotes in euphemistischer Verwendung in der politischen Sprache vgl. LEINFELLNER (1971, 98 ff.)

attention to some incongruity or irrationality. *3.* incongruity between what
is expected to be and what actually is, or a situation or result showing
such incongruity..." (CED 1989, 805).

Die Hauptfunktion der Ironie, nämlich das Gegenteil von dem zu meinen, was
tatsächlich gesagt/geschrieben wird, kommt der verhüllenden, verschleiernden
Funktion des Euphemismus entgegen. So kommt es auch, daß eine Reihe von
Euphemismen i. e. S. einer gewissen Ironie in diesem Sinne nicht entbehren. Wenn
beispielsweise der *Guardian* am 15.1.91 schreibt: "... for few (Egyptians - A. B.)
believe that the capital will *be on the receiving end of Iraqi missiles"* (ebd., 2. -
Hervorhebung A. B.), so ist in diesem Euphemismus (etwa für A_N: to be bombed by
the Iraqi army") sicher ein bestimmter Teil Ironie, ja Sarkasmus enthalten. Dennoch
ist LEINFELLNER der Ansicht, daß ironische Ausdrücke keine euphemistische
Wirkung haben können (vgl. 1971, 43). Bezogen auf die politische Sprache heißt
das:

"... wird ein euphemistischer Satz aus der politischen Sprache ironisiert,
dann bleibt zwar der wahrscheinliche Charakter des Satzes ... im
allgemeinen erhalten, aber seine pragmatische Funktion ändert sich."[26]
(ebd.).

Gewissermaßen über eine "Hintertür" gesteht LEINFELLNER letztendlich
zumindest dem politischen Euphemismus eine mögliche ironische Funktion zu,
nämlich über ihre Unterscheidung in "*absolute"* und "*partielle"* Ironie[27] (vgl. ebd.,
42 ff.). Sie bemerkt:

"Wenn ein politischer Euphemismus ironisiert wird, dann hört er
zumindest im Rahmen seiner ironischen Behandlung auf, ein
Euphemismus zu sein; er geht in eine (gewöhnlich partiell) ironische
Aussage über, etwa ein understatement oder eine ironische
Übertreibung." (ebd., 42 f.).

Da wir insgesamt Zweifel an der Berechtigung der Bezeichnung "totale Ironie"
haben, in welchem Falle sind kontextuelle und lexikalische Bedeutung schon völlig
diametral entgegengesetzt, halten wir es für möglich, daß ein Euphemismus i. e. S.
zugleich eine ironische Wirkung besitzen kann. Wie der Euphemismus, so ist auch
die Ironie ein Phänomen der semantischen Ebene, also in der parole nachweis- und
analysierbar. Kein Wort, kein Wortverband usw. besitzt von sich aus eine ironische
Wirkung. Diese kommt, ähnlich wie die euphemistische Funktion, erst in bezug auf
einen bestimmten sprachlichen und außersprachlichen Kontext zustande. Eine
genaue Abgrenzung ironischen und euphemistischen Gebrauchs wird im Einzelfall
u. U. schwer zu treffen sein. So bestand die hauptsächliche Funktion des *Joint
Information Bureau* (MS 18.1.91, 8) der Alliierten im Golfkrieg wohl in erster Linie in
der Beeinflussung des Informationsflusses, ja z. T. der Desinformation der Öffent-

---

[26]Nach LEINFELLNER ist jeder Satz, der einen euphemistischen Ausdruck enthält, zugleich ein
euphemistischer Satz (vgl. 1971, 18 ff.).

[27] Da bei dieser Unterscheidung erneut die empirische Bedeutung B (s.o.) eine Rolle spielt, halten wir
LEINFELLNER diesbezüglich für kritikwürdig, wollen dies an dieser Stelle jedoch nicht vertiefen (vgl.
LEINFELLNER 1971, 44).

lichkeit über die Wirklichkeit des Krieges, also im Gegenteil von Information. Insofern handelt es sich um einen ironisierenden Gebrauch von *information*. Zugleich ist dieser Substantivverband *(noun phrase)* aber auch irreführend, verschleiernd, d. h. euphemistisch. Die Ironie ist wie andere Formen der Periphrase und der Euphemismus nicht an Hand von formalen Kriterien verifizierbar.

Die *Hyperbel* bezeichnet BACHEM (1979, 109) als **"Wahl eines übertriebenen Ausdrucks"**. Diese Erklärung korrespondiert mit der Definition des CED:

"hyperbole ... a deliberate exaggeration used for effect: *he embraced her a thousand times*. [C 16: from Greek: from HYPER + *bolē* a throw, from *ballein* to throw]" (1989, 753).

Dabei wird die Bedeutung des Präfixes *hyper-* angegeben mit **"above, over, or in excess"** (ebd., 752). Auf der Grundlage der Hauptfunktion der Hyperbel, der Übertreibung, eignet sich diese besonders gut zur Beschönigung von Objekten, Sachverhalten usw., insbesondere zur vorteilhaften Darstellung von Gegebenheiten der Wirklichkeit. Wenn die Übertreibung dem Hörer/Leser in der Kommunikation nicht bewußt und von diesem akzeptiert, eventuell bejaht wird, ist mit Hilfe einer Hyperbel auch eine manipulative Beeinflussung möglich.

Man kann u. E. zwischen einer *expliziten* und einer *impliziten* Hyperbel unterscheiden. Beispielsweise stand unter einem Foto im *Daily Mirror,* auf dem im Vordergrund drei Panzer der Alliierten im Golfkrieg und ein Feuer mit einer großen Rauchwolke im Hintergrund zu sehen waren, zu lesen: *"Blaze of Glory ..."* (25.2.91, 3). Radio Bagdad bezeichnete die Schlacht von Khafji (Saudi-Arabien), in der es irakischen Einheiten gelang, etwa zwei Tage lang die Stadt besetzt zu halten, dann allerdings unter großen Opfern vor allem auf irakischer Seite von den Alliierten zurückerobert wurde, als *"great victory* that enabled it (the Iraqi army - A. B.) to *seize the initiative from the Allies"* (zit. in: DMi 1.2.91, 5 - Hervorhebungen A. B.). Hierbei handelt es sich offenbar jeweils um explizite Hyperbeln, da die Übertreibung im Sprachgebrauch selbst zum Ausdruck kommt. Zudem können in diesen Beispielen die Metaphern euphemistisch-beschönigend wirken. Explizite Hyperbeln lassen sich meist an bestimmten, positiv-wertenden "markers" erkennen, d. h. die Übertreibung kommt direkt sprachlich zum Ausdruck. Zum Beispiel können Superlative wie *greatest, best,* übertriebene Vergleiche wie *a thousand times better, much more effective than* usw. auf explizite Hyperbeln hinweisen. Es versteht sich von selbst, daß es sich um Hyperbeln jedoch nur handelt, wenn ein sprachlicher Ausdruck dieser Art nicht mit der Wirklichkeit übereinstimmt bzw. diese nicht adäquat widerspiegelt.

Implizite Hyperbeln kommen sprachlich meist nicht bzw. nur indirekt zum Ausdruck. Die Übertreibung besteht hier in einer Diskrepanz zwischen dem beschriebenen Sachverhalt, der empirischen Tatsache (die dem Leser/Hörer nicht einmal bekannt ist) und dem sprachlichen Ausdruck. In diesen Fällen ist die Übertreibung viel schwerer zu erkennen, sie ergibt sich aus dem Sachverhalt insgesamt, deshalb eignen sich indirekte (implizite) Hyperbeln u. U. besser für den euphemistischen Gebrauch.

Wenn z. B. im *Daily Mirror* über jene Schlacht von Khafji gesagt wird, diese saudiarabische Grenzstadt sei "*easy meat*" für die Iraker gewesen (vgl. 31.1.91, 2) oder wenn US-Präsident Bush in einer Rede zur Lage der Nation den Golfkrieg damit rechtfertigt, daß "*extraordinary diplomatic efforts*" (zit. in: TM 11.2.91, 37) unternommen worden waren, so handelt es sich hierbei möglicherweise um Übertreibungen. Wir können diese jedoch nur als solche vermuten, da uns die empirischen Tatsachen hierzu nicht oder nur teilweise bekannt sind. Insofern sind hier implizite Hyperbeln (wahrscheinlich) vorhanden. Sie sind wegen der unsicheren Informationslage nicht explizit nachweisbar. Deshalb können wir auch eine euphemistische Funktion in diesen Fällen nur vermuten. Im ersten Fall wird sehr wahrscheinlich die Leichtigkeit des zeitweiligen Erfolges der Iraker in Khafji übertrieben, um zu unterstreichen, daß diese Stadt fast menschenleer gewesen sei, was im Kontext auch direkt behauptet wird (vgl. DMi 31.1.91, 2). Im zweiten Fall wird eventuell die Intensität diplomatischer Bemühungen bewußt übertrieben, um den Golfkrieg damit als einziges Mittel zur Lösung des entstandenen Konfliktes zu rechtfertigen.

Die Hyperbel wird vor allem dann euphemistisch verwendet, wenn es darum geht, Erfolge maßlos zu übertreiben, Effekte eigener Maßnahmen zu glorifizieren oder auch einmal, um die Stärke z. B. des politischen Gegners hochzuspielen, um dann eine Rechtfertigung für die eingeleiteten Gegenmaßnahmen zu erleichtern, vgl. z. B. *RAF'S heroes* (DMi 24.1.91, 3), *historic victory* (GUA 1.3.91, 1), *considerable statesmanship* (über die Zurückhaltung der Israelis - GUA 21.1.91, 2), *The Biggest Blitz Mankind Has Ever Seen* (DMi-Schlagzeile 18.1.91, 12 f.), "Saddam Hussein will either have met the UN deadline ..., or he will have, once again, *defied the civilised world.*" (Bush in Radio-Ansprache, zit. in: GUA 7.1.91, 5 -Hervorhebung A. B.).

Da es im Einzelfall immer auch sehr subjekte Auffassungen darüber gibt, was übertrieben ist und was nicht, kann das Erkennen und das Anerkennen einer Hyperbel interindividuell verschieden ausfallen. Genau dieser Fakt läßt die Hyperbel für einen euphemistischen Gebrauch geeignet erscheinen, da der Sprecher/Schreiber im nachhinein beteuern kann, er habe nicht übertreiben wollen bzw. er habe dies oder jenes nicht so gemeint, wie es der Hörer/Leser verstanden habe. Eine Täuschungsabsicht läßt sich so durchaus verbergen. Zusammenfassend läßt sich sagen, daß, obwohl Hyperbel und Euphemismus zusammenfallen können, bei weitem nicht jede Hyperbel eine euphemistische Funktion besitzt, da beispielsweise auch Übertreibungen in negativer Hinsicht, die nicht zu verwechseln sind mit Untertreibungen, denkbar sind.

Die *Lüge* stellt nach LEINFELLNER (1971, 30) den Grenzfall der "uneigentlichen Redeweisen" (vgl. Kap. 2.9 d. A.) dar. Sie unterscheidet in *totale* und *partielle* Lüge und bezeichnet den Euphemismus als eine **"Unterabteilung der möglichen partiellen Lügen"** (ebd., 42). Eine Lüge liege dann vor, wenn eine Aussage über die Wirklichkeit den Tatsachen diametral entgegengesetzt und **"dies nach den Intentionen des Sprechers (Autors) nur diesem bekannt"** (ebd., 44) ist. LEINFELLNER nimmt die Existenz politischer Euphemismen an, die der totalen Lüge nahekommen (vgl. ebd., 58), so z. B. A_E: *Sonderbehandlung* (bei den Nazis für A_N: Mord), A_E: *Jüdisches Siedlungsgebiet* (bei den Nazis für A_N: KZ Theresienstadt) u. a.

Sie hält außerdem jeden euphemistischen Satz hinsichtlich "des zu ihm gehörenden Basissatzes A"[28] für "wahrscheinlich" (ebd., 53).

Nach KAINZ (1927, 212) handelt es sich bei den Lügen um **"bewußt falsche sprachliche Aussagen"**. Nach seiner Auffassung ist jede Lüge ein sprachliches Phänomen (vgl. ebd.).

WEINRICH schlußfolgert in seiner linguistischen Auseinandersetzung mit dem Phänomen der Lüge zu Recht:

"Sprachliche Lügen aber sind, wenn man die Dinge genau nimmt, die meisten rhetorischen Figuren wie Euphemismen, Hyperbeln, Ellipsen, Amphibolien, die Formen und Formeln der Höflichkeit, Emphase, Ironie, Tabuwörter, Anthropomorphismen usw. Der Wahrheit bleibt in der Sprache nur eine schmale Gasse."[29] (1966, 12).

Dennoch wäre es eine ungerechtfertigte Vereinfachung, wollte man den Euphemismus direkt als eine Form der Lüge bezeichnen. Vielmehr handelt es sich hierbei um eine Art verfeinerter Methode, die Wahrheit bzw. der Wahrheit nahekommende sprachliche Ausdrücke zu umgehen. Im Sinne der Linguistik sollte eine Lüge deshalb dann als gegeben angesehen werden, **"wenn hinter dem (gesagten) Lügensatz ein (ungesagter) Wahrheitssatz steht, der von jenem kontradiktorisch, d. h. um das Assertionsmorphem ja/nein abweicht"** (ebd., 40). Eine wichtige Voraussetzung dafür, daß man überhaupt von einer Lüge sprechen kann, ist die Annahme daß sich sowohl das Denken als auch das Sprechen (Schreiben) in Form bestimmter Wörter, Wortgruppen und Sätze vollzieht, denn nur dann sind Gedachtes und Gesagtes (Geschriebenes) auf solche Widersprüche hin miteinander vergleichbar (vgl. auch ebd., 41).

Interessant ist in diesem Zusammenhang die Frage, ob nicht nur Sätze, sondern auch einzelne Wörter lügen können. Hierzu vertritt WEINRICH die Auffassung, daß Wörter mit denen oft gelogen worden ist, selbst verlogen werden (vgl. ebd., 35). Als Beispiele führt er *Lebensraum, Endlösung* und *Weltanschauung* an. Wörter jedoch, die man sich ohne jede Form von Kontextdetermination, also völlig isoliert vorstellt, können selbst nicht lügen (vgl. ebd., 37). Begriffe hingegen sind nur scheinbar isoliert, denn sie sind jeweils determiniert durch die Kontexte, in denen sie auftreten. Als unausgesprochener Kontext steht hinter ihnen gewissermaßen ihre Definition. Auf diese Begriffe schränkt WEINRICH demzufolge die Möglichkeit ein, daß das Einzelwort lügen kann, denn Begriffe gehören einem Begriffssystem an und besitzen einen bestimmten Stellenwert innerhalb einer Ideologie (vgl. ebd.).

Hieraus ergibt sich, daß besonders inhaltlich umstrittene, hinsichtlich ihrer Bedeutung unklare Begriffe besonders gut geeignet sind, einen Kommunikationspartner (Hörer/Leser) irrezuführen, ihn über die eigene Absicht im unklaren zu lassen, da ihm ggf. nicht bewußt wird, welche Inhalte der (Sprecher/Schreiber) mit einem bestimmten Begriff verbindet, den er in der Kommunikation verwendet.

---

[28] Zur Auseinandersetzung mit dem Begriff des "Basisausdrucks", zu dem auch der des Basissatzes zugeordnet wird, vgl. Kap. 2.8 d. A.

[29] Zur Frage der Einordnung der Euphemismen unter die rhetorischen Figuren vgl. Kap. 2.9 d. A.

Selbstverständlich gibt es zwischen der Wahrheit einerseits und der totalen Lüge andererseits verschiedene Möglichkeiten, von einem moralischen Standpunkt mehr oder weniger kritikwürdige Arten der Lüge zur Umgehung der Wahrheit zu verwenden

> **"Es gibt halbe Lügen, und es gibt jene geringen Abweichungen von der Wahrheit, die vielleicht gerade deshalb so gefährlich sind, weil sie so schwer erkennbar sind. Es gibt schließlich die tausend Arten der diplomatischen Lüge, und nicht nur bei Diplomaten gibt es sie. Aber es führt zu nichts, eine Kasui-stik der Lüge zu versuchen. Damit hat sich die Moral anderer Jahrhunderte schon blamiert. Die Linguistik braucht solche Fehler nicht zu wiederholen."** (ebd., 58)

Vergessen wir bei alledem nicht, daß auch die Wahrheit selbst in der Erkenntnis des Menschen nur von relativem Charakter ist. Gerade dies macht es uns so schwer, eine bewußte Täuschungsabsicht von Unwissenheit und Unkenntnis zu unterscheiden. Nicht jeder Euphemismus wird absichtsvoll verwendet, nicht jeder dient dazu, den Kommunikationspartner mit Hilfe der Sprache zu manipulieren, ihn irrezuführen, ihn zu täuschen. Unterstellt man jedoch eine Täuschungsabsicht, so ist der Euphemismus sicher die subtilere Art der Lüge, die unmarkierte Alternative zur totalen bewußten Falschaussage. Die Sprache selbst bietet durch die ihr immanante Mehrdeutigkeit, durch die Unschärfe der Bedeutungen ihrer lexikalischen Einheiten potentiell die Möglichkeit zur Lüge (vgl. auch KAINZ 1927, 217).[30]

Wir mußten uns an dieser Stelle auf die Abgrenzung des Euphemismus von der Metapher, der Litotes, der Ironie, der Hyperbel und der Lüge beschränken. Eine umfassende Darstellung der Gemeinsamkeiten und Unterschiede des Euphemismus zur *Andeutung* gibt LUCHTENBERG (1985, 192 ff.).

Eine primär rhetorisch orientierte Untersuchung müßte evtl. den Euphemismus auch gegen Metonymie[31], Synekdoche[32] und deren Abart, die Antonomasie[33], abgrenzen (vgl. auch LUCHTENBERG 1985, 187). Wir wollen an dieser Stelle darauf verzichten und lediglich darauf verweisen, daß auch bei diesen sprachlichen Erscheinungen ein euphemistischer Gebrauch denkbar ist.

Zusammenfassend läßt sich also festhalten, daß Metapher, Litotes und Hyperbel u. a. Formen der Periphrase in euphemistischer Funktion verwendet werden können. Ein Euphemismus i. e. S. kann in bestimmten Kontexten zugleich ironisierende Wirkung haben. Ein Euphemismus ist nicht dasselbe wie eine totale Lüge, sondern

---

[30] Ausführlich zur *Lüge* vgl. auch LUCHTENBERG (1985, 199 ff.), G. FALKENBERG: *Lügen. Grundzüge einer Theorie sprachlicher Täuschung.* Tübingen: Niemeyer, 1982.

[31] **metonymy:** "the substitution of a word referring to an attribute for the thing that is meant, as for example the use of *the crown* to refer to a monarch" (CED 1989, 970)

[32] **synekdoche:** "a figure of speech in which a part is substituted for a whole or whole for a part, as in *50 head of cattle* for *50 cows,* or *the army* for *a soldier*" (CED 1989, 1545)

[33] **Antonomasie:** "Trope, Abart der → Synekdoche, Umschreibung: 1. eines bekannten Eigennamens durch charakteristische Beiwörter oder Eigenschaften zur Vermeidung wiederholter Namensnennung doch als → Anspielung nur dem Wissenden verständlich ... 2. einer Gattung durch den Eigennamen eines hervorragenden Vertreters ..." (WILPERT 1979, 36).

er intregiert zumeist Teile der Wahrheit in seine Bedeutungsstruktur, während er partiell durchaus zur Täuschung und damit zur Verhüllung oder Verschleierung der Wahrheit insgesamt in der Lage ist.

Der widersprüchliche Charakter des Euphemismus läßt sich wie folgt treffend beschreiben:

"Fair of speech ... And sometimes of intention too. But at other times foul of meaning and dishonest in intent." (ENRIGHT 1985 a, 12).

Wir wollen uns im folgenden dem Verhältnis von Euphemismus und Synonymie zuwenden. Dabei interessieren uns vor allem solche Fragen wie: Muß jeder Euphemismus i. e. S. zu jenem Ausdruck, für den er verwendet wird, im Verhältnis der Synonymie, d. h. der Bedeutungsähnlichkeit stehen? Kann ein Euphemismus in seiner Bedeutung so weit vom zu ersetzenden Ausdruck abweichen, daß er eine völlig andere Bedeutung besitzt, also keinerlei Synonymie vorliegt? Handelt es sich dann überhaupt noch um einen Euphemismus oder liegt bereits eine andere sprachliche Erscheinung vor?

4.5.3 *Zum Verhältnis von Euphemismus und Synonymie*

Nachdem wir weiter oben den Begriffsinhalt der Synonymie auf theoretischer Basis geklärt hatten (vgl. Kap. 2.4.6 d. A.), soll nun vor allem die Interrelation von Euphemismus und Synonymie im Mittelpunkt stehen. Es wurde bereits festgestellt, daß eine totale Synonymie nicht denkbar ist, sondern diese immer relativen Charakter trägt, d. h. es handelt sich um eine Beziehung der Bedeutungsnähe. Dennoch wird teilweise zwischen kompletter (vollständiger) und absoluter Synonymie unterschieden:

"If *synonymy* is defined as identity of meaning, then lexemes can be said to be *completely synonymous* (in a certain range of contexts) if and only if they have the same descriptive, expressive and social meaning (in the range of contexts in question). They may be described as *absolutely synonymous* if and only if they have the same distribution and are completely synonymous in all their meanings and in all their contexts of occurence." (LYONS 1990, 148).

Obwohl LYONS eingesteht, daß vollständige (*complete*) Synonymie in den natürlichen Sprachen relativ selten und absolute (*absolute*) Synonymie fast nicht existiere, hält er absolute Synonymie im Bereich eines hochspezialisierten Wortschatzes für möglich (vgl. ebd.). Als Beispiel für absolute Synonymie führt er *caecitis* und *typhlitis* (beide bedeuten: "inflammation of the blind gut") an. Solch eine absolute Synonymie kann jedoch nur von äußerst kurzer Dauer sein, denn :

"What tends to happen in cases like this is that, although a pair, or set, of terms may co-exist among specialists for a short time, one of them comes to be accepted as the standard term with the meaning in question." (ebd.).

Nur so läßt sich auch erklären, warum *caecitis* im Gegensatz zu *typhlitis* bzw. nicht mehr im Wörterbuch zu finden ist (vgl. CED 1989). Es fragt sich dann jedoch weiter, ob die Annahme einer völligen Bedeutungsidentität überhaupt von

praktischem Wert ist, wenn diese (wenn überhaupt) nur äußerst kurze Zeit
vorhanden ist. Darüber hinaus bezweifeln wir, ob selbst beim genannten Beispiel
eine absolute Bedeutungsidentität für alle möglichen Kontexte überhaupt existiert
(hat). Eine vollständige (*complete*) Synonymie in einer bestimmten Anzahl von
Kontexten können wir uns dagegen vorstellen. Es handelt sich dann aber im
eigentlichen Sinne des Wortes schon nicht mehr um eine vollständige Synonymie,
da die Bedeutungsidentität nur sehr beschränkt auftritt und zudem u. E. generell
Bedeutungsnuancen auftreten, wie gering auch immer sie sein mögen. Unsere
Auffassung finden wir auch in den Definitionen der meisten linguistischen
Wörterbücher bestätigt. So definiert ABRAHAM:

> **"SYNONYMIE   synonymy**
> **Bedeutungsäquivalenz auf lexikalischer Ebene; auf Satzebene spricht**
> **man von Äquivalenz oder einer Paraphrasenbeziehung. Synonyme**
> **Lexeme entstehen im Nebeneinander von Dialekten, Umgangssprachen,**
> **Soziolekten und Fachsprachen sowie unter kulturellem oder politischem**
> **Druck (→ Lehneinfluß). Zur formalen Definition bietet sich die logische**
> **Biimplikation an: d. h. L_1 ist synonym mit L_2 genau dann, wenn L_1 L_2**
> **impliziert. Doch da diese Biimplikationen konnotative Aspekte ebenso wie**
> **Dialekt-, Soziolekt- und Jargonabgrenzungen sowie Kontextbeschrän-**
> **kungen vernachlässigt, sind TOTALE SYNONYMIEN in einer Sprache**
> **kaum zu finden." (1988, 849).**

Im Zusammenhang mit unserem Untersuchungsgegenstand stellt sich die Frage,
ob ein Euphemismus i. e. S. in jedem Fall mit dem Ausdruck A_N, für den er steht,
synonym, d. h. in seiner Bedeutung zumindest ähnlich sein muß. Nach LUCHTEN-
BERG (1985, 197) ist die Austauschbarkeit das sicherste Kennzeichen für
Synonymie, wobei neben stilistischen auch weitere semantische und/oder
syntaktische Gründe die Austauschbarkeit in einem bestimmten Kontext verhindern
können. Synonyme können sich auch durch emotionale, soziologische oder
stilistische Motivationen unterscheiden (vgl. z.B. AMMER 1958, 76; LUCHTENBERG
1985, 198; LYONS 1990, 148 ff.).

Worin aber bestehen letztendlich die Gemeinsamkeiten von Synonym und
Euphemismus? Für jene Euphemismen, die bereits sprachgemeinschaftlich weithin
akzeptierter Bestandteil der langue geworden sind, also die **"konventionellen**
verhüllenden Euphemismen" nach LUCHTENBERG (vgl. 1985, 167 ff. u. 198)
scheinen die Implikationen klar zu sein, denn sowohl Synonym wie Euphemismus
bezeichnen das gleiche Denotat. Bezüglich einer hierbei bestehenden kognitiven
(begrifflichen) Übereinstimmung zwischen Synonym und Euphemismus, ist es u. E.
gerechtfertigt, solche verhüllenden Euphemismen A_E (vgl. auch Kap. 5.5 d. A.)
zugleich als Synonyme zu den Ausdrücken A_N zu betrachten, die sie in einem
bestimmten Kontext ersetzen. **"Es sind also solche Synonyme Euphemismen**
(und auch umgekehrt - A. B.), die einen 'harmlosen', nicht beanstandeten Aspekt
an einer als unangenehm empfundenen Sache hervorheben, aber damit eben
genau diese Sache bezeichnen." (LUCHTENBERG 1985, 198). Will man
Euphemismen überhaupt als Synonyme auffassen, so ist Synonymie in jedem Fall
als Bedeutungsähnlichkeit und nicht als Bedeutungsidentität aufzufassen. Letztere
scheidet für den Euphemismus auf Grund seines spezifischen Charakters von

vornherein aus. Das wesentliche Merkmal, das es uns gestattet im Zusammenhang mit Euphemismen von Synonymen zu sprechen, ist die Austauschbarkeit in bestimmten Kontexten (vgl. auch ebd., 9). Ebenso wie beim Gebrauch verschiedener Synonyme entstehen durch den Gebrauch verschiedener Euphemismen für ein und dasselbe Denotat stilistische Unterschiede, die **"aus der unterschiedlichen Sprachebene, der verschiedenen Aspektbetonung und dem unterschiedlichen affektiven Nebensinn resultieren"** (ebd.).

Sprechen wir im Zusammenhang mit Euphemismen also von Synonymen, so meinen wir in erster Linie jene Euphemismen, die in einer bestimmten Einzelsprache, in unserem speziellen Fall im Englischen, traditionell fest verankert, d. h. zumeist in der langue festgelegt und gewissermaßen weitgehend aktepiertes Gemeingut der gesamten Sprachgemeinschaft geworden sind (vgl. z. B. A_E: *to fall asleep, to pass away, to close one's eyes* usw. für A_N: *to die*). Es handelt sich hierbei um **"descriptive synonyms"** (auch "cognitive" oder "referential synonyms") nach LYONS (vgl. 1990, 150) bzw. **"aspektvariierende Synonyme"** im Sinne von GAUGER (vgl. 1972, 48 ff.).

Dabei sind synonymische Euphemismen keinesfalls auf diesen Typ von Synonymen beschränkt, sondern es finden sich ebenso Beispiele für **"eigentliche Synonyme"** bei GAUGER (vgl. ebd.). Für den Bereich der politischen Euphemismen können wir solche Art von Synonymie beispielsweise bei der Bezeichnung des Begriffes WAR (Krieg) feststellen. So sind etwa A_E: *offensive military action* (GUA 4.1.91, 8), *military action* (ebd., 20), *confrontation* (GUA 21.2.91, 3), *fight* (GUA 10.1.91, 1), *firestorm* (GUA 15.1.91, 18), *ground actions* (DMi 26.2.91, 3) usw. mehr oder weniger synonym zu A_N: war gebraucht, d. h. sie entsprechen in ihrer Bedeutung dem Begriff WAR mehr oder weniger. Sie unterscheiden sich jedoch in der Aspektbetonung (z. B. *ground actions* - Krieg zu Lande, *firestrom* - Vernichtungskrieg usw.) und in stilistisch-emotiven Merkmalen voneinander (vgl. auch LUCHTENBERG 1985, 199).

In einer konkreten kommunikativen Situation wählt der Sprecher/Schreiber aus den in der langue vorgegebenen Synonymen in der Regel ein bestimmtes Wort aus. Synonyme haben daher einen engen Bezug zum Sprachsystem, wobei sich selbstverständlich die Synonymie erst in der parole, also in einem konkreten sprachlichen und außersprachlichen Kontext erweisen kann. Diese langue-Festlegung gilt bei Euphemismen nicht uneingeschränkt, sonst wäre es nicht möglich, bestimmte sprachliche Ausdrücke in euphemistischer Funktion zu verwenden, die noch niemals vorher als Euphemismen benutzt wurden (vgl. GAUGER 1972, 57 ff.).

> **"Dies ist bei Synonymen nur im einmaligen Akt der Ähnlichkeits-schöpfung möglich, d. h. also dort, wo die Aspektidentität erkannt wird."**
> (LUCHTENBERG 1985, 199)

Für Euphemismen ist es denkbar, daß diese sowohl synonym als auch nicht-synonym verwendet werden. So z. B. ist der euphemistische Ausdruck A_E: *fireworks demonstrations* (GUA 18.1.91, 3) ganz sicher nicht synonym zu A_N: bombing, A_E: *Tomahawk* (DMi 15.1.91, 16) nicht synonym zu A_N: cruise missile oder A_E: *operation* (DMi 18.1.91, 2) nicht synonym zu A_N: war im Sinne ihres langue-Bezugs zu verstehen. Durch den Gebrauch dieser Ausdrücke in einer bestimmten

Kommunikationssituation, in einem bestimmten sprachlichen und außersprachlichen Kontext kann jedoch ihre verschleiernde, beschönigende, negative Aspekte verdrängende - also kurz euphemistische - Funktion nachgewiesen werden. Dies gilt insbesondere für okkasionelle und Ad-hoc-Euphemismen (vgl. hierzu LUCHTENBERG 1985, 153 f., siehe auch Kap. 5.3 d. A.).

Es ist im Einzelfall oftmals sehr schwierig, eine genaue Entscheidung zu treffen, ob Euphemismus (A_E) und ersetzter neutraler Ausdruck (A_N) im Verhältnis der Synonymie aufeinander bezogen sind oder nicht. Dies gilt um so mehr, da es i. a. mehrere Möglichkeiten gibt, einen Ausdruck A_N anzugeben. Mit Bestimmtheit ist jedoch zu sagen, daß eine Betonung der Ähnlichkeit im Sinne einer Synonymik dem Bestreben zumindest nach dem Verschleiern von Sachverhalten, Objekten usw. entgegensteht (vgl. auch LUCHTENBERG 1985, 199). Erneut erweist sich die Lüge als Grenzfall zum Euphemismus, denn je weiter sich ein Euphemismus von der adäquaten Widerspiegelung eines Sachverhaltes und damit von der Synonymie mit einem bestimmten neutralen Ausdruck A_N entfernt, desto stärker entwickeln sich Berührungspunkte zur Lüge, die zunächst partiellen Charakter tragen kann. Wird jedoch die Wahrheit völlig in ihr Gegenteil verkehrt, handelt es sich also um eine totale Lüge im Sinne von LEINFELLNER (vgl. 1971, 42), so ist es u. E. nicht mehr möglich, von einem Euphemismus i. e. S. zusprechen.

Zusammenfassend läßt sich feststellen, daß sich Euphemismen zu den neutralen Ausdrücken A_N, die sie ersetzen, wie folgt verhalten:

a) Die meisten langue-Euphemismen, die traditionell (konventionell) als verhüllende sprachliche Ausdrücke verwendet werden, stehen zu diesen Ausdrücken A_N im Verhältnis der Synonymie, also einer Bedeutungsähnlichkeit. Diese kann umfassender oder aspektbezogener Natur sein. Die Synonyme sind begrifflich weitgehend identisch, können jedoch verschieden motiviert sein, besitzen verschiedene Konnotationen.

b) Die meisten parole-Euphemismen, die in vielen Fällen okkasionell, ggf. als Ad-hoc-Bildungen zum Zwecke der Verschleierung der Wirklichkeit Verwendung finden, entfernen sich in ihrer Bedeutung weitgehend von diesen Ausdrücken A_N, so daß es oft nicht mehr möglich ist, von einer Bedeutungsähnlichkeit zwischen A_E und A_N zu sprechen. Als Grenzfall für den Euphemismus müssen wir die totale Lüge, d. h. die bewußte, vollständige Verkehrung der Wahrheit in ihr Gegenteil durch die Verwendung bestimmter sprachlicher Mittel ansehen.[34]

Setzt man also eine annähernde Bedeutungsidentität als das Kriterium für die Entscheidung an, ob zwischen zwei sprachlichen Ausdrücken Synonymie besteht, so gilt dies bei weitem nicht zwingend für alle Arten von Euphemismen, vgl. z. B. A_E: *ballet* (TM 4.3.91, 14) für A_N: ground war, A_E: *enemy territory* (DMI 25.1.91, 5) für A_N: Iraq oder A_E: *daisy cutter* (GUA 20.2.91, 3) für A_N: a kind of fuel-air explosives.

---

[34] Es ist anzumerken, daß die Begriffe langue-Euphemismus und konventioneller Euphemismus einerseits und parole-Euphemismus und okkasioneller Euphemismus andererseits nicht identisch sind. So sind z. B. sowohl konventionelle als auch okkasionelle Euphemismen auch auf der Ebene der parole beobachtbar. Zur Identifikation dieser Begriffe vgl. LUCHTENBERG (1985, 151 ff., Kap. 4.5.1 und 5.3 d. A.). Ebensowenig wirkt jeder langue-Euphemismus verhüllend und jeder parole-Euphemismus verschleiernd (vgl. LUCHTENBERG 1975, 167 ff.; Kap. 5.5 d. A.).

Nicht jeder Euphemismus ist zwingend ein Synonym zu einem Ausdruck A_N, ebenso ist natürlich auch nicht jedes Synonym ein Euphemismus.

4.5.4 Euphemismus, Sprachmanipulation und Persuasion

Im Zeitalter einer ungemein rasanten Entwicklung auf dem Gebiet der Massenkommunikation scheint die Meinungsbeeinflussung, die Manipulation von Menschen mit Hilfe von Sprache und visuellen Effekten mehr denn je im Mittelpunkt nicht nur sprachwissenschaftlichen Interesses zu stehen. Eine Vielzahl von Publikationen haben sich unter verschiedenen Aspekten mit diesem Themenkreis beschäftigt (vgl. z. B. DIECKMANN 1969, FRESE 1972, RUCKTÄSCHEL 1972, BERGSDORF 1978 und 1979, BETZ 1977, KLAUS 1964 und 1971, KLEIN 1989, LEINFELLNER 1971, MACKENSEN 1973, TOPITSCH 1960, GREEN 1987, BÜRGER 1990, CHILTON 1985 und 1988 u. a.).

GREEN beschreibt die Rolle der Sprache allgemein für die Beeinflussung von Menschen treffend wie folgt:

"Language is the most powerful of human weapons. Armed force may keep people in a state of unwilling subjection for years, even for generations, only through language, however, can human understanding itself be manipulated and people brought to cooperate in their own subjugation." (1987, Preface, ix).

Kein anderes Mittel sonst hat über die oben beschriebene Interrelation mit dem Denken einen solchen direkten Zugriff auf das Bewußtsein, jedoch auch das Unbewußte, wie die Sprache. Nicht nur in der politischen Sprache, aber in ihr ganz besonders, tritt der enge Zusammenhang von Sprache und Beeinflussung des Denkens, Verhaltens und Handelns von Menschen deutlich zutage.

Wir haben im Abschnitt 3.4 d. A. bereits erläutert, was wir unter Manipulation verstehen. An dieser Stelle wollen wir nun eingrenzen auf den Begriff der *Sprachmanipulation*. Darunter ist zu verstehen die

"Beeinflussung, Meinungsbildung, Steuerung des Verhaltens aufgrund (meist) unbewußter Motivationsbildung durch beschönigende oder verschleiernde, in bestimmter Weise interpretierende und emotionalisierende Versprachlichung von Sachverhalten, die auch mit der Selektion und Kombination von Informationen aus einem vorhandenen Nachrichtenrepertoire im Interesse einer Gruppe verbunden sein kann."
(LEWANDOWSKI 1990, 1036).

Bereits in dieser sprachwissenschaftlichen Definition kommt der tiefgreifende Zusammenhang der Sprachmanipulation mit dem Euphemismus zum Ausdruck, denn welche sprachliche Erscheinung wäre eher "beschönigend", "verschleiernd", "interpretierend" oder "emotionalisierend" als der Euphemismus.

Im allgemeinen unterscheidet man zwischen Manipulation d e r Sprache, also dem gezielten Einsatz bestimmter sprachlicher Mittel, der Anwendung bestimmter sprachlicher Methoden, und Manipulation d u r c h Sprache, d. h. der Meinungsbeeinflussung, Verhaltenssteuerung usw. (vgl. ebd.) unter Verwendung von Sprache. Die Möglichkeit hierzu ergibt sich aus **"der evidenten Präformierung sprachlicher Kompetenzen - sowohl der aktiven als auch der rezeptiven - durch soziale Determinanten"** (RUCKTÄSCHEL 1972, Vorwort, 14), d. h. in den sozialen Unterschieden zwischen den Angehörigen einer Kommunikationsgemeinschaft liegen zu einem nicht geringen Teil auch Unterschiede in der Beherrschung der Sprache, in ihrer Verwendung und ihrem Verstehen begründet.

Denken wir hierbei nur einmal an das *Educated Southern English*, das zwar nicht bzw. nicht mehr mit der *Received Pronunciation (RP)*, dem **"standard Southern British English"** (CED 1989, 1275), identisch ist, jedoch nur von einer bestimmten sozialen Schicht innerhalb Großbritanniens beherrscht wird und das am ehesten jenem Englisch enspricht, das in den Fernseh- und Rundfunksendungen der BBC von heute überwiegt, so wird klar, daß dieses Problem in der britischen Gesellschaft der Gegenwart nur wenig von seiner Signifikanz eingebüßt hat (vgl. hierzu auch LEITNER 1989, 8 ff.). Dies gilt insbesondere für die Massenmedien, bei denen allerdings auch Unterschiede zwischen den Print- und den elektronischen Medien bestehen. Sinngemäß gilt jedoch das, was RUCKTÄSCHEL unter Bezugnahme auf den Hörer einer Nachricht sagt, auch für den Leser eines Zeitungsartikels: Wenn dieser **"aus der Nachricht nur die Teile aufnimmt, die er auch ohne Zusammenhang** (sprachlichen und außersprachlichen - A. B.) **verstehen kann, muß er die gesamte Nachricht neu strukturieren und sich dadurch Mißverständnissen und falschen Interpretationen aussetzen ..."** (1972, Vorwort, 14).

Im Falle der Euphemismen und ihrer Verwendung durch Politiker in ihren Reden und Statements oder durch die Medien in ihren Schlagzeilen, Nachrichten, Berichten, Kommentaren etc. sind diese Mißverständnisse und Fehlinterpretationen oftmals nicht nur einkalkuliert, sondern bewußt gewollt. Polysemie und Vieldeutigkeit gerade entscheidender Termini werden gezielt ausgenutzt (vgl. KAINZ 1972, 398), Stilarten hemmungslos vermischt, sachliche Mitteilungen mit emotionalen Ausdrücken verquickt (vgl. POLENZ 1968, 307), Suggestionswirkungen durch in der Sprache verfestigte Prägungen erzielt (vgl. BETZ 1968, 339), **"'good' and 'bad' labels"** werden verwendet, um deutliche Polaritäten zu etablieren zwischen rivalisierenden Persönlichkeiten, Parteien, politischen Programmen usw. (vgl. GREEN 1987, 7).

ORWELL charakterisierte vor knapp 30 Jahren die politische Sprache zuspitzend als **"defense of the indefensible"** (1963, 332) und stellte einen besonders hohen Anteil an Euphemismen in ihr fest. An diesem kritikwürdigen Zustand scheint sich bis in die Gegenwart kaum etwas geändert zu haben (vgl. auch CHILTON 1988, 27). Sprachmanipulation ist heute ein **"kaum noch überschaubares Netz von verdeckten Handlungsanweisungen"** (LEWANDOWSKI 1990, 1036). Sie begegnet uns auf allen Ebenen der Sprache, **"auf der Wortebene durch Schlagwörter, Schlüsselwörter, Klischees und *Wortkosmetik*** (Hervorhebung von LEWANDOWSKI - A. B.) ..., **auf Satzebene durch die Einführung fiktiver Subjekte (Die *allgemeine/öffentliche Meinung* , *das Kriegsgeschehen* ...), durch Leerformeln, Stereotype; auf Textebene durch bestimmte ... Redestrategien und Argumentationsstrategien, durch geeignete Rhetorik"** (ebd. 1036 f.). Genau dieser Umstand macht die umfassende Analyse von manipulativen Strukturen in der Sprache zu einer schier unlösbaren Aufgabe.

Wir wollen hier ausdrücklich solche Untersuchungen kritisieren, die den Eindruck erwecken, bei der sprachlichen Manipulation handele es sich um eine spezifische Erscheinung der kapitalistischen Gesellschaft (z. B. SCHNEIDER 1970, HARTUNG et al. 1982, teilweise BEGLOW 1971). Die Sprachmanipulation spielte im Gegenteil in den sogenannten sozialistischen Ländern eine exponierte Rolle bei der Meinungsbeeinflussung der Menschen.

In engem Zusammenhang mit der Sprachmanipulation steht der Begriff der *Persuasion.* Hierbei handelt es sich um eine Manipulation mit Hilfe von "Sprachsignalen", bei denen Wort- und Satzbedeutungen affektiv und konnotativ genutzt werden und die auf eine bestimmte Affektstruktur zielen (vgl. LEWANDOWSKI 1990, 790). Der Grad der Überredbarkeit freilich ist interindividuell und gruppenspezifisch verschieden stark ausgeprägt. HABERMAS prägte in diesem Zusammenhang die Metapher vom **"Janusgesicht der Aufklärung und der Lenkung, der Information und der Manipulation"** (1976, 222).

Die *persuasive Definition* als Form manipulativer Sprachverwendung findet vor allem in Politik und Werbung eine verbreitete Anwendung (vgl. LEWANDOWSKI 1990, 791; BREMBECK/HOWELL 1952, KLAUS 1964). Der enge Zusammenhang von Euphemismus und persuasiver Definition tritt besonders hervor bei der **"Ausnutzung der vielen Ungenauigkeiten und Vagheiten der ... Umgangssprache"** (LEWANDOWSKI 1990, 791) und der **"Affektgeladenheit von ... Wortbedeutungen und (Vor) Urteilen"** (ebd.), die für die persuasive Definition wesentlich sind. Zumindest ein Teil der Euphemismen i. e. S., genauer die durch ein Einzelwort ausgedrückten Euphemismen genügen folgender Feststellung LEWANDOWSKIS:

"Es müssen Wörter zur Verfügung stehen, die bekannt und verbreitet sind, die eine verschwommene deskriptive bzw. denotative (= begriffliche, auch referentielle) Bedeutung haben und einen allgemein verbreiteten intensiven Gefühlswert besitzen (vgl. → konnotative Bedeutung)." (ebd.).

Zur persuasiven Definition eignen sich insbesondere jene Begriffe, die SCHMIEDEL/ SCHUBERT (1979, 12) als **"Schlüsselbegriffe"** bezeichnen (vgl. auch WILLIAMS 1976 und Kap. 2.7 d. A.). Da solche Wörter/Begriffe wie *peace, freedom, liberty, free market economy, liberal, conservative, liberation* u. a. auf Grund ihrer umstrittenen, verschwommenen Bedeutung, aber auch ihrer festen Verwurzelung im Sprachgebrauch der Kommunikationsgemeinschaft wegen besonders für eine persuasive Definition prädestiniert sind, ist es u. E. gerechtfertigt, diese Schlüsselbegriffe als Spezialfall der Euphemismen i. e. S. aufzufassen. Es handelt sich in diesem Sinne um jene Euphemismen i. e. S., die als Einzelwort oder Wortverband auftreten und die in der politischen und gesellschaftlichen Entwicklung eines Landes oder auch weltweit eine herausragende Bedeutung besitzen und sich vor allem durch ihre Umstrittenheit, die Verschwommenheit ihrer denotativen Bedeutung und einen hohen Gefühlswert (Konnotationen) sowie eine mehr oder weniger verdeckte Handlungsanweisung (vgl. KLAUS 1964, 60 ff. zu Appraisoren und Präskriptoren) auszeichnen und auf diese Weise der Persuasion und damit der sprachlichen Manipulation von Menschen dienen.

Zusammenfassend läßt sich feststellen, daß ein deutlicher interrelationaler Zusammenhang zwischen Manipulation, Persuasion und Euphemismen besteht. Euphemismen sind für einen manipulativen und persuasiven Gebrauch besonders geeignet. Es steht jedoch außer Zweifel, daß es sich bei der Euphemisierung von Objekten und Erscheinungen der Wirklichkeit nur um e i n e , wenngleich auch eine wesentliche und weitverbreitete Methode der Sprachmanipulation und ihrer speziellen Form, der Persuasion, handelt. Wenn wir zu analytischen Zwecken also die Euphemismen aus ihrem jeweiligen kommunikativen Zusammenhang, aus ihrem jeweiligen sprachlichen und außersprachlichen Kontext herauslösen, so darf der Blick auf diese Gesamtsystematik nicht verloren gehen. Anderenfalls schriebe man dem Euphemismus kommunikative Leistungen zu, die er in Wirklichkeit für sich genommen gar nicht erbringen kann.

Wenden wir uns nunmehr dem Zusammenhang von Euphemismus und Bedeutungswandel bzw. Sprachwandel zu.

4.5.5 Euphemismus, Bedeutungswandel, Sprachwandel

Wenn wir weiter oben im Zusammenhang mit den Leistungen, die Sprache vollbringen kann, feststellten, daß Sprache selbst immer unscharf, d. h. sprachliche Ausdrücke zur Bezeichnung der Wirklichkeit trotz im Einzelfall möglicher relativer Präzision in ihrer Bedeutungsstruktur doch unpräzise sind und der Realität nur in einem begrenzten Umfange entsprechen können, so spielen hierbei auch die Erscheinungen des Sprachwandels im allgemeinen sowie des Bedeutungswandels im besonderen eine wichtige Rolle. Unter *Sprachwandel* verstehen wir dabei:

> **"Die Vielfalt der ständig verlaufenden Prozesse der Umgestaltung, des Verlusts und der Neubildung sprachlicher Elemente, d. h. die lexikalischen, morphologischen, phonologisch-phonetischen und syntaktischen Veränderungen einer Sprache."** (LEWANDOWSKI 1990, 1077).

Diese Prozesse werden am ehesten am Wortschatz einer Sprache deutlich. Hier finden die Veränderungen bzw. neu entstandenen Kommunikationsbedürfnisse des gesellschaftlichen Lebens ihren unmittelbaren Ausdruck (vgl. ebd.). Beim Sprachwandel wirken sowohl sprachexterne, soziolinguistische Faktoren als auch systeminterne Faktoren der Sprache eng zusammen (vgl. hierzu auch LABOV 1984, HARTIG 1981, KELLER 1990). Der Sprachwandel ist Gegenstand der historischen Sprachwissenschaft, welche die Bedingungen und Einschränkungen untersucht, die die geschichtliche Entwicklung konkreter Einzelsprachen beeinflussen (vgl. ABRAHAM 1988, 793).

Die Sprachwissenschaft ist in der Gegenwart jedoch nicht dazu in der Lage, präzise und zuverlässige Voraussagen für die zu erwartenden konkreten Entwicklungen in einer Sprache zu treffen. Ursache hierfür sind unerkannte interne sowie unbekannte externe Einflüsse auf die Sprache (vgl. ebd., 794). Eine Vereinseitigung des Einflusses entweder *externer*, d. h. vor allem sozialer Faktoren, insbesondere Einflüsse verschiedener Sprachen aufeinander, die wechselseitig in Kontakt zueinander kommen, oder *interner* Faktoren, d. h. sprachimmanenter oder psychologischer Faktoren, wie diese besonders zu Ende des 19. und zu Beginn des 20. Jahrhunderts zu beobachten war, lehnen wir ab. Wir gehen vielmehr davon aus, daß sich interne und externe Faktoren wechselseitig beeinflussen, gewissermaßen ineinandergreifen. Dabei bilden die sozialen Faktoren, insbesondere die Sprachvariation, d. h. die Annahme von der geordneten Heterogenität sprachlicher Strukturen, die selbst Ausdruck einer ständigen **"Interaktion von linguistischen und außerlinguistischen Faktoren"** (HdL 1975, 433) und ein Strukturmerkmal von Sprache ist (vgl. ebd.), die primäre Seite.

Als *Bedeutungswandel* (auch Bedeutungsentwicklung) bezeichnen wir die **"Veränderung der Bedeutung eines Wortes während seiner Geschichte"** (CONRAD 1988, 41) bzw. die **"Veränderung der Beziehung zwischen Ausdruck und Inhalt, zwischen Lautkörper und Bedeutung"** (LEWANDOWSKI 1990, 163). Bedeutungswandel liegt immer dann vor, wenn sich im Verlaufe der sprachlichen Entwicklung mit ein und demselben Wortkörper eine neue Bedeutung verbindet bzw. bestimmte Wortbedeutungen ihren Anwendungsbereich verändern (vgl. hierzu auch SCHIPPAN 1975, WELLANDER 1917). ULLMANN führt als Kriterium für den Bedeutungswandel an, daß **"sich ein neuer Name mit einem neuen Sinn verbindet und/oder ein neuer Sinn mit einem Namen"** (1967, 159). Aus den angeführten Explikationen läßt sich ablesen, daß es sich beim Bedeutungswandel um e i n e Erscheinung innerhalb des Sprachwandels insgesamt handelt und zwar im lexikalischen Bereich der Sprache. Unbestritten tritt jedoch im Lexikon einer Sprache der Sprachwandel am deutlichsten zutage (vgl. auch CONRAD 1988, 224).

Die Ursachen für Bedeutungswandel sind, ähnlich wie für den Sprachwandel insgesamt, sowohl außersprachlicher als auch sprachlicher Natur. So wirken sich veränderte Informationsbedürfnisse, Erweiterungen des lexikalischen Systems, Änderungen der Betrachtungsweise, aber auch politische Entwicklungen, Veränderungen im syntaktisch-morphologischen System der Sprache etc. in vielschichtiger Weise auf den Bedeutungswandel aus (vgl. hierzu LEWANDOWSKI 1990, 163 f.). Mit dem Untergang des als "sozialistisch" deklarierten Weltsystems lassen sich beispielsweise deutliche Verschiebungen von Bedeutungen im Bereich des politischen Wortschatzes registrieren. Sprachliche Ausdrücke wie *socialist* (Adj), *communist* (Adj), *marxism* oder auch *Soviet* (Adj), *revolution* u. a. scheinen heute teilweise im Gegensatz zur Situation, die noch vor wenigen Jahren bestand, eine deutliche *Bedeutungsverschlechterung* erfahren zu haben, wobei natürlich entsprechend der Perspektive des einzelnen interindividuell unterschiedliche Auffassungen hierzu durchaus bestehen.

CONRAD (1988, 41) führt unter logischen Gesichtspunkten drei Hauptarten des Bedeutungswandels an: **(1) Bedeutungserweiterung (Generalisierung), (2) Bedeutungsverengung (Spezialisierung), (3) Bedeutungsübertragung**. Als häufige Folgen von Bedeutungsverengungen bezeichnet er Bedeutungsverschlechterung oder auch -verbesserung. Der *Bedeutungsübertragung* liegt ein Vergleich zugrunde wie etwa im Falle einer Metapher oder einer Metonymie (vgl. ebd.). Eine *Bedeutungsverengung* hat im Englischen z. B. das Wort *undertaker* erfahren. Ursprünglich für jede Art von Unternehmer gebräuchlich, hat sich der Gebrauchsbereich dieses Wortes im Laufe der geschichtlichen Entwicklung eingeengt und ist heute nur noch im Sinne von "funeral director" gebräuchlich (vgl. LEWANDOWSKI 1990, 163; CED 1989, 1654). Ein pejorativer Bedeutungswandel (vgl. hierzu

SCHREUDER 1929), d. h. eine *Bedeutungsverschlechterung* hat offenbar beim englischen Substantiv *whore* stattgefunden. Abgeleitet von altenglischen *hōre*, das verwandt ist mit dem altskandinavischen (Old Norse) *hōra*, dem althochdeutschen *huora und dem lateinischen carus*, was soviel bedeutet wie *'dear'* existiert es heute in der Bedeutung *'a prostitute or promiscuous woman'* (vgl. CED 1989, 1733), hat also eine pejorative Bedeutungsveränderung erfahren und wird deshalb auch häufig zum Zwecke einer Beleidigung verwendet. AMMER 1958 unterscheidet beim Bedeutungswandel zwischen der Übertragung von Bezeichnungen und der Übertragung von Bedeutungen.

Die Gründe für einen Bedeutungswandel, der total oder partiell, zentral oder peripher (d. h. den begrifflichen Kern bzw. eher marginale Konnotationen betreffend) sein kann, führen uns an das Euphemismusproblem heran. LEWANDOWSKI gibt emotionale (Ausdrucksnot, Emphase, Variation, Spiel, Ironie) und soziale Gründe (Absonderung, Verhüllung usw.) an (vgl. 1990, 164).

Den Zusammenhang von Euphemismus einerseits und Sprach- bzw. Bedeutungswandel andererseits beschreibt HOWARD treffend:

> **"Euphemism is one of the agents of change in a language ... There are very few words that have a single, simple meaning; and they are boring words. Most words are continually changing their meanings by analogy, metaphor, euphemism, connotation, and social change in the big world outside the lexicon."** (1986, 117 f.).

Der Euphemismus scheint für den Bedeutungswandel und den Sprachwandel im Englischen eine herausragende Rolle zu spielen, obgleich dies, natürlich mit einigen Unterschieden, auch auf andere Sprachen als die englische zutrifft und somit der folgende Standpunkt HOWARDS hier ein wenig zu anglophil anmuten mag:

> **"The English language is continually changing through its euphemisms. It always has; and it always will."** (ebd., 118).

Auch LEISI vertritt die Auffassung, **"daß seit der Zeit des Puritanismus der** *Euphemismus* (Hervorhebung von LEISI - A. B.) **... in England eine besonders starke Triebkraft der Sprachentwicklung gewesen ist"** (1955, 113). Dem läßt sich gewiß zustimmen, denkt man einmal nur daran, welche große Anzahl von Euphemismen sich im Laufe der Sprachentwicklung um bestimmte Themenkomplexe angesammelt hat. So existieren weit über 100 verschiedene Ausdrücke für *menstruation* und über dreimal so viele Synonyme für *drunk* (vgl. RAWSON 1981, 5 f.).

Trotzdem scheint sich auch LEISI einer gewissen anglophilen Einseitigkeit nicht erwehren zu können. Man muß sich in diesem Zusammenhang aber zumindest ernsthaft die Frage stellen, ob das Phänomen des Euphemismus nicht auch insgesamt zum schier unerschöpflichen Synonymenreichtum des Englischen zumindest in einigen Sphären entscheidend beigetragen hat. So beobachtet RAWSON:

> **"Euphemisms are in a constant state of flux. New ones are created almost daily. Many of them prove to be nonce terms - one-day wonders that are never repeated. Of those that are ratified through reuse as true**

euphemisms, some may last for generations, even centuries, while others fade away and develop into unconscious euphemisms, still used, but reflexively, without thought of their checkered origins." (ebd., 4).

Für das Englische, jedoch nicht nur dort, ist ein fortwährender Wechsel, ein ständig neu erfolgender Ersatz direkter Ausdrücke durch immer wieder neue euphemistische Ausdrücke für zumindest einige wichtige Sphären des Lebens zu beobachten. Das liegt insbesondere daran, daß ein euphemistischer Ausdruck im Laufe der Sprachentwicklung früher oder später in seinem Begriffsinhalt wieder jene Ausstößigkeit annimmt, die ursprünglich dem Ausdruck anhaftete, den dieser euphemistische Ausdruck ersetzte und der deshalb wieder aufs neue ersetzt werden muß (vgl. LEISI 1955, 13 f.).

In Anlehnung an ein altes Gesetz der Finanzwirtschaft, daß **"bad money drives out good"**, bezeichnet RAWSON (1981, 4) diese Gesetzmäßigkeit auf der Ebene der Sprache als *Greshem's Law of Language*, d. h. **"'bad' meanings or associations of words tend to drive competing 'good' meanings out of circulation"** (ebd.). So wurden beispielsweise *coition, copulation* oder *intercourse* einst generell synonym zu *coming together, coupling, communication* verwendet, aber durch ihre euphemistische Verwendung im Bereich der Sexualität wurden ihre sexuellen Bedeutungen dominant, so daß sie heute kaum mehr in anderen als sehr speziellen Kommunikationssituationen akzeptiert werden (Bsp. von RAWSON, vgl. ebd.). Solche Erscheinungen haben zur Folge, daß immer neue Euphemismen gebildet werden, um weiterhin z. B. einem existierenden gesellschaftlichen Tabu zu genügen. RAWSON (ebd., 5) bezeichnet dies als das *Law of Succession*:

"After a euphemism becomes tainted by association with its underlying 'bad' word, people will tend to shun it ... Once people begin to shun a term, it usually is necessary to develop a new euphemism to replace the one that has failed." (ebd.).

So begegnen uns sprachhistorisch gesehen, bestimmte "Reihen" von Euphemismen, die davon zeugen, daß die beschriebenen Vorgänge im Laufe der Sprachentwicklung tatsächlich stattgefunden haben. So wurde beispielsweise das Adjektiv *mad* nacheinander euphemistisch ersetzt durch *crazy* → *insane* → *lunatic* → *mentally deranged* oder einfach *mental*. Im Bereich des politischen Wortschatzes hießen *poor* bzw. *backward nations* euphemistisch zunächst *underdeveloped*, später *developing*, dann *emergent nations* (Bsp. vgl. ebd.).

Über den Charakter des Bedeutungswandels im Bereich der Euphemismen läßt sich mit LEISI zusammenfassend feststellen:

"Von der Sache aus gesehen (onomasiologisch) ist also die Folge des Euphemismus ein rapider Namenswechsel, eine Inkonstanz des Zeichens; von der Wortform aus gesehen (semantisch) bewirkt er ein rasches Absinken in eine niedrigere Sphäre: Sinnesverschlechterung oder Pejoration." (1955, 114).

Dennoch muß man die Unterscheidung zwischen Sache und Wortform bei LEISI hier eher kritisch sehen, da er zwischen diesen beiden Begriffen nicht klar differenziert. Beim Euphemismus begegnet uns ganz offenbar ein kontinuierlicher

Prozeß der Umwertung semantischer Merkmale, ganz besonders jedoch seiner konnotativen Komponenten (vgl. hierzu auch NEUBERT 1981 a, 15 f.; HOWARD 1986, 118).

Der Vollständigkeit halber sei bemerkt, daß im Bereich der Euphemismen auch Bedeutungsverbesserungen stattfinden können, insbesondere dann, wenn bestimmte Objekte oder Erscheinungen der Wirklichkeit eine gesellschaftliche Aufwertung erfahren. Dadurch kann u. E. der Vorgang des "Verblassens" der Euphemismen zumindest zeitweise verzögert werden. So läßt sich möglicherweise auch erklären, warum einige politische Schlagwörter wie *freedom, peace, democracy* usw. trotz ihrer langen Geschichte bis heute euphemistisch wirken können. Außer der Vagheit ihrer Bedeutung spricht dafür vor allem die Tatsache, daß solche Begriffe bis heute immer wieder eine Aufwertung erfahren haben, nicht zuletzt dadurch, daß sie von der Mehrheit der Gesellschaft bzw. der Sprachgemeinschaft als essentielle Grundwerte des gesellschaftlichen Lebens anerkannt werden.

Es kann sich eine bezeichnete Sache, also ein Denotat, auch selbst verändern, ohne daß sich die Benennung dafür ändern muß. Einer Wortveränderung muß umgekehrt ebensowenig zwingend eine Veränderung der Wirklichkeit selbst zugrunde liegen. So hat sich beispielsweise der Begriffsinhalt von *war* im Laufe der historischen Entwicklung allein schon dadurch geändert, daß dem Krieg heute ganz andere Zerstörungspotenzen zukommen als etwa noch vor 100 oder 200 Jahren. Die Bezeichnung *war* ist erhalten geblieben. Die Bedeutung hat sich jedoch mit Sicherheit verändert. Das Wort *war* besitzt heute zumindest Konnotationen, die früher noch nicht vorhanden waren und die z. B. daher rühren, daß ein globaler Nuklearkrieg die potentielle Möglichkeit (Gefahr) in sich birgt, das Leben auf der Erde überhaupt, und damit die Menschheit als solche, auszurotten. Die Gründe für die Beibehaltung von Bezeichnungen liegen auf der Hand. Einerseits ist eine gewisse Konstanz in der Sprache Voraussetzung dafür, daß die Sprache als Kommunikationsmittel zur Verständigung zwischen den Menschen überhaupt funktionieren kann. Zum anderen gilt aber auch die Feststellung von FRÖHLICH:

"Man zieht nicht nur gern einer alten Sache ein neues Mäntelchen an, um etwas Neues, Besseres vorzutäuschen, sondern man behält auch gern einen guten alten Namen bei, wenn eine Sache schlechter geworden ist." (1953, 119).

Die Entstehung eines Euphemismus auf solche Weise bezeichnet LEINFELLNER (1971, 35) als " 'pseudoeuphemistische' Sprachentwicklung", da der Euphemismus vom "genetischen" Standpunkt aus gar keiner sei. Diese Erscheinung soll für unsere Untersuchung jedoch keine wesentliche Rolle spielen.

Wir haben uns im zurückliegenden Abschnitt eingehend damit auseinandergesetzt, was der Euphemismus allgemein in Bezug auf die Sprache, d. h. im Sprachsystem und im Sprachgebrauch, leisten kann, wo seine Grenzen liegen. Wir haben den Euphemismus eingeordnet und Gemeinsamkeiten und Unterschiede zu tangierenden sprachlichen Erscheinungen herausgearbeitet. Es sollte gezeigt werden, welche wesentlichen Einflüsse der Euphemismus auf das Englische insgesamt besitzt. An Hand von Beispielen haben wir versucht, unsere Feststellungen zu veranschaulichen. Bevor wir unsere Untersuchungsergebnisse im einzelnen darstellen, wollen wir uns im folgenden Abschnitt einigen signifikanten Besonderheiten des Euphemismus in der Sprache der Politik zuwenden, die uns zum Zwecke unserer Forschungsarbeit bedeutsam erscheinen.

4.6 Zu Besonderheiten des Euphemismus in der Sprache der Politik

4.6.1 Zur Erweiterung des Euphemismusbegriffes in sprachhistorischer Sicht

Wir haben bisher im Kapitel 4 bereits zu einigen wesentlichen Merkmalen des Euphemismus Stellung bezogen und eine eigene Arbeitsdefinition entwikelt. Dabei wurde deutlich, daß die herkömmlichen Euphemismusdefinitionen oft unzureichend waren und dieser sprachlichen Erscheinung meist nur bedingt gerecht werden. Eine Ursache dafür ist ohne Zweifel auch darin zu suchen, daß der Euphemismusbegriff im Laufe der Entwicklung der englischen Sprache eine wesentliche Erweiterung erfahren hat.[35] Dies hängt nicht zuletzt damit zusammen, daß die Euphemisierung mit Hilfe der Sprache in den verschiedenen historischen Entwicklungsperioden immer wieder neue Bereiche erfaßt, sich insgesamt ausgeweitet hat. Andere Bereiche traten dabei teilweise wieder in den Hintergrund. So wird heute kaum noch jemand auf die Idee kommen, beispielsweise *legs, trousers* o. ä. in der Alltagskommunikation durch euphemistische Ausdrücke zu ersetzten.

An Hand der Definitionen in älteren Lexika und Enzyklopädien konnten wir oben die Entwicklung des Euphemismusbegriffes aufzeigen. Obgleich Euphemismen in der Politik oder genauer in der Sprache der Politik schon zu früheren Zeiten existierten, ist eine Einbeziehung von Beispielen aus dem politischen Wortschatz und ein Bezug des Euphemismusbegriffs auch auf die Sprache der Politik doch erst in den letzten zwei bis drei Jahrzehnten zu beobachten. Es liegt auf der Hand, daß die verstärkte kommunikativ-funktionale Ausrichtung der Sprachwissenschaft insgesamt hierbei eine bedeutende Rolle gespielt hat. Es war ganz sicher auch ein Verdienst ORWELLS, mit seinem Roman *Nineteen eighty-four* von 1948 die Öffentlichkeit auf den engen Zusammenhang von politischem Denken und Handeln und politischer Sprache aufmerksam gemacht und ein verstärktes Interesse der Linguistik an der politischen Sprache geweckt zu haben (vgl. auch GEIS 1987, 2). Seine Ansichten übten einen großen Einfluß auf die sprachwissenschaftliche Forschung aus, was insbesondere auch auf seinen Essay *Politics and the English language* (1963) zutrifft. Dort schreibt er:

> **"In our time, political speech and writing are largely the defense of the indefensible ... Thus political language has to consist largely of euphemism, question-begging and sheer cloudy vagueness."**
> (ebd., 332 f.).

Bezüglich der Euphemismen in der Sprache der Politik führt er aus:

---

[35] Die Erweiterung des Euphemismusbegriffs ist natürlich nicht nur im Englischen erfolgt. Wir wollen jedoch nicht näher auf die Entwicklung anderer Sprachen eingehen, die selbstverständlich z. T. ähnliche Implikationen, z. T. andere Entwicklungen aufweisen.

"Such phraseology is needed if one wants to name things without calling up mental pictures of them." (ebd., 333).

Eine Reihe von Forschungen zum Gebrauch der Sprache in der Politik, in Reden und journalistischen Artikeln, im öffentlichen Sprachgebrauch, in politischen Programmen usw. wurden maßgeblich von ORWELL beeinflußt (vgl. z. B. LEINFELLNER 1971, CHILTON 1985, 1988, MAY 1985, HOGGART 1985, GEIS 1987, EDELMAN 1977 u. a.).

Hinzu kam, daß sich insbesondere in der zweiten Hälfte unseres Jahrhunderts die Ansichten über Sexualität, sexuelle Verhaltensweisen usw. beträchtlich veränderten. Dies führte zu einer Verlagerung des Euphemismengebrauches auf andere Sphären:

"The generative organs and their conjunctions have been stripped of immo- desty. Instead a marked tendency has emerged to place screens of euphemism round the terminology of politics and race." (BURCHFIELD 1985, 14).

Diese Tendenz wurde noch verstärkt durch die potentielle Gefahr einer nuklearen Vernichtung der Menschheit und duch den ideologischen Kampf zwischen den konkurrierenden Gesellschaftssystemen in der Zeit des Kalten Krieges.

"Since the beginning of the nuclear age, vast efforts have been devoted to disguising the almost unbearable threat of human annihilation. Such efforts have raised euphemisms to new heights, and it is significant that the multitudinous terms for nuclear strategies and techniques like DETERRENCE and FIRST STRIKE CAPABILITY never mention the word 'nuclear' or the implied possibility of extinction." (NEAMAN/SILVER 1983, 33).

Mit der Erweiterung des Begriffinhaltes des Euphemismus auf die Sprache der Politik mußte dieser jedoch auch neu definiert werden. Eine Erklärung aus religiösen oder gesellschaftlichen Tabus ist auf die politischen Euphemismen nicht einfach übertragbar. Auch Versuche einer eigenständigen Definition für den politischen Euphemismus wie etwa von SAFIRE (vgl. 1978, 210 f.) konnten nicht befriedigen (vgl. hierzu auch LEINFELLNER 1971, 20 ff.).

Es existieren tatsächlich einige Besonderheiten beim Gebrauch von Euphemismen in der politischen Sprache. So werden Euphemismen im politischen Sprachgebrauch häufig nicht schlechthin dazu benutzt, um Objekte, Erscheinungen usw. der Wirklichkeit zu beschönigen, negative Aspekte zu verhüllen, sondern Euphemismen werden hier oft bewußt angewendet, um unangenehme Fakten zu verschleiern, andere Menschen vorsätzlich irrezuführen oder sie gar zu manipulieren (vgl. auch LUCHTENBERG 1985, 177 ff.).

Dies trifft natürlich nicht auf alle Fälle des Euphemismengebrauches zu. Am konkreten Einzelfall wäre zu prüfen, inwieweit eine bewußte Täuschung das kommunikative Ziel des Senders (Sprechers/Schreibers) darstellt. Solche Fälle lassen sich für die Sprache der Politik jedoch viel häufiger feststellen als für andere Bereiche des gesellschaftlichen Lebens. Hinzu kommt, daß die Auswirkungen des Gebrauches von Euphemismen in der Sprache der Politik viel signifikanterer Art sein können, da die Politik selbst letztlich Einfluß auf alle anderen sozialen Sphären hat.

Von großer Wichtigkeit ist in diesem Zusammenhang auch, daß die eigenen politischen Einstellungen und Ansichten einen Einfluß darauf haben können, ob ein bestimmter sprachlicher Ausdruck vom Individuum als Euphemismus betrachtet wird oder nicht. Daraus ergibt sich für den Sprachwissenschaftler eine wichtige Schlußfolgerung:

> **"One is obliged to show that the objection to a use of language is linguistically, rather than politically motivated, and that there is reason to believe that the use in question will actually deceive others. If one wants to suggest that such a 'misuse' is deliberate, then some evidence of this ought to be provided."** (GEIS 1987, 3).

Daß dieser Beweis im konkreten Fall nicht immer leicht zu erbringen sein wird, daran dürfte es keinen Zweifel geben.

Trotz aller Besonderheiten, die für den Euphemismus in der politischen Sprache festzustellen sind, halten wir es aber für unpraktikabel und ungerechtfertigt, eine seperate Definition für den politischen Euphemismus aufzustellen. Vielmehr sollte die Erweiterung des Euphemismusbegriffes ihren Niederschlag in einer praktikablen Explikation des Euphemismus finden, die für alle Anwendungsbereiche von Euphemismen adäquat ist. Denn Euphemismen finden sich in fast allen Bereichen des gesellschaftlichen Lebens, und die Politik ist nur ein, wenn auch kein geringzuschätzender von ihnen.

> **"War, death, politics, birth, fornication, bodily functions like excretion, reticence, social rank or other social relationships and other primary matters have generated 'well-sounding' and 'harsh-sounding' expressions down throughout the centuries. Our present age, like those of the past, produces euphemisms to conceal or take attention away from its particular embarrassment and its unsolved problems."** (BURCHFIELD 1985, 28)

Wir haben in unserer Arbeitsdefinition (vgl. Kap. 4.4 d. A.) versucht, den Inhalt traditioneller Euphemismusdefinitionen mit den Erfordernissen eines teilweise veränderten und erweiterten Anwendungsbereiches und sich daraus ergebender Spezifika zu verbinden und sind deshalb von einem funktionalen Ansatz ausgegangen. Zu weiteren Besonderheiten der Euphemismen in der Sprache der Politik wollen wir bei der Erläuterung unserer Untersuchungsergebnisse Stellung nehmen.

Wenn wir oben festgestellt haben, daß der Euphemismus in sprachhistorischer Sicht aus religiösen und gesellschaftlichen Tabus und der sich ergebenden Notwendigkeit zur sprachlichen Umgehung solcher Tabus entstanden ist, so stellt sich die Frage, woraus die Notwendigkeit des Euphemismengebrauches auf dem Gebiet der Politik resultiert. Möglicherweise läßt sich eine solche tabuartige Erscheinung auch für die Sprache der Politik feststellen. Ob es ein Tabu in der Politik gibt, dieser Frage wollen wir uns im nun folgenden Abschnitt zuwenden.

4.6.2 Zum Tabu in der Politik

Selbstverständlich wirken in der Politik wie in anderen Sphären der Gesellschaft, ob bewußt oder unbewußt, bestimmte Tabus. Diese sind in den modernen Gesellschaften der Gegenwart meist weniger religiös, sondern vielmehr sozial determiniert. Insofern wirken sie sich als **"prohibition resulting from social or other conventions"** (CED 1989, 1549) auch auf den politischen Sprachgebrauch aus. Zweifellos existieren in der Gesellschaft zu einem bestimmten Zeitpunkt auch sogenannte Tabuwörter. Hierbei spielen gesamtgesellschaftliche und gruppenspezifische Normen eine wesentliche Rolle. Auf die gruppenbildende Funktion der Sprache hat S. J. SCHMIDT hingewiesen (vgl. 1972, 92). So ist zu beachten, daß sich eine bestimmte politische Einstellung mit einem bestimmten Sprachgebrauch verbindet. Die Verwendung gewisser politischer Begriffe kann dabei einen Sprecher bereits als politisch konform oder dissident ausweisen. Der Begriffsgebrauch wird zum magischen Zeichen (vgl. ebd., 93).

"Wer eine fremde, eine ungebräuchliche Begrifflichkeit oder einen fremden Sprechduktus benutzt, stellt sich allein dadurch schon außerhalb einer Gruppe und macht sich verdächtig." (ebd., 92)

Solche tabuähnlichen Erscheinungen wirken meist unbewußt. Offenbar haben wir es an dieser Stelle mit einer gewissen "Macht des Wortes" zu tun. In der Gegenwart wird dies z. B. deutlich an der Vermeidung des Begriffes *DDR* für das am 3. Oktober 1990 untergegangene staatliche Gebilde. Da ist die Rede von *"ehemaliger DDR"*, von *"Beitrittsgebiet"*, von den *"fünf neuen Ländern"*, den *"neuen Bundesländern"* usw. Durch eine Verwendung des Begriffes *DDR* stellt sich ein Sprecher oder Schreiber gegen die herrschende gesellschaftliche Norm oder anders ausgedrückt gegen die in der Gesellschaft maßgebliche Ideologie, die natürlich auch in einer parlamentarischen Demokratie existiert.

"Der bewußte Bruch mit einem Vokabular impliziert daher notwendig einen Bruch mit dem Bezugssystem dieses Vokabulars und den sozialen Gruppen, die dieses Bezugssystem internalisiert haben. (ebd., 94)

In diesem Sinne tragen Politiker eine besonders große Verantwortung, da sie mit ihrem Sprachgebrauch auch an der Konstituierung gesellschaftlicher Normen und Tabus beteiligt sind. Ein bestimmtes soziales Verhalten und politisches Handeln sind nicht im Selbstlauf durchzusetzen. Deshalb muß es das Ziel derjenigen sein, die die politische Macht ausüben, bei einer möglichst großen Gruppe von Menschen eine **"ähnlich oder identisch codierte Sprache"** (ebd., 92) durchzusetzen, damit auch die darin bereits enthaltenen Wertungen, Einstellungen, Überzeugungen usw. übernommen werden und in Entscheidungssituationen zum Tragen kommen.

In diktatorischen Staatsformen dient die herrschende Ideologie zur politischen Unterdrückung einer Mehrheit im Sinne der Machthaber. Die Nazis versuchten beispielsweise zwischen 1933 und 1945 über eine aufoktroyierte Sprachregelung das Bewußtsein der Menschen zu beeinflussen (vgl. z. B. KLEMPERER 1947, STERNBERGER et al. 1968). Der manipulative Sprachgebrauch und eine staatliche Reglementierung ergänzen sich in einer Diktatur gewissermaßen.

In einer demokratischen Gesellschaft muß die Gesellschaftsmajorität möglichst ohne Gewalt, ohne direkte gesetzliche Reglementierung und Sanktionierung beeinflußt werden. Die Normen sollen von allen Mitgliedern der Gesellschaft akzeptiert werden und ständig von der gesamten Gesellschaft kontrolliert bzw. korrigiert werden können. Insofern sind bestimmte Vereinnahmungstechniken zuallererst auf sprachliche Mittel angewiesen (vgl. hierzu auch RUCKTÄSCHEL 1972, Vorwort, 9; REICH 1973).

"In politischen Reden wird Information und Argumentation notwendig zurückgedrängt. Der kommerziellen Werbung vergleichbar stimuliert die politische Propaganda emotionale Entscheidungen für eine bestimmte Politik oder einen bestimmten Politiker so unauffällig, daß die in der Demokratie entscheidende Wählermasse von einer selbstständigen, rationalen politischen Entscheidung überzeugt ist." (RUCKTÄSCHEL 1972, Vorwort, 9)

Zu diesem Zweck werden komplizierte politische Zusammenhänge von Politikern, aber auch von Journalisten simplifiziert und finden ihren Ausdruck in einfachen, leicht handhabbaren und eingängigen Formeln. Solche Formeln wirken oft suggestiv und haben eine **"motivbildende und entscheidungsregulierende Wirkung"** (ebd.). Daß dabei insbesondere die politischen Euphemismen und ihre spezielle Form, die politischen Schlagwörter, eine wesentliche Rolle spielen, liegt auf der Hand. Politiker verwenden sie insbesondere, um verdeckte Handlungs- und Verhaltensanweisungen zu vermitteln. Die eigentliche Gefahr besteht darin, daß auf diese Weise sprachliche Zeichen zu Signalen degenerieren, die dazu dienen, **"unreflektierte emotionale Haltungen und Handlungen [zu] mobilisieren"** (ebd.).

Zusammenfassend läßt sich feststellen, daß Tabus in der Politik insbesondere über gesellschaftliche Normen zur Wirkung kommen und ihren Ausdruck in der Sprache der Politik finden. Dies wird vor allem deutlich am Gebrauch politischer Euphemismen. Sie dienen einerseits dazu, das Individuum über wirkliche Absichten und Ziele der Politik und der Politiker im unklaren zu lassen, ohne dabei direkt zu einer Lüge zu greifen. Andererseits entspricht das Individuum mit dem Gebrauch bestimmter Euphemismen im Rahmen eines die gesamte Sprachgemeinschaft oder zumindest große Teile davon betreffenden Sprachgebrauches gewissen sozialen Normen, die zu einem bestimmten Zeitpunkt der gesellschaftlichen Entwicklung existieren. Insofern finden soziale Normen in ganz bestimmten sprachlichen Normen ihren expliziten Ausdruck. Wir können und müssen also die Frage, ob ein Tabu in der Politik besteht, eindeutig bejahen. Es existiert in Form der gruppenspezifischen und sozialen Normen, wobei die Politik bzw. die Politiker an der Ausformung solcher Normen und damit auch von Tabus maßgeblichen Anteil haben.

"Die gesellschaftlichen Bedingungen im weitesten Sinne - also unter Einschluß wirtschaftlicher und politischer Verhältnisse - machen die Einrichtung eines Tabus erst sinnvoll ..." (LUCHTENBERG 1985, 89 f.)

Daraus ergibt sich letztendlich der Gebrauch von Euphemismen als Notwendigkeit, solchen Tabus zu entsprechen. In diesem Sinne sind die existierenden Sprachtabus in der Politik die hauptsächliche Ursache für die Entstehung und den Gebrauch politischer Euphemismen.

Wir dürfen jedoch die politischen Euphemismen in ihrer Wirkung bei der Meinungsbeeinflussung nicht überschätzen. Deshalb ist es wichtig, sich die Frage zu stellen, inwiefern politische Sprache überhaupt das politische Denken und Handeln beeinflussen kann, d. h. wir müssen den Euphemismus immer im Gesamtzusammenhang der politischen Sprache sehen oder, um es mit GEIS auszudrücken:

> "... we must move away from the concern with doubletalk, which tends to be anecdotal and sometimes ill-founded linguistically, to the question of how political language can evoke patterns of political belief and what sorts of language will be efficacious in the evocation of political beliefs." (1987, 174).

Aus den genannten Gründen teilen wir auch nicht die Auffassung LEINFELLNERS (vgl. 1971, 69), daß politische Euphemismen den Charakter von Deckworten bzw. -ausdrücken für Tabus mit wenigen Ausnahmen verloren hätten. Sie sind vielmehr in ihrer Mehrheit Ausdruck existierender Tabus oder dienen dazu, "Tabuzonen" zu errichten, um unerwünschte Effekte eines direkten Ansprechens von Designaten der Wirklichkeit wie z. B. offenen Protest, Kritik usw. zu vermeiden. Besonders wird dies deutlich an der Verstärkung von Tabus und damit auch des Euphemismengebrauches im Zusammenhang mit politischen und gesellschaftlichen Krisensituationen. Den Extremfall für die Durchsetzung politischer Interessen und ebenso für den Gebrauch politischer Euphemismen stellt der Krieg dar, der im nuklearen Zeitalter eigentlich nicht mehr die Funktion der Durchsetzung der Politik mit anderen, gewaltsamen Mitteln haben sollte, diese aber durchaus noch besitzen kann, wie wir noch sehen werden.

4.6.3 Der Krieg als Extremfall für die Politik und die Euphemisierung

Der Krieg stellt den Extremfall zur Lösung politischer Konfliktsituationen dar. Genaugenommen ist ein Krieg Ausdruck dessen, daß die Politik oder genauer die Politiker versagt haben, d. h. daß diese es nicht verstanden haben, einen Konflikt mit friedlichen Mitteln, insbesondere über diplomatisches Geschick und verbale Vermittlung zu lösen. Insofern ist u. E. der Krieg das letzte, wenn auch ein überaus inhumanes und verurteilungswürdiges und darüber hinaus zugleich unzeitgemäßes Mittel zur Lösung politischer Widersprüche, die sich zu einem Konflikt entwickelt haben. In diesem Zusammenhang ist die Feststellung von NISBET interessant, der schreibt:

> "There is no political order known to us in history, from ancient Egypt to contemporary Israel, that has not originated in war, its claimed sovereignty but an extension and ramification of what the Romans called the *imperium* (Hervorhebung von NISBET - A. B.), absolute military command." (1985, 185).

Dennoch stellt der Krieg u. E. keine schicksalhafte Unabänderlichkeit dar, auch wenn in der Gegenwart eine Reihe regionaler militärischer Konflikte die Erde erschüttern. Es ist festzustellen, daß ein enger Zusammenhang zwischen Kriegen und der Existenz des Staates als "sovereign political power or community" (CED 1989, 1489) besteht.

"The essence of the State ... is its unique possession of sovereignty - the absolute, unconditional and imprescriptible power over all individuals and their associations and possessions within a given area. And at the basis of the State's sovereignty is the contingent power to use the military to compel obedience to its rule. This is as true of democratic as despotic States." (NISBET 1985, 185 f.)

Somit liegt es letztendlich in den Händen der Politiker, die die Macht ausüben, ob der Krieg als adäquates Mittel zur Durchsetzung politischer Ziele befürwortet wird oder nicht. Ein politisches Mitspracherecht zwischen Wahlen existiert selbst in demokratischen Staaten nicht, sieht man einmal von Volksentscheiden in einigen Ländern ab. Man bedenke den Fakt, daß der Staat selbst das einzige Gemeinwesen ist, dessen Freiheit nicht durch den Staat beschränkt werden kann (vgl. ebd., 186).

Es kann daher auch kaum verwundern, daß die historische Entwicklung des Staates mit dem Gebrauch einer Vielzahl von Euphemismen verbunden ist, denn:

"Any institution born of war, that thrives in war and that claims absolute uniqueness of power over all individuals within its borders requires all the symbolic assistance it can get." (ebd.).

Die Ausübung politischer Macht geht einher mit dem extensiven Gebrauch verhüllender und insbesondere verschleiernder Ausdrücke, und dieser wird ausgedehnt in dem Maße, wie politische Krisen, insbesondere daraus resultierende militärische Konflikte um sich greifen. So hatte beispielsweise der Vietnam-Krieg eine rasche Vermehrung politischer Euphemismen im amerikanischen Englisch zur Folge (vgl. LEINFELLNER 1971, 120 f.). Ähnliche Tendenzen ließen sich auch im britischen Englisch im Zusammenhang mit dem Falkland-Krieg zwischen Argentinien und Großbritannien im Jahre 1982 feststellen (vgl. z. B. CHILTON 1988, 41 f.). Im Falkland-Krieg gelang es der Politik mit Hilfe der Medien, jegliche Kritik an diesem Krieg zu verdrängen und damit den Verdacht eines Zusammenhanges zwischen diesem Krieg und der ökonomischen und innenpolitischen Situation in Großbritannien. Das heißt keineswegs, daß kritische Stimmen völlig unterdrückt worden wären, aber andere Meinungen wurden mit Hilfe eines institutionalisierten Sprachgebrauches[36] ins Abseits gedrängt (vgl. ebd.).

Welche geringe Rolle im Kriegsfall die sonst so beschworene persönliche Freiheit des Individuums in der Gesellschaft noch spielt, beschreibt LASSWELL:

"Once war has been declared, the issue of affirmative power is no longer available to the judiciary in challenging the acts of the legislature and the executives ... It (war - A. B.) **embraces the most stringent limitations on personal liberty - the draft acts, restrictions on the use of the mails, the internment of enemy aliens ..."** (1971, 136 f.).

---

[36] LERMAN spricht in diesem Zusammenhang von der dominierenden Rolle einer **"institutional voice"** (vgl. LERMAN, C. L.: Dominant discourse: the institutional voice and control of topic. - in: DAVIS, H. and P. WALTON: *Language, image, media*. Blackwell 1983. CHILTON erklärt dazu: **"It** (the institutional voice - A. B.) **does not liquidate or lock up dissenting voices ... but it is none the less effective in legitimating the structures of power."** (1988, 38).

Aber es gibt auch direkte Zensurmaßnahmen des Staates, d. h. meist begründet mit "nationalen Sicherheitsinteressen" wird direkt in den Informationsfluß, die Nachrichtenübermittlung von Kriegen an den Staatsbürger über Presse, Rundfunk und Fernsehen eingegriffen. Daß dies kein Spezifikum einer Diktatur ist, hat der Golfkrieg im Jahre 1991 bewiesen. Wohl niemals zuvor in der Geschichte wurde über einen Krieg so umfassend berichtet, nahm der Krieg in bezug auf die elektronischen Medien so sehr den Charakter eines **"prime time war"** (John Diamond in einem *Daily Mirror*-Kommentar, vgl. DMi 22.1.91, 6) an wie bei diesem Krieg zwischen dem Irak und der multinationalen Armee unter Führung der USA.

Nie zuvor aber gelang auch eine solche perfekte Gleichschaltung der Medien im Interesse der Staatspolitik wie in diesem Krieg. So schrieb Edward Pearce in einem *Guardian*-Kommentar: **"We have today a press edging towards totalitarianism of inadvertance, a press which can be worn by the executive like a dress handkerchief."** (GUA 18.2.91, 27). Etwa 1.200 Korrespondenten, die in Saudi-Arabien akkreditiert waren, berichteten über den Krieg nur aus zweiter Hand, ihre Informationen erhielten sie auf sogenannten "military briefings". Nur wenige Reporter verblieben in Bagdad und konnten von dortaus über die Schrecken dieses Krieges dennoch nur in unzureichendem Umfang berichten, da ihnen durch die irakische Militärzensur die Hände gebunden waren[37], ebenso wie ihren Kollegen auf der anderen Seite der Front durch die Zensur der Amerikaner und ihrer Verbündeten.

Der Krieg, über den die Öffentlichkeit informiert wurde, zeigte nur sporadisch sein schreckliches Gesicht. Es ist deshalb keineswegs übertrieben, wenn der britische Abgeordnete der Labour Party Jeremy Corbyn die Berichterstattung über den Golfkrieg mit den Worten kritisierte: **"What we are seeing now is a sanitised war"** (zit. in: MS 28.1.91, 1). Die politisch Mächtigen hatten vorgesorgt. Das Verteidigungsministerium Großbritanniens informierte die Journalisten des Landes bereits am 7. Januar 1991, also über eine Woche vor Ausbruch des Krieges, über *"rules governing reporting in the Gulf if war breaks out"* (vgl. GUA 7.1.91, 21). Die Vereinigten Staaten hatten ihrerseits bereits eine Woche zuvor Direktiven für ihre Korrespondenten erlassen:

> **"... their** (the journalists' - A. B.) **physical fitness must be tested by push-ups and sit-ups, or a one- to two-mile-run; if they don't match up to the conditions for the reporting pool they will be 'medically evacuated out of the area' and 'in the event of hostilities' copy will be subject to 'security review'."** (ebd.).

Abgesehen von diesem unerhörten Eingriff in die Presse- und Informationsfreiheit durch den Staat, war es den Journalisten verboten, in ihren Berichten Informationen zu veröffentlichen, die in einer 14 Punkte umfassenden Liste ausdrücklich genannt wurden. Deutlicher können verordnete Tabus wohl nicht formuliert sein.[38]

---

[37] Die irakische Militärzensur wurde erst am 6. Mai (!) 1991 vollständig wieder aufgehoben (vgl. Märkische Allgemeine Zeitung 7.5.91, 1).

[38] **Non releasable information for Gulf reporters**
1. Number of troops.
2. Number of aircraft.

Eine Möglichkeit zur Umgehung dieser politisch verordneten Tabus ist der Gebrauch von Euphemismen, die in dem von uns untersuchten Material demzufolge in Hülle und Fülle zu erwarten sein mußten. Abgesehen davon konnten wir annehmen, daß in wiedergegebenen Statements, aber auch besonders in Berichten der Presse, z. B. im Zusammenhang mit Zielen militärischer Handlungen, Angaben über Opfer, Ursachen des Krieges, Strategien usw., von Politikern wie von Journalisten verstärkt Euphemismen verwendet werden würden. Kurz gesagt, Verhüllungen und Verschleierungen von Tatsachen waren das, was wir erwarten konnten und mußten und damit eine große Anzahl bekannter und neuer Euphemismen zum Zwecke der **"defense of the indefensible"** (ORWELL 1963, 332). Darüber hinaus waren Auswirkungen anderer, sozialer Tabus (Tod, Krankheit, Verbrechen usw.) zu prognostizieren.

Die Koinzidenz des Golfkrieges und unserer Forschungsarbeit eröffnete uns die Möglichkeit, unsere Untersuchungen auf die Berichterstattung über diesen Krieg insbesondere in britischen und amerikanischen Zeitungen und Zeitschriften zu konzentrieren. Wir halten es für sehr wichtig und zugleich richtig, den Gebrauch von Euphemismen in der politischen Sprache in einer für die Politik extremen Situation zu untersuchen, da hier u. E. der Charakter des politischen Euphemismus am deutlichsten zutage tritt und zugleich ein hoher Anteil der Euphemismen an der politischen Sprache insgesamt zu erwarten ist.

HOWARD sagt über den Euphemismus in der politischen Sprache:

"It does not do much harm, provided that we have a free press that allows us to mock it occasionally." (1986, 118).

Abgesehen von einer gewissen Sorglosigkeit und Geringschätzung gegenüber möglichen Wirkungen und einem potentiell möglichen Mißbrauch der Euphemismen zur Durchsetzung bestimmter politischer Ziele, der hier zum Ausdruck kommt, ist die Frage zu erheben, wie sich die Situation darstellt, wenn die Presse insgesamt weitgehend auf einer Linie liegt, den Krieg befürwortet oder zumindest akzeptiert und **"all unpleasantness is dissolved by expressions of undying consensus"** (Hugo Young in einem *Guardian*-Kommentar, GUA 22.1.91, 18). Euphemismen können auf diese Weise doppelt gefährlich werden:

"Besides deceiving those on the receiving end, it helps the users fool themselves." (RAWSON 1981, 4).

---

3. Number of other equipment (eg: artillery, tanks, radar, trucks).
4. Names of military installations/specific geographic locations of military units
5. Information about future operations.
6. Information about security precautions.
7. Photography showing the level of security at military installations.
8. Photography that would reveal the name or specific location of military forces.
9. Rules-of-engagemant details.
10. Information on intelligence collection.
11. Information on "in-progress" operations.
12. Information on special units, unique operations methodology/tactical.
13. Information identifying postponed operations.
14. In case of operational necessity, additional guidelines may be necessary.
(aus: GUA 7.1.91, 21)

Zusammenfassend können wir feststellen, daß ein enger Zusammenhang zwischen dem Krieg als Extremfall der Durchsetzung politischer Ziele mit gewaltsamen Mitteln und einem vermehrten Gebrauch von Euphemismen bzw. auch ihrem Mißbrauch zu politischen Zwecken besteht. Insbesondere mit der zunehmenden Verschärfung einer krisenhaften Situation steigt die Verwendung politischer Euphemismen offenbar an. Wir wollen uns mit dieser Feststellung an dieser Stelle begnügen und uns im folgenden der Darstellung und Diskussion unserer Untersuchungsergebnisse im Detail zuwenden. Es soll abschließend zu diesem Kapitel jedoch folgende wesentliche Aussage für den politischen Euphemismus festgehalten werden, die sowohl in bezug auf die beschriebene Kriegssituation gilt, ebenso wie allgemein für die politische Sprache:

> **"Political rights or wrongs are not the question here; whatever those may be, it always seems wrong for governments to conceal their actions and purposes under euphemisms, and for the newpapers to co-operate with them in doing that."** (MAY 1985, 128).

5. Euphemismen im Golfkrieg - Zur Analyse der Untersuchungsergebnisse

5.1 Einige Bemerkungen zum Untersuchungsgegenstand

Wir haben uns bei unseren Untersuchungen auf die Berichterstattung über den Golfkrieg in einigen Printmedien Großbritanniens und der USA konzentriert. Dabei sind wir uns durchaus der Tatsache bewußt, daß aus dem Euphemismengebrauch im Falle eines Krieges, der bei unserer Analyse zudem die Bevölkerung, resp. die Leser dieser Zeitungen und Zeitschriften, sehr unmittelbar betraf, da die Armeen ihrer Länder, möglicherweise sogar Angehörige, direkt an den Kriegshandlungen beteiligt waren und somit verstärkt emotionale Komponenten eine Rolle spielten, nicht ohne weiteres auf den Euphemismengebrauch in der politischen Sprache insgesamt geschlußfolgert und verallgemeinert werden kann.

Es ist jedoch mit Sicherheit anzunehmen, daß ähnliche Untersuchungsergebnisse, so z. B. bei einer Einordnung der Euphemismen unter sprachhistorischem, funktional-kommunikativem, syntaktischem u. a. Aspekten für die gesamte Sprache der Politik zu erwarten sind. Unterschiede hingegen können sich aus o. g. Gründen für die Quantität der Euphemismen ergeben, die möglicherweise zu Friedenszeiten, d. h. außerhalb politischer Krisen und militärischer Konflikte, ein geringeres Ausmaß annimmt. Dies trifft mit Bestimmtheit auf die Zeitungen der "yellow press" zu, die sich außerhalb von Skandalen, Sensationen, Blutvergießen u. ä. nur in sehr geringem Umfang mit politischen Themen beschäftigen, dafür Alltagsgeschichten, Mord, Sex, Verbrechen usw. vorziehen und schon deshalb ansonsten einen geringeren Anteil politischer Euphemismen aufzuweisen haben als Titel der "quality press".

Wenn wir Euphemismen im politischen Sprachgebrauch im Zusammenhang mit dem Golfkrieg untersuchen, so bedeutet dies nicht, daß wir uns auf euphemistische Ausdrücke zum Sachbereich Krieg im Sinne von LEINFELLNER (vgl. 1971, 119 ff.) oder GLÄSER (vgl. 1966, 229 ff.) beschränken. Vielmehr haben wir in unsere Analyse alle politischen Euphemismen einbezogen, die uns im Zusammenhang mit der Golfkriegsberichterstattung auffielen. So kann man beispielsweise für unsere Zwecke auch Euphemismen, die eigentlich in umgangssprachlichen Tabus (z. B. Tod) ihre Ursache haben, auch durchaus als politische Euphemismen auffassen, da hier die Verhüllung oder Verschleierung meist nicht nur allgemein-menschlich motiviert ist, sondern z. B. die Verschleierung einer Todesursache, der Schwere einer Verletzung usw. politischen Zielen dienen kann, etwa um Widerstand gegen den Krieg oder Kritik zu vermeiden.

Als großes Problem stellte sich für uns der unzureichende Zugang zu empirischen Fakten dar, da wir unsere Hintergrundinformationen meist selbst aus den zensierten Presse-, Rundfunk- und Fernsehberichten und -kommentaren entnehmen mußten. Somit wurde die Entscheidung, ob es sich in einem konkreten Falle um einen euphemistischen Gebrauch eines sprachlichen Ausdrukes handelt, oft sehr erschwert. Wir haben versucht, durch ein möglichst umfassendes Studium von Berichten usw. zu bestimmten Themen, vor allem auch solcher journalistischer Texte, die nach dem Golfkrieg veröffentlicht wurden, das Informationsdefizit auszugleichen. Dennoch läßt sich nicht ausschließen, daß andere Untersuchungen auf Grund anderer empirischer Informationen und neuerer Erkenntnisse bestimmte sprachliche Ausdrücke, die wir als Euphemismen i. e. S. gefaßt haben, nicht zu diesen zählen würden und umgekehrt andere Wörter, Wortverbände usw. als euphemistisch auffassen könnten, die wir als nicht-euphemistisch bzw. eher neutral erachtet haben. Insofern läßt sich ein subjektives Element aus unseren Untersu chungen nie völlig eliminieren.

Im Anhang 1 geben wir einen kurzen historischen Überblick zu Ereignissen im Zusammenhang mit dem Golfkrieg, der eine Einordnung der von uns beschriebenen Beispiele erleichtern soll.

Der Golfkrieg war der erste Krieg globalen Ausmaßes, der nach Ende des Kalten Krieges stattfand. Er dauerte insgesamt 43 Tage, vom 16. (17.) Januar[1] bis zum 27. Februar 1991. An dem Krieg waren auf alliierter Seite insgesamt 675 000 Soldaten aus 28 Ländern der Erde beteiligt, davon 40 000 Briten (vgl. TM 18.2.91, 18), die de facto unter US-Kommando standen. Ihnen standen 1,1 Millionen irakische Soldaten gegenüber (vgl. DMi 15.1.91, 1). Der Grund des Krieges war primär die unrecht- mäßige Okkupation Kuwaits durch den Irak am 2. August 1990. Nicht wenige kritische Stimmen behaupteten jedoch, daß ökonomische Interessen die dominie- rende Rolle gespielt hätten und die "liberation of Kuwait" nur zweitrangig gewesen sei. In der Tat hätte Irak bei einer dauerhaften Annexion Kuwaits einen beträcht- lichen Teil der Weltvorräte an Erdöl (ca. 20%) kontrolliert. Zum anderen waren die Großmachtbestrebungen Iraks in der Region am Persischen Golf den USA und anderen Ländern ganz offensichtlich ein Dorn im Auge. Dabei waren es vor allem die USA, die Irak im Zusammenhang mit dem acht Jahre währenden Krieg gegen Iran kräftig aufrüsten halfen. Die CIA überließ dem Irak sogar Satellitenbilder von iranischen Truppenbewegungen und militärischen Stellungen im Austausch für technische Informationen über sowjetische Waffen (vgl. John Grittings in: GUA 28.2.91, 25).

Im Zusammenhang mit dem Golfkrieg gibt es eine Reihe von merkwürdigen Momenten, die darauf schließen lassen, daß die Weltöffentlichkeit bis zum heutigen Tage offensichtlich nicht ehrlich informiert, ja über bestimmte Aspekte sogar belogen wurde. Noch eine Woche vor der irakischen Invasion in Kuwait ließ beispielsweise die US-Botschafterin in Bagdad, April Glespie, die irakische Seite wissen, daß die USA "no opinion" zum Disput zwischen Irak und Kuwait hätten (vgl. ECO 19.-25.1.91, 22), und nur zwei Tage vor dem Einmarsch Iraks sagte Assistant Secretary of State John Kelly bei einer Anhörung im amerikanischen Kongreß, "that the US was not committed to defend Kuwait" (vgl. GUA 7.1.91, 21), was offenbar Irak zur Aggression noch ermunterte.

War es das Ziel bestimmter politischer oder wirtschaftlicher Kreise, den Irak zu einer Invasion zu ermuntern, um dann einen Vorwand für die Zerstörung seiner militärischen Macht zu haben? Warum leistete der Irak nur wenig Widerstand, obwohl er doch chemische und biologische Waffen besaß und angeblich kurz vor der Fertigstellung einer Atombombe stand? Warum gibt es bis zum heutigen Tage keine offiziellen Angaben zu Opfern des Krieges auf irakischer Seite? Der Golfkrieg

---

[1] Der alliierte Angriff auf Bagdad begann in den frühen Morgenstunden des 17. Januar 1991 (Ortszeit), als in Washington noch der Abend des 16. Januar geschrieben wurde.

soll nach neueren Berichten angeblich 243.000 Todesopfer im Irak gefordert haben (vgl. Junge Welt 17.1.92, 2). Sowohl die USA als auch der Irak untertrieben diese Zahlen. Wieso standen dieser Vielzahl von Opfern nur etwa 150 Tote auf alliierter Seite gegenüber (vgl. GUA 1.3.91, 1), obwohl im Vorfeld des Krieges immer vor der militärischen Stärke Iraks gewarnt worden war?

Nach einem Bericht des ARD-Fernsehmagazins "Monitor" vom 30.3.92 soll die amerikanische Firma Hill & Knowlton für 10 Millionen US-Dollar eine "Werbekampagne" zur Verbreitung der Falschmeldung, die Iraker würden kuwaitische Babys aus Brutkästen nehmen und bestialisch ermorden, in Gang gesetzt haben, da Babymord bei Amerikanern nach Meinungsumfragen die meisten Aversionen hervorrufe. Wozu waren solche Lügen notwendig, wenn es doch um die rechtmäßige Befreiung eines Landes ging?

Warum hörte die Sowjetunion auf, in der UNO von den USA abweichende Standpunkte zu formulieren, obwohl sie auf Grund eines Beistandspaktes dem Irak sogar verpflichtet war? Warum segnete die UNO die Anwendung von "all necessary means" im Falle eines Nichtabzuges Iraks aus Kuwait bis zum 15. Januar 1991 in ihrer Resolution 678 erstmals hinter verschlossenen Türen ab, und wieso konnte diese Resolution überhaupt voll in Kraft gesetzt werden, obwohl es zwei Gegenstimmen und eine Enthaltung (China)[2] gegeben hatte. Wie konnte es gelingen, eine als demokratisch deklarierte Presse weitgehend auf eine Linie der Berichterstattung einzuschwören, warum konnten Presse, Rundfunk und Fernsehen ihrer Unabhängigkeit beraubt werden? Wieso erließ die BBC sogar ihre eigenen Restriktionen, statt gegen den Eingriff des Staates in die Informations- und Pressefreiheit zu protestieren?

Fragen über Fragen, auf die die Antworten bis heute ausstehen. Der Golfkrieg war (und ist bis in die Gegenwart) ein weites Feld für die Verschleierung von Fakten, für die Vernebelung der Wirklichkeit, ein Paradebeispiel für die Meinungsbeeinflussung bis hin zur Manipulation auf beiden Seiten der militärischen Front. So charakterisierte John Pilger in einem *Guardian*-Kommentar treffend:

> **"It is as if the very notion of the journalist as a teller of truths unpalatable to ruling elites, as whistle-blower in the *public* interest, has been fatally eroded in recent years. This is in great part the result of the 'communications revolution' (to quote Rupert Murdoch) that has produced not an information society in which vast amounts of repetitive information are confined to a narrow spectrum of 'thinkable thought', and the vocabulary of state and vested-interest manipulation is increasingly elevated above that of free journalism."** (GUA 7.1.91, 21).

Dies ist wahrlich der "Boden", auf dem Euphemismen in Hülle und Fülle "gedeihen" müßten, sowohl bei denen, die die Wahrheit sagen wollen und diese aus pragmatischen Gründen verhüllen müssen als auch bei jenen, die Lügen an den Mann (resp. die Bürger) bringen wollen und dies verschleiern müssen, um nicht als Lügner erkannt zu werden.

---

[2] Laut UN-Bestimmungen müssen *alle* ständigen Mitglieder des UN-Sicherheitsrates einer Resolution zustimmen, damit diese in Kraft treten kann. Dies hat China aber nicht getan.

5.2   Zur Häufigkeit von politischen Euphemismen

Obwohl wir eine große Zahl von Euphemismen in den von uns untersuchten politischen Texten erwarteten, stellte sich bald heraus, daß es sich beim Euphemismus um eine überaus häufige Erscheinung handelt. Dies stellte uns vor die Wahl, unsere Untersuchungen extensiv oder intensiv zu führen. Das heißt, wir konnten entweder in die Breite gehen, was die Vielfalt der Medien und die Anzahl der Titel der Zeitungen anbetrifft, was unweigerlich eine gewisse Oberflächlichkeit und Ungenauigkeit bei eventuellen Generalisierungen zur Folge gehabt hätte oder wir hatten die Möglichkeit, nur Printmedien zu untersuchen und uns dabei auf einige wenige Titel zu beschränken, dafür aber die gesamte Berichterstattung im Zusammenhang mit dem Golfkrieg in diesen Titeln zu erfassen und somit auch gewisse Tendenzen beim Euphemismengebrauch ermitteln und in bestimmtem Umfange Verallgemeinerungen treffen zu können.

Wir haben uns für die zweite Variante entschieden und zu diesem Zweck insgesamt fünf Printmedien untersucht: den *Guardian* vom 1. Januar bis 2. März 1991, den *Daily Mirror* und den *Morning Star* vom 14. bzw. 15. Januar bis 2. März 1991, das Nachrichtenmagazin *Time* vom 7. Januar bis 11. März 1991 (Nummern 1-10/1991) und die Zeitschrift *Economist* vom 5. Januar bis 2. März 1991 (Nummern 1-9/1991). Einige wichtige Bemerkungen zum Korpus finden sich außerdem im Kapitel 1.4 d. A. Durch die Beobachtung über einen zwar begrenzten, aber dennoch zusammenhängenden Zeitraum lassen sich bestimmte generelle Feststellungen über Häufigkeit, Schwankungen in der Quantität und in gewissem Umfang auch über Vergleichsdaten und Ursachen für Unterschiede im Gebrauch der politischen Euphemismen in den o. g. Zeitungen und Zeitschriften treffen.

In dem Korpus, das insgesamt ca. 1,46 Millionen Wörter umfaßte, fanden wir alles in allem 6.232 politische Euphemismen. Formal gleiche Euphemismen wurden dabei nur dann mehr als einmal gezählt, wenn sie in unterschiedlichen Kontexten (sprachlich und außersprachlich) auftraten und zudem verschieden motiviert waren. Diese ungeheuer große Zahl erzeugte erhebliche Probleme für die Analyse, die dadurch sehr zeitaufwendig war, aus unserer Sicht jedoch interessante Ergebnisse brachte. Tabelle 2 gibt einen Überblick, wie sich diese absolute Anzahl auf die einzelnen Medien verteilte.

Tabelle 2:   *Anzahl der politischen Euphemismen nach Zeitungen/Zeitschriften*

Zeitungen/ Zeitschriften	Anzahl der Euphemismen (absolut)	Anteil an der Gesamtzahl in Prozent
GUARDIAN	2 664	42,7
DAILY MIRROR	1 660	26,6
MORNING STAR	814	13,1
TIME	616	9,9
ECONOMIST	478	7,7

Es erwies sich, daß die absolute Anzahl politischer Euphemismen insgesamt bei den Tageszeitungen höher lag als bei den Zeitschriften. Im *Guardian* wurden mehr als zwei Fünftel aller Euphemismen ermittelt, was nur scheinbar verwundern kann. Einerseits entfiel auf die Texte aus dem *Guardian* auf Grund der umfangreichen Berichterstattung und der qualitativ vergleichsweise guten Aufbereitung ("quality press") vor allem in längeren Kommentaren, aber auch in einer Vielzahl z. T. voluminöser Berichte ein Anteil von weit über der Hälfte am Gesamtkorpus (etwa 935.000 Wörter). Andererseits wendet sich die Zeitung an eine relativ gut gebildete Leserschaft. Somit sind u. U. einige Euphemismen mehr zu erwarten, die vom Leser zwar denotativ verstanden werden ("doublethink"), jedoch trotzdem von uns als Euphemismen eingeordnet wurden. Im übrigen verhindert das Verstehen an sich auch nicht eine mögliche euphemistische Wirkung eines sprachlichen Ausdrucks.

Die relativ große Zahl politischer Euphemismen im *Daily Mirror* kann kaum verwundern, da die "yellow press" bzw. die "tabloids" auf Grund ihrer konzeptionellen Ausrichtung, d. h. der Konzentration auf fotografische Elemente und ihre Verbindung mit einem **"concise and often sensational style"** (CED 1989, 1549) immer auf der Suche nach neuen plakativen, originellen, oft emotionsgeladenen, nicht selten formelhaften, vagen und verschwommenen sprachlichen Ausdrücken sind und dadurch auch eine Vielzahl euphemistischer Ausdrücke prägen. Um mehr Sachlichkeit scheint sich im Vergleich dazu noch der *Morning Star* zu bemühen, der wegen seiner relativ geringen Auflage und des ziemlich begrenzten Leserkreises (vor allem Anhänger der Kommunistischen Partei Großbritanniens und Sympathisanten) allerdings auch nicht den Einfluß besitzt wie z. B. der *Daily Mirror*.

Die geringe absolute Euphemismenzahl bei den Zeitschriften ist zum einen natürlich dem relativ kleinen Anteil am gesamten Korpus zuzuschreiben, die Zeitungen erscheinen täglich, die beiden untersuchten Zeitschriften nur einmal wöchentlich. Zum anderen ist die gegenüber Zeitungen geringere Aktualität und damit die Betrachtung der Ereignisse aus einer gewissen Distanz, d. h. zumindest teilweise mit einer größeren Sachlichkeit, ausschlaggebend.

Trotz der genannten Ergebnisse erachten wir einen Vergleich absoluter Zahlen für wenig aussagekräftig, wenn man den Umfang des untersuchten Korpus dabei nicht in Betracht zieht. Aus diesem Grunde führen wir zur besseren Vergleichbarkeit der Resultate die Einheit der *relativen Häufigkeit von Euphemismen* ein, für die wir auch das Symbol H_E verwenden. Wir verstehen darunter die Anzahl von euphemistischen sprachlichen Ausdrücken in bestimmten Texten bezogen auf die Zahl von 100 Wörtern.

Damit wird auch deutlich, daß diese Größe in bezug auf euphemistische Texte im Sinne z. B. von Inauguralreden, Radioansprachen, Regierungserklärungen, Reden zur Lage der Nation usw. nur wenig aussagekräftig ist, da in diesem Falle H_E möglicherweise nur den Wert 1,0 oder weniger erreicht, obwohl die reale euphemistische Wirkung des Textes in Wirklichkeit viel größer sein kann, als diese Einheit auszudrücken in der Lage ist. Deshalb werden wir nur im Zusammenhang mit Einzelwörtern, Wortverbänden, Abkürzungen und Teilsätzen sowie Sätzen, die eine euphemistische Funktion besitzen, von der relativen Häufigkeit von Euphemismen H_E sprechen.

Diese Einheit befinden wir auch für andere Euphemismen als die politischen für anwendbar, und darüber hinaus ermöglicht sie es uns, realistische Vergleiche anzustellen, die i. a. aussagekräftiger sein dürften als die bloße Gegenüberstellung absoluter Zahlen. Wir haben die relative Häufigkeit auch differenziert nach verschiedenen journalistischen Darstellungsformen ermittelt. Diese Ergebnisse diskutieren wir jedoch erst weiter unten (vgl. Kap. 5.4 d. A.), da hierzu noch einige Begriffsbestimmungen vonnöten sind.

Abbildung 2 zeigt uns die relative Häufigkeit politischer Euphemismen in den von uns untersuchten Zeitungen und Zeitschriften.

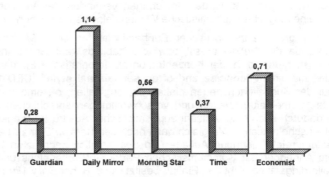

Abbildung 2: *Relative Häufigkeit von politischen Euphemismen im Vergleich*

Hier zeigen sich nun z. T. doch recht erhebliche Unterschiede. Hatte der *Guardian* absolut noch die meisten Euphemismen aufzuweisen, so liegt er unter den fünf Titeln bei der relativen Häufigkeit H_E deutlich unter den anderen Zeitungen und Zeitschriften. Obwohl uns dieses Ergebnis etwas verwundert, wir hätten u. U. einen größeren Anteil von Euphemismen erwartet, deutet dies darauf hin, daß sich diese Zeitung insgesamt um eine sachliche Information und sachliche Kommentare bemüht. Immerhin ist im Unterschied dazu im *Daily Mirror* eine etwa viermal so hohe Häufigkeit von politischen Euphemismen festzustellen.

Auf Grund der viel umfangreicheren Berichterstattung im *Guardian* gegenüber dem *Daily Mirror,* aber auch dem *Morning Star,* bei letzterem wirkt sich vor allem der geringere Gesamtumfang der Zeitung (meist nur 8 Seiten) im Vergleich zu den anderen beiden aus, ist der Einfluß politischer Euphemismen auf das Denken und Handeln der Leser bei den "tabloids" viel höher einzuschätzen. Der durchschnittlich meist deutlich geringere Bildungsstand der Leser dieser Zeitungen wirkt sich in bezug auf die Durchschaubarkeit solcher euphemistischen Ausdrücke noch zusätzlich negativ aus.

Auffallend ist die große relative Häufigkeit von Euphemismen beim *Economist,* die fast doppelt so hoch ausfällt wie bei *Time* und nur vom *Daily Mirror* übertroffen wird. Ursache hierfür könnte sein, daß sich der *Economist* an ein relativ gebildetes Publikum wendet, das mit dem Durchschauen euphemistischen Sprachgebrauches vergleichsweise weniger Probleme hat, was die Häufigkeit insofern wieder etwas relativiert. Für das gesamte Korpus ermittelten wir eine relative Häufigkeit H_E von politischen Euphemismen von 0,43. Wir können deshalb für den *Economist*, in deutlicherem Maße aber noch für den *Daily Mirror* einen überdurchschnittlichen Gebrauch von Euphemismen in den politischen Texten konstatieren, der offenbar verschieden motiviert ist. Eine Manipulation von Menschen ist im Falle einer geringeren politischen Bildung eher wahrscheinlich als bei Menschen, die sich oft schon aus beruflichen Gründen mit Politik beschäftigen, was man für die Leserschaft des *Economist* u. E. durchaus annehmen darf.

Überaus interessante Resultate erbrachte ein Vergleich der für die einzelnen Tage ermittelten relativen Häufigkeit H_E bei den fünf Titeln. Im Anhang 2 veröffentlichen wir eine detaillierte Übersicht dazu. Hierbei wird deutlich, daß die relative Häufigkeit H_E bestimmten Schwankungen unterliegt, die mehr oder weniger heftig sein können. Es ist offensichtlich, daß diese Schwankungen im Bereich der "quality press" nicht so groß sind (*Guardian*: 0,12 - 0,76, *Economist*: 0,34 - 1,05), bei *Time* ebenfalls relativ gering ausfallen (0,26 - 0,77), während sie beim *Morning Star* größer sind (0,24 - 1,17) und besonders beim *Daily Mirror* stark voneinander abweichende Werte auftreten (0,48 - 2,73). Dies könnte darauf hindeuten, daß emotionale Faktoren im *Daily Mirror* eine größere Rolle spielen und der Gebrauch politischer Euphemismen stark an der Gefühlslage der Menschen orientiert ist, während Informationen beispielsweise im *Guardian* eher sachbezogen vermittelt werden, was auch auf die beiden Zeitschriften zuzutreffen scheint, obwohl sich die Schwankungen bein *Economist* aus o. g. Gründen auf einem insgesamt höheren Niveau vollziehen.

Ein Vergleich zwischen den einzelnen Pressetiteln zeigt frappierende Affinitäten beim Anstieg der Häufigkeit von Euphemismen im politischen Sprachgebrauch zu bestimmten Zeitpunkten. Dies könnte darauf hinweisen, daß zwischen Euphe-mismengebrauch und dem Eintreten bestimmter politischer Ereignisse ein gewisser kausaler Zusammenhang besteht. So ist insbesondere ein starker Anstieg der Verwendung politischer Euphemismen zwischen dem 14. und 21. Januar 1991 im *Daily Mirror, Morning Star,* in *Time* und im *Economist* festzustellen. Ein weiteres gehäuftes Auftreten politischer Euphemismen registrieren wir zwischen dem 21. und 25. Februar 1991 in allen fünf Medien und für den 28. Februar 1991 im *Morning Star* und im *Daily Mirror.* Es kann kein Zufall sein, daß in diese Zeiträume der Ablauf des UN-Ultimatums (15.1.91) und der Beginn des Golfkrieges (16.1.1991), der Beginn der Bodenoffensive der Alliierten (23.2.91) und das Ende des Krieges (27.2.91) fallen.

Offenbar gibt es im Zusammenhang mit diesen Ereignissen eine ganze Reihe von Dingen mehr zu verschleiern, als es sonst üblich ist (z. B. zu erwartende Opfer, Ursachen für bestimmte Ereignisse, Folgen des Krieges usw.). Wir können an Hand unserer Zahlen beweisen, daß Anstiege im Gebrauch von politischen Euphemismen infolge bevorstehender oder eingetretener politischer Ereignisse in ganz verschie-denen Zeitungen und Zeitschriften zum gleichen Zeitpunkt zu verzeichnen sind. Dabei darf jedoch nicht übersehen werden, daß das Niveau des Anstieges insgesamt doch recht erheblich voneinander abweicht, d. h. der Anstieg der relativen Häufigkeit politischer Euphemismen auf unterschiedlichem Niveau erfolgt.

Vgl. z. B.:   *21.2.91*: GUA **0,57** /DMi 1,00/MS 0,46;
                 22.2.91: GUA 0,42/DMi **2,73**/ MS **0,82**;
                 23.2.91: GUA 0,37/DMi 1,09/MS 0,52/ECO **0,75**.[3]

Zusammenfassend können wir feststellen, daß es sich beim Euphemismus in politischen Texten innerhalb des journalistischen Stils um eine häufige Erscheinung handelt. Als Vergleichsbasis zwischen verschiedenen Medien dient die relative Häufigkeit von Euphemismen H_E, die bei uns im Sinne von Häufigkeit politischer Euphemismen verwendet wird. Der Wert H_E weicht bei qualitativ unterschiedlichen Presseorganen teilweise erheblich voneinander ab, wobei i. a. für "tabloid papers" eine höhere relative Häufigkeit von politischen Euphemismen, trotz des insgesamt geringen Anteils von politischer Berichterstattung am Gesamtumfang der Zeitung, festzustellen ist. Die relative Häufigkeit von politischen Euphemismen ist bestimmten Schwankungen unterworfen, die in einem Zusammenhang mit dem Eintreten (möglicherweise auch Nichteintreten) oder dem Bevorstehen wichtiger politischer Ereignisse zusammenhängen (können). Diese Schwankungen sind bei der "yellow press" i. a. größer als bei der "quality press".

Wir hatten weiter oben bemerkt, daß es Euphemismen gibt, die traditionell als solche verwendet werden und andere, die okkasioneller Art sind, d. h. sprachliche Ausdrücke, die erstmals, eventuell sogar einmalig, als Euphemismus Verwendung finden. Wir wollen uns im folgenden der Einordnung der Euphemismen unter sprachhistorischem (diachronischem) Aspekt zuwenden.

5.3 Der politische Euphemismus unter sprachhistorischem Aspekt - traditionelle und okkasionelle Euphemismen

Zu einem bestimmten Zeitpunkt der gesellschaftlichen und zugleich sprachlichen Entwicklung läßt sich innerhalb der Gesamtheit der Euphemismen unter sprachhistorischem Aspekt in diachronischer Sicht zwischen zwei verschiedenen Klassen von Euphemismen differenzieren.

Einerseits existieren zu einem solchen Zeitpunkt Euphemismen, die bereits zum Bestandteil des Lexikons der Sprachgemeinschaft geworden sind, d. h. die bereits in die langue Eingang gefunden haben und deren verhüllender Gebrauch somit innerhalb der Sprachgemeinschft als "vereinbart" gelten kann. Sie werden deshalb gewissermaßen gewohnheitsmäßig als Euphemismen gebraucht. Solche Euphemismen eignen sich meist kaum zu einem manipulativen Gebrauch, da dem Sender (Sprecher/Schreiber) wie dem Rezipienten (Hörer/Leser) i. a. die euphemistische Funktion des entsprechenden sprachlichen Ausdrucks bewußt ist.

Hierzu gehören vor allem solche Euphemismen i. e. S., die traditionelle Tabubereiche betreffen, wie z. B. Tod, Krankheit, generative Organe usw., jedoch auch sprachliche Ausdrücke, deren euphemistischer Gebrauch in einem bestimmten Kontext sich unschwer aus der lexikalischen Bedeutung, d. h. an Hand eines Wörterbuch- oder Lexikoneintrags erschließen läßt, ohne daß die Euphemismen

---

[3] Durch Fettdruck hervorgehobene Zahlen weisen auf einen besonders hohen Wert von H_E beim jeweiligen Pressetitel hin.

dort aber in jedem Falle als solche gekennzeichnet sein müssen, da dies "**sekundärer Natur**" (LUCHTENBERG 1985, 152) ist. Entscheidend ist vielmehr, daß entsprechende Konnnotationen zum festen Bestandteil der Wortbedeutung geworden sind bzw. eine umstrittene Bedeutung den euphemistischen Gebrauch zuläßt. Wir bezeichnen diese Euphemismen i. e. S. als *traditionelle Euphemismen*, womit wir den herkömmlichen, überlieferten, konventionellen Aspekt des Gebrauches solcher sprachlicher Ausdrücke in euphemistischer Funktion unterstreichen wollen.

Die von uns verwendete Bezeichnung fällt im wesentlichen zusammen mit dem Begriff der *langue-Euphemismen* bei LUCHTENBERG (vgl. ebd., 151 ff.), der deshalb auch weitgehend synonym verwendet werden kann. Wir können uns jedoch nicht mit der Definition LUCHTENBERGS identifizieren, die diese für die *konventionellen Euphemismen* gibt. Sie versteht darunter "**diejenigen langue-Euphemismen, die bestimmten Konventionen genüge leisten, d. h. Tabugebote erfüllen**" (ebd., 153), läßt jedoch offen, welche Merkmale dann die übrigen langue-Euphemismen aufweisen sollen. Auch ihre Erläuterung, daß konventionelle Euphemismen in bezug auf den Gesamtwortschatz eine "**lexikalische Auswahl**" darstellen, "**die aber an außersprachlichen, gesellschaftlichen Tabuvorschriften orientiert ist**" (ebd.), kann wenig befriedigen. Unseres Erachtens vermischt sie sprachhistorische Aspekte und motivationale, d. h. kommunikativ-funktionale Aspekte miteinander, zwischen denen explizit unterschieden werden sollte.

Wie oben gezeigt, können auch politische Euphemismen, die nicht konventioneller Art sind, bestimmten Tabus genügen, ohne daß sie Bestandteil des Sprachsystem, also langue-Euphemismen nach LUCHTENBERG sein müssen. Auch andere als im Sprachsystem (langue) fest verankerte Euphemismen können "**herausgebrachte Normen festigen und durch die Sprache in der Gesellschaft tradieren**" (ebd.), was die Differenzierung innerhalb der langue-Euphemismen durch LUCHTENBERG unpraktikabel und wenig sinnvoll erscheinen läßt. Um Fehldeutungen zu vermeiden, haben wir uns aus diesem Grunde für den Begriff *traditionelle Euphemismen* entschieden, den wir im o. g. Sinne verwenden.

Im Unterschied zu den traditionellen Euphemismen gibt es auch solche sprachlichen Ausdrücke in euphemistischer Funktion, die uns ausschließlich auf der Ebene der parole begegnen, d. h. die in diachonischer Sicht bisher nicht bzw. nicht als Euphemismen Bestandteil des Sprachsystems geworden sind, sondern über eine gruppenspezifische bzw. individuelle Verwendung in euphemistischer Funktion hinaus gesamtgesellschaftlich bisher nicht als Euphemismen "anerkannt" sind und somit u. U. deshalb auch nicht als solche erkannt werden können. Es liegt auf der Hand, daß sich insbesondere solche Euphemismen für einen manipulativen Gebrauch eignen. Wir bezeichnen diese Klasse von euphemistischen Ausdrücken als *okkasionelle Euphemismen*.

Hierzu zählen auch Ad-hoc-Bildungen im Sinne von LUCHTENBERG (vgl. ebd., 153 f.), d. h. solche Euphemismen, die in einer bestimmten kommunikativen Situation entstehen und danach eventuell nie wieder als Euphemismus verwendet werden. Es ist jedoch denkbar, daß ein und derselbe sprachliche Ausdruck in zwei völlig voneinander verschiedenen Kommunikationssituationen als Euphemismus gewissermaßen "geschaffen" wird, ohne daß man deshalb von ein und demselben

Euphemismus sprechen kann, da dieser jeweils einen anderen begrifflichen Inhalt besitzt. Diese beschriebenen Ad-hoc-Bildungen können insbesondere zu manipulativen Zwecken verwendet werden, da ihre euphemistische Funktion meist besonders schwer zu durchschauen ist. Ein häufiger Gebrauch sprachlicher Ausdrücke in euphemistischer Funktion könnte dagegen das kognitive Erfassen des wirklichen Begriffsinhaltes des mit dem euphemistischen Ausdruck bezeichneten Designatums befördern und letztendlich zum Verblassen des Euphemismus führen. Die Ad-hoc-Bildungen stellen gewissermaßen eine spezielle Gruppe innerhalb der okkasionellen Euphemismen dar.

Es ist klarzustellen, daß zu einem bestimmten Zeitpunkt der Sprachentwicklung die Übergänge zwischen traditionellen und okkasionellen Euphemismen fließend sind, d. h. keine starren Grenzen gezogen werden können. Insofern beinhaltet die durchgeführte Analyse und die Zuordnung der von uns untersuchten politischen Euphemismen zu einer dieser Klassen natürlich auch ein subjektives, arbiträres Element.

Eine Unterscheidung in traditionelle und okkasionelle Euphemismen ist selbstverständlich nur sinnvoll für Einzelwörter und Wortverbindungen sowie für Abkürzungen, die in euphemistischer Funktion auftreten. Diese Differenzierung ist für Sätze oder ganze Texte nicht zu treffen, da zwar einzelne Bestandteile dieser syntaktischen Strukturen traditionelle oder okkasionelle Euphemismen i. e. S. sein können, aber nie die gesamten syntaktischen Strukturen als solche als traditionell bzw. okkasionell zu bezeichnen sind. Zumindest wäre es müßig, eine solche Unterscheidung für ganze Sätze oder gar Texte treffen zu wollen.

Interessant ist im Zusammenhang mit der Unterscheidung unter sprachhistorischem Aspekt die Frage, ob alle "verblaßten" Euphemismen zugleich traditionelle Euphemismen im o. g. Sinne sind. Wir bejahen dies für all jene "verblaßten" Euphemismen traditioneller Art, die bis zum heutigen Tage, in welch geringem Maße auch immer, eine euphemistische Wirkung erzielen können. Ein "verblaßter" Euphemismus im eigentlichen Sinne des Wortes hat aber *jede* euphemistische Wirkung eingebüßt, d. h. alle negativen Konnotationen angenommen, die jener sprachliche Ausdruck besaß, für den er einst Verwendung fand. Er hat also genaugenommen aufgehört, überhaupt ein Euphemismus i. e. S. zu sein. Somit stellt sich dann auch nicht mehr die Frage, ob es sich um einen traditionellen Euphemismus handelt.

Im Rahmen unserer Untersuchung wurden insgesamt 5.394 Einzelwörter, Wortverbindungen und Abkürzungen in euphemistischer Funktion ermittelt. Davon waren 3.102 traditionelle Euphemismen im Sinne unserer obigen Definition. Dies entspricht einem Anteil von 57,5 %. Insgesamt 2.292 politische Euphemismen wurden okkasionell gebraucht, d. h. für diese konnten wir den Charakter einer Ad-hoc-Bildung oder einen bisher nur individuellen bzw. gruppenspezifischen Gebrauch feststellen. Das sind 42,5 % aller ermittelten politischen Euphemismen. Betrachtet man die euphemistischen Abkürzungen seperat, so fällt auf, daß hier das Verhältnis etwas anders aussieht. Von insgesamt 231 Abkürzungen, die in euphemistischer Funktion verwendet wurden, waren 100 (43,3 %) traditionell und 131 (56,7 %) okkasionell als Euphemismen gebraucht.

Es wird deutlich, daß im Bereich der politischen Euphemismen ein hoher Anteil okkasioneller Verwendung von sprachlichen Ausdrücken in euphemistischer Funktion zu verzeichnen ist. Somit läßt sich vermuten, daß sich in der Sphäre der Politik zum einen in größerem Umfange ein Bedeutungswandel vollzieht und zum anderen eine Reihe von Neologismen gebildet werden. Dies belegt unsere oben getroffene Aussage (vgl. Kap. 4.5.5 d. A.), daß ein enger Zusammenhang zwischen der Verwendung von Euphemismen und dem Bedeutungswandel innerhalb einer bestimmten Sprache besteht. Desweiteren läßt sich feststellen, daß Abkürzungen eine wichtige Rolle bei der Euphemisierung von Sachverhalten, Gegenständen, Zusammenhängen usw. in der Sphäre der Politik spielen und daß hier Neubildungen in noch stärkerem Maße ausgeprägt sind, auch wenn nicht übersehen werden darf, daß euphemistische Abkürzungen innerhalb aller ermittelten politischen Euphemismen insgesamt nur eine kleine Gruppe darstellen.

Aufschlußreich ist in diesem Zusammenhang auch ein Vergleich zwischen den von uns untersuchten Pressetiteln. Tabelle 3 gibt einen Überblick über den Anteil traditioneller und okkasioneller Euphemismen an der Gesamtzahl politischer Euphemismen geordnet nach einzelnen Zeitungen und Zeitschriften.

Tabelle 3: *Politische Euphemismen unter sprachhistorischem Aspekt*

Zeitungen und Zeitschriften	Euph. gesamt[4]	d a v o n			
		traditionelle Euphemismen		okkasionelle Euphemismen	
GUARDIAN	2279	1351	59,3	928	40,7
DAILY MIRROR	1.497	818	54,6	679	45,4
MORNING STAR	712	451	63,3	261	36,7
TIME	470	253	54,1	217	45,9
ECONOMIST	436	229	52,5	207	47,5
gesamt	*5.394*	*3.102*	*57,5*	*2.292*	*42,5*

Es zeigt sich, daß sich der prozentuale Anteil traditioneller und okkasioneller Euphemismen bei den einzelnen Printmedien ähnlich verhält, wobei beim *Morning*

---

[4] Aus genannten Gründen sind hier euphemistische Teilsätze, Sätze, Teiltexte und Texte ausgeklammert.

Star besonders viele traditionelle Euphemismen existieren (63,3 %) und beim *Economist* der höchste Anteil an okkasionellen Euphemismen (47,5 %) zu verzeichnen war. Bestimmte Tendenzen für die "quality press" oder die "rainbow press" konnten wir nicht feststellen. Ergänzend läßt sich sagen, daß die okkasionell gebrauchten euphemistischen Abkürzungen beim *Guardian* mit 80,8 % von der Gesamtzahl euphemistischer Abkürzungen einen besonders hohen Anteil aufweisen, was u. U. Rückschlüsse auf die Rolle der Abkürzungen bei der Euphemisierung von Gegenständen, Zuständen usw. der Wirklichkeit bei dieser Zeitung insgesamt zuläßt. Aber auch allgemein kann man registrieren, daß okkasioneller Gebrauch bei euphemistischen Abkürzungen mit 56,7 % häufiger auftritt als bei Einzelwörtern und Wortverbänden in euphemistischer Funktion, bei denen dieser Anteil nur bei 41,9 % liegt. Eine detaillierte Übersicht nach Einzelwörtern/Wortverbänden und Abkürzungen in euphemistischer Funktion aufgeschlüsselt findet sich im Anhang 3.

Zusammenfassend läßt sich feststellen, daß unter sprachhistorischem Aspekt in diachronischer Sicht unterschieden werden kann zwischen sprachlichen Ausdrücken, die *traditionell* und die *okkasionell* als Euphemismen Verwendung finden. Im Bereich der Politik ist eine Vielzahl okkasioneller Euphemismen festzustellen, was auf einen häufigen Gebrauch zum Zwecke der Verschleierung von Tatsachen und ein beabsichtigtes Erschweren des Verstehens oder sogar provoziertes Mißverstehen beim Rezipienten schließen läßt. Eine vergleichende Untersuchung zu Euphemismen außerhalb der politischen Sprache könnte hier für größere Klarheit über die Häufigkeit und die Wirkung okkasioneller gegenüber traditionellen Euphemismen sorgen.

Unseres Erachtens sind Euphemismen traditioneller Art, wie z. B. *limited war* (GUA 7.2.91., 23), *liberation* (GUA 14.1.91, 1), *operation* (DMi 18.1.91, 2), *strategic target* (MS 31.1.91, 8) oder *friendly fire* (TM 11.2.91, 15), in ihrer denotativen Bedeutung vom Rezipienten leichter zu erfassen, ggf. unter Zuhilfenahme von Wörterbüchern, als beispielsweise okkasionelle Euphemismen wie *to do the job* (A_N: to fight the war; TM 11.3.91, 31), *ballet* (A_N: war; TM 4.3.91, 14), *battlefield preparation* (A_N: heavy bombing of enemy forward positions; GUA 18.2.91, 1), *tool* (A_N: weapon; DMi 14.1.91, 2), *surgical strike* (A_N: a [would-be] precise bomb attack; GUA 9.1.91, 19).

Noch problematischer wird es, wenn Abkürzungen verwendet werden, die dem Rezipienten überhaupt nicht geläufig sind oder wenn die Bedeutung möglicherweise unklar ist, wie beispielsweise bei *NCBW* (nuclear, chemical and biological warfare; GUA 30.1.91, 4), *non-RG LC* (line-crosser who turned out not to be a member of the Republican Guard of Iraq; ebd.), *ABM* (anti-ballistic missile, ebd.), *BDA* (bomb damage assessment; GUA 7.2.91, 3), *AGM-142 A* (air ground missile + Typenangabe; TM 28.1.91, 23) oder auch *AWACS* bzw. *Awacs* (airborne warning and control system; GUA 18.1.91, 4). Auf die doppelte Gefahr solcher Abkürzungen weist auch SCHAU (1985, 125 ff.) u. a. an Hand des Beispiels *SDI* hin:

"SDI bedeutet gleich zweimal eine Verniedlichung der Militarisierung des Weltalls. Das sprachliche Merkmal 'Defense' verweist ebenso auf militärische Zurückhaltung wie das Wort 'Initiative', das 'einen Schritt zur

Handlung' bedeutet, nicht schon die Handlung selbst. Und - das Initialwort SDI entkleidet die 'Strategische-Verteidigungs-Initiative' vollends ihres militärischen Sinnes: es raubt ihr die Inhaltsschwere." (ebd., 127).[5]

Nachdem wir ausführlich auf den politischen Euphemismus unter sprach-historischem Aspekt eingegangen sind, wollen wir uns nun den Darstellungsformen zuwenden, in denen uns in der Presse Euphemismen begegnen.

5.4 Der politische Euphemismus in verschiedenen journalistischen Darstellungsformen - Bemerkungen zur Textsortenproblematik

Im Zusammenhang mit unseren Untersuchungen zu Euphemismen in der Sprache der Politik, insbesondere im Journalismus, erwies es sich als günstig, eine Unter-scheidung der Euphemismen entsprechend ihrer Verwendung in bestimmte Darstel-lungsformen zu treffen. Als Ergebnis dessen ließen sich relativ konkrete Aussagen zur Häufigkeit des Auftretens politischer Euphemismen in diesen Darstellungsformen erwarten. Es lag nicht in unserer Absicht, in die Textsortendiskussion innerhalb der Linguistik einzugreifen (vgl. z.B. GRAUSTEIN/THIELE 1979, SCHÄFFNER/ NEUBERT 1986, HELBIG 1980, MICHEL/KRAUSE 1987, DE BEAUGRANDE/ DRESSLER 1981). Insbesondere bei STRAUSS 1985 und 1986 finden sich interessante Ansätze zu einer Gliederung des Kommunikationsbereiches Politik nach Textsortenklassen und Textsorten (vgl. besonders 1985, 194 ff. und 1986, 84 ff.).

Es kann nicht Aufgabe und Ziel unserer Untersuchung sein, eine umfassende Auseinandersetzung mit den Arbeiten der Textlinguistik zu führen. Es ist jedoch mit Sicherheit anzunehmen, daß die Textsortendiskussion und ihre Ergebnisse wichtige Einflüsse auf die systematische Einordnung lexikalischer Einheiten sowie insbesondere auch der Euphemismen ausüben werden. Somit sind von der Textlinguistik wertvolle Impulse auch in bezug auf unseren Untersuchungs-gegenstand zu erwarten.

Im Unterschied zur Textlinguistik, die in bezug auf die politische Sprache in Text-sorten klassifiziert, die Produkte darstellen, **"in denen die einzelnen politischen Sprachspiele sich jeweils manifestieren"** (STRAUSS 1986, 62), wobei das *Sprachspiel* **"die konkrete Handlungskonstellation oder das gesellschaftliche Bedingungsfeld [liefert], innerhalb dessen 'kommunikative Verfahren' als sprachliche Mittel der Problemlösung und Handlungskoordinierung situiert sind und als Verfahren in politischen Meinungs-, Willensbildungs- und Entscheidungsprozessen spezifisch wirksam werden"** (ebd.), verwenden wir für unsere Zwecke den Begriff der *Darstellungsformen*. Wir verstehen darunter die spezifische Art und Weise der Präsentation von politischen Sachverhalten, Objekten, Zusammenhängen usw., bezüglich unserer Untersuchung im journalisti-schen Stil, die charakterisiert ist durch eine bestimmte Quantität, formale Kenn-zeichen, kommunikativ-funktionale Merkmale (z. B. die bevorzugte Verwendung bestimmter kommunikativer Verfahren) und lexikalisch-grammatische Besonder-heiten. Gewissermaßen stellt dieses Herangehen den Versuch dar, eine Verbindung

---

[5] Zum Beispiel *AWACS* vgl. SCHAU (1985, 21 f.).

herzustellen zwischen der Textsortenproblematik, den Ergebnissen der Linguistik bezüglich bestimmter funktionaler Varietäten, insbesondere bestimmter "subregisters" (vgl. z. B. QUIRK et al. 1991, 15 f.; GRAUSTEIN et al. 1982, 17 ff.), und den Resultaten pragmatischer und semantischer Untersuchungen, insbesondere der Diskursanalyse (vgl. z. B. RICHARDSON 1985, 24 f.; NEUBERT 1983; CHILTON 1985, Introduction, xvi; CHILTON 1985 a, 122 ff.; MOSS 1985 a, 161).

Da wir uns in unserer Arbeit auf politische journalistische Texte in schriftlicher Form (Zeitungen, Zeitschriften) konzentriert haben, unterscheiden wir zwischen folgenden Darstellungsformen zum Zwecke der Einordnung der politischen Euphemismen in diese:[6]

1.   B e r i c h t e :

Hierbei handelt es sich um eine Darstellungsform, die der politischen Information und Nachrichtenübermittlung dient. Es überwiegen dabei die kommunikativen Verfahren INFORMIEREN, BERICHTEN, UNTERRICHTEN; das BEWERTEN hingegen ist hierbei sekundär (vgl. STRAUSS 1985, 199; MENG 1972). Der Umfang der Berichte betrug für unsere Beispiele etwa zwischen 380 (*Morning Star*) bis zu 1.800 Wörtern (*Time*). Die Berichte nahmen mit einem Gesamtumfang von ca. 949.000 Wörtern den mit Abstand größten Anteil am untersuchten Korpus ein (fast 65 %).

2.   K u r z b e r i c h t e :

Diese können wir als eine Besonderheit der Zeitungsberichterstattung ansehen, da sie in politischen Zeitschriften (resp. in den von uns untersuchten) kaum Verwendung finden. Kurzberichte weisen im wesentlichen die gleichen Merkmale auf wie die Berichte, unterscheiden sich von diesen jedoch vor allem durch ihren Umfang, der zwischen etwa 120 (*Daily Mirror*) und rund 200 Wörtern (*Guardian*) lag.

3.   K o m m e n t a r e :

Bei dieser Darstellungsform überwiegen als kommunikative Verfahren das DARSTELLEN, das INTERPRETIEREN, das ARGUMENTIEREN, das BEWERTEN und natürlich das KOMMENTIEREN (vgl. STRAUSS 1985, 200). Hierzu zählen wir sowohl politische Leitartikel (leader comments), Kommentare einzelner Journalisten sowie auch die meist etwas umfangreicheren politischen Essays (insbesondere in der "quality press"). Eine weitere Untergliederung der Kommentare schien uns für unsere Zwecke nicht sinnvoll, da z. B. der Essay ein Genre darstellt, das nicht bei allen Printmedien durchgängig Verwendung findet. Kommentare haben einen sehr unterschiedlichen Umfang, der zwischen etwa 195 (*Daily Mirror*) über 570 (*Morning Star*) bis zu 1.070 Wörtern (*Guardian*) durchschnittlich beträgt.

---

[6] Zu bestimmten Merkmalen des journalistischen Stils vgl. auch GRAUSTEIN et al. 1982, 18 f.; GALPERIN 1981, Kap. 3.7 d. A.

4. K u r z m e l d u n g e n :

Diese Darstellungsform weist im wesentlichen die gleichen Merkmale auf wie Berichte und Kurzberichte. Hauptmerkmal der Kurzmeldungen ist ihre komprimierte Form. In nur sehr wenigen Sätzen (oft 2 - 4, manchmal sogar nur ein Satz) werden politische Ereignisse, Vorgänge, Zeitgeschehen in Form einer kurzen Nachricht konstatiert. Der faktuale Aspekt ist entscheidend, Wertungen werden entweder überhaupt nicht oder wenn doch, zumeist immanent getroffen. Statements (siehe unten) wurden von uns in Kurzmeldungen nur selten festgestellt. Die durchschnittliche Wortzahl lag zwischen etwa 14 *(Guardian)* und knapp 30 Wörtern *(Morning Star)* je Kurzmeldung. Auf Grund ihrer Aktualität sind Kurzmeldungen meist nur in Zeitungen, kaum in Zeitschriften anzutreffen.

5. S c h l a g z e i l e n :

Bei den Schlagzeilen handelt es sich um eine Darstellungsform, die vor allem dazu dient, den Leser in aller Kürze und Kompromiertheit auf den Inhalt eines nachfolgenden Berichtes, Kurzberichtes, einer Kurzmeldung oder eines Kommentars, eventuell auch eines Fotos hinzuweisen und sein Interesse zu weken. Schlagzeilen können reißerisch, nicht selten ganzseitig aufgemacht sein, mit Bildern kombiniert werden (vor allem "yellow press"), untergliedert sein in eine Hauptschlagzeile und eine oder mehrere, z. T. die Hauptschlagzeile erläuternde, Unterschlagzeilen. Sie bestehen meist nur aus wenigen Wörtern (im Durchschnitt 3 - 7). Auffällig ist eine besonders geringe Wortzahl beim *Daily Mirror* (Durchschnitt 3,1), was u. E. darauf hinweist, daß Schlagzeilen in der "yellow press" häufig einen schlagwortähnlichen, plakativen, emotionalisierenden Charakter tragen, was jedoch ebenso in der "quality press" der Fall sein kann, hier aber etwas seltener zu beobachten ist. Schlagzeilen enthalten oft bereits eine Wertung oder eine offene oder versteckte Aufforderung zum Handeln. Die Schlagzeilen sind i. a. in einem größeren Schriftsatz und fett gedruck. Syntaktisch gesehen sind sie meist durch viele Reduktionen gekennzeichnet (vgl. hierzu auch GRAUSTEIN et al. 1982, 18).

6. B i l d u n t e r s c h r i f t e n :

Sie dienen dazu, auf den Inhalt eines darüber oder daneben abgebildeten Fotos, einer Skizze oder einer Zeichnung bzw. einer Grafik einzugehen. Dabei können sie, ähnlich den Schlagzeilen, einen schlagwort- oder parolenähnlichen Charakter tragen, dabei Bewertungen oder Aufforderungen enthalten. Bildunterschriften können jedoch auch umfangreicher (ein oder mehrere Sätze) sein. Sie können Fakten konstatieren (z. B. Personen auf einem Foto identifizieren) oder bereits einen Sachverhalt umfangreicher darstellen. Bei der "yellow press" spielt die Verschmelzung von Wort- und Bildberichterstattung eine besondere Rolle, was z. B. am hohen Anteil von Bildunterschriften beim *Daily Mirror* (ca. 3,4 %) gegenüber dem *Guardian* (nur etwa 0,9 %) an dem von uns analysierten Material zum Ausdruck kommt. Ihr Umfang beträgt zwischen nur etwa vier *(Economist)* bis zu etwa 25 Wörtern *(Guardian)*.

7.   Statements:

Dies sind Zitate, kurze Stellungnahmen von Politikern u. a. Personen, die in journalistischen Texten entweder direkt (in Anführungszeichen) oder indirekt (reported speech) wiedergegeben werden können. Hierbei überwiegen die kommunikativen Verfahren INFORMIEREN, UNTERRICHTEN, BEWERTEN. Statements werden meist abgegeben auf Fragen von Journalisten, insbesondere auf Pressekonferenzen oder "briefings". Sie begegnen uns innerhalb anderer Darstellungsformen, vor allem in Berichten, Kurzberichten, etwas seltener in Kommentaren und Kurzmeldungen. Statements werden meist in kurzer Form, häufig nur in ein bis drei Sätzen, oft in Form von einfachen Sätzen (simple sentences) ab- und wiedergegeben. Unseres Erachtens ist es notwendig, diese Darstellungsform gesondert zu betrachten und zwar aus Gründen, die weiter unten noch deutlich werden sollen.

Andere Darstellungsformen wie z. B. politische Werbung (advertisements), Leserbriefe u. dgl. bezogen wir aus zeitlichen und thematischen Gründen nicht in unsere Untersuchungen ein.

Von den insgesamt ermittelten 6.232 politischen Euphemismen entfielen 3.428 auf die Darstellungsform Bericht. 1.053 der politischen Euphemismen waren in Kurzberichten enthalten. In Kommentaren fanden sich 1.128, in Schlagzeilen 393, in Kurzmeldungen nur 125 und in Bildunterschriften 106 politische Euphemismen. Ein großer Teil der Euphemismen in Berichten und Kurzberichten ist dabei innerhalb der dort wiedergegeben Statements anzutreffen. Bei Berichten sind dies immerhin 50,5 % und bei Kurzberichten sogar 51,9 % aller dort festgestellten politischen Euphemismen. Innerhalb von Kurzmeldungen beträgt der Anteil von in Statements wiedergegebenen Euphemismen 24,8 % und bei Kommentaren immerhin noch etwa 17,4 %. Alles in allem stammen 2.503 der von uns ermittelten politischen Euphemismen aus solchen Statements, das sind 40,2 % der Gesamtzahl.

Eine Besonderheit bei der Darstellung bestimmter Aussagen von Personen in journalistischen Texten mit Hilfe von Anführungszeichen im Vergleich zu wiedergegebenen Statements kann die dadurch erfolgende *Kennzeichnung* von Euphemismen sein (vgl. LUCHTENBERG 1975, 313; 1985, 139; LEINFELLNER 1971, 10), die zudem von einzelnen Zeitungen und Zeitschriften sehr unterschiedlich gehandhabt wird. Unseres Erachtens stellt eine solche Kennzeichnung noch keinen Beitrag zur Aufklärung des Lesers über den euphemistischen Sprachgebrauch von Politikern u. a. Personen dar, wie dies LUCHTENBERG (vgl. 1975, 313) annimmt. Auch die Verwendung von *so-called* vor einem euphemistischen Ausdruck ist bei weitem noch keine sprachliche Aufklärung. Eine solche Aufklärung setzt sich nicht im Selbstlauf durch. Um so mehr gilt das für solche euphemistischen Ausdrücke, deren Begriffsinhalt dem Leser unklar ist. So stellt dieselbe Autorin in ihrer später erschienenen Arbeit (1985, 139) richtig fest: **"Anführungsstriche haben jedoch nicht in jedem Fall aufklärende Wirkung, sondern können ihrerseits zur Euphemisierung beitragen..."**. Als Beispiel führt sie den Gebrauch von *"DDR"* in der früheren Bundesrepublik an. Hier wurden die Anführungsstriche nach ihrer Auffassung euphemisierend anstelle des Wortes *sogenannte* verwendet.

Wir vermuten, daß solcherart gekennzeichnete Euphemismen u. U. vom Leser schneller Beachtung finden, ohne daß ihm dabei die euphemistische Wirkung bewußt werden muß und, wenn ihm der euphemistische Ausdruck originell erscheint, er diesen möglicherweise sogar unkritisch in seinen eigenen Sprachgebrauch übernimmt. Resultate einer diesbezüglichen psychologischen Untersuchung könnten u. E. interessante Aufschlüsse über die Wirkung solcher Kennzeichnungen von Euphemismen erbringen. In vielen Fällen wirken nach unserer Auffassung Anführungszeichen sogar derart, daß der Leser die gekennzeichneten sprachlichen Ausdrücke als zitierte Äußerungen versteht, da bei direkter Wiedergabe von Statements ebenfalls Anführungszeichen Verwendung finden und sich somit Statement und gekennzeichneter Euphemismus nur sehr schwer voneinander unterscheiden lassen.

Beispiel 1:   US Marines-Sprecher Col. Ron Richard wird in einem Bericht über die Zerstörung von mindestens 24 irakischen Panzern wie folgt zitiert: "It was the first hard *kill* we've gotten on a big target." (DMi 30.1.91, 2)

Beispiel 2:   In einem Kurzbericht im *Daily Mirror* liest man: The brilliant *'kills'* that the American Patriot missiles are scoring ..." (DMi 22.1.91, 9)[7]

Es ist kaum anzunehmen, daß die im zweiten Beispiel erfolgte Kennzeichnung von A_E: kill (N) (A_N: destruction) mit Anführungszeichen gegenüber dem ersten Beispiel zur Aufklärung des Euphemismus in größerem Maße beiträgt. Die Aufmerksamkeit des Lesers wird zwar auf *kills* fokussiert, eine automatische Auseinandersetzung mit diesem Euphemismus ist jedoch nicht zu erwarten, obwohl die Kennzeichnung hier vom Leser nicht unbedingt als Zitat aufgefaßt wird. Zur Aufklärung über den Mißbrauch der Euphemismen zu bestimmten politischen Zwecken eignen sich da schon eher solche Gegenüberstellungen, wie die vom *Guardian* am 23. Januar 1991 für den unterschiedlichen Sprachgebrauch in der britischen Presse im Zusammenhang mit der Golfkriegsberichterstattung für die Beschreibung von Objekten, Sachverhalten, Handlungen usw. der alliierten Truppen einerseits und der irakischen Armee andererseits unter der Überschrift "Mad dogs and Englishmen" veröffentlichte, obwohl diese Übersicht dabei noch nicht einmal kommentiert wurde (vgl. Anhang 4). In der Übersicht wird zudem deutlich, wie eng Euphemisierung zum einen und Derogation, Kakophemisierung, Pejoration zum anderen zusammenhängen.

Zusammenfassend läßt sich feststellen, daß politische Euphemismen in Berichten und Kurzberichten sehr häufig im Rahmen von Statements auftreten, d. h. innerhalb der von Politikern u. a. Personen direkt oder indirekt wiedergegebenen Äußerungen. Dabei bleibt nicht selten unklar, wer überhaupt die jeweilige Äußerung von sich gab, denn desöfteren findet man Formulierungen wie "*the U.S. said*" (DMi 18.1.91, 2), "*According to highly placed ... sources*" (GUA 2.3.91, 2), "*Independent experts ... believe*" (GUA 9.1.91, 8), "*... Western sources confirmed ...*" (GUA 10.1.91, 19) u. a.

Tabelle 4 gibt einen Gesamtüberblick über das Vorkommen von politischen Euphemismen in bestimmten Darstellungsformen geordnet nach den von uns untersuchten Zeitungen und Zeitschriften.

---

[7] Die Kennzeichnung der Beispiele durch Kursivschrift wurde jeweils von uns vorgenommen.

Ein Vergleich zeigt, daß es im Verhältnis zum Gesamtergebnis bei einigen Zeitungen bzw. Zeitschriften bestimmte Abweichungen gibt. So ist der prozentuale Anteil von Euphemismen in Berichten beim *Guardian* (63,6 %) und bei *Time* (71,1 %) besonders hoch. Die Ursache hierfür liegt aber zunächst einmal nur in dem an der Wortanzahl gemessen hohen Anteil der Berichte am gesamten Textumfang bei diesen Printmedien begründet (*Guardian*: 71,2 %, *Time*: 73,8 %).

Hingegen scheint beispielsweise der relativ hohe Anteil von Euphemismen in Schlagzeilen (12,4 %) im *Daily Mirror* im Vergleich zu den anderen Titeln eine andere Ursache zu haben, da hier der wortzahlmäßige Anteil am Gesamtumfang der Texte nur etwa 4,6 % beträgt. Tabelle 4 ist also für sich genommen nur wenig aussagekräftig. Wir benötigen daher erneut die relative Häufigkeit der Euphemismen H_E als Vergleichswert, um präzise Aussagen treffen zu können.

Tabelle 4: *Politische Euphemismen nach ihrem Vorkommen in bestimmten Darstellungsformen geordnet nach Pressetiteln*

Zeitungen/ Zeitschriften	in Be.	in KB	in KM	in SZ	in BU	in Ko.	davon insges. in St.
GUARDIAN	1.695	201	47	119	14	588	1.137
	63,6%	*7,5%*	*1,8%*	*4,5%*	*0,5%*	*22,1%*	*42,7%*
DAILY MIRROR	698	518	37	205	78	124	586
	42,0%	*31,2%*	*2,2%*	*12,4%*	*4,7%*	*7,5%*	*35,3%*
MORNING STAR	365	295	36	30	5	83	431
	44,8%	*36,2%*	*4,4%*	*3,7%*	*0,6%*	*10,2%*	*52,9%*
TIME	438	*	*	23	5	150	236
	71,1%			*3,8%*	*0,8%*	*24,3%*	*38,3%*
ECONOMIST	269	*	*	7	2	200	113
	56,3%			*1,5%*	*0,4%*	*41,8%*	*23,6%*
gesamt	**3.428**	**1.053**	**125**	**393**	**106**	**1.128**	**2.603**
	55.0%	***16,9%***	***2,0%***	***6,3%***	***1,7%***	***18,1%***	***40,2%***

* Diese Darstellungsform war in dieser Zeitschrift nicht vorhanden.

Erklärung: *Die beiden Zahlenangaben bedeuten jeweils: Anzahl der politischen Euphemismen wie ermittelt (oben) sowie prozentualer Anteil an der Gesamtzahl politischer Euphemismen in der jeweiligen Zeitung oder Zeitschrift (unten). Bei den Statements beziehen sich die Prozentwerte auf die Gesamtzahl der politischen Euphemismen in den jeweiligen Printmedien, wobei diese aber auch bereits in den jeweiligen Darstellungsformen Berücksichtigung fanden, in denen die Statements vorkamen.*

Tabelle 5 zeigt einen Vergleich zwischen den einzelnen Darstellungsformen nach der ermittelten relativen Häufigkeit der in ihnen enthaltenen politischen Euphemismen.

Tabelle 5: *Die relative Häufigkeit von Euphemismen H_E (politische Euphemismen je 100 Wörter) aufgeschlüsselt nach Darstellungsformen in den untersuchten Zeitungen und Zeitschriften*

Zeitungen/ Zeitschriften	in Be.	in KB	in KM	in SZ	in BU	in Ko.	davon insges in St.	H_E gesamt
GUARDIAN	0,25	0,84	0,28	0,97	0,17	0,28	1,11	0,28
DAILY MIRROR	**0,97**	1,03	**0,65**	3,07	**1,57**	**1,77**	1,60	1,14
MORNING STAR	0,54	1,04	0,48	0,84	0,32	0,22	**2,49**	0,56
TIME	0,36	*	*	1,88	0,19	0,38	1,77	0,37
ECONOMIST	**1,27**	*	*	**1,90**	**1,28**	0,44	**4,52**	0,71
H_E gesamt	*0,36*	*1,03*	*0,42*	*1,63*	*0,59*	*0,34*	*1,46*	*0,43*

* Diese Darstellungsform war in dieser Zeitschrift nicht vorhanden.

Erklärung: Der Wert H_E für die Statements wurde seperat ermittelt, indem die Gesamtzahl der Euphemismen in Statements durch die Gesamtwortzahl alles Statements dividiert und mit 100 multipliziert wurde. Überdurchschnittlich hohe H_E-Werte wurden jeweils durch Fettdruck gekennzeichnet.

An Hand von Tabelle 5 läßt sich nunmehr nachweisen, daß die Gesamtzahl von Euphemismen (absolut) je Darstellungsform für sich genommen tatsächlich wenig Aussagewert besitzt, wenn man sie nicht auch zur Gesamtwortzahl je Darstellungsform ins Verhältnis setzt. Denn nun wird deutlich, daß zwar beispielsweise die Gesamtzahl von Euphemismen in der Darstellungsform **Berichte** beim *Guardian* absolut mit 1.695 (63,6 %) zwar sehr hoch ausfällt, relativ gesehen jedoch, d. h. im Wert H_E, mit 0,25 eher als niedrig anzusehen ist. Entsprechend läßt sich folgern, daß zwar 71,1 % aller politischen Euphemismen in *Time*, also die überwiegende Mehrheit, in Berichten anzutreffen, ihr relativer Anteil H_E in dieser Darstellungsform mit 0,36 aber ebenfalls eher gering ist.

Im *Morning Star* (31,2 %) und im *Daily Mirror* (36,2 %) sind besonders viele Euphemismen in **Kurzberichten** enthalten, wobei der Wert H_E hier für den *Morning Star* mit 1,04 auch überdurchschnittlich hoch ausfällt. Dies ist darauf zurückzuführen, daß diese Darstellungsform zum einen in der "rainbow press" gegenüber den Berichten im Unterschied zur "quality press" überwiegt, zum anderen werden Euphemismen dort verstärkt verwendet, um zusätzlich zu emotionalisieren.

Entsprechend dem vorwiegend faktualen, konstatierenden Charakter der **Kurzmeldungen** ist bei diesen der relative Anteil von politischen Euphemismen vergleichsweise gering, wobei er beim *Daily Mirror* (H_E. 0,65) noch den höchsten Wert erreicht.

Es läßt sich feststellen, daß die relative Häufigkeit H_E von Euphemismen in **Schlagzeilen** auffällig hoch ausfällt. Die Ursachen hierfür liegen im speziellen, oben beschriebenen Charakter der Schlagzeile im journalistischen Stil begründet. Der Leser muß, und dies trifft insbesondere auf die Sensationspresse zu, die im Kampf um hohe Auflagen zu bestehen hat, von denen wiederum lukrative Werbeaufträge abhängen, durch die Wortwahl der Journalisten angezogen, gefesselt, neugierig gemacht werden. Hierzu können Euphemismen offenbar insbesondere dadurch beitragen, daß sie Sachverhalte verhüllen und verschleiern und demzufolge dem Leser nicht sofort und direkt Auskunft darüber geben, worum es in dem der Schlagzeile folgenden Artikel geht, ihn also gewissermaßen "auf die Folter spannen".

Zum Beispiel wird in der Schlagzeile des *Daily Mirror* "Pat's Rats are at the ready" (DMi 17.1.91, 3) gleich mehrfach verschleiert, worum es im nachfolgenden Bericht geht. Zum ersten weiß der Leser nicht, wer *Pat* ist. Gemeint ist hier Patrick Cordingly, der Kommandeur der *Desert Rats*, was selbst wieder ein Euphemismus für eine Eliteeinheit der britischen Bodentruppen ist[8]. Dieser Euphemismus wird zudem verkürzt auf *Rats*, wobei nur die Großschreibung eventuell verhindern kann, daß der Leser zunächst an die Nagetiere gleichen Namens denkt. Dann wird über *"Pat's Rats"* ausgesagt, daß sie *"are at the ready"*, wobei unklar bleibt, wozu sie eigentlich bereit sind, nämlich *ready to go to war*, was jedoch erst aus dem nachfolgenden Text hervorgeht. Hier handelt es sich um einen *Nulleuphemismus* im Sinne von LEINFELLNER (1971, 89 ff.)[9].

Die Verschleierung erfolgt in unserem Beispiel also in nicht weniger als dreifacher Hinsicht. Das Interesse des Lesers daran, wer denn nun *Pat* ist, um was für *Rats* (Ratten) es sich handelt und wozu sie *at the ready* (bereit) sind, wird mit Hilfe der verwendeten Euphemismen geweckt. Dieses Beispiel soll an dieser Stelle genügen, um die Techniken anzudeuten, mit denen politische Euphemismen in Schlagzeilen verwendet werden.

---

[8] *desert rat* geht eigentlich zurück auf die Zeit des II. Weltkrieges: *"Brit. informal.* a soldier who served in North Africa with the b. v. British 7th Armoured Division in 1941-42" (CED 1989, 419). Diese Bezeichnung ist ihrerseits wiederum entstanden aus der Bezeichnung für eine Nagetierart *Jaculus orientalis*, die in den Wüstengebieten von Nordafrika beheimatet ist und deshalb *desert rat* genannt wird (vgl. ebd.).

[9] Der Begriff geht eigentlich zurück auf J. ORR der in seiner Betrachtung *Le rôle destructeur de l'euphémie* (in: ORR, J.: Essais d'etymologie et de philologie françaises, Paris 1963) die Begriffe **"l'euphémisme 'zéro'"** und **"l'euphémisme 'absence'"** (vgl. ebd., 25) verwendet. Wir sehen vor allem das Problem, diese Form des Euphemismus, die Verhüllung/Verschleierung entsteht durch das Auslassen eines für das Verständnis wichtigen Wortes, gegen eine einfache sprachliche Reduktion abzugrenzen. LEINFELLNER (1971, 89 ff.) sieht ein weiteres Problem in der Abgrenzung des Nulleuphemismus zur Lüge.

Solche Methoden sind aber auch der "quality press" nicht völlig fremd. So ist die relative Häufigkeit H_E der politischen Euphemismen mit 3,07 beim *Daily Mirror* zwar am höchsten, es folgen aber, wenn auch mit größerem Abstand, die Zeitschriften *Economist* (1,90) und *Time* (1,88), und selbst beim *Guardian* (0,97) ist dieser Wert relativ groß. Unseres Erachtens etwas überraschend war, daß sich der *Morning Star* (H_E: 0,84) der Verwendung von Euphemismen in seinen Schlagzeilen etwas seltener bedient, was auf Grund seiner geringen Auflagenhöhe jedoch insgesamt weniger ins Gewicht fällt.

Bei den **Bildunterschriften** sind der *Daily Mirror* (H_E: 1,57) und wiederum der *Economist* (H_E: 1,28) im Euphemismengebrauch führend, wobei demzufolge auf Grund der unterschiedlichen Wortzahl bei dieser Darstellungsform im *Economist* durchschnittlich etwa jede zwölfte und im *Mirror* etwa jede sechste Bildunterschrift einen politischen Euphemismus enthält, im *Guardian* hingegen nur etwa jede vierundzwanzigste. Es ist nicht zu übersehen, daß insgesamt etwa 17,1 % aller Euphemismen beim *Daily Mirror* auf Schlagzeilen und Bildunterschriften entfallen, während es beim *Guardian* nur ca. 5 % und in den beiden Zeitschriften nur 4,6 % (*Time*) bzw. 1,9 % (*Economist*)[10] sind. In der Sensationspresse spielt der politische Euphemismus offenbar eine größere Rolle bei der Kombination von plakativen Überschriften mit passenden Bilddokumenten und deren textlicher Beschreibung als in der "quality press". Unsere Untersuchungen haben einen solchen Zusammenhang bestätigt.

Auffallend hoch ist die relative Häufigkeit politischer Euphemismen in *Daily Mirror*-**Kommentaren** (H_E: 1,77). Dies wird noch dadurch verstärkt, daß Kommentare im *Mirror* einen geringeren Umfang besitzen als in den anderen Titeln. So enthält ein Kommentar im *Daily Mirror* mit durchschnittlich drei bis vier politischen Euphemismen etwa so viele wie ein *Guardian*-Kommentar. Letzterer weist dabei jedoch durchschnittlich einen mehr als einen fünfmal so großen, an der Wortzahl gemessenen Umfang auf. Verallgemeinernd können wir feststellen, daß die Tendenz zur Euphemisierung in Kommentaren der Sensationspresse deutlich größer ist als in der "quality press".

Ein Vergleich der H_E-Werte für die **Statements** mit dem H_E-Wert für alle ermittelten politischen Euphemismen insgesamt und den Werten für die anderen Darstellungsformen in den jeweiligen Pressetiteln zeigt, daß der Anteil von Euphemismen hier besonders hoch liegt. Er erreicht beim *Economist* mit 4,52 den Maximalwert, gefolgt vom *Morning Star* (2,49) und *Time* (1,77). Aber auch beim *Daily Mirror* (1,60) und selbst beim *Guardian* (1,11) ist der H_E-Wert vergleichsweise hoch. Beim *Economist* liegt die Ursache hierfür vor allem darin begründet, daß diese Zeitschrift zwar meist nur relativ kurze, dafür aber offenbar um so mehr mit Euphemismen "belastete" Statements abdruckt. Beim *Guardian* entfallen nicht weniger als 42,7% aller ermittelten Euphemismen auf Statements innerhalb von Berichten, Kurzberichten, Kurzmeldungen und Kommentaren, beim *Morning Star* sogar mehr als die

---

[10] Der Widerspruch beim *Economist* zwischen hoher relativer Häufigkeit H_E (Schlagzeilen: 1,90; Bildunterschriften: 1,28) und dem geringen Anteil der Euphemismen in diesen Darstellungsformen bezogen auf die Gesamtzahl der ermittelten Euphemismen (Schlagzeilen: 1,5 %, Bildunterschriften: 0,4 %) ist nur scheinbar. Er resultiert aus der geringen durchschnittlichen Wortzahl bei diesen Darstellungsformen in dieser Zeitschrift (jeweils ca. 4 Wörter) im Vergleich zu den übrigen Titeln.

Hälfte (52,9%). Es ist also mehr als gerechtfertigt, vor allem die Statements der Politiker mit Vorsicht zu genießen und auf eventuell in ihnen enthaltene politische Euphemismen zur Verhüllung und Verschleierung der Wirklichkeit zu überprüfen und zu analysieren.

Verallgemeinernd können wir feststellen, daß politische Euphemismen in allen beschriebenen Darstellungsformen existieren, dabei jedoch Unterschiede in ihrer Verteilung und relativen Häufigkeit aufweisen. Eine differenzierte Verteilung bei den einzelnen Zeitungen und Zeitschriften auf die einzelnen Darstellungsformen ist dabei zu beobachten, wobei die Unterschiede teilweise in der Spezifik der Berichterstattung von "quality press" und "yellow press" begründet liegen. Für generalisierende Aussagen sind jedoch weiterführende spezielle Untersuchungen notwendig, die u. E. weitere Zeitungen und Zeitschriften beider "Sparten" umfassen müßten.

Absolut gesehen finden sich die meisten Euphemismen in Berichten (55,0 %), Kommentaren (18,1 %) und Kurzberichten (16,9 %), die wenigsten in Kurzmeldungen (2,0 %) und Bildunterschriften (1,7 %), wobei insgesamt 40,2 % aller Euphemismen in Statements innerhalb dieser Darstellungsformen auftreten.

Relativ gesehen sind Euphemismen in Schlagzeilen (H_E: 1,63) und Kurzberichten (H_E: 1,03) am häufigsten anzutreffen, während sie in Kurzmeldungen (H_E: 0,42) und Kommentaren (H_E: 0,34) seltener vorkommen. Die relative Häufigkeit ist bei Statements (H_E: 1,46) ebenfalls sehr hoch.

Wenn wir bisher von *verhüllender* und *verschleiernder* Funktion oder Wirkung politischer Euphemismen gesprochen haben, so verwendeten wir diese Begriffe weitgehend synonym. Wir wollen im folgenden jedoch unter kommunikativ-funktionalem Aspekt verhüllende und verschleiernde Euphemismen explizit differenziert betrachten und damit weitere Möglichkeiten zur Unterscheidung politischer Euphemismen aufzeigen.

5.5   Der politische Euphemismus unter kommunikativ-funktionalem Aspekt - verhüllende und verschleiernde Euphemismen

Unter kommunikativ-funktionalem Aspekt stellt sich bezüglich der Euphemismusproblematik in erster Linie die Frage danach, was ein bestimmter Euphemismus i. e. S. in einem bestimmten sprachlichen und außersprachlichen Kontext zu leisten imstande ist. Von Interesse sind hierbei insbesondere die Möglichkeiten und Grenzen der Verwendung politischer Euphemismen. In dieser Hinsicht können wir zwei Aspekte unterscheiden - einmal die vom Sprecher/Schreiber beabsichtigte Wirkung bezüglich des jeweiligen Rezipienten, d. h. die *Intension*, und die tatsächlich erzielte *Wirkung* im Zusammenhang mit der Verwendung bestimmter sprachlicher Ausdrücke und Mittel (vgl. auch LUCHTENBERG 1985, 167). Um möglichst eine Übereinstimmung zwischen Intention und Wirkung herzustellen, ist es seitens des Sprechers/Schreibers wichtig, das gesamte kommunikative Bedingungsgefüge zu berücksichtigen, d. h. vor allem die Erwartungshaltung, Gewohnheiten, Einstellungen, Überzeugungen beim Rezipienten, Besonderheiten der Zielgruppe einer bestimmten sprachlichen Äußerung (Alter, Geschlecht, Bildungsgrad, politische Einstellungen etc.), aber auch die Wirkungsmöglichkeiten bestimmter sprachlicher Mittel, sprachliche und außersprachliche Normen usw.

Entsprechend all dieser Faktoren wählt der Sprecher/Schreiber, also bezüglich unseres Untersuchungsgegenstandes in erster Linie ein Journalist oder ein Politiker, diejenigen sprachlichen Mittel aus, die ihm zur Realisierung seines (außersprachlichen) kommunikativen Zieles am geeignetsten erscheinen. Natürlich hat er dabei auch bestimmte, unterschiedlich motivierte Tabus zu berücksichtigen. Je nach Darstellungsform, Anlaß (z. B. Trauerrede, Inauguralrede, Pressekonferenz, Pressemitteilung usw.), Intension etc. wird sich ein Politiker oder ein Journalist u. U. bestimmter Euphemismen bedienen, die jedoch nicht immer politisch motiviert sein müssen (z. B. Euphemismen in einer Trauerrede für einen verstorbenen Politiker) und die nicht in jedem Fall auch bewußt verwendet werden, sondern oft aus der Gewohnheit heraus oder in der Absicht, originelle sprachliche Ausdrücke zu prägen, d. h. Sprachschöpfung im weitesten Sinne zu betreiben.

Es stellt sich u. E. als adäquat und praktikabel dar, bei der Einordnung der Euphemismen unter kommunikativ-funktionalem Aspekt die Differenzierung LUCHTENBERGS in *verhüllende* und *verschleiernde* Euphemismen als Ausgangspunkt zu wählen (vgl. 1985, 167 ff.), die wir weiter oben bereits kurz erwähnt hatten. Es bedarf jedoch einer kritischen Betrachtung der von ihr gewählten Unterscheidung in Hinsicht auf die politischen Euphemismen. Ihrer Auffassung nach

"gelten solche Euphemismen als *verhüllend*, die primär einen für den Sprecher oder Hörer irgendwie unangenehmen Sachverhalt in gemilderter Form darstellen, wobei es sich um individuelle oder gesellschaftliche Tabus handeln kann. *Verschleiernd* sind solche Euphemismen, die primär einen Sachverhalt so darstellen, daß die Aufmerksamkeit des Hörers auf die vom Sprecher gewünschten Aussageteile, Meinungen etc. gelenkt wird." (ebd., 167 - Hervorhebungen A. B.).

Unseres Erachtens bleibt diese Unterscheidung vor allem deshalb etwas zu verschwommen, weil LUCHTENBERG sich nicht in der Lage sieht, **ein** Kriterium anzusetzen, welches Grundlage für die Abgrenzung verhüllender und verschleiernder Euphemismen voneinander sein könnte. Es ist unsere Überzeugung, daß ein solches Kriterium nur im Bereich der Normen und damit auch der Tabus vorhanden sein kann.

Das *Verhüllen* kann man als die ursprüngliche Funktion der Euphemismen i. e. S. ansehen (vgl. ebd.). Dies kommt z. B. auch in den Explikationen der Rhetorik zum Ausdruck, die die Aufgabe des Euphemismus als rhetorische Figur in dem Ersatz bestimmter *verba propria* infolge eines gesellschaftlichen *aptum* sehen (vgl. z. B. LAUSBERG 1973). Die Ursachen für die Notwendigkeit eines Verhüllens von Objekten, Sachverhalten, Zusammenhängen usw. der Wirklichkeit liegen a priori in der Existenz bestimmter, historisch entstandener und sich ständig entwickelnder, vor allem gesellschaftlich, aber auch religiös und anderweitig determinierter Normen und daraus sich ergebender Tubuerscheinungen. Es sei an dieser Stelle nochmals darauf verwiesen, daß Euphemismen einerseits solchen Normen und Tabus genügen können und andererseits dazu beitragen, die in ihnen enthaltenen Konventionen zu bewahren (vgl. auch LUCHTENBERG 1985, 168). Es ist deshalb klar, daß Euphemismen, die einer Verhüllung dienen, immer im Kontext der bestehenden und sich ständig verändernden sozialen, politischen und kulturellen Bedingungen betrachtet und bewertet werden müssen. Zumindest dürfte es problematisch sein, für einen bestimmten Gebrauch von politischen Euphemismen und dessen Bewertung **andere Kriterien anzulegen als die aktuell zum Zeitpunkt der erfolgten Äußerung** wirksamen und wesentlichen gesellschaftlichen Normen und Tabus.

Aus diesem Grunde wird es i. a. mit Schwierigkeiten verbunden sein, die Wirksamkeit bestimmter politischer Euphemismen i. e. S. beispielsweise vor hundert Jahren einzuschätzen, da es trotz großer Anstrengungen kompliziert sein dürfte, das gesamte sprachliche wie außersprachliche Bedingungsgefüge für die spezielle Euphemismenverwendung zu rekonstruieren. Man wird sich dabei auf wesentliche Aspekte beschränken müssen.

Bezüglich der Aufgabe des Verhüllens können Euphemismen aus Sicht des Sprechers/Schreibers auch **"eine sprachliche Rücksicht auf die Interessen von Sprachteilnehmern"** (ebd., 172) darstellen. Hierbei sind vor allem die Schonung von Gefühlen, Höflichkeitsaspekte (z. B. auch in der diplomatischen Sprache), das Respektieren von bestimmten Bedürfnissen und Erwartungen beim Hörer/Leser inbegriffen. Jedoch auch diesbezüglich werden erneut gesellschaftliche Normen und Tabuerscheinungen wirksam.

Im Gegensatz zum Verhüllen geht es beim *Verschleiern* von Gegenständen, Prozessen, Sachverhalten usw. weniger um das Einhalten bestimmter Normen oder die Umgehung bestimmter Tabus mit sprachlichen Mitteln, sondern hier tritt eine beim Kommunikationspartner angestrebte, intendierte Wirkung, z. B. eine bestimmte erwünschte Reaktion, eine Handlung o. ä., in den Vordergrund. Eine solche Reaktion kann primär passiver Art sein (z. B. Akzeptanz, Bekräftigung, Zustimmung, Befürwortung bestimmter sprachlicher Ausdrücke und damit indirekt der in ihnen widergespiegelten Gegebenheiten) oder derart erfolgen, daß bestimmte gewollte, eventuell aber auch unerwünschte Handlungen ausgelöst werden, also eine aktive Reaktion beim Rezipienten hervorgerufen wird (z. B. Protestreaktionen, offene Unterstützung einer Politik, Überzeugung anderer im politischen Gespräch von der Richtigkeit bestimmter politischer Schritte der Regierung, der Opposition usw.).

Die Übereinstimmung von tatsächlich erfolgender Reaktion und intendierter Wirkung kann diesbezüglich als Erfolg einer Verschleierung gewertet werden, wobei von großer Relevanz ist, daß dem Rezipienten diese Verschleierung nicht bewußt wird, da sonst auch die beabsichtigten Effekte kaum eintreten werden. In der Reaktion des Rezipienten spiegelt sich gewissermaßen Erfolg oder Mißerfolg einer Verschleierung wider (vgl. auch ebd., 173).

Zur Verschleierung von Tatsachen scheinen sich die Massenmedien in besonderer Weise zu eignen, da hier eine gewisse positive Erwartungshaltung beim Rezipienten hinsichtlich des Wahrheitsgehaltes solcherart institutionalisierter Informationen besteht und u. E. ein sprachkritisches Bewußtsein bei den meisten Menschen noch in unzureichender Weise ausgeprägt ist. So stellt auch LUCHTENBERG eine **"höhere Geltungskraft geschriebener Sprache"** (ebd., 174) fest, was insbesondere über die Printmedien die Möglichkeit bietet, die Wirklichkeit zu verschleiern, ohne daß dem Leser diese Tatsache bewußt wird, ja möglicherweise nicht einmal in jedem Falle in der Absicht des Schreibers oder auch des Sprechers

(z. B. bei einem in schriftlicher Form wiedergegebenen mündlichen Statement) liegen muß.

Die Sprecherabsicht ist also in keiner Weise ein hinreichendes Kriterium zur Zuordnung von politischen Euphemismen (bzw. auch Euphemismen allgemein) in die verschleiernden Euphemismen. Ein sprachlicher Ausdruck kann durchaus objektiv etwas verschleiern, ohne daß dies in der ausdrücklichen Absicht des Sprechers/Schreibers liegt. Vielmehr ist zu ermitteln, ob der Autor einer sprachlichen Äußerung sich an bestehenden Normen und Tabus orientiert, wenn er solche Euphemismen verwendet, d. h. ob er verhüllt oder ob er, ohne daß ihn bestimmte sprachliche und außersprachliche Normen bzw. Tabus an einem Gebrauch direkter, neutraler, unverblümter sprachlicher Ausdrücke "hindern" würden, sprachliche Ausdrücke verwendet, die die Aufmerksamkeit des Rezipienten auf bestimmte Aspekte lenken, die vom Wesen eines Objektes, Zustandes, Zusammenhanges usw. ablenken und die damit objektiv den Interessen bestimmter Personen, Personengruppen, Parteien, der Regierung usw. entsprechen und er damit etwas verschleiert. Eine Täuschungsabsicht ist im konkreten Falle ohnehin schwer nachweisbar, da die empirischen Fakten dem Rezipienten aus o. g. Gründen selten direkt zugänglich sind und dieser, auch das ist zu beachten, kaum Zeit und Möglichkeiten besitzt, für jeden Einzelfall die Adäquatheit eines sprachlichen Ausdruckes in einem bestimmten Kontext eingehend zu prüfen.

Es steht u. E. außer Frage, daß sich besonders die verschleiernden Euphemismen für einen manipulativen Sprachgebrauch, d. h. für die bewußte Verwendung sprachlicher Mittel zum Erreichen bestimmter kommunikativer Ziele, ohne daß dem Rezipienten eine solche "lenkende Wirkung" bewußt wird, eignen. Demzufolge entscheidet sich vor allem in der Kommunikation, in einer bestimmten Situation, unter bestimmten konkret-historischen sprachlichen und außersprachlichen Konditionen, inwieweit ein Euphemismus objektiv verhüllend oder verschleiernd wirkt. In jedem Fall ist insbesondere bei den verschleiernden Euphemismen genau von der Lüge zu differenzieren.

Das soeben Gesagte berücksichtigend können wir feststellen, daß im politischen wie im allgemeinen Sprachgebrauch Euphemismen i. e. S. verwendet werden, die primär die Aufgabe haben, entweder bestimmten gesellschaftlichen Normen und bestehenden sozialen bzw. individuellen Tabus zu genügen, d. h. etwas mildernd zu benennen, teilweise auch Rücksicht auf die Gefühle der Rezipienten zu nehmen - hierbei handelt es sich um die *verhüllenden* Euphemismen. Sie können aber auch dem Zweck dienen, etwas so sprachlich darzustellen, daß der Sprecher/Schreiber oder auch die (politischen) Ansichten, Auffassungen, Einstellungen, die dieser oder eine andere Person, Personengruppe, Partei etc. vertritt, dem Rezipienten günstiger, positiver, erstrebenswerter und gegenteilige Auffassungen bzw. Personen damit folglich ungünstiger, kritikwürdig, inferior erscheinen und bei diesem dementsprechend Einstellungen, Überzeugungen, Haltungen usw. ausgeprägt und bestimmte Handlungen und Verhaltensweisen bevorzugt werden - dies sind die *verschleiernden* Euphemismen.

Es soll noch einmal unterstrichen werden, daß uns die Bedeutungsnähe, die weitgehende Synonymie der Begriffe *verhüllend* und *verschleiernd* in jedem Falle bewußt ist. Wir haben jedoch versucht, zum Zwecke unserer Untersuchung eine definitorische Abgrenzung verhüllender und verschleiernder Euphemismen voneinander zu erreichen.

Natürlich sind zwischen verhüllenden und verschleiernden Euphemismen keine starren Grenzen zu ziehen. Es sind beispielsweise auch solche Euphemismen denkbar, die gleichzeitig sowohl verhüllende als auch verschleiernde Funktionen ausüben können (vgl. auch LUCHTENBERG 1985, 167). Wie schwer die Differenzierung im konkreten Einzelfall sein kann, wollen wir an Hand des folgenden Beispiels illustrieren. Bezüglich der zu erwartenden schlimmen Folgen des Golfkrieges für die irakische Zivilbevölkerung war in einem Kommentar des *Economist* zu lesen: "Allied airmen are ordered *to avoid civilian targets* (Hervorhebung A. B.), and not to release their weapons unless they are sure they will hit." (ECO 16.-22.2.91, 24). In ähnlicher Weise schrieb der *Daily Mirror* in einem Kurzbericht: "Allied chiefs have vowed *to avoid non-military areas* (Hervorhebung A. B.) ..." (DMi 8.2.91, 12).

Offensichtlich wird mit dem Gebrauch dieser Euphemismen einerseits versucht, gesellschaftlichen Tabus zu genügen; das Töten unschuldiger Zivilisten in einem Krieg dürfen wir ganz sicher als ein Tabu betrachten. Insofern werden die Euphemismen verhüllend gebraucht. Zum anderen werden jedoch auch Absichten deutlich, den bestehenden Sachverhalt, und dies ist in erster Linie der Golfkrieg, die damit verbundenen massiven militärischen Handlungen (Bombardements usw.), von jeder Kritik fernzuhalten, d. h. günstiger, in diesem Falle humaner, darzustellen, als er in Wirklichkeit ist. Die Zustimmung zum Golfkrieg soll damit offenbar aufrechterhalten werden. Insofern wird der Sachverhalt zugleich verschleiert. Denn daß ein Krieg immer auch viele unschuldige Opfer unter der Zivilbevölkerung fordert, dürfte u. E. außer Frage stehen.

Man wird für den Einzelfall jeweils entscheiden müssen, welche Funktionen des Euphemismengebrauches überwiegen, d. h. zu welchen kommunikativen Leistungen ein bestimmter politischer Euphemismus in der Lage ist. Für die genannten Beispiele scheint uns die Verschleierung der Schrecken des Krieges primär zu sein gegenüber der Beachtung existierender sozialer Tabus.

Von den von uns insgesamt ermittelten 6.232 politischen Euphemismen stellten wir für insgesamt 3.039, das sind 48,8%, eine primär verschleiernde Funktion fest. 3.193 politische Euphemismen (51,2%) hatten überwiegend verhüllenden Charakter. Die Abweichungen bei den einzelnen untersuchten Zeitungen und Zeitschriften waren dabei auffallend gering, so daß wir insgesamt konstatieren können, daß sich verhüllende und verschleiernde Euphemismen in der politischen Sprache auf journalistischer Ebene in etwa die Waage halten. Eine detaillierte Übersicht gibt hierzu die Tabelle 6.

Der Anteil verschleiernder Euphemismen ist zwar erschreckend hoch, kann jedoch kaum verwundern, wenn man die Funktion politischer Sprache und der Massenmedien allgemein in Rechnung stellt. So schreibt auch LUCHTENBERG:

> **"Die verschleiernde Funktion der Euphemismen wird vor allem in den Massenmedien realisiert, in denen politische und wirtschaftliche - z. T. auch kulturelle - Kreise sich äußern."** (1985, 178).

Tabelle 6: Die politischen Euphemismen unter kommunikativ-funktionalem Aspekt

Zeitungen/ Zeitschriften	politische Euphemismen insgesamt	davon verschleiernd		davon verhüllend	
GUARDIAN	2.664	1.296	48,6 %	1.368	51,4 %
DAILY MIRROR	1.660	787	47,4 %	873	52,6 %
MORNING STAR	314	408	50,1 %	406	49,9 %
TIME	616	322	52,3 %	294	47,7 %
ECONOMIST	478	226	47,3 %	252	52,7 %
gesamt	*6.232*	*3.039*	*48,8 %*	*3.193*	*51,2 %*

Als Beispiele für *verhüllende* Euphemismen können wir aus unserem umfangreichen Korpus z. B. anführen: A_E: *army of liberation* (DMi 27.2.91, 1; A_N: the Allied army), A_E: *casualties* (DMi 24.1.91, 20; A_N: dead and injured people), A_E: *military solution* (MS 25.2.91, 1; A_N: war), A_E: *quiet diplomacy* (GUA 4.1.91, 20; A_N: secret diplomacy) oder A_E: *hostilities* (GUA 22.1.91, 1; A_N: war). Wir wollen an dieser Stelle nicht näher auf die kommunikativen Bedingungen der Verwendung eingehen, obwohl diese natürlich bezüglich der Einordnung eine wichtige Rolle spielen. Verwiesen sei hier vielmehr auf die Beispieldiskussion im Abschnitt 5.8 d. A., in der diese Bedingungen besondere Berücksichtigung finden werden.

Verschleiernde Euphemismen entsprechend der Merkmale ihrer Verwendung sind zum Beispiel: A_E: *to disarm (someone)* (GUA 11.1.91, 21; A_N: to destroy someone's army), A_E: *to prepare the battlefield* (DMi 1.3.91, 2; A_N: to bomb by planes), A_E: *to sweep the war machine aside* (DMi 25.2.91, 2; A_N: to destroy Iraq's army), A_E: *FOD* (= foreign object damage; MS 9.2.91, 4; A_N: the destruction of enemy buildings, bridges, etc.). Wir wollen es bei den Beispielen an dieser Stelle bewenden lassen und auf die im Anhang 5 d. A. folgende, relativ umfassende Beispielsammlung verweisen, die einen Einblick in die Variabilität euphemistischen politischen Sprachgebrauchs im Zusammenhang mit der Berichterstattung über den Golfkrieg bietet.

Abschließend wollen wir darauf hinweisen, daß ein enger Zusammenhang zwischen dem verhüllenden und verschleiernden Gebrauch einerseits und dem Gebrauch traditioneller bzw. okkasioneller Euphemismen andererseits besteht. Obwohl die konkrete Analyse für den Einzelfall letztendlich ausschlaggebend sein sollte, liegt es natürlich nahe, daß sich okkasionelle Euphemismen auf Grund ihres oben beschriebenen Charakters u. U. viel besser zur Verschleierung von Sachverhalten eignen als traditionelle Euphemismen, die vom Rezipienten i. a. viel leichter durchschaut und verstanden werden können. Das bedeutet jedoch nicht, daß deshalb z. B. jeder okkasionelle Euphemismus zugleich ein verschleiernder ist und vice versa.

Bezüglich der Wirkungsweise politischer Euphemismen unter kommunikativ-funktionalem Aspekt hatten wir zunächst die Durchführung einer Befragung von Muttersprachlern in Betracht gezogen. Diese erwies sich jedoch in ihrem zu erwartenden Umfang als so weitreichend und in bezug auf den zu befragenden Personenkreis, wenn man zuverlässige, aussagekräftige Daten gewinnen wollte, als solchermaßen komplex, daß hierfür eine eigenständige Untersuchung notwendig gewesen wäre, die den Rahmen der vorliegenden Arbeit mit Sicherheit gesprengt hätte. Darüber hinaus war uns ein hinreichender, in sozialer, geschlechtlicher, altersmäßiger u. a. Hinsicht genügend differenzierter Personenkreis von englischen Muttersprachlern nicht zugänglich. Wir würden uns jedoch von einer solchen Befragung wertvolle Impulse für die Beurteilung der Wirkungspotenzen politischer Euphemismen erhoffen und wollen eine diesbezügliche Befragung für weiter-reichende Untersuchungen hiermit anregen.

In engem Zusammenhang mit der Betrachtung der politischen Euphemismen unter kommunikativ-funktionalem Aspekt steht die Analyse unter semantischen Gesichtspunkten, die nunmehr Gegenstand unserer Ausführungen sein soll.

5.6   Der politische Euphemismus unter semantischem Aspekt - Gegenstand und Ziel der Euphemisierung

Obwohl, wie wir bereits an anderer Stelle festgestellt hatten, der Euphemismus in der politischen Sprache vor allem die Funktion besitzt, unangenehme, für den Autor (Politiker oder Journalisten) ungünstige oder von diesem so empfundene Fakten zu verschleiern oder zu verhüllen, können wir uns mit dieser allgemeinen Aussage nicht zufriedengeben. Es ist insbesondere von Interesse, was speziell von Politikern oder Journalisten verhüllt bzw. verschleiert wird, d. h. welche Tatsachen diese glauben, dem Rezipienten, also dem Staatsbürger bzw., wie in unserem Falle, dem Leser einer Zeitung oder Zeitschrift, nicht offen, unbeschönigt, unzensiert sprachlich darbieten zu können.

Dabei ist natürlich denkbar, daß der einzelne Journalist im konkreten Falle Euphemismen auch völlig unbewußt, d. h ohne eine eigentliche Absicht, etwas zu verhüllen oder zu verschleiern, verwendet oder sich eine "Selbstzensur" auferlegt, für die u. U. keine Notwendigkeit besteht. Auch können Weisungen der Redakteure oder, wie im Falle des Golfkrieges, sogar offizielle Weisungen der Regierungen, die zensurähnlichen Charaker tragen, eine Rolle spielen. Nicht zuletzt befinden sich Zeitungen und Zeitschriften, wie oben dargestellt, in ökonomischen Zwängen und tatsächlich auch in politischen, denn welcher Journalist kann es sich wirklich leisten, z. B. einen Politiker oder einen Pressesprecher einer Partei, einer Behörde o. ä. zu brüskieren, wenn er von diesem auch künftig für seine Arbeit wichtige und wertvolle Informationen erhalten will.

Entscheidend für die euphemistische Funktion eines bestimmten sprachlichen Ausdrucks ist letzten Endes nicht unbedingt die Absicht des Schreibers oder Sprechers, sondern eine tatsächlich vorhandene semantische Diskrepanz zur Wahrheit, ohne daß diese in ihr Gegenteil verkehrt wird (Lüge), und die erzielte

Wirkung durch die Verwendung dieses Ausdruckes (Verhüllung oder Verschleierung).

Grundlage für die Unterscheidung der durch uns ermittelten politischen Euphemismen unter semantischem Aspekt bildete die Bestimmung des hauptsächlichen Gegenstandes der jeweils erfolgten Euphemisierung oder mit anderen Worten das kommunikative Hauptziel des Schreibers oder auch eines Sprechers (z. B. bei in schriftlicher Form wiedergegebenen Statements), d. h. uns interessierte vor allem, was bzw. zu welchen Zwecken verhüllt bzw. verschleiert wurde, worin die Euphemisierung bestand. Unter diesem Gesichtspunkt ermittelten wir insgesamt 22 Gruppen politischer Euphemismen.

Wir halten diesbezüglich auch eine andere Einordnung für möglich, wollen jedoch betonen, daß die von uns getroffene Differenzierung sich für unseren Untersuchungsgegenstand als praktikabel und nützlich erwies. Eine Reduzierung auf weniger Gruppen solcher Euphemismen schien uns vor allem deshalb nicht gerechtfertigt, weil wir die gesamte Bandbreite euphemistischer Sprachverwendung in der Politik im Zusammenhang mit dem Golfkrieg aufzeigen und die Leistungen von politischen Euphemismen insgesamt möglichst umfassend ermitteln wollten. Wir wollen diese Gruppen politischer Euphemismen im folgenden jeweils kurz kommentiert und mit Beispielen illustriert darstellen. Auf die ausführliche Darlegung des sprachlichen und außersprachlichen Kontextes müssen wir an dieser Stelle aus Gründen der Beschränkung auf das Wesentliche verzichten.

(1) Euphemismen zur Verhüllung und Verschleierung des wirklichen Charakters des Krieges und von politischen Hintergründen und Ursachen

Diese Euphemismen dienen vor allem dazu, Ursachen, Motive und Ziele des Golfkrieges und politische Erscheinungen, Prozesse, Zustände usw. allgemein zu vernebeln und dem Rezipienten die Schrecken des Krieges erträglicher zu machen, indem z. B. auf dessen angebliche hohen moralischen Zwecke verwiesen wurde. Insgesamt bezogen sich 1.057, das sind etwa 16,9 % und damit die Mehrheit aller politischen Euphemismen, auf diesen Bereich.

z. B. A_E: *to go like clockwork* (über den Kriegsverlauf; GUA 25.2.91, 2), A_E: *hidden agenda* (A_N: the real war aims; MS 18.1.91, 1), A_E: *Iraq's führer* (A_N: Saddam Hussein; GUA 9.2.91, 23), A_E: *a just war* (u. a. GUA 31.1.91, 19; ECO 19.-25.1.91, 31), A_E: *stuff* (A_N: buildings, bridges, etc. to be destroyed; GUA 13.2.91, 22), A_E: *for the cause of peace* (A_N: in a certain political interest; GUA 12.2.91, 1)

(2) Euphemismen zur Verhüllung und Verschleierung politischer Taktiken und Handlungen

Hierzu zählen solche politischen Euphemismen, die insbesondere Handlungen, Verhaltensweisen von einzelnen Personen, Personengruppen, Parteien oder ganzen Staaten und deren Rolle bezüglich des Golfkrieges und dessen Vorbereitung verhüllen oder verschleiern halfen. Diesem Ziel dienten 733 oder 11,8 % aller Euphemismen.

z. B. A_E: *to need to keep an eye on* (something) (A_N: not to be interested in [something] at the moment; DMi 4.2.91, 4), A_E: *to go the extra mile* (A_N: to try hard, e.g. in negotiations; u. a. GUA 2.3.91, 1), A_E: *to gently prod (someone) along a more responsible path* (A_N: to influence [someone's] policy, e. g. by economic pressure; TM 11.3.91, 59)

(3)   Euphemismen zum Herunterspielen von wirklich existierenden Gefahren und zur Verharmlosung

Darunter fallen all jene Euphemismen die dazu dienen, den Rezipienten über tatsächlich vorhandene Gefahren, Risiken usw. für ihn selbst oder andere Personen (z. B. die Soldaten im Golfkrieg) im unklaren zu lassen. Immerhin 479 Euphemismen (7,7 %) wurden in diesem Sinne verwendet.

z. B. A_E: *to be on the receiving end of Iraqi missiles* (A_N: to be in danger of getting bombed; GUA 15.1.91, 2), A_E: *to do one's worst* (A_N: to go to war; GUA 1.1.91, 11), A_E: *to minimise casualties* (A_N: to bomb heavily; DMi 13.2.91, 7), A_E: *militarily insignificant* (über die Schlacht von Khafji; GUA 1.2.91, 18)

(4)   Euphemismen zur Verhüllung und Verschleierung militärischer Taktiken und Handlungen

Damit sind solche Euphemismen gemeint, die von Politikern und Journalisten, ggf. auch von Militärs (z. B. auf sog. "briefings") gegenüber der Öffentlichkeit verwendet werden, um bevorstehende oder durchgeführte militärische Operationen und Vorgehensweisen zu verhüllen, in erster Linie aber zu verschleiern. 464 politische Euphemismen (7,4 %) wurden für diese Gruppe ermittelt.

z. B. A_E: *to clean up right away* (A_N: to fight a war quickly and recklessly; GUA 10.1.91, 3), A_E: *to choreograph (an armada)* (A_N: to lead and co-ordinate militarily; TM 25.2.91, 20), A_E: *precision bombing* (Dieser Ausdruck vermittelt die Illusion einer Präzision, die in Wirklichkeit nicht oder kaum vorhanden ist./ GUA 6.2.91, 3), A_E: *to B-52* (A_N: to bomb with B-52 bombers; GUA 11.2.91, 23)

(5)   Euphemismen zum Herunterspielen von Fehlern bzw. zu deren Rechtfertigung

Inbegriffen sind dabei politische Euphemismen, die verwendet werden, um politisches Fehlverhalten, negative Folgen bestimmter politischer Schritte primär im eigenen Interesse oder im Interesse einer bestimmten politischen Gruppe zu kaschieren bzw. einmal begangene Fehler zu rechtfertigen oder zu begründen, warum die entsprechende Handlung dennoch richtig war. Auf 439 Euphemismen (7,0 %) traf dies zu.

z. B. A_E: *deliberate and technically successful* (raid) (der britische Militärsprecher General O'Neal über die Bombardierung eines zivilen Luftschutzbunkers in Bagdad; GUA 14.2.91, 1), A_E: *international retaliation* (A_N: the Gulf war; GUA 11.2.91, 1), A_E: *vital lever* (A_N: economic sanctions against Iraq; GUA 2.3.91, 1)

(6)   Euphemismen zur Glorifizierung eigener Ideen, Vorstellungen, Konzepte, Handlungen etc.

Hierzu zählen jene politischen Euphemismen, mit deren Hilfe eigene Interessen, die eigene Politik und damit verbundene Maßnahmen und Handlungen vorteilhafter dargestellt werden, wobei negative Aspekte völlig in den Hintergrund gedrängt werden. Insgesamt 428 Euphemismen (6,9 %) fanden hierfür Verwendung.

z. B. A_E: *magnificent, heroic performance* (über die US-Streitkräfte im Golfkrieg; GUA 27.2.91, 2), A_E: *to outclass Saddam* (A_N: to defeat the Iraqi army; DMi 18.1.91, 2), A_E: *skymasters* (A_N: British pilots; ebd., 20), A_E: *hero leader* (A_N: British commander de la Billiere, DMi 1.2.91, 18)

(7) Euphemismen zur Bezeichnung von Waffen, Waffensystemen und militärischem Gerät

Dazu gehören insbesondere eine Reihe von Bezeichnungen, die Bestandteil der militärischen Fachsprache sind (z. B. Namen für Flugzeuge, Panzer etc.), die jedoch den Charakter von politischen Euphemismen annehmen können, sobald sie in journalistischen Texten Verwendung finden, ohne gesondert erklärt zu werden (vgl. auch SCHAU 1985, 149 ff.). Waffenbezeichnungen können dabei auch den Charakter von Schlagwörtern annehmen (vgl. ebd., 151). Uns begegneten 397 solcher Euphemismen, das sind 6,4 %. In dieser Euphemismengruppe sind besonders viele euphemistische Abkürzungen anzutreffen. Waffen tragen nicht selten Namen aus der Tierwelt oder gar von antiken Gottheiten.

z. B. A_E: *F-16 Falcon fighter* (A_N: military fighter plane; DMi 19.2.91, 7), A_E: *daisy cutter* (A_N: fuel-air explosives; GUA 21.2.91, 1), A_E: *AH-64 Apache* (A_N: attack helicopter; GUA 18.1.91, 4), A_E: *AGM-142 A* (A_N: air-ground missiles; TM 28.1.91, 23), A_E: *Patriot* (A_N: anti-missile rocket; DMi 19.1.91, 6)

(8) Euphemismen zur Verhüllung und Verschleierung physischer Gewalt, von Todesopfern und Verletzten sowie ihrer Zahl

In diese Gruppe von Euphemismen fallen insbesondere Bezeichnungen, die die direkte Benennung von Kriegsopfern, Verletzten und Toten sowie ihrer konkreten Anzahl und für das Töten von Menschen vermeiden und anstelle dessen einer diesbezüglichen Verhüllung und Verschleierung förderlich sind. 406 Euphemismen (6,5 %) wurden in diesem Sinne gebraucht. In dieser Gruppe bestehen insbesondere Berührungspunkte von politischen und allgemeinsprachlichen Euphemismen (betreffend den Tod, Krankheit usw.).

z. B. A_E: *serious physical damage* (A_N: many people killed and wounded; GUA 19.2.91, 20), A_E: *to come home in human remains' pouches* (A_N: to be killed; GUA 14.1.91, 2), A_E: *extremely light* (casualties) (A_N: a relatively low number of **Allied** soldiers killed; GUA 25.2.91, 1)

(9) Euphemismen zur Verhüllung oder Verschleierung von politischen Zielen und Motiven

Damit sind solche politischen Euphemismen gemeint, die dazu verwendet werden, dem Rezipienten über Intention, Ziele und Perspektiven politischer Maßnahmen und Handlungen ein verschwommenes Bild zu vermitteln und ihn im Sinne bestimmter Ziele zu motivieren, d. h. handlungsauslösend zu wirken. 362 (5,8 %) der politischen Euphemismen aus unserem Korpus wurden in dieser Absicht verwendet.

z. B. A_E: (to die) *for decency and the rule of law* (A_N: [to die] for certain economic interests; DMi 1.3.91, 2), A_E: *to fight for peace* (A_N: to go to war; DMi 27.2.91, 6), A_E: *to leave the country* (Iraq - A. B.) *enough military power* (A_N: to destroy Iraq's army, TM 25.2.91, 18)

(10) Euphemismen zur Umgehung des Ausdrucks 'war' und zur Verhüllung/ Verschleierung der Wahrscheinlichkeit eines Krieges am Golf

Hierzu zählen all jene verhüllenden und verschleiernden Ausdrücke, die weitgehend synonym zu *war* verwendet werden und solche euphemistischen LE, die die Möglichkeit des Ausbruchs eines Golfkriegs im Vorfeld des bewaffneten Konfliktes herunterspielten bzw. verschleiert darstellten, wobei wir insgesamt 279 (4,5 %) aller Euphemismen dieser Gruppe zuordnen.

z. B. A_E: *storm* (A_N: war; ECO 19. - 25.1.91, 23), A_E: *this* (A_N: the Gulf war; GUA 5.2.91, 1), A_E: *shooting* (A_N: war; GUA 1.3.91, 2), A_E: *probable rather than possible* (über die Wahrscheinlichkeit eines Krieges; DMi 11.2.91, 2), A_E: *the big push* (A_N: ground war; DMi 25.2.91, 5)

(11) Euphemismen zur Verhüllung/Verschleierung von Zerstörungen

Zu dieser Gruppe gehören solche verhüllenden und verschleiernden politischen Euphemismen, die die Zerstörung von einzelnen Gebäuden, Brücken, Fabriken, kulturhistorischen Stätten, aber auch ganzer Städte sowie der Natur und das Ausmaß dieser Schäden beschönigten, herunterspielten, vorteilhafter darstellten, um z. B. eine mögliche Kritik an der Kriegführung und an den Verantwortlichen insgesamt zu verhindern bzw. zu besänftigen. 235 bzw. 3,8 % aller Euphemismen dienten diesem Zweck.

z. B. A_E: *to cripple* (an air force) (A_N: to destroy a great deal of; DMi 16.2.91, 4), A_E: *to knock out* (a target) (A_N: to destroy; DMi 15.1.91, 5), A_E: *to neutralise* (a division) (A_N: to destroy weapons and kill soldiers; GUA 26.2.91, 1), A_E: *to reduce* (the military capacity) *sufficiently* (A_N: to destroy a lot of weapons; MS 1.2.91, 1)

(12) Euphemismen zur vorsichtigen Äußerung einer Kritik oder eines Wunsches bzw. einer Forderung

Wir rechnen hierzu Euphemismen, die in einer diplomatisch-gemäßigten Form dazu dienen, Kritik zu äußern oder in zurückhaltender Weise Forderungen, Wünschen, Hoffnungen Ausdruck zu geben. Dies betraf 156 politische Euphemismen (2,5 %).

z. B. A_E: *to be as patient as possible* (UNO-Generalsekretär Perez de Cuéllar an Israel gerichtet; A_N: not to bomb Iraq in return for Scud attacks; GUA 19.1.91, 2), A_E: *to express deep concern* (diplomatische Reaktion auf kritik- würdige Ereignisse - hier die irakischen Raketenangriffe auf Israel; GUA 19.1.91, 2), A_E: *disturbing element* (über die Militärzensur; DMi 25.2.91, 2)

(13) Euphemismen zur Umgehung der direkten Benennung einer bestimmten Person oder Personengruppe

139 politische Euphemismen (2,2 %) wurden unter semantischem Aspekt so verwendet.

z. B. A$_E$: *line-crossers* (irakische Kriegsgefangene, die freiwillig aufgaben; DMi 6.2.91, 5), A$_E$: *the one man responsible for all this* (A$_N$: Saddam Hussein; DMi 15.1.91, 5), A$_E$: *he* (ohne expliziten Bezugspunkt) (A$_N$: Saddam Hussein; TM 11.3.91, 24)

(14) Euphemismen zur Äußerung einer versteckten Drohung oder Warnung

Das sind solche politischen Euphemismen, die, ohne daß offene Drohungen ausgesprochen werden, in verhüllter oder verschleierter Ausdrucksform eine Drohung oder Warnung formulieren. Damit wird diplomatisch gemäßigt und zwar sowohl in Richtung des eigentlichen Adressaten einer sprachlichen Äußerung als auch jener, die eine offene Konfrontation ablehnen (z. B. Opposition). 128 Euphemismen (2,1 %) fanden dafür Verwendung.

z. B. A$_E$: *to restart military operations* (A$_N$: to start war again; GUA 1.3.91, 5), A$_E$: *serious consequences* (A$_N$: a massive attack in return; GUA 8.2.91, 20), A$_E$: *We will not be disclosing a secret when we say that Iraq's arsenal contains surprises which will astonish our enemies and fascinate our friends.* (Zitat aus einer Zeitung des irakischen Verteidigungsministeriums; DMi 14.1.91, 6)

(15) Euphemismen zur Verhüllung/Verschleierung der eigenen Meinung (Selbstzensur)

Dazu gehören jene Euphemismen i. e. S., deren Gebrauch primär erfolgte, um die eigene Meinung zu verhüllen oder zu verschleiern, vor allem zum Zwecke der Selbstzensur, z. B. aus begründeter oder unbegründeter Angst vor Nachteilen für die eigene Person, Repressalien usw. Natürlich sind auch hier Überschneidungen zu anderen Gruppen möglich (vgl. z. B. Nr. 20). Im weitesten Sinne müßte eine Vielzahl von Euphemismen in diese Gruppe gehören, die aus einer Selbstzensur infolge einer verordneten offiziellen Zensur resultieren. Diese wollen wir hier jedoch ausdrücklich ausklammern und nur jene Euphemismen einbeziehen, die ihren Ursprung tatsächlich **nur** in einer selbstverordneten Beschränkung der Meinungsfreiheit haben. Euphemismen infolge offizieller Zensur sind ohnehin in nahezu alle anderen Gruppen integriert. 111 Euphemismen (1,8 %) waren Ausdruck einer Selbstzensur.

z. B. *no comment whatsoever* (ein britischer Rüstungskonzern zu Anschuldigungen illegalen Waffenexportes; DMi 25.1.91, 19), A$_E$: *s**** (im Zitat eines britischen Piloten; A$_N$: battlefield zone; DMi 25.1.91, 5), A$_E$: *to be confident* (A$_N$: not to know exactly; MS 13.2.91, 8), A$_E$: *to have no opinion* (on something) (A$_N$: to let [some- one] free choice in doing [something]; ECO 19. - 25.1.91, 22)

(16) Euphemismen zur Verhüllung und Verschleierung einer bestehenden Zensur

Damit meinen wir jene verhüllenden und verschleiernden Ausdrücke, die nicht als Reaktion auf bestehende Zensurmaßnahmen zu verstehen sind, sondern als LE zur Verhüllung oder Verschleierung dieser existierenden Zensur selbst, wobei wir insgesamt 77 (1,2 %) solcher politischen Euphemismen ermittelten.

z. B. A$_E$: *to be deliberately conservative* (in reporting bomb damage) (GUA 29.1.91, 20), A$_E$: *Guidance* (Bezeichnung einer Weisung des britischen Verteidigungsministeriums an die Medien; GUA 14.1.91, 18), A$_E$: *Joint*

Information Bureau (Einrichtung der Alliierten im Golfkrieg zur Überwachung der militärischen Informationen; GUA 7.1.91, 21)

(17) Euphemismen zur Verhüllung/Verschleierung einer Zeit, eines Zeitpunktes bzw. der Dauer bestimmter politischer oder militärischer Ereignisse und Handlungen

Dies waren insgesamt 70 der von uns ermittelten politischen Euphemismen (1,1 %).

z. B. A_E: *at the 59th minute of the eleventh hour* (A_N: shortly before war broke out; DMi 22.2.91, 2), A_E: *in days* (Prognose zur Dauer des Bodenkrieges; DMi 26.2.91, 2), A_E: *for a while* (Präsident Bush über die voraussichtliche Dauer der Bombardements; GUA 12.2.91, 20)

(18) Euphemismen zur Darstellung angeblicher Perspektiven und von Spekulationen

Solche sprachlichen Ausdrücke werden eigentlich erst dadurch zu Euphemismen, daß in ihnen enthaltene Prognosen erst zukünftig an der Wirklichkeit überprüft werden können. Eine Absicht der euphemistischen Verhüllung oder Verschleierung kann damit für solche Fälle ausgeschlossen werden, in denen eine unsichere Informationslage über künftig zu erwartende Ereignisse besteht (vgl. auch LEINFELLNER 1971, 145 ff.). Bestehen jedoch von vornherein Zweifel am Eintreten solcher künftiger Ereignisse, so läßt sich ein euphemistischer Sprachgebrauch vermuten. 68 Euphemismen dieser Art (1,1 %) konnten wir einordnen.

z. B. A_E: *cumulative effect* (of economic sanctions) (angenommenes Resultat der ökonomischen Boykottmaßnahmen gegen Irak; GUA 7.1.91, 19), A_E: *the break of a new dawn* (die angebliche Situation nach dem Golfkrieg; GUA 22.2.91, 2); A_E: *If you appease a bully, you pay for it later.* (der britische Premier Major zu evtl. Folgen, falls der Golfkrieg nicht beginnt; DMi 18.1.91, 2)

(19) Euphemismen zur Verhüllung/Verschleierung einer gegenwärtig existierenden Situation

Dazu zählen wir solche verhüllenden und verschleiernden sprachlichen Ausdrücke, die eine gegenwärtig (bezogen auf den Zeitpunkt der Äußerung) tatsächlich bestehende Situation günstiger darstellen, als sie in Wirklichkeit ist. Insgesamt 69 LE (1,1 %) stellten sich uns derart dar.

z. B. A_E: *to give cause for hope* (über politische Gespräche der Sowjetunion und Iraks in Bagdad, die letztendlich nichts bewirkten; DMi 14.2.91, 9), A_E: *End of the road for loser Saddam* (Bildunterschrift in DMi 2.3.91, 1), A_E: *to be at the deep reserve end of the spectrum* (ein Beamter der britischen Regierung zum Vorschlag eines Gipfels EG-Irak; GUA 1.1.91, 8)

(20) Euphemismen zur Verhüllung/Verschleierung eines Ortes

Hierbei geht es im Zusammenhang mit dem Golfkrieg in erster Linie um die Umgehung der direkten Bezeichnungen für Schauplätze militärischer Handlungen, der Lokalisierung von Kampfgebieten usw. und deren Ersatz durch euphemistische Ausdrücke. 70 Euphemismen wurden u. E. mit dem Ziel verwendet, in diesem Sinne wirksam zu werden (1,1 %).

z. B. A_E: *region of broken pride and prickly sensitivities* (A_N: the Middle East; ECO 26.1. - 1.2.91, 13), A_E: *command and control centre* (A_N: [the bombed] civilian air raid shelter; DMi 15.2.91, 8), A_E: *desert battle zone* (A_N: the territory of Iraq and Kuwait; DMi 24.1.91, 7)

(21) Euphemismen zur Verhüllung und Verschleierung finanzieller Kosten und Gewinne

Das sind insbesondere solche Euphemismen, die die tatsächlichen Kosten des Golfkrieges und Gewinne (z. B. von Rüstungsfirmen) verhüllen und verschleiern helfen. Die politische Signifikanz dieser Euphemismen, von denen wir insgesamt 60 (1,0 %) ermittelten, dürfte außer Frage stehen.

z.B. A_E: *to dig into one's pockets* (A_N: to give more money for the Gulf war; DMi 31.1.91, 5), A_E: *a bill for starters* (A_N: not enough money; DMi 1.2.91, 5), A_E: *peace dividend* (A_N: the money saved when not continuing the Gulf war; MS 31.1.91, 8)

(22) Euphemismen zur Verhüllung/Verschleierung von Ausländerfeindlichkeit

Der Anteil dieser Euphemismen lag bei der Golfkriegsberichterstattung relativ gering. Es ist jedoch anzunehmen, daß diese Art politischer Euphemismen insbesondere in der Innenpolitik eine größere Rolle spielt, da u. E. Ausländerfeindlichkeit und Rassismus in den meisten westlichen Ländern und auch anderswo große Probleme darstellen, deren Peinlichkeit den Gebrauch von Euphemismen durch Politiker, Journalisten u. a. Personen geradezu herausfordert. Wir stellten in unserem Korpus fünf Euphemismen dieser Gruppe fest, das sind ganze 0,1 %.

z. B. A_E: *marked people* (A_N: foreigners singled out for punishment, violence etc.; GUA 2.3.91, 2)

Wir haben gezeigt, daß politischen Euphemismen unter semantischem Aspekt verschiedene spezielle Aufgaben zukommen und sie in differenzierter Weise die Möglichkeit bieten, Sachverhalte, Objekte etc. der Wirklichkeit zu verhüllen bzw. zu verschleiern oder als mildernde, beschönigende, vernebelnde sprachliche Ausdrücke solche lexikalischen Einheiten zu ersetzen, die die Wirklichkeit unbeschönigt, nicht positivierend, d. h. nicht euphemistisch, widerspiegeln.

Auf Grund spezieller syntaktischer Besonderheiten können dabei i. a. bestimmte sprachliche Ausdrücke in bestimmten Gruppen von Euphemismen unter semantischem Aspekt eher erwartet werden als in anderen. Dies trifft insbesondere auf euphemistische Abkürzungen zu, die zu 63,2 % verwendet wurden zur Verhüllung/Verschleierung von Waffen, Waffensystemen und militärischem Gerät (vgl. Gruppe 7). Überdurchschnittlich oft, nämlich zu 13,3 %, sind euphemistische Sätze und Texte zur Glorifizierung (Gruppe 6) verwendet worden. Noch mehr (24,5 %) von ihnen wurden der Verhüllung/Verschleierung des Charakters des Krieges (Gruppe 1) zugeordnet. Die Ursachen liegen vorwiegend darin begründet, daß Politiker, aber z. T. auch Journalisten im Falle eines Krieges besonders häufig versuchen, dessen Notwendigkeit und Unabwendbarkeit zu betonen und insbesondere politische Ziele und Motive im Zusammenhang mit dem Krieg zu verhüllen und zu verschleiern.

Wir wollen abschließend nochmals betonen, daß die Grenzen zwischen den einzelnen Gruppen nicht eindeutig zu ziehen sind und Euphemismen übergreifend wirksam werden können. Natürlich ist eine solche Zuordnung auch abhängig vom subjektivem Empfinden, von den Erfahrungen und vom Sprachempfinden des Einzelnen. Dennoch lassen sich u. E. bestimmte Tendenzen in der Einordnung erkennen, die auf Grund der relativ großen Zahl untersuchter Euphemismen (6.232) als in gewissem Umfange recht zuverlässig angesehen werden können. Unter ähnlichen Gesichtspunkten müßte man an die Untersuchung von politischen Euphemismen zu anderen Themenkomplexen (z. B. innenpolitische Ereignisse, Wirtschaftspolitik u. dgl.) herangehen, wobei natürlich die jeweilige Spezifik in semantischer Hinsicht zu beachten sein wird. Bestimmte Gruppen von Euphemismen (z. B. die Gruppen 5, 13, 15, 20 u. a.) sind auch für andere Themenbereiche als die Kriegsberichterstattung denkbar. Weitere detaillierte Forschungsarbeiten könnten hierbei zur Prägung eines Gesamtbildes der politischen Euphemismen beitragen.

Nicht zuletzt an den oben angeführten Beispielen wurde deutlich, daß politische Euphemismen, wie Euphemismen überhaupt, in sehr verschiedenen Formen auftreten können, z. B. als Einzelwort, Abkürzung, ganzer Satz usw. Wir wollen uns abschließend in diesem Kapitel der Differenzierung von Euphemismen unter syntaktischem Aspekt zuwenden und damit unsere Vorstellungen von einer möglichen Systematisierung für die politischen Euphemismen komplettieren.

5.7   Der politische Euphemismus unter syntaktischem Aspekt

Bei der Differenzierung der politischen Euphemismen unter syntaktischem Aspekt stützen wir uns vor allem auf die Unterscheidung in bestimmte syntaktische Einheiten (*syntactic units*), wie sie u. a. von GRAUSTEIN et al. (1982, 25 ff.) getroffen wurde, die sich in ähnlicher Form aber auch bei LEECH/SVARTVIK (1984, 187 ff.), bei CHALKER 1984, QUIRK/ GREENBAUM 1975 oder bei QUIRK et al. 1991 findet.

In diesem Sinne werden solche Einheiten definiert als **"elements (segments) forming classes, which can then be given seperate names. Units are distinguished and described by means of segmentation and classification"** (GRAUSTEIN et al. 1982, 25).

Für die Zwecke unserer Untersuchung unterscheiden wir zunächst in *Einzelwörter, Wortverbände (phrases), Sätze und Texte*, die in bestimmten sprachlichen Kontexten eine euphemistische (verhüllende oder verschleiernde) Funktion ausüben können (vgl. auch GRAUSTEIN/ THIELE 1979). Innerhalb dieser "Klassen" läßt sich weiter differenzieren. So z. B. können Euphemismen i. e. S. als *Einzelwörter* in Form von Substantiven, Verben, Adjektiven, Adverbien usw. auftreten. Bei den *Wortverbänden* ist es möglich, zu unterscheiden in Substantivverbände (noun phrases), Verbverbände (verb phrases), Adjektivverbände (adjectival phrases) etc. *Sätze* lassen sich weiter unterteilen in Teilsätze (clauses), d. h. Haupt- und Nebensätze von komplexen Sätzen, die wir für unsere Untersuchungen dem Oberbegriff *Sätze* zuordnen, einfache Sätze (simple sentences) und komplexe Sätze (complex sentences).

Desweiteren unterscheiden wir *Texte* in Teiltexte und ganze (vollständige) Texte. *Teiltexte* unterscheiden sich dabei in qualitativer und quantitativer Hinsicht von Texten. Sie sind Ausdruck komplexer Sachverhalte, zu verstehen als Teil einer kommunikativen Handlung, existieren in der Kombination von Element und Relation, stellen eine **"adäquat deliminierte Sequenz von Äußerungen"** (GRAUSTEIN/ THIELE 1986, 123) dar, zeichnen sich durch Rekursivität aus. Der Ausdruck der Bedeutungsstruktur erfolgt durch vom Satz distinktive linguistische Formen (vgl. auch ebd., 122 f.). Wir fassen Teiltexte als Bestandteile von umfassenderen Texten auf, wobei die Unterscheidung im Einzelfall problematisch sein wird, da bei in Zeitungen oder Zeitschriften abgedruckten Texten, Statements usw. der Gesamttext oft nur auszugsweise wiedergegeben wird und somit auch eine genaue Abgrenzung der Teiltexte oft mit Schwierigkeiten verbunden ist. Eine euphemistische Funktion für einen gesamten *journalistischen* Text konnten wir nicht feststellen.

BOCHMANN weist auf die besondere Bedeutung eines komplexen Herangehens bei der Analyse politischer Texte hin:

"Die Analyse des politischen Textes bleibt ..., wenn sie sich auf die Inventarisierung und Beschreibung der sprachlichen Ausdrucksmittel, noch dazu in ihrer Vereinzelung, beschränkt, auf halbem Wege stehen und ist nur bedingt in der Lage, kausale Beziehungen zwischen Sprache und praktischer Politik aufzudecken." (1981, 21).

Diesen Grundsatz sollte man stets beachten, auch und vor allem dann, wenn bestimmte lexikalische Einheiten zum Zwecke ihrer Analyse vorrübergehend isoliert betrachtet werden. Ein politischer Euphemismus wird, und darauf wollen wir erneut verweisen, zu dem, was er ist, nur durch die Einbettung in eine bestimmte Kommunikationssituation und einen bestimmten sprachlichen Kontext (vgl. auch KNAUER 1981, 146, 152).

Wir wollen an dieser Stelle auf eine ausführliche Definition der einzelnen syntaktischen Einheiten verzichten. Verwiesen sei vielmehr auf die u. E. praktikablen Explikationen bei GRAUSTEIN et al. (1982, 25 ff.), die im wesentlichen die Grundlage für unsere Differenzierung hinsichtlich der politischen Euphemismen bildeten. Von der Unterscheidung der von uns ermittelten politischen Euphemismen unter syntaktischem Aspekt erhoffen wir uns relativ zuverlässige Aussagen über die Häufigkeit des Gebrauches bestimmter syntaktischer Einheiten in euphemistischer Funktion.

Anders als LEINFELLNER (vgl. 1971, 18 ff.) sind wir nicht der Meinung, daß ein Euphemismus unter formalen Gesichtspunkten nur als euphemistischer Satz befriedigend erklärt werden kann. Wir gehen davon aus, daß prinzipiell sprachliche Elemente auf allen Ebenen eine euphemistische Funktion ausüben können. Unseres Erachtens macht das Vorhandensein eines euphemistischen Ausdrucks aus einem Satz auch nicht bereits zwingend einen euphemistischen, wie LEINFELLNER behauptet (vgl. ebd., 18). Vielmehr sind wir der Auffassung, daß Einzelwörter und Wortverbindungen in euphemistischer Funktion innerhalb eines Satzes eine Art **"euphemistisches Zentrum"** bilden, wobei zwischen den euphemistischen Ausdrücken und ihrer unmittelbaren sprachlichen Umgebung syntaktische Beziehungen bestehen (vgl. hierzu GRAUSTEIN et al. 1982, 29 ff.) und somit der sprachliche Kontext natürlich auch in bestimmtem Maße dazu beiträgt, einen sprachlichen Ausdruck zu einem euphemistischen zu machen. Bei euphemistischen Sätzen bzw. Texten ist solch ein "euphemistisches Zentrum" nicht bestimmbar, die euphemistische Funktion kommt dann tatsächlich dem Satz oder Text in seiner Ganzheitlichkeit zu.

Von den insgesamt 6.232 festgestellten politischen Euphemismen wurden 1.468 durch einzelne Wörter ausgedrückt. Das sind 23,5 %. Mehr als die Hälfte aller Euphemismen, nämlich 59,3 % oder in absoluten Zahlen 3.695, wurden von uns als Wortverbände analysiert. 715 (11,5 %) der politischen Euphemismen waren euphemistische Sätze und ganze 123 (2,0 %) euphemistische Texte. Die restlichen 231 (3,7 %) begegneten uns als euphemistische Abkürzungen, die wir als gesonderte Gruppe auffassen, da wir sie keiner anderen syntaktischen Einheit direkt zuordnen können, obwohl die Nähe zumindest einiger Abkürzungen zum Einzelwort außer Frage steht (z. B. A_E: *Humvee* für A_N: highly manoeuvrable military vehicle; GUA 15.2.91, 19).

Tabelle 7 gibt einen Überblick über die Verteilung der politischen Euphemismen unter syntaktischem Aspekt differenziert nach Pressetiteln. Dabei wird deutlich, daß der Anteil von Einzelwörtern beim *Economist* besonders hoch liegt, was auf ein verstärktes Bemühen in dieser Zeitschrift schließen läßt, schlagwortartige, einprägsame Euphemismen zu verwenden, die die Kompliziertheit der Wirklichkeit in einer kurzen "netten Formel" verschwinden läßt. *Time* verwendet weniger euphemistische Wortverbände als die anderen Zeitungen und Zeitschriften (51,0 %). Ebendort finden sich jedoch auch überdurchschnittlich viele euphemistische Sätze (19,0 %).

Tabelle 7: *Politische Euphemismen unter syntaktischem Aspekt*

Zeitungen/ Zeitschriften	Euph. gesamt	Einzel- wörter	Wortver- bände	euph. Sätze	euph. Texte	euph. Abkür- zungen
GUARDIAN	2.664	624 23,4 %	1.577 59,2 %	319 12,0 %	66 2,5 %	78 2,9 %
DAILY MIRROR	1.660	399 24,1 %	1.016 61,2 %	139 8,4 %	24 1,4 %	82 4,9 %
MORNING STAR	814	171 21,0 %	517 63,5 %	100 12,3 %	2 0,2 %	24 3,0 %
TIME	616	123 20,0 %	314 51,0 %	117 19,0 %	29 4,7 %	33 5,3 %
ECONOMIST	478	151 31,6 %	271 56,7 %	40 8,4 %	2 0,4 %	14 2,9 %
gesamt	*6.232*	*1.468 23,5 %*	*3.695 59,3 %*	*715 11,5 %*	*123 2,0 %*	*231 3,7 %*

Es verwundert kaum, daß sich die meisten euphemistischen Texte beim *Guardian* und in *Time* finden, da hier i. a. auch mehr Raum verhanden ist, bestimmte Texte, wie z. B. politische Reden, Erklärungen, Interviews usw., nicht nur auszugsweise, sondern auch einmal vollständig oder zum großen Teil auszugsweise zu veröffentlichen, was auch hin und wieder geschieht. Der *Economist* fällt dabei allerdings etwas aus der Rolle. Besonders viele euphemistische Abkürzungen stellten wir im *Daily Mirror* und in *Time* fest.

Zusammenfassend können wir schlußfolgern, daß Euphemismen im politischen Sprachgebrauch in journalistischen Texten vor allem in Form von Einzelwörtern und Wortverbänden auftreten (insgesamt 82,8 %). Euphemistische Abkürzungen und euphemistische Texte lassen sich relativ selten beobachten, wobei natürlich bei letzteren ihr Umfang recht bedeutend sein kann und die Wirkung euphemistischer Texte, aber auch euphemistischer Abkürzungen und Sätze keineswegs unterschätzt werden darf. Wir wollen uns nunmehr den syntaktischen Einheiten im einzelnen zuwenden.

Von den insgesamt festgestellten *Einzelwörtern* in euphemistischer Funktion waren 692, das sind 47,1 %, *Substantive*. Hierzu zählen z. B. A_E: *ballet* (A_N: war; TM 4.3.91, 14), A_E: *retaliation* (A_N: revenge attack; GUA 21.1.91, 1) oder A_E: *tool* (A_N: weapon; DMi 24.1.91, 2).

452 waren *Adjektive*, das sind 30,8 %, so z. B. A_E: *sophisticated* (über Waffen; A_N: computer-guided; GUA 1.3.91, 2), A_E: *lucrative* (target) (A_N: big, important; GUA 13.2.19, 3). In der Schlagzeile des *Guardian* (7.1.91, 1) "Israeli experts predict limited damage" nimmt das Adjektiv *limited* dem Substantiv *damage* den Schrecken, die Schärfe und vermittelt dem Rezipienten den Eindruck, das Ausmaß der Zerstörung lasse sich schon irgendwie beschränken. Die euphemistische Wirkung geht jedoch in erster Linie vom Adjektiv aus und nicht von dem Substantivverband *limited damage* insgesamt, obwohl sich natürlich das Adjektiv syntaktisch auf das Substantiv bezieht.

276 der Einzelwort-Euphemismen waren durch *Verben* ausgedrückt, also 18,8 % von ihnen, beispielsweise A_E: *to neutralise* (A_N: to kill and destroy; MS 19.2.91, 8), A_E: *to pound* (A_N: to bomb heavily and relentlessly; DMi 19.1.91, 2).

In 27 Fällen (1,9 %) konnten wir die euphemistische Funktion direkt einem *Adverb* zuweisen, z. B. A_E: *potentially* (A_N: certainly; DMi 23.1.91, 9). Neunmal (0,6 %) wurden *Personalpronomen* und dreimal (0,2 %) *Determinativ-* bzw. *Demonstrativpronomen* in euphemistischer Funktion festgestellt, z. B. A_E: *he* (the Iraqi as an abstract; DMi 4.2.91, 4) - hier wird eine Emotionalisierung über eine verhüllende Personifizierung erreicht - oder auch A_E: *it* (A_N: the bombing; GUA 18.1.91, 3) bzw. A_E: *this* (A_N: the war; GUA 5.2.91, 1).

Unter die Einzelwörter haben wir auch solche Euphemismen eingeordnet, bei denen das anstößige Wort selbst, nachdem es in geeigneter Weise verändert wurde, zum Euphemismus wird (vgl. auch LUCHTENBERG 1985, 138). Hierzu gehört zum Beispiel das von uns hervorgehobene "Wort" in folgendem Zitat eines britischen Corporals "I'm just *p****** off with being lied to by the politicians." (DMi

6.2.91, 16). Auch wenn es sich dabei um ein verstümmeltes Slangwort[11] handelt, so macht die Aussage, die einen deutlich politischen Inhalt hat, diesen Euphemismus zu einem politischen. Wir konnten insgesamt 9 Fälle (0,6 %) dieser Art feststellen. Letztere Beispiele sind allerdings eher die Ausnahme. Wir wollten jedoch auch solche Euphemismen der Vollständigkeit halber erwähnen. Man kann insgesamt feststellen, daß im Bereich der Einzelwörter politische Euphemismen in den meisten Fällen (insgesamt 96,7 %) durch Substantive, Verben und Adjektive ausgedrückt werden. Zwischen den einzelnen Zeitungen und Zeitschriften waren die Unterschiede im Gebrauch bestimmter Einzelwörter in euphemistischer Funktion relativ gering, so daß wir auf eine dataillierte Darstellung hier verzichten können.

Bei den *Wortverbänden (phrases)* ergibt sich folgendes Bild: Von insgesamt 3.695 Wortverbänden in euphemistischer Funktion waren mehr als die Hälfte, nämlich 2.196 (59,4 %) in Form von *Substantivverbänden (noun phrases)* vorhanden, wobei wir hier natürlich, wie auch in den anderen Wortverbänden, solche Fälle ausschließen wollen, in denen der Substantivverband nur durch ein einzelnes Substantiv (Einzelwort) ausgedrückt wird, da wir diese Fälle oben gesondert behandelt haben. Wir verstehen unter Wortverbänden daher vielmehr umfangreichere sprachliche Ausdrücke unterhalb der Satzebene, die durch ein bestimmtes Element (nominales, verbales, adjektivisches, adverbiales oder präpositionales Element) charakterisiert sind und dominiert werden (vgl. auch GRAUSTEIN et al. 1982, 27). Zur Illustration für die Substantivverbände in euphemistischer Funktion mögen folgende Beispiele dienen: A_E: *strong reaction* (A_N: military attacks; GUA 28.1.91, 2), A_E: *stress-management tool* (A_N: political method to solve problems; GUA 18.2.91, 3), A_E: *misguided actions of one man* (A_N: the Gulf war; GUA 2.2.91, 23).

1.220 politische Euphemismen lagen in Form von *Verbverbänden (verb phrases)* vor, wobei wir nicht gesondert zwischen VP 1, VP 2, VP 3 unterscheiden, sondern die Verbverbände wiederum vom einzelnen Verb in euphemistischer Funktion differenzieren wollen. So fanden wir z. B. A_E: *to fail to return* (A_N: to be shot down; DMi 18.1.91, 2), A_E: *to play out the last act* (A_N: to fight the decisive battle; DMi 28.2.91, 2), A_E: *to put out of action* (A_N: to destroy; ebd., 3).

155 (4,2 %) aller euphemistischen Wortverbände waren *Adjektivverbände (adjectival phrases)*, 100 (2,7 %) *Präpositionalverbände (preposional phrases)* und noch 24 (0,7 %) *Adverbialverbände (adverbial phrases)*, z. B. AjP: A_E: *pretty successful* (über die Bombardierungen irakischer Rundfunkstationen; DMi 13.2.91, 7), PP: A_E: *for the security of the whole of Europe* (A_N: for economic reasons; DMi 28.1.91, 4), AvP: A_E: *extremely well* (A_N: in the interest of the Allies; DMi 18.1.91, 7).

Alles in allem werden als Wortverbände in euphemistischer Funktion überwiegend Substantiv- und Verbverbände (zusammen 92,4 %) verwendet, sehr selten Adverbialverbände, wobei es oft schwierig ist, die Grenzen des "euphemistischen Kerns", des "euphemistischen Zentrums" eindeutig zu bestimmen.

---

[11] *to piss off* - "... *Taboo slang*. 1. (tr., often passive) to annoy, irritate, or disappoint." (CED 1989, 1168)

Innerhalb der euphemistischen *Sätze* stellten wir bei insgesamt 715 Beispielen 326 *komplexe Sätze (complex sentences, CS)* in euphemistischer Funktion fest, also bei 45,6 % aller euphemistischen Sätze. So äußerte Großbritanniens Premierminister John Major Anfang Januar 1991 gegenüber der Presse: A_E: *Whether or not there is a conflict is up to him.* (GUA 7.1.91, 1). Obwohl in diesem komplexen Satz offensichtlich auch Euphemismen unterhalb der Satzebene vorhanden sind (A_E: *conflict* - A_N: war; A_E: *him* - A_N: Saddam Hussein), so enthält doch der Satz als Ganzes eine euphemistische Aussage, die es gerechtfertigt erscheinen läßt, diesen Satz insgesamt als euphemistischen Satz aufzufassen. Ziel dieses Satzes ist es u. E., den Charakter des Krieges zu verschleiern, insbesondere dessen Ursachen. Die Schuld am Krieg wird personifiziert, und obwohl das Personalpronomen *him* keinen Bezugspunkt im *sprachlichen* Kontext hat, läßt der *außersprachliche* Kontext den Schluß zu, mit *him* könne nur Saddam Hussein gemeint sein. Ob es zu einem Krieg kommen würde oder nicht, hing aber bei weitem nicht nur von dem irakischen Präsidenten ab, sondern auch von der Entscheidung des US-Präsidenten, führender US-Militärs, des US-Kongresses, den Vereinten Nationen usw. Die enthaltenen Einzelworteuphemismen können nicht aus dem Satzzusammenhang herausgelöst werden, da sie *insgesamt* dazu beitragen, den Satz zu einem euphemistischen zu machen.

211 der euphemistischen Sätze (29,5 %) waren *einfache Sätze* (simple sentences, SS), z. B. in knapper Form als *Time*-Schlagzeile: A_E: *A Storm Erupts* (A_N: A War Breaks Out; TM 28.1.91, 10 f.) oder im Statement eines Sprechers des Weißen Hauses zur Möglichkeit der Kriegsbeendigung auf diplomatischem Wege: A_E: *It does not seem there are a lot of areas to negotiate* (A_N: The US government does not want to negotiate with Iraq; GUA 7.2.91, 1).

In 178 Fällen (24,9 %) waren euphemistische Sätze als *Teilsätze* (Haupt- oder Nebensätze) innerhalb von komplexen Sätzen vorhanden, z. B. A_E: *... there will be no enthusiasm (in the USA for helping Iraq after the war - A. B.)* (A_N: Nobody (in the USA) is going to help ...; GUA 26.2.91, 1), A_E: *... we don't have a clue about Iraqi casualties* (A_N: we don't want to give you any numbers of Iraqi casualties; GUA 2.1.91, 3).

Es läßt sich damit feststellen, daß auch auf Satzebene politische Euphemismen existieren, wobei wir davon ausgehen, daß das Vorhandensein eines in einem Einzelwort, einer Abkürzung oder einem Wortverband ausgedrückten Euphemismus nicht zugleich automatisch aus einem Satz einen euphemistischen macht. Ein euphemistischer Satz drückt als Ganzes einen Euphemismus aus, erfüllt als Ganzes eine euphemistische Funktion. Die überwiegende Mehrheit der politischen Euphemismen auf Satzebene wird durch komplexe Sätze (complex sentences) ausgedrückt.

Bei den euphemistischen *Texten* können wir in euphemistische Teiltexte und Texte unterscheiden (s. o.), wobei im speziellen Fall eine Unterscheidung deshalb nicht leicht fällt, da solche Texte in den wenigsten Fällen vollständig in Zeitungen und Zeitschriften veröffentlicht werden, sondern meist nur auszugsweise, d. h. in Form von Teiltexten, und somit dem Rezipienten die Originallänge des jeweiligen Textes meist nicht bekannt bzw. bewußt ist. Eine Untersuchung offizieller Dokumente (Redeprotokolle, Gesetzestexte, Protokolle politischer Debatten, Parteiprogramme usw.) könnte hier detaillierte Aufschlüsse bringen, inwiefern ganze Texte oder nur Teile von ihnen eine euphemistische Funktion besitzen.

Von den von uns ermittelten 123 politischen Euphemismen in Textform waren 108, also 87,8 %, als *Teiltexte* und 15, das sind 12,2 %, als *ganze Texte* vorhanden, wobei Teiltexte nur im *Guardian* (11) und im *Daily Mirror* (4) zu finden waren und sich selbst euphemistische Teiltexte im *Morning Star* und im *Economist* (je 2) nur in geringer Anzahl feststellen ließen. Merkmale euphemistischer Teiltexte und Texte sind letzten Endes das Vorhandensein einer euphemistischen (verhüllenden bzw. verschleiernden) Funktion für die gesamte Textstruktur, ohne daß dabei immer eindeutig Grenzen gezogen werden können, und/oder ein gehäuftes Auftreten von Euphemismen unterhalb der Textebene, insbesondere von euphemistischen Sätzen. So trug beispielsweise zumindest ein Teil der Rede von US-Präsident Bush zur Lage der Nation Ende Januar 1991 euphemistische Züge. Wir wollen einen Teil davon an dieser Stelle als Beispiel anführen, wobei wir die Teile gekennzeichnet haben, die u. E. zur euphemistischen Funktion des gesamten Textes entscheidend beitragen:

> "We know why we are there. We are Americans, *part of something larger than ourselves*. For two centuries, *we have done the hard work of freedom*. And tonight, *we lead the world in facing down a threat to decency and humanity* ... We are *a nation of rock-solid realism and clear-eyed idealism*. We are *the nation that believes in the future*. We are *the nation that can shape the future* ... *We do not seek the destruction of Iraq, its culture, or its people* ... We shall *succeed* in the Gulf. And when we do, *the world community will have sent an enduring warning to any dictator or despot, present or future*, who contemplates outlaw aggression ... *We are the only nation on this earth that could assemble the forces of peace* ..." (zit. in: GUA 30.1.91, 1).

Wir wollen es für unsere Untersuchung bei diesem Beispiel belassen, an dem u. E. sehr deutlich wird, daß eine euphemistische Funktion auch Texten insgesamt zukommen kann. Die Textlinguistik kann für die Zukunft mit ihren Erkenntnissen dazu beitragen, die Einsichten in die euphemistische Wirkung von Texten entscheidend zu vertiefen und zu erweitern. Wir hoffen, auch mit unserer Untersuchung deutlich zu machen, daß sich hier der Textlinguistik und der Sprachwissenschaft mit ihren Zweigen insgesamt neue Aufgaben und Probleme darstellen, die nur in disziplinübergreifenden Bemühungen gelöst werden können.

Von den ermittelten 231 euphemistischen *Abkürzungen* waren ihrer Bildung nach 114 *Initialwörter,* das sind 49,3 %. Innerhalb der Initialwörter handelte es sich in 44 Fällen um *Akronyme,* d. h. um solche Initialwörter, die als Wort gesprochen werden, z. B. A_E: AWACS (auch *Awacs*/airborne warning and control system; GUA 18.1.91, 4), A_E: *SLAM* (Standoff Land Attack Missile; GUA 30.1.91, 4) oder A_E: *FROG* (Free Rocket Over Ground; ebd.) und bei 70 Abkürzungen um *Initialkürzungen,* die auch als Abkürzung, d. h. die Einzelbuchstaben gesprochen werden, z. B. A_E: *PBI* (poor bloody infantrymen; DMi 28.1.91, 4), A_E: *P.G.M.s* (Precision-Guided Munitions; TM 18.2.91, 21) oder A_E: *MLRS* (Multiple Launch Rocket System; GUA 20.2.91, 3). Es wurden 15 *Kürzungen* ermittelt (6,5 %), z. B. A_E: *ammo* (ammunition; DMi 21.1.91, 2), A_E: *subs* (submarines; DMi 26.1.91, 5), A_E: *psy-ops* (psychological operations; DMi 30.1.91, 2).

79 Abkürzungen (34,2 %) waren *Mischungen aus Abkürzung + Zahl*, häufig bei Waffentypenbezeichnungen, z. B. A_E: H_2, H_3 (Bezeichnungen für geheime Angriffsziele im Westen Iraks; DMi 18.1.91, 2), A_E: *M-109s* (eine Haubitze; DMi 21.1.91, 6), A_E: *JP 233* (zur Verminung und Zerstörung von Bodenzielen; GUA 18.1.91, 4) u. a.

Mischungen aus Abkürzung (+ Zahl) + Einzelwort registrierten wir in insgesamt 23 Fällen (10,0 %), z. B. A_E: *F-16 interceptor* (ein Kampfflugzeug; DMi 18.1.91, 12), A_E: *AH-64 Apache* (ein Kampfhubschrauber; GUA 18.1.91, 4) oder auch A_E: *G-Day* (Tag des Beginns des Boderkrieges; GUA 21.2.91, 1). Die Besonderheit euphemistischer Abkürzungen liegt darin begründet, daß sie bereits vorhandene euphemistische Ausdrücke (oft Wortverbände) nochmals verhüllen bzw. verschleiern und somit dem Rezipienten, selbst bei Kenntnis der abgekürzten Ausdrücke, die Erkenntnis der Wirklichkeit zusätzlich erschweren können. Bezüglich der Abkürzungen für Waffen und Waffensystembezeichnungen stellt SCHAU richtig fest:

"Neben der sprachökonomischen Funktion bringen die Buchstabenkürzel, die mit mathematischen Formeln oder Zahlen kombiniert sein können ..., gleich eine doppelte Entstofflichung zum Ausdruck. Zunächst wird die eigentliche Bedeutung der Waffen - Zerstörung und Töten - außer acht gelassen. Gleichzeitig werden die Waffen instrumentalisiert: sie werden auf ihre technischen Formeln festgelegt. Durch die Verknappung auf die Formel erfolgt dann eine weitere Sinnentleerung ... Übrig bleibt eine harmlose Worthülse ..." (1985, 165).

Es ist klar, daß eine solche Verknappung auf eine sprachliche "Formel" nur einem Ziel dienen kann, der Desorientierung und Manipulation sowohl der Benutzer der Waffen als auch der Rezipienten politischer Texte, in denen diese "Formeln" vorkommen (vgl. auch ebd.). Wir wollen ergänzend feststellen, daß sich z. B. dem deutschen Muttersprachler, der des Englischen nicht oder nur unzureichend mächtig ist, die Bedeutung einer solchen Abkürzung noch weniger erschließt, wenn sie ihm in deutschen politischen Texten begegnet, da diese Abkürzungen auch international benutzt werden, als handele es sich bei ihnen um chemische Formeln o. ä. weltweit übliche Symbole.

Im Vergleich der Verwendung von euphemistischen Abkürzungen durch die einzelnen Printmedien fällt auf, daß im *Guardian* besonders häufig Initialwörter (66,7 % aller dort verwendeten Abkürzungen) auftauchen. Ebendort fanden wir die meisten Mischungen aus Abkürzungen (+ Zahl) + Wort (16 von insgesamt 23). Im *Daily Mirror* waren 56,1 % aller Abkürzungen Mischungen aus Abkürzung + Zahl, wie sie besonders bei Waffennamen Verwendung finden. Die meisten Abkürzungen überhaupt fanden sich im *Daily Mirror*, die wenigsten im *Economist*.

Zusammenfassend können wir feststellen, daß politische Euphemismen unter syntaktischem Aspekt sowohl in Form von einzelnen Wörtern, Wortverbänden und Abkürzungen (wenngleich letztere eigentlich selbst nicht zu den Syntagmen zu rechnen sind) als auch von Sätzen und Texten auftreten. Euphemistische Texte begegneten uns in bezug auf unseren Untersuchungsgegenstand vor allem als vollständig, meist aber nur auszugsweise abgedruckte politische Reden, Rundfunk- oder Fernsehansprachen oder auch als umfangreichere Statements, z. B. bei sogenannten "military briefings".

Insgesamt läßt sich sagen, daß politische Euphemismen in den meisten Fällen durch Substantiv- und Verbverbände (35,2 bzw. 19,6 % bezogen auf die Gesamtzahl der ermittelten Euphemismen), einzelne Substantive und Adjektive (11,1 bzw. 7,3 %) und komplexe Sätze (5,2 %) ausgedrückt werden, am seltensten durch Pronomina (0,2 %), Adverbialverbände (0,4 %) und vollständige Texte (0,2 %). Daß Pronomina kaum euphemistisch wirken, liegt dabei auf der Hand. Adverbialverbände (adverbial phrases) tragen meist als Bestandteil größerer syntaktischer Einheiten zu deren euphemistischer Wirkung bei, ohne daß diese Wirkung dabei dem Adverbialverband für sich genommen zugeschrieben werden kann.

Vollständige Texte erscheinen zwar relativ selten in euphemistischer Funktion, ihr großer quantitativer Umfang aber trägt entscheidend dazu bei, daß sie dennoch eine nicht zu unterschätzende Rolle bei der Meinungsbeeinflussung von Menschen spielen. Darüber hinaus ist es nicht selten der Fall, daß innerhalb von Texten entweder nur bestimmte Teile euphemistisch wirken (z. B. bestimmte Wortverbände, Sätze usw.) bzw. eventuell euphemistische Texte in der Presse nur in Auszügen veröffentlicht werden (z. B. Politikerreden, politische Erklärungen usw.), so daß sich zwar eine euphemistische Funktion für den Gesamttext mit ziemlich hoher Wahrscheinlichkeit vermuten, nicht aber eindeutig beweisen läßt.

In den zurückliegenden Abschnitten wurde gezeigt, daß es möglich ist, die politischen Euphemismen, wie im übrigen auch Euphemismen allgemein, unter verschiedenen Aspekten zu analysieren. Dabei wurden diese Euphemismen unter sprachhistorischen, kommunikativ-funktionalen, semantischen, syntaktischen Gesichtspunkten geordnet, wurden Differenzierungen entsprechend den Darstellungsformen getroffen, in denen sie auftreten und Einschätzungen zur Häufigkeit von Euphemismen in der politischen Sprache in englischsprachigen Zeitungen und Zeitschriften erarbeitet. An Hand des umfangreichen Materials, insgesamt wurden 6.232 Euphemismen aus einem Korpus von ca. 1,46 Millionen Wörtern ermittelt, konnten relativ zuverlässige Daten über quantitative und qualitative Eigenschaften der politischen Euphemismen gewonnen werden. Natürlich läßt sich dabei eine gewisse Beschränkung auf wesentliche Aspekte nicht vermeiden. So widmeten wir uns beispielsweise dem Problem der Bildungsweise (vgl. LUCHTENBERG 1985, 127 ff.) oder einer semantisch-formalen Gruppierung (vgl. LEINFELLNER 1971, 75 ff.) sowie einigen grammatischen Fragestellungen bezüglich der politischen Euphemismen (vgl. LUCHTENBERG 1985, 147 ff.) etwas weniger ausführlich, als dies in den genannten Untersuchungen zum Euphemismusproblem der Fall war und dort sehr gründlich, teilweise sogar spezifisch für politische Euphemismen und unter Einbeziehung von Beispielen aus der englischen Sprache, getan wurde.

Wir wollen uns, bevor wir uns generalisierend und schlußfolgernd zum Euphemismusproblem in der Sprache der Politik äußern, im folgenden Kapitel an Hand von ausgewählten Beispielen aus unserem Korpus der eingehenden Analyse der Wirkungsweise und spezifischen Merkmalen politischer Euphemismen zuwenden. Dabei werden wir uns weitgehend auf einschlägige Lexika, insbesondere verschiedene Arten von Wörterbüchern des heutigen Englisch stützen, die wir im Literaturverzeichnis (Teil II) gesondert aufgeführt haben. Diese Beispieldiskussion soll dazu beitragen, bestimmte bisher getroffene Aussagen zu verifizieren oder ggf. in Frage zu stellen.

5.8 Analyse von Beispielen in euphemistischer Funktion

5.8.1 Beispiel 1 : EFFORT(S)

Das **Substantiv** *efforts* begegnete uns in unserem Korpus sowohl als Einzelwort in Singular- und Pluralform als auch in den Determinativkomposita *bombing efforts* und *coalition efforts*. Die lexikalische Bedeutung deutet nicht explizit auf einen möglichen euphemistischen Gebrauch hin:

"effort ...

1. Power: also *pl* powers, properties.
...

2.a. A strenuous putting forth of power physical or mental; a laborious attempt; a struggle.
...

2.b. In the fine arts, oratory, etc.: A display of power, an achievement. Often used somewhat trivially for any kind of achievement, artefact, or result of activity.
...

2.c. *Mech.* ...**"** (OED 1989, vol. V, 87).[12]

Dies will allerdings nichts besagen, halten wir doch, wie oben dargestellt, grundsätzlich den Gebrauch zumindest eines jeden Inhaltswortes (content word), ob als Einzelwort oder in Wortverbänden usw., in euphemistischer Funktion für möglich. Es läßt sich somit ein **okkasioneller** Gebrauch als Euphemismus i. e. S. feststellen.

Weder bei NEAMAN/SILVER 1983 und 1990, RAWSON 1981, GREEN 1984 und 1987 noch bei LEWIN/LEWIN 1988 finden sich Hinweise auf einen euphemistischen Gebrauch von *efforts*. Daß *efforts* dennoch eine euphemistische Funktion erfüllen kann, wollen wir im folgenden darstellen. Dazu sollen uns einige Beispiele dienen[13]:

(1) ein Statement des britischen Group Captain Henderson:

"The mission so far has gone very very well indeed and the allied <u>effort</u> for the air battle is going extremely well." (zit. in: DMi 18.1.91, 7)

(2) Präsident Bush in einer Erklärung zur Radioansprache Saddam Husseins vom 26.2.91:

"... From the beginning of the air operation, nearly six weeks ago, I said our <u>efforts</u> are on course and on schedule. This morning I am pleased to say that <u>coalition efforts</u> are ahead of schedule." (GUA 27.2.91, 4)

(3) aus einem Bericht des *Daily Mirror*:

"Sandstorms tearing across the deserts of Saudi-Arabia and Iraq hampered <u>bombing efforts</u>..." (DMi 19.2.91, 7 - Hervorhebungen A. B.))

---

[12] vgl. auch CED (1989, 488); CCELD (1987, 452); ROGET'S II (1988, 330)

[13] Wir unterstreichen in den angeführten Beispielen die von uns ermittelten Euphemismen im Zusammenhang mit *effort(s)*, wobei evtl. andere enthaltene Euphemismen unberücksichtigt bleiben. Ebenso werden wir auch in den folgenden Abschnitten verfahren.

Im Beispiel (1) wird *effort* im Singular verwendet, ansonsten, auch in den Determinativkomposita, im Plural. Bei den Beispielen (1) und (2) sind eine militärische Führungsperson bzw.

ein Politiker, im Beispiel (3) ein Journalist Urheber der Euphemisierung, d. h. sie verwenden die sprachlichen Ausdrücke jeweils in verschleiernder Absicht. Wir sind der Auffassung, daß es sich tatsächlich um eine **Verschleierung** unangenehmer Tatsachen handelt, da allen drei Autoren gemeinsam ist, daß ihnen die schrecklichen Auswirkungen der von ihnen mit *effort(s)* bezeichneten militärischen Handlungen hinlänglich bekannt sein dürften. Wir vermuten daher in allen drei Fällen eine Täuschungsabsicht, wobei im Beispiel (3) die euphemistische Wirkung von *efforts* zumindest teilweise vom Determinans *bombing*, das zweifellos negative Konnotationen besitzt, wieder aufgehoben wird. Dennoch erfolgt in allen drei Fällen eine Verschleierung des Charakters der militärischen Aktionen. Was jeweils mit *effort(s)* wirklich gemeint ist, läßt sich aus dem sprachlichen und außersprachlichen Kontext ermitteln.

Im Beispiel (1) wird dies insbesondere durch den Post-Determiner "for the air battle" deutlich. Nach LDEL tritt *effort* bedeutungsmäßig auch als Semem "**5** the total work done to achieve a particular end <*the war*>" (1984, 466) auf. Unseres Erachtens kann bereits bei diesem Eintrag im Wörterbuch eine euphemistische Verwendung vermutet werden, denn wenn *war effort* als "work ..." erläutert wird, ist in diesem Semem auf der Ebene der langue potentiell bereits die euphemistische Wirkung angelegt, die in "*effort* for the *air battle*" realisiert wird. Das zu erreichende "particular end" ist in unserem Falle der Sieg der Alliierten im Golfkrieg, die "total work", um dieses Ziel zu erreichen, sind die militärischen Angriffe auf die irakischen Truppen, die zum Zeitpunkt der Äußerung (18.1.91) in Form von Bombenangriffen durch Kampfflugzeuge erfolgten. Die "effort for the air battle" kann dann aber nichts anderes sein als die konzentrierten Bombardements irakischer Truppen durch die Alliierten selbst. Das Substantiv *effort* wird zusätzlich noch aufgewertet durch das Attribut *allied*, welches u. E. vor allem positive Konnotationen besitzt (vgl. auch "joined, as by treaty, agreement, or marriage; united", CED 1989, 39), da es in erster Linie mit positiven Dingen assoziiert wird, man denke z. B. nur an den Sieg der Alliierten über Hitler im II. Weltkrieg. Zudem läßt die Bedeutungsstruktur von *effort* offen, ob die erfolgten militärischen Handlungen tatsächlich gewaltige Zerstörungen und viele Opfer zur Folge hatten.[14] Dies wird dem Rezipienten vielmehr auf Umwegen, über die Hervorhebung positiver Aspekte verdeutlicht oder besser verschleiert ("the ... effort ... is going extremely well").

Im Beispiel (2) verwendet Präsident Bush das Substantiv als Einzelwort im Plural *(efforts)*, wobei auch sein Hauptziel offenbar darin besteht, die schrecklichen Folgen dieser "Bemühungen" zu vernebeln, denn eine Bemühung, eine Anstrengung involviert nicht notwendig den Erfolg oder anders ausgedrückt, ein Bombenangriff muß noch lange keine Opfer zur Folge haben. Auch ROGET'S Eintragungen von *effort* unter *power, production, vigorousness, attempt, undertaking, action, exertion* (vgl. 1987, 809) sind eher "unverdächtig" und lassen keinerlei Schlußfolgerungen bezüglich etwaiger Bombenangriffe oder anderer militärischer Gewalthandlungen zu.

---

[14] Man vergleiche auch die deutsche Bedeutung von *effort*: "1. Anstrengung. a) Bemühung ..., Versuch ..., b) Mühe" (LANGENSCHEIDT 1988, 213).

Ähnlich wie im Beispiel (1) verbindet Bush im Beispiel (2) im zweiten Satz *efforts* mit einem Ausdruck, der in erster Linie positive Konnotationen besitzt und ebensolche Assoziationen hervorruft (*coalition*). Wenn in der Rhetorik von George Bush "coalition efforts are ahead of schedule", heißt das natürlich nichts anderes, als daß das Ausmaß der Zerstörung und die Opfer auf irakischer Seite bereits so groß sind, daß der Irak nicht mehr lange imstande sein wird, den alliierten "Bemühungen" zu widerstehen. Dies wird so aber nicht gesagt. Insbesondere die folgende, dem CCELD entnommene Aussage macht deutlich, warum sich *effort(s)* so gut zur Verschleierung der Wirklichkeit eignet:

"**4.1** If you say that something such as an action is an effort, you mean that an unusual amount of physical or mental energy is needed to do it ..." (1987, 452).

Natürlich handelt es sich auch bei einem Bombenangriff um eine Handlung im weitesten Sinne, bei der enorme physische und geistige Anstrengungen unternommen werden. Auf Grund der vagen Bedeutung von *effort(s)* ist es jedoch möglich, auf periphere Gemeinsamkeiten mit anderen Handlungen aufzubauen, für die ebenfalls überdurchschnittliche Anstrengungen vonnöten sind (z. B. eine Prüfung, das Tragen einer Last usw.), die mit Bombenangriffen u. a. militärischen Gewaltakten ansonsten aber nichts gemein haben, vor allem nicht deren menschenverachtenden Charakter.

Auch in Beispiel (3) werden vor allem periphere Aspekte des Sachverhaltes dazu benutzt, von der Gewalttätigkeit des Krieges abzulenken. Die "Bemühungen" der Alliierten, überhaupt Bomben abzuwerfen, wurden von Sandstürmen behindert ("hampered"), obwohl hier das Determinans *bombing* zumindest auf einen wesentlichen Aspekt der "*efforts*" hinweist, nämlich daß irgendetwas bombardiert und somit zerstört werden soll, was in den ersten beiden Beispielen eher in den Hintergrund tritt.

Zusammenfassend läßt sich feststellen, daß *effort(s)* durch seine Bedeutungsstruktur dazu geeignet ist, von unangenehmen Sachverhalten wie der Zerstörung von Gebäuden, Einrichtungen etc. und dem Töten von Menschen abzulenken, wenn dieses Wort weitgehend anstelle von A_N: bombing raids, military actions o. ä. verwendet wird. Dazu tragen insbesondere positive Konnotationen und Assoziationen bei, die sich mit dem Bemühem um Erfolg, körperlichen Anstrengungen (vgl. z. B. auch im Sport) und überdurchschnittlichen Leistungen verbinden. Nicht zuletzt ist die Gesellschaft, in der wir leben, eine *Leistungs*gesellschaft. Es wäre in dieser Hinsicht von großem Interesse, herauszufinden, welche psychologischen Prozesse und Zusammenhänge wirksam werden, welche Assoziationen *effort(s)* im einzelnen hervorruft usw. Hier bieten sich Ansätze für weiterführende Forschungen, die wir im Rahmen dieser Arbeit nicht bewältigen konnten.

Wir wollen ergänzen, daß das im Jahre 1973 gegründete *Committee on Public Doublespeak* des *National Council of Teachers of English* der USA, das sich aus Lehrern, Semantikern und Rhetorikern des Landes zusammensetzt, seinen alljährlich vergebenen sogenannten "*Doublespeak Award*" im Jahre 1991 dem US-Verteidigungsministerium insbesondere für die Beschreibung massiver Bombenangriffe als "efforts" überreichte (vgl. hierzu Junge Welt 25.11.91, 6). Dem ist wohl nichts hinzuzufügen. Wer im Falle von beispielsweise allein am 24. Januar 1991 geflogenen 3.000 Kampfeinsätzen (vgl. DMi 25.1.91, 4) oder insgesamt im Krieg zerstörten 1.685 Panzern, 1.400 Artilleriegeschützen und 97 Flugzeugen des Iraks, von den Zehntausenden zivilen Opfern einmal ganz zu schweigen, von *"efforts"* spricht, der muß sich gefallen lassen, zu Recht der bewußten Verschleierung harter politischer Fakten verdächtigt zu werden.

5.8.2 Beispiel 2 : DAISY - CUTTER

Das **Substantiv** *daisy-cutter*, bei dem es sich dem Wortbildungstyp nach um ein Determinativkompositum handelt, konnten wir in den analysierten journalistischen Texten sowohl in gekennzeichneter Form (Anführungszeichen) als auch nicht-gekennzeichneter Form feststellen.

(1) So hieß es in einem *Guardian*-Bericht von Richard Norton-Taylor:

"Another (weapon of mass destruction - A. B.) is the 'daisy-cutter', a 15,000 lb (1 lb = 453,59 g - A. B.) device which detonates before it reaches the ground." (GUA 20.2.91, 3).

(2) In dem gleichen Bericht an anderer Stelle ist *daisy cutter* jedoch nicht gekennzeichnet:

"Fuel-air explosives, like the daisy cutter, are dropped by parachute ..." (ebd.).

(3) Ebenfalls nicht als Euphemismus kenntlich gemacht ist das Substantiv in einem anderen Bericht derselben Zeitung:

"According to Washington sources, the Special Forces' bombs - known as *daisy-cutters* - are packed with up to 15,000 lb of high explosives." (GUA 13.2.91, 3)

In allen drei Fällen wird der Euphemismus i. e. S. *daisy-cutter* nicht von Politikern, sondern von Journalisten benutzt, obgleich natürlich als eigentliche Urheber Militärs angesehen werden dürfen, wie wir auch noch zeigen werden. Darüber hinaus ist anzunehmen, daß die euphemistische Wirkung von *daisy-cutter* in den Beispielen jeweils unterschiedlich ausgeprägt ist, schon möglicherweise allein dadurch, daß einmal eine Kennzeichnung erfolgt und ein anderes Mal nicht.

Auf Grund der Tatsache, daß sich in keinem der von uns konsultierten allgemeinen Wörterbücher der englischen Sprache eine militärische Bedeutung von *daisy-cutter* im Sinne einer Waffenbezeichnung fand, nahmen wir zunächst an, daß es sich um einen Neologismus handelt, d. h. in unserem Falle um den Gebrauch eines bekannten Wortes in einer neuen Bedeutung (vgl. z. B. CCELD 1987, 351, 353; CED 1989, 391; OED 1989, vol. IV, 220; ROGET'S 1987, 126). Danach findet man *daisy-cutter* im heutigen Englisch vor allem in zwei Bedeutungen:

" 1. A horse that in trotting lifts its feet only very slightly from the ground.
...

2. *Cricket* and *Baseball*. A ball so bowled or batted as to skim along the surface of the ground." (OED 1989, vol. IV, 220).

Wir können vermuten, daß sich mit den beiden Bestandteilen des Determinativkompositums *daisy* und *cutter* als Einzelwörter kaum deutlich negative Konnotationen und Assoziationen verbinden, vgl. z. B.:

"**daisy** ...

a small wild flower, often found in short grass, that has a yellow centre and white petals ..." (CCELD 1987, 353),

"**cutter** ...

2   A **cutter** is

2.1   a tool for cutting things EG *He snipped off the end of his cigar with a silver cutter.*

2.2   a person whose job involves cutting things, for example cloth for clothing...

2.3   a boat ..." (ebd., 351).

Als Einzelwörter fanden *daisy* und *cutter* bereits um 1000 bzw. im 12. Jahrhundert Eingang in die englische Sprache. Im Altenglischen entstanden, geht *daisy* etymologisch auf dægesẽge bzw. dægesẽage (= day's eye) zurück "in allusion to the closing of the petals in the evening, and their opening again in the morning" (BARNHART 1988, 250). Der Ursprung von *cut* (Suffixableitung → *cutter*) ist nicht völlig geklärt, das Wort ist aber wahrscheinlich einer skandinavischen Quelle entlehnt, "compare Swedish dialect *kuta, kata* to cut, *kuta* knife, and Icelandic *kuti* knife" (ebd., 246). Auch diesbezüglich weisen Determinans und Determinatum bei *daisy-cutter* eher neutrale und unauffällige Merkmale auf.

HOLDER weist auf den Gebrauch von *daisy* in einer zwar allmählich aussterbenden, aber dennoch nachwirkenden negativ konnotierten Bedeutung hin:

"**daisy**

(1)   **a grave**   From the flowers on the turf, but this use is ob. However, the association of 'daisies' with death continues. If you 'count' or 'push up' daisies, you are dead." (1987, 55).

Ein solches Semem fanden wir jedoch in keiner anderen Quelle. Unseres Erachtens überwiegen die positiven, angenehmen Konnotationen, wie sie beispielsweise in der Metapher *fresh as a daisy* deutlich zum Ausdruck kommen. Desweiteren wirkt *daisy* im Kompositum *daisy-cutter* in erster Linie als Determinans zur näheren Bestimmung des Determinatums *cutter*, wobei das zweite Element, also *cutter,* dominiert.

Wir konnten feststellen, daß *daisy-cutter* im Englischen dennoch in seinem militärischen Sinn in den von uns ermittelten Kontexten keineswegs einen echten Neologismus darstellt. Bei PARTRIDGE findet sich ein Hinweis darauf, daß *daisy-cutter* bereits zur Zeit des II. Weltkrieges als Bezeichnung, und wir wollen ergänzend feststellen als euphemistische Bezeichnung, für **"A German shell that, on impact, burst instanteneously and scattered its fragments very close to the ground"** (1984, 288) verwendet wurde. **"The term has been used also for other vicious anti-personnel weapons of this type."** (ebd.).

In einer ähnlichen Bedeutung wurde auch das Determinativkompositum *grass-cutter* verwendet zur Bezeichnung einer "small bomb that, aeroplane-dropped, bursts on impact and scatters shrapnel pellets at a low level, i. e. to kill persons rather than destroy inanimates" bzw. für "2. A Lewis gun" (ebd., 495), wobei in beiden Fällen die erstmalige Verwendung auf die Zeit des Ersten Weltkrieges zurückgeht (vgl. ebd.). Aber weder *grass-cutter* noch *daisy-cutter* erlangten seinerzeit offenbar über die militärische Fachsprache hinausgehend eine gesamtgesellschaftliche Verbreitung.

Somit wird deutlich, daß *daisy-cutter* in dieser militärischen Bedeutung als Waffenbezeichnung heute dem Laien nach wie vor in der denotativen Bedeutung kaum bekannt sein dürfte, was diesen sprachlichen Ausdruck zur euphemistischen Verwendung in besonderem Maße geeignet erscheinen läßt. Vielmehr ist es u. E. möglich, durch die Verwendung von *daisy-cutter* gegenüber der Öffentlichkeit zur Bezeichnung einer schrecklichen, in ihren Auswirkungen verheerenden Waffenart, beim Rezipienten vordergründig Assoziationen hervorzurufen, die es gestatten, den gefährlichen Charakter dieser Bombe zu verschleiern. Es handelt sich also im Falle von *daisy-cutter* keinesfalls um eine Ad-hoc-Bildung, aber ganz offensichtlich um einen **okkasionellen** politischen Euphemismus. Das Substantiv *daisy-cutter* fanden wir in der von uns analysierten Bedeutung ausschließlich in den Jargon-Wörterbüchern von GREEN (1984, 63; 1987, 154). Andere, u. E. ebenso potentiell euphemistische sprachliche Ausdrücke zur Bezeichnung des gleichen Bombentyps sind *big blue eighty-two* und *cheeseburger* (vgl. GREEN 1984, 63). Diese Bezeichnungen konnten wir in unserem Korpus aber überhaupt nicht feststellen, so daß sich deren Beschränkung auf den militärischen Fachjargon bzw. auch ein bereits erfolgtes Verblassen der euphemistischen Wirkung vermuten läßt.

Unter dem Stichwort *cheeseburger,* dessen lexikalische Bedeutung hinlänglich bekannt sein dürfte, findet sich dann bei GREEN 1984 und 1987 auch jeweils eine ausführliche Explikation dessen, was *daisy-cutter* in den von uns oben angeführten Beispielen bezeichnet:

> "*n [Military]* the BLU/82/B11 concussion bomb; the weapon is 11 ft long (1 ft = 0,3048 m - A. B.), 4.5 ft wide, weighs 7,5 tons and contains over 6 tons of gelled acqueous slurry of ammonium nitrate and aluminium powder. Only a nuclear bomb exceeds the power of this bomb, which sends a mushroom cloud 6,000 ft into the air and which, if exploded 3ft above the ground, will kill everything (including the worms in the ground) in a surrounding area of 755 acres (1 acre = 0,4047 ha - A. B.) as well as most things within 2,000 acres." (GREEN 1987, 110).

An Hand dieser Definition wird klar, daß die Bezeichnung *daisy-cutter* ein für den Sachverhalt absolut peripheres, im Verhältnis zur ungeheuren Zerstörungskraft dieser Bombe völlig nebensächliches Merkmal (Sem) aufgreift, nämlich, daß die Gänseblümchen auf einer von der Explosion einer solchen Bombe betroffenen Wiese (aber wer bombadiert schon eine Wiese) "abgemäht" oder deutlicher gesagt verbrannt, vernichtet, ausgerottet werden. Im übrigen läßt sich dieses Merkmal für die Wüstengebiete der Kriegsschauplätze Irak und Kuwait ohnehin nur schwer nachvollziehen. Unseres Erachtens sind in der Bezeichnung *daisy-cutter* in dieser

Bedeutung zudem Sarkasmus und Menschenverachtung gewissermaßen zu einem sprachlichen Ausdruck geronnen.

Bezugnehmend auf unsere drei Beispiele zu Beginn dieses Abschnittes können wir feststellen, daß in allen drei Fällen *daisy-cutter* euphemistisch gebraucht wird. Im Beispiel (1) erfolgt zwar eine Kennzeichnung durch Anführungsstriche, aus dem sprachlichen Kontext ergibt sich auch, daß der *daisy-cutter* "a weapon of mass destruction" (vgl. GUA 20.2.91, 3) ist. Der sprachliche Ausdruck *weapon of mass destruction* wirkt allerdings selbst in einem gewissen Maße euphemistisch, da es sich in Wirklichkeit nicht um eine massenhafte Zerstörung handelt, sondern um das Töten vieler Menschen geht. Die Kennzeichnung von *daisy-cutter* als "device" trägt zusätzlich zur Verschleierung bei. Von den verheerenden Auswirkungen dieses "device" wird überhaupt nicht gesprochen bzw. geschrieben; es wird lediglich konstatiert, daß dieses "detonates before it reaches the ground". Wir können daher zu Recht vermuten, daß trotz der Kennzeichnung der Laie die euphemistische Verwendung von *daisy-cutter* nicht oder zumindest nur teilweise durchschaut und ihm letztendlich verborgen bleibt, welches Denotat bezeichnet wird und welche Eigenschaften dieses im einzelnen besitzt.

Obwohl Beispiel (2) demselben Text entnommen ist wie Beispiel (1), erscheint hier die Verschleierung noch schwerwiegender zu sein. Dies gilt zumindest für den vom Gesamttext isolierten unmittelbaren sprachlichen Kontext, den wir mit angeführt haben. Es darf jedoch nicht außer acht gelassen werden, daß Texte nicht als isolierte Sätze, sondern als interrelational miteinander verknüpfte sprachliche Einheiten, die in kontextueller Hinsicht außerdem aufeinander aufbauen (z. B. Bezug von Pronomen, Thema-Rhema-Beziehung usw.), vom Rezipienten gehört/gelesen und verstanden werden. Insofern darf der relative und zeitweilige Charakter der Isolierung sprachlicher Einheiten aus ihren jeweiligen Kontexten zum Zwecke ihrer Analyse nicht übersehen und muß auf diese immer wieder zurückgeführt werden. Allerdings wird dem militärischen Laien der Begriffsinhalt von *daisy-cutter* kaum klarer durch das bloße Nennen eines übergeordneten Gattungsbegriffes ("fuel-air bombs"), der ihm möglicherweise inhaltlich ebenso unklar ist, und einer weiteren peripheren Eigenschaft ("dropped by parachute"). Zusätzlich wird nun auch noch auf eine Kennzeichnung des euphemistischen Ausdrucks durch Anführungszeichen verzichtet. Vielmehr wird "daisy cutter" jetzt verwendet, als handele es sich bereits um einen etablierten Begriff und nicht mehr um einen euphemistisch-verschlei-ernden Ausdruck, was in Wirklichkeit, wie oben dargestellt, überhaupt nicht zutrifft. Insofern ist es dem Autor des Berichtes, Richard Norton-Taylor vom *Guardian*, möglich, seine Leser über das Determinativkompositum *daisy-cutter* im Denken zu beeinflussen, da diese sich über den wirklichen Begriffsinhalt, der vor allem eine Reihe negativer Aspekte (Töten, Vernichtung, Zerstörung usw.) beinhaltet, nicht oder nur verschwommen im klaren sind.

Im Beispiel (3) wird zumindest ausgesagt, daß es sich um Bomben handelt ("Special Forces' bombs"), die mit 15.000 Pfund (ca. 6.804 kg) hochexplosivem Sprengstoff gefüllt sind. Unklar bleibt jedoch, worin die Aufgabe der "Special Forces" besteht und wozu die *daisy-cutter* also verwendet werden. Die Motivierung von *daisy-cutter* wird im sprachlichen Kontext im nächsten Satz an gleicher Stelle deutlich: "The tactic is reminiscent of jungle-clearing operations during the Vietnam war." (GUA 13.2.91, 3). Daß seinerzeit nicht nur Gänseblümchen, sondern ganze

Wälder "niedergemäht" wurden und Tausende von Menschen starben, dürfte hinlänglich bekannt sein.

Der euphemistische Ausdruck A$_E$: *daisy-cutter* eignet sich somit vorzüglich zur Ablenkung von schwerwiegenden, verabscheuungswürdigen Tatsachen, denn es wird den Opfern dieser Bombe, im Falle des Golfkrieges waren dies vor allem irakische Soldaten, durch die Explosion in nur sehr geringer Höhe die Luft aus den Lungen gesogen und sie erleiden infolge der Explosion schwere Verbrennungen, d. h. sie sterben einen äußerst qualvollen Tod, was durch nichts zu rechtfertigen und in den Auswirkungen mit den "tactical nuclear weapons" vergleichbar ist (vgl. auch GUA 20.2.91, 3). Deshalb dient u. E. in den drei Beispielen die Verwendung von daisy-cutter der manipulativen Beeinflussung von Menschen, indem diesen die Zustimmung zu bestimmten militärischen Handlungen durch einen irreführenden sprachlichen Ausdruck erleichtert wird, der bewußt am Wesen des Denotats vorbeigehend verwendet wird. Nur eine grundlegende sprachliche Aufklärung der Menschen, wie sie im Beispiel (1) zumindest in Ansätzen erfolgt, kann dazu beitragen, den wirklichen Begriffsinhalt verschleiernder sprachlicher Ausdrücke aufdecken zu helfen.

5.8.3 Beispiel 3 : TO HIT THE JACKPOT

Im Gegensatz zu den vorhergehenden Beispielen handelt es sich bei *to hit the jackpot* um einen Wortverband, genauer um einen **Verbverband 2** (VP2), der sich aus einem transitiven Verb (*hit*) und einem nachfolgenden Substantivverband (*the jackpot*) zusammensetzt. Den Verbverband *to hit the jackpot* stellten wir in unserem Korpus zweimal fest, wobei es sich jeweils um wiedergegebene Statements von Bomberpiloten handelte:

(1) In einem Bericht des *Morning Star* hieß es:

"Cluster bombs were dropped liberally on the highways as convoys of troops moved bumper to bumper. Returning pilots told of 'hitting the jackpot' in their quest to pick off their targets ..." (MS 27.2.91, 1).

(2) Ebenfalls in einem Bericht, diesmal des *Guardian*, war zu lesen:

"The pilots said the retreating Iraqis were presenting a bounty of targets: 'We hit the jackpot,' one said." (GUA 27.2.91, 22).

In beiden Fällen wird über den gleichen Sachverhalt berichtet, nämlich über die Bombardierung irakischer Truppen, die sich auf dem Rückzug von Kuwait nach Irak befanden, wobei von diesen Truppen offenbar keine Gefahr mehr für die alliierten Streitkräfte ausging, die Iraker allerdings dennoch versuchten, Waffen und Ausrüstung in Sicherheit zu bringen, sprich in ihr Heimatland zurückzuführen. Dies widersprach jedoch den Forderungen, die Präsident Bush in seinem Ultimatum an den Irak vom 20. Februar 1991 erhoben hatte (vgl. u. a. GUA 21.2.91).

Nach PARTRIDGE existiert *to hit the jackpot* im britischen Englisch als Slangausdruck seit etwa 1943, nachdem anfänglich US-Soldaten bereits in den 30er Jahren diesen Wortverband im Sinne von "to meet with exceptionally good luck" verwendet hatten (vgl. 1984, 610). Auch in Neuseeland und Australien ist der

Verbverband seit 1944 im Gebrauch, wobei dort anstelle von *hit* meist *crack* (Vb.)
bevorzugt wird. Eine andere Variante ist *to strike the jackpot* (vgl. ebd.).
Ursprünglich von der Spielkarte *Jack* im Pokerspiel abgeleitet, heute jedoch meist
eher mit Spielautomaten assoziiert, bei denen der Jackpot[15] die in bestimmten
Abständen ausgeschüttete zusätzliche Gewinnsumme ist (vgl. ebd.), findet man
jackpot seit Mitte der 60er Jahre im CanE auch im Sinne von "dangerous situation"
oder "a grave difficulty). Unseres Erachtens ist in den beiden o. g. Beispielen jedoch
keine der genannten Bedeutungen zutreffend.

ROGET'S ordnet *to hit the jackpot* unter *succeed* bzw. *get rich* (vgl. 1987, 454,
498) ein. Während der zweite Fall für uns weniger interessant ist, lohnt es sich,
unter *succeed* genauer nachzusehen. Dort steht *to hit the jackpot* u. a. in einer
Reihe mit den Synonymen:

"... make a hit, top the charts, make a kill, go over big; ..., break the bank; score
a point, win a p. ..." (ebd., 454).

Auch in unserem Beispiel hat *to hit the jackpot* etwas mit "Erfolg haben" zu tun,
jedoch in einem ganz speziellen Sinne, wie noch gezeigt werden soll. Das LSD führt
für das dem Slang entstammende *to hit the jackpot* folgende Synonyme an:

"succeed, score a success, hit it, hit the mark, turn up trumps, strike it rich, *Inf.*
break the bank, *Inf.* make a killing" (1991, 606).

Unter Einbeziehung des sprachlichen, vor allem aber des außersprachlichen
Kontextes können wir feststellen, daß *to hit the jackpot* in den beiden Beispielen
informal im Sinne der letzten Eintragung des LSD (s. o.) verwendet wird, da die
zitierten Piloten von nichts anderem sprechen als von der Bombardierung irakischer
Militärkonvois, wobei sich ihnen dabei natürlich eine Vielzahl potentieller Ziele zur
Zerstörung und Vernichtung "anbieten". Diese "Chance" nutzen sie, sie sind
"erfolgreich", d. h. sie vernichten gleich eine ganze Reihe von Zielen, töten
Menschen, zerstören Fahrzeuge, Waffen usw. Dies bezeichnen sie als *to hit the
jackpot.* Der Verbverband *to hit the jackpot* begegnet uns in den o. g. Beispielen
dabei in einer neuen lexikalisch-semantischen Variante im Sinne von "to destroy a
lot of targets and to kill a lot of people". Natürlich haben die Piloten auch "Glück"
gehabt" in dem Sinne, daß sie nicht getroffen wurden. Das ist hier jedoch nicht
gemeint; ihr "Glück" besteht in der Ansammlung militärischer Ziele, ihr "Gewinn" in
deren Zerstörung. So scheint auch folgende Charakterisierung nur in übertragenem,
inhumanem Sinne zuzutreffen:

"If you *hit the jackpot,* you win a lot of money or have a piece of great luck ..."
(CCELD 1987, 778).

Unseres Erachtens wird in dem euphemistischen Ausdruck A_E: *to hit the jackpot*
im Sinne von A_N: to destroy a lot of targets, wobei der Tod von Menschen selbst-
redend einkalkuliert ist, auch die Polysemie des Verbs *hit* geschickt ausgenutzt.
LEWIN/LEWIN geben für *to hit* allein 203 verschiedene Synonyme an (vgl. 1988,
185). Darunter befinden sich u. a. auch *take out, wipe out, knock one out, blast, blitz,
let have it* (vgl. ebd.), sprachliche Ausdrücke, die wir in anderen Kontexten unseres
Korpus ebenfalls allesamt in euphemistischer Funktion feststellen konnten. Nach

---

[15] Heute auch im Deutschen, z. B. beim Lotto gebräuchlich.

RAWSON bedeutet *hit* als Verb für sich genommen auch "to murder someone", und
er erläutert:

**"The understated 'hit' is a rare example of an evasion that is shorter than
the word for which it stands ... Of course, it comes from the underworld
where, by definition, normal rules do not apply."** (1981, 136).

Interessant ist auch das Semem von *hit*, das wir im CED fanden:

"3. to reach or strike with a missile, thrown object, etc.: *to hit a target"*
(1989, 727).

Offenbar wird diese lexikalische Bedeutung von *to hit*, das für Bomben- und
Raketenangriffe tatsächlich bereits eine Untertreibung des wirklichen Geschehens
darstellt, mit der Bedeutung von *to hit the jackpot* im Sinne von "to achieve great
success, esp. through luck" (CED 1989, 813) gewissermaßen vermischt, so daß
zwar äußerlich gesehen *to hit the jackpot* ungefährlich erscheint, einen positiven
Nebensinn (Konnotationen) besitzt, in bezug auf die Kommunikationssituation in
unseren Beispielen aber eindeutig zur **Verschleierung** der grausamen Aktionen
dient, die mit diesem euphemistischen Ausdruck beschrieben werden.

Dennoch existieren zwischen unseren Beispielen (1) und (2) gewisse Unterschiede. Im ersten Fall wurden die Bomberpiloten indirekt zitiert, was eine gewisse
Distanz des berichterstattenden Journasten zu den gemachten Äußerungen
erzeugt; *hitting the jackpot* wird mit Anführungszeichen markiert, wobei wir allerdings
bezweifeln, ob dies ausreicht, um dem Leser die denotative Bedeutung zu verdeut-
lichen und insbesondere die euphemistische Funktion des Wortverbandes hervor-
zuheben. Trotzdem existiert eine Distanz der Journalisten im Beispiel (2) in dieser
Form nicht. Ein Pilot wird zitiert mit "We hit the jackpot", ohne daß auf diese
Äußerung näher eingegangen wird. Die kritiklose Übernahme und Wiedergabe einer
solchen Aussage kann jedoch u. E. beim Rezipienten den Eindruck erwecken bzw.
verstärken, beim Golfkrieg handele es sich um ein "Spiel", in dem es "Gewinner" und
"Verlierer" gibt und in dem die alliierten Bomberpiloten nun auch noch das Glück
hatten, den "Jackpot zu knacken".

Selbstverständlich billigen wir dem allgemein gut gebildeten Leser des *Guardian*
eine selbständige Auseinandersetzung mit dem ihm dargebotenen sprachlichen
Material zu, dennoch läßt sich eine Beeinflussung des Denkens, insbesondere über
das Unterbewußte, in solchen Fällen kaum eliminieren. Was letztlich mit *to hit the
jackpot* gemeint ist, wird im Beispiel (1) im ersten Satz deutlich; Bomben werden
wahllos in Konvois der Iraker abgeworfen, wobei der Erfolg, d. h. die Vernichtung
vieler "Ziele", von vornherein garantiert ist, da sich die Truppen auch noch als
geschlossene Einheiten ("bumper to bumper") bewegen.

Zusammenfassend können wir feststellen, daß, obwohl lexikalische Bedeutungen
von *to hit the jackpot* bereits in Wörterbüchern verzeichnet sind, es sich in unseren
Beispielen keinesfalls um traditionelle Euphemismen handelt, da der Verbverband
auch nichteuphemistisch im Sinne von *to succeed* etc. verwendet werden kann.
Vielmehr liegen in den Beipielen (1) und (2) **okkasionelle** Verwendungsweisen von
to hit the jackpot vor. Eine zunächst unscheinbare Aussage eines Bomberpiloten
gegenüber Journalisten über seine Eindrücke wird in politischen Berichten auf diese

Weise zum hochbrisanten Euphemismus zur Verschleierung unangenehmer politischer Tatsachen.

Berührungspunkte ergeben sich auch zu anderen euphemistischen Ausdrücken wie A_E: *to hit (somebody) hard* (A_N: to bomb heavily; DMi 9.2.91, 8), A_E: *to hit* (A_N: to bomb with missiles; DMi 14.2.91, 1), A_E: *to hit back* (A_N: to bomb in retaliation for something; DMi 22.1.91, 3), A_E: *to hit one's mark* (A_N: to destroy something; TM 11.3.91, 20) u. a.

5.8.4 Beispiel 4 : Ein euphemistischer Satz

Im US-Nachrichtenmagazin *Time* zitierte Richard A. Ostling in einem Kommentar unter der Überschrift *"A Just Conflict, or Just a Conflict?"* Präsident Bush mit Aussagen aus dessen Rede zur Lage der Nation (vgl. TM 11.2.91, 36 f.) von Ende Januar. In der Rede von George Bush heißt es u. a.

"We are doing everything possible, believe me, to avoid hurting the innocent" (zit.: ebd.,37).

Daß es sich hierbei um einen euphemistischen Satz im Sinne unserer o. g. Definition handelt, wollen wir im folgenden zeigen. Oberflächlich betrachtet können wir zunächst keine etwaige Häufung politischer Euphemismen feststellen, die aus dem vorliegenden Satz einen euphemistischen machen würde. Wir wollen uns dem Problem annähern über eine Analyse des zitierten Satzes. Es handelt sich hierbei augenscheinlich um einen komplexen Satz (complex sentence), der insgesamt aus drei Satzbasen (sentence bases)[16] besteht:

SB 1: we are doing everything possible

SB 2: we avoid hurting the innocent

SB 3: you believe me

SB 2 ist SB 1 untergeordnet (subjoining), wobei der subjoiner *in order* ausgelassen ist und SB 2 zu einer non-finite clause (to-phrase) (vgl. GRAUSTEIN et al. 1982, 284 ff.) reduziert ist.[17] SB 2 als subjoined clause ist abhängig von SB 1 und wird von dieser dominiert, wobei zwischen SB 1 und SB 2, semantisch gesehen, die "final meaning relation" (vgl. hierzu ebd., 254 f.) besteht, d. h. in SB 2 wird bezüglich SB 1 ein Zweck bzw. Ziel ausgedrückt, also das, was durch die in SB 1 ausgedrückte Handlung erreicht werden soll (vgl. auch ebd., 339). SB 2 erfüllt in SB 1 die Funktion eines Objektes. Die in SB 3 ausgedrückte Aufforderung wird zwischen SB 1 und SB 2 eingefügt, um beim Rezipienten eine zusätzliche Verstärkung der Glaubhaftigkeit des in SB 1 und SB 2 Gesagten zu erreichen. Gewissermaßen trägt somit SB 3, die bezüglich SB 1 eine conjoined clause darstellt,

---

[16] Zur Analyse komplexer Sätze vgl. u. a. GRAUSTEIN et al. 1982, 253 ff. In unserer Analyse schließen wir uns den dort getroffenen Feststellungen weitgehend an.

[17] Genaugenommen lassen sich natürlich innerhalb von SB 2 noch einmal zwei Satzbasen (SB 2.1: we avoid, SB 2.2: we hurt the innocent) feststellen, wobei SB 2.2 in reduzierter Form als non-finite clause (ing-phrase) ohne subjoiner vorliegt (vgl. GRAUSTEIN et al. 1982, 291). Für unsere Zwecke ersparen wir uns jedoch eine detaillierte Analyse der Struktur des komplexen Satzes und gehen vielmehr ausführlich auf die einzelnen Konstituenten unterhalb der Satzebene ein.

zur Intensivierung der von dem aus SB 1 und SB 2 bestehenden komplexen Satz ausgehenden euphemistischen Wirkung bei, ohne daß von SB 3 selbst eine direkt verhüllende oder verschleiernde Wirkung ausgeht. Deshalb haben wir im o. g. Beispiel auch SB 3 nicht unterstrichen, d. h. nicht direkt dem euphemistischen Satz zugeordnet, sondern klammern SB 3 aus unseren folgenden Betrachtungen bewußt aus.

In einer semantischen Analyse der einzelnen Komponenten des verbleibenen euphemistischen Satzes wollen wir im weiteren die Ursachen der euphemistischen Wirkung ergründen.

In SB 1 versichert Präsident Bush zunächst, daß "we are doing everything possible". Es fragt sich zunächst, wer mit dem Personalpronomen *we* gemeint ist, da dies auch aus dem sprachlichen Kontext nicht hervorgeht. Das Personalpronomen wird offenbar bewußt vage verwendet, um einerseits ein breites Einverständnis in Regierungskreisen, unter den mititärisch Verantwortlichen usw. auszudrücken und andererseits auch ein eventuelles Gemeinschaftsgefühl zwischen den Rezipienten zu erzeugen, d. h. *we* könnte in diesem Sinne mit *we Americans; we, the members of the anti-Iraqi coalition; we, the Allies* usw. identifiziert werden, der einzelne Rezipient soll sich u. U. involviert fühlen.

Mit dem Gebrauch der *expanded form (are doing)* wird eine emotionale Intensivierung der Äußerung erzeugt, so daß beim Rezipienten der Eindruck hervorgerufen wird, es würden in diesem Moment alle Anstrengungen unternommen, um *"everything possible"* zu tun. Der Gebrauch der *plain form* hätte u. E. diese Intensivierung der beschriebenen Handlung nicht erreicht. GRAUSTEIN et al. beschreiben die Merkmale der *expanded form* beim Verb in diesem Sinne:

> "The **function** of EF (= expanded form - A. B.) is to signal the speaker's special interest in the process/state or its actual progress/continuation, temporariness or incompletion." (1982, 170).

Nun wird ausgesagt, daß "everything possible" unternommen wird, um das in SB 2 ausgedrückte Ziel zu erreichen. Nach CED bedeutet *everything*:

> *"pron.*
> 1. the entirety of a specified or implied class.
> 2. a great deal, esp. of something very important ..."
> (1989, 529).

Das Adjektiv *possible* stammt etymologisch ab vom lateinischen *possibilis* (= that may be) und dieses wiederum von *posse* (= to be able, have power); es fand im 14. Jahrhundert Eingang in die englische Sprache (vgl. ebd., 1197).

Das LDEL gibt folgende Bedeutung von *possible* an:

> " 1 within the limits of ability, capacity or realization
>
> 2 capable of being done or occuring according to nature, custom or manners
>
> 3 that may or may not occur
>
> 4 having a specified potential use, quality, etc..." (1984, 1149).

Insbesondere die ersten beiden Sememe treffen auf unser Beispiel zu, wobei bereits an der lexikalischen Bedeutung deutlich wird, daß bei der Einstufung von etwas als "possible" bereits subjektive Faktoren eine große Rolle spielen, denn letztlich spielen zwar objektive Grenzen, die dem Handeln gesetzt sind, eine Rolle, wenn aber jemand behauptet, "everything possible" werde unternommen, so spielen seine subjektiven Empfindungen, seine Erfahrungen, Vorstellungen usw. eine gewichtige Rolle.

Es wird gewissermaßen etwas als absolut zutreffend dargestellt, dessen relativer Charakter eigentlich augenscheinlich ist. Ganz sicher wäre eine Aussage wie "we are trying to do everything possible" oder "we are trying to do a lot" ehrlicher und der Wahrheit eher entsprechend. Möglicherweise hat Präsident Bush mit seiner Äußerung aber gar nicht die Absicht, Zweifel an der Absolutheit seiner Behauptung aufkommen zu lassen, da dies u. U. Anlaß zur Kritik an der Kriegsführung insgesamt, am Sinn dieses Krieges usw. sein könnte.

In SB 2 wird ausgedrückt, worin das Ziel der in SB 1 beschriebenen Anstrengungen besteht, nämlich man will "avoid hurting the innocent". Nach LANGENSCHEIDT (1988, 64) bedeutet *to avoid doing s.th.* (= something - A. B.) ins Deutsche übersetzt soviel wie "es vermeiden, et. (= etwas - A. B.) zu tun". Das CCELD führt in diesem Sinne an: "**2** If you **avoid** doing something, you make a deliberate effort not to do it ..." (1987, 86). Interessanterweise findet sich in dieser Explikation das von uns oben analysierte *effort* wieder (vgl. auch Kap. 7.8.1 d. A.). ROGET'S II führt für *avoid* die Synonyme "bypass, dodge, duck, elude, escape, eschew, evade, get around, shun ..." (1988, 72) an (vgl. auch die Eintragungen in ROGET'S 1987, 676).

Das CCELD definiert das Verb *hurt*, das uns im vorliegenden Beispiel in der ing-Form (Gerundium) begegnet, wie folgt:

" **2** If you **hurt** someone

   2.1 you cause them to feel pain...

   2.2 you cause them to feel emotional pain or unhappiness, often by being unkind to them ..." (1987, 713).

Genau dies gibt Präsident Bush vor, vermeiden zu wollen. Bestimmten Personen soll also kein körperlicher und psychischer Schmerz zugefügt werden, als ginge es überhaupt darum, lediglich Schmerzen, welcher Art auch immer, zu vermeiden, als gäbe es in einem Krieg überhaupt keine Toten und Schwerverwundeten. Natürlich werden auch bei der Vernichtung und Tötung vieler Menschen diesen im weitesten Sinne "Schmerzen zugefügt", natürlich auch den Angehörigen der Opfer, den Familien, Ehefrauen usw. Bush vermeidet jedoch ganz offenbar jede direkte Äußerung darüber, daß es in einem solchen Krieg nicht nur Menschen gibt, denen man "weh tun" kann, sondern diese Opfer (Tote und Verwundete) eines solchen Krieges werden.

Es ist nun einmal die logische, unwiderlegbare Folge eines Krieges, in großer Zahl menschliche Opfer zu fordern. Aber nicht einmal in den Jargon- oder Slang-Wörterbüchern findet sich ein Sem oder gar ein Semem von *to hurt*, das an den Tod erinnert (vgl. z. B. PARTRIDGE 1984 , 584; GREEN 1987). Wir vermuten, daß Bush vor allem aus zweierlei Gründen *hurt* verwendet; einmal, um die grausame Seite des Krieges bewußt zu verhüllen, jeden Bezug zum Tod zu vermeiden, und zum anderen, um nicht im Falle einer großen Zahl von Todesopfern betreffs eines Versprechens bezüglich eventueller Opfer in die Pflicht genommen zu werden.

Das aus dem Adjektiv *innocent* durch Nullableitung gebildete Substantiv *innocent*, das in unserem Beispiel abstrakt zur Bezeichnung der Gesamtheit aller Menschen, die "innocent" sind, verwendet wird, definiert das CED folgendermaßen:

"... n.

7. an innocent person; esp. a young child or an ingenuous adult.

8. a simple-minded person; simpleton." (1989, 787).

Das entsprechende Adjektiv wird so expliziert:

"... adj.

1. not currupted or tainted with evil or unpleasant emotion; sinless; pure.

2. not guilty of a particular crime; blameless ..." (ebd.)

Insbesondere das zweite Semem scheint in unserem Beispiel zuzutreffen, Präsident Bush meint u. E. all diejenigen, die unschuldig an einem bestimmten Verbrechen, sprich an der Okkupation Kuwaits durch den Irak im August 1990, sind. Er läßt aber, und es ist anzunehmen, daß dies nicht ganz ungewollt geschieht, offen, wer konkret zu den Unschuldigen zählt, die er mit "the innocent" benennt.

Zudem verwendet Bush einen eigentlich nicht einstelligen (absoluten) Ausdruck *innocent* (innocent of what ?) einstellig[18], d. h. er tut so, als ob es sich bei *innocent* um einen einstelligen Ausdruck handele, der keiner näheren Erläuterung bedürfe, was in der Wirklichkeit überhaupt nicht der Fall ist. Genau dadurch aber wird die getroffene Aussage unbestimmt, vage und erfüllt dadurch eine verschleiernde Funktion. Interessant ist die Aussage von Präsident Bush auch vor dem Hintergrund weitere Äußerungen zum Charakter des Krieges. So sagte Bush selbst Mitte Februar:

"We have no argument with the people of Iraq. Our differences are with Iraq's brutal dictator." (zit. in: GUA 16.2.91, 1).

Bereits vor Kriegsbeginn äußerte Großbritanniens Premierminister John Major in einer Parlamentsdebatte:

"We are at war with Saddam Hussein, not with the Iraqi people." (zit. in: GUA 2.2.91, 23)

Und in einer Vielzahl von Äußerungen hieß es immer wieder personifiziert so oder ähnlich:

"The war is Saddam Hussein's doing. His enemies are merely responding to what he started." (Elie Wiesel in einem Kommentar, GUA 20.2.91, 21).

Setzt man solcherlei Aussagen zu unserem Beispiel in Relation, so fällt auf, daß dann außer dem "alleinigen Schuldigen" daran, daß es zu einem Krieg am Persischen Golf kam, nämlich Saddam Hussein, alle anderen "the innocent" im Sinne der o. g. Explikationen sind. Das hieße aber, daß, entsprechend Bushs

---

[18] Zur Verwendung einstelliger anstelle von mehrstelligen Ausdrücken in der politischen Sprache zur Erzielung einer euphemistischen Wirkung vgl. insbesondere LEINFELLNER (1971, 106 ff.). Sehr deutlich wird die einstellige Verwendung auch bei Schlagwörtern, z. B. *freedom* (of what ?), *liberation* (from what? by whom ?), *war* (who ? against whom ? for what reason ?) usw.

Aussage in unserem Analysebeispiel, größte Anstrengungen unternommen würden, überhaupt niemanden außer Saddam Hussein, dem irakischen Diktator, "weh zu tun". Genau dies dürfte in einem Krieg, wie "modern" dieser auch immer sein mag, schlechthin unmöglich sein.

Faßt man die Bedeutung des euphemistischen Beispielsatzes zusammen, versucht man also gewissermaßen eine Satzbedeutung zu ermitteln, so versichert der US-Präsident die Rezipienten, d. h. zunächst die Kongreßabgeordneten, die seine Rede zur Lage der Nation hörten, aber darüber hinaus auch die Zeitungsleser, die seine Rede in der Presse zumindest auszugsweise zur Kenntnis nahmen, also, abstrakt gesprochen, die gesamte Öffentlichkeit, daß alles, aber auch alles unternommen werde, im Golfkrieg niemandem in irgendeiner Weise körperliches oder seelisches Leid zuzufügen. Denn "innocent" sind auch die irakischen Soldaten, die die Befehle der Offiziere auszuführen hatten, die ihre Anweisungen wiederum nur von ihrem Diktator erhielten und somit auch "innocent", d. h. "not guilty of a particular crime ..." (CED 1989, 787) sind.

Daß bereits hier schwerwiegende Widersprüche in der sonst so "glatt" scheinenden Aussage enthalten sind, liegt auf der Hand, denn wohl niemand kann allen Ernstes behaupten wollen, Saddam Hussein trage allein die Schuld an diesem Golfkrieg, der als solches letztlich, mit welchen edlen Zielen auch immer, von den Alliierten begonnen wurde. Die beste Methode "to avoid hurting the innocent" ist immer noch die, einen Krieg erst gar nicht zu führen. Unter Einbeziehung aller empirischen Fakten, z. B. daß der Krieg mehrere zehntausend Menschen auf irakischer Seite das Leben kostete, daß unzählige Brücken Straßen, Flugplätze usw. von den Alliierten bombardiert wurden, wobei zivile Opfer überhaupt nicht auszuschließen waren, oder daß am 12. Februar 1991 sogar ein ziviler Luftschutzbunker zerstört wurde, wodurch etwa 500 Frauen und Kinder starben, aber auch unter der Maßgabe, daß zum Zeitpunkt der Rede (Ende Januar) der Golfkrieg bereits zwei Wochen im Gange gewesen war, wobei allein in den ersten zwölf Tagen dieses Krieges etwa 25.000 (!) Luftangriffe gegen die irakischen Truppen geflogen worden waren (vgl. DMi 29.1.91, 4) und dies dem US-Präsidenten ganz sicher bekannt war, können wir nur einen Schluß ziehen: Präsident Bush äußerte diesen Satz in seiner Rede zur Lage der Nation, um die amerikanische und darüber hinaus die Weltöffentlichkeit über der wahren Charakter des Krieges zu täuschen, zumindest aber, um sie zu beruhigen, Kritik zu besänftigen und den Eindruck zu erwecken, der Golfkrieg sei ein "sauberer Krieg", ein "surgical strike" (vgl. z. B. GUA 9.1.91, 19), von dem durch den Einsatz von "smart bombs" (GUA 7.2.91, 3) keine "Unschuldigen" bzw. fast keine "Unschuldigen" betroffen wären.

Die euphemistische Wirkung wird in unserem Beispiel nicht von einem bestimmten Wort oder einem Wortverband erzielt, sondern von der Aussage des Satzes, von der Kombination und dem Zusammenwirken seiner Elemente insgesamt. Insofern handelt es sich um einen euphemistischen Satz, der in der oben beschriebenen Kommunikationssituation eine die Wirklichkeit verschleiernde Funktion besitzt.

5.9 Versuch einer Wertung des Euphemismus in der Sprache der Politik

Wie wir an Hand der soeben diskutierten Beispiele deutlich sehen konnten, handelt es sich bei den Euphemismen in der politischen Sprache um eine außerordentlich signifikante Erscheinung. Entsprechend ihrer Verwendung dienen sie dabei dem Erreichen spezifischer kommunikativer Ziele. Politische Euphemismen können verschieden motiviert sein. So ist die Verhüllung und Verschleierung bestimmter Ereignisse z. B. denkbar, um das "eigene Gesicht zu wahren", um den Erfolg von Gesprächen, Verhandlungen usw. nicht zu gefährden, um das Interesse der Öffentlichkeit von wesentlichen Dingen abzulenken oder auch um die Rezipienten einer Information bewußt irrezuführen. Die Gefühle der Leser von Zeitungen und Zeitschriften oder der Rundfunkhörer und Fernsehzuschauer können durch die Euphemisierung von Sachverhalten vorgeblich oder tatsächlich geschont werden.

Euphemismen können aber auch völlig gedankenlos und ohne einen bestimmten kommunikativen Zweck, gewissermaßen aus einer Gewohnheit heraus verwendet werden. Mit Euphemismen werden tatsächlich existierende Tabus eingehalten und dabei bekräftigt oder mit Hilfe von Euphemismen werden Tabus vorgegeben, die in Wirklichkeit gar nicht existieren bzw. nicht auf gesellschaftlichen Konventionen, sondern auf politischen Beschlüssen (z. B. bei der Pressezensur) beruhen. Politische Euphemismen können der Verschleierung wirklicher politischer, ökonomischer, militärischer u. a. Ziele dienen, sie können aber auch im Interesse der Vereinigung möglichst vieler Menschen zur Verwirklichung bestimmter Ziele (z. B. Schlagwörter, Parolen usw.) verwendet werden. Solche Ziele werden durch Euphemismen gleichsam in bestimmte "griffige Formeln" gebracht, die durch eine Vielzahl von Menschen bejaht werden können, obwohl u. U. letztlich jeder etwas anderes darunter versteht (z. B. *freedom, democracy, peace, human rights, justice* usw.). Politische Euphemismen können dazu verwendet werden, bestimmte positive Aspekte von Erscheinungen in den Vordergrund zu stellen und erschütternde, erschreckende Fakten zu verharmlosen und zu verniedlichen.

Mit Hilfe euphemistischer Ausdrücke können Politiker unspezifizierte, vage und oft in verschiedener Hinsicht interpretierbare Informationen ausgeben und auf diese Weise das Informationsbedürfnis der Medien, die auf Statements geradezu drängen, und der Öffentlichkeit damit zumindest scheinbar befriedigen. In politischen Dokumenten, Kommuniques usw. dienen Euphemismen durch die Vagheit getroffener Aussagen, die letztlich von allen Seiten vorteilhaft interpretierbar und damit annehmbar sind, aber auch zur Erzielung eines Konsens.

In bezug auf den Golfkrieg wurden politische Euphemismen ebenfalls zu ganz unterschiedlichen Zwecken verwendet (vgl. Kap. 7.5 und 7.6 d. A.). Euphemistische Ausdrücke, die ihren Ursprung im technischen Bereich haben, eignen sich beispielsweise vorzuglich dazu, den Krieg als eine rein technische Angelegenheit erscheinen zu lassen, wobei Emotionen weitgehend zurückgedrängt werden (vgl. z. B. Waffenbezeichnungen). Durch Euphemismen kann aber auch ein pseudowissenschaftlicher Eindruck erweckt werden, der das Vertrauen in die politische bzw. militärische Führung stärken soll (z. B. A_E: *bomb-for-months school*; TM 18.2.91, 18). Durch die Verwendung verhüllender und verschleiernder Ausdrücke können komplizierte historisch-politische Zusammenhänge auf rein moralische

Fragen reduziert werden (z. B. A_E: *good vs. evil*, A_E: *right vs. wrong*; TM 11.3.91, 24). Politische Euphemismen dienen zum Verfassen schwer überprüfbarer und oft nicht widerlegbarer Erfolgsmeldungen (z. B. A_E: *to cut the effectiveness* (of the Iraqi army - A. B.) *by 30 per cent*; GUA 7.2.91, 3). Von den eigentlichen rationalen Problemen wird nicht selten durch "schön formulierte Sprechblasen" abgelenkt. Natürlich können Euphemismen auch verwendet werden, um militärisch bedeutsame Handlungen zu verschleiern, deren Erfolg nicht gefährdet werden soll. Der Golfkrieg aber hat gezeigt, daß dies, verstärkt durch die offizielle Zensur der Medien, schnell zur einzigen Form der Information ausarten kann und die Presse und die Öffentlichkeit dagegen nur teilweise und sporadisch Protest erheben.

Alles in allem können politische Euphemismen zur Durchsetzung vielfältiger kommunikativer Ziele dienen, wobei sie in jedem Falle einer kritischen Beurteilung unterzogen werden müssen, will man ihre Wirkungspotenzen hinsichtlich der Persuasion und Manipulation von Menschen mit Hilfe der Sprache richtig einschätzen. Es ist dabei zu beachten, daß jener sprachliche Ausdruck, der auf den Leser, den Rezipienten einer Information, kurz den Staatsbürger eine euphemistische Wirkung ausübt, eine solche Funktion gegenüber dem Politiker, dem Journalisten i. a. nicht besitzt (vgl. LEINFELLNER 1971, 148), obwohl er u. E. in gewissem Umfang auch zur Selbstberuhigung und sogar Selbsttäuschung beitragen kann.

Von einem rein moralischen Standpunkt gesehen kann der Staatsbürger erwarten, daß Politiker und Journalisten ihm gegenüber die Wahrheit sagen, und es wären letztlich nur solche politischen Euphemismen zu rechtfertigen, die einer Notlüge gleichkommen, die z. B. helfen, eine allgemeine Panik zu vermeiden und damit dem Schutz der Menschen dienen. Dazu gehören in einem begrenztem Umfange auch solche Euphemismen, die verwendet werden, um viele Menschen zur Durchsetzung allgemein erstrebenswerter, humanistischer Ziele zu vereinen und diesbezüglich Meinungsunterschiede hinsichtlich der dafür erforderlichen Strategien und Wege zumindest zeitweilig in den Hintergrund zu drängen. Wer aber will hier die Grenze zwischen Gebrauch und Mißbrauch politischer Euphemismen ziehen? Wer bestimmt letzten Endes, welche politischen Zielstellungen erstrebenswert und welche kritikwürdig sind?

Es zeigt sich, daß moralische Ansichten dieser Art zum Gebrauch von Euphemismen in der Politik zwar weit verbreitet, aber meist unrealistisch sind (vgl. auch ebd., 150). Es ist letztlich auch zwecklos, Euphemismen als solche zu kritisieren, **"since it is often the concept itself that is objectionable rather than the word as such"** (KALM 1985, 222). Bei einer reinen Sprachkritik stehenzubleiben, hieße also, das komplexe Problem der Euphemisierung nur teilweise, oberflächlich zu erfassen. Aber politische Konzepte, Strategien, Maßnahmen usw. zu kritisieren, kann nicht allein Aufgabe der Sprachwissenschaft sein, sondern hier sind alle, insbesondere die geisteswissenschaftlichen Zweige, die demokratische Öffentlichkeit, ja insbesondere auch die Journalisten und Politiker gleichermaßen gefordert.

Ein Abbau von Emotionen und eine "Rationalisierung" der Politik sind eine Frage aufklärerischer Arbeit, **"die zu begründetem Mißtrauen und zu begründetem Widerspruch erzieht"** (S. J. SCHMIDT 1972, 97). Erfolg oder Mißerfolg dieser Arbeit hängen davon ab, inwiefern es gelingt, die Rolle der Sprache bei der

Beeinflussung des Denkens und Handelns insgesamt sowie Charakter und Funktionsweise von Euphemismen insbesondere einer breiten Öffentlichkeit bewußt zu machen. Hierbei darf es keinerlei Illusionen über die Wirkungsmöglichkeiten solcher Aufklärung geben. Fest steht jedoch, daß eine Manipulation durch Sprache dadurch erschwert werden kann, daß der Leser/Hörer eine begründet kritische Haltung gegenüber dem Bericht, dem Kommentar, der Schlagzeile usw. einnimmt, die er unter ganz bestimmten Umständen rezipiert bzw. gegenüber dem Politiker oder Journalisten u. a. Personen, die ggf. versuchen, ihn über die Sprache zu bestimmten Einstellungen, Haltungen und letztlich Handlungen zu bewegen.

"Nicht die Wörter selbst wirken moralisch oder unmoralisch, sondern allein ihr Gebrauch durch bestimmte Sprecher (oder Schreiber - A. B.) **in bestimmten Sprachsituationen."** (POLENZ 1968, 306 f.)

Das Wissen über bestimmte sprachliche Möglichkeiten, über Methoden der Meinungsbeeinflussung durch den Gebrauch bestimmter sprachlicher Mittel kann bei der Ausprägung eines kritischen politischen Bewußtseins von großem Nutzen sein.

Ein großes Problem, mit dem wir es bei den politischen Euphemismen und darüber hinaus bei allen Arten von Euphemismen zu tun haben, ist die Tatsache, daß es kaum objektive Kriterien gibt, die zu dem Schluß veranlassen können, daß ein bestimmter sprachlicher Ausdruck eine euphemistische Funktion besitzt, inwiefern er diese eventuell schon verloren hat oder ob ein völlig neutraler Ausdruck vorliegt (vgl. auch GLÄSER 1966, 258). Ein subjektives Element bei der Beurteilung politischer Euphemismen entsprechend der Einstellungen, Haltungen, politischen Ansichten, den Erfahrungen, dem Bildungsniveau usw. des Beurteilenden läßt sich insofern niemals völlig ausschließen, solange keine anderen, objektivierenden Mittel zur Beschreibung von Sprache existieren als die Sprache selbst.

Die pauschalisierende Verurteilung der unscharfen, verhüllenden und verschleiernden sprachlichen Ausdrücke ist u. E. nicht gerechtfertigt, da die Ursachen ihrer Entstehung und Verwendung, wie oben dargestellt, sehr verschieden sind. Eine Täuschungsabsicht des Sprechers/Schreibers kann ebenso vorliegen wie eine Diskrepanz zwischen dessen politischen Positionen und denen des Rezipienten. So kommt der Sprachwissenschaftler mit der Kritik einer bestimmten politischen Sprachverwendung zugleich in Konflikt mit der politischen Meinung, die der Schreiber/ Sprecher einer bestimmten sprachlichen Äußerung vertritt und die dabei i. a. von der eigenen abweicht (vgl. hierzu DIECKMANN 1979, 69). Eine eigene Meinung aber kann dem Linguisten niemand absprechen wollen.

So ist die Frage, ob Euphemismen in der Sprache der Politik und darüber hinaus in der Sprache überhaupt völlig vermeidbar seien, nahezu gegenstandslos. In diesem Sinne können wir mit ORWELL antworten:

"Look back through this essay, and for certain you will find that I have again and again committed the very faults I am protesting against." (1963, 333 f.).

Auch in der vorliegenden Arbeit werden sich Euphemismen immer und immer wieder finden lassen. Der Versuchung, Gebrauch zu machen von den vielen unscharfen, unpräzisen Ausdrücken, die in der langue angelegt sind und dem Sprachverwender zur Auswahl stehen, kann nur widerstanden werden, **"if one is**

constantly on guard against them, and every such phrase anaesthetizes a portion of one's brain" (ebd., 334).

Es fragt sich jedoch in diesem Zusammenhang, wie wünschenswert eine völlig nüchterne, ausschließlich rationale Sprache ohne Periphrasen, ohne Metaphern, ohne Hyperbeln, ja ohne Euphemismen wirklich ist. Politische Euphemismen besitzen für den gebildeten Menschen, der sich der denotativen Bedeutung, die hinter einem solchen verhüllenden oder verschleiernden Ausdruck steht, bewußt ist, durchaus einen Unterhaltungswert und einen gewissen intellektuellen Reiz, sind ein stilistisches Mittel zur Auflockerung der ansonsten ausschließlich sachlichen Information. Sie sind jedoch dort zu kritisieren, wo sie vordergründig dazu dienen, den Rezipienten über die Wirklichkeit zu täuschen, wo Lügen zu Wahrheiten oder Halbwahrheiten erhoben werden, wo man Verbrechen zur moralischen Tat hochstilisiert, "war" zu "liberation", wo aus Niederlagen Erfolge werden und aus Opfern Helden.

Euphemismen haben insbesondere dort keine Existenzberechtigung, wo sie niederen politischen Beweggründen dienen, wo verschleiernde Ausdrücke kritiklos von Politikern übernommen werden oder wo sie so massiv auftreten, daß sachliche Zusammenhänge, wesentliche Hintergründe völlig verlorengehen und somit Euphemismen beim Rezipienten zu Hauptdenkinhalten werden, ohne daß er die Möglichkeit hat und die Notwendigkeit erkennt, diese zu hinterfragen.

Natürlich billigen wir dem jeweiligen britischen oder amerikanischen Leser zu, daß er seine Muttersprache relativ gut beherrscht und in der Lage ist, politische Euphemismen als solche zu erkennen. Wir glauben aber, daß GEIS die Gefahren, die die Verwendung von Euphemismen durch bestimmte Sprecher/Schreiber gegenüber bestimmten Hörern/Lesern in ganz bestimmten Kommunikationssituationen in sich birgt, etwas unterschätzt, wenn er schreibt:

"I am sure that some people are sometimes fooled by some instances of alleged doubletalk, but this sort of assumption is something that ought to be defended, rather than simply assumed. Moreover, this supposition is a bit arrogant, for implicit in the pointing out of doubletalk is the view that this is something that other people cannot do for themselves.This is tantamount to the thesis that other speakers of English don't know English." (1987, 3).

Wir sind vielmehr der Ansicht, daß das Bewußtmachen sprachlicher und außersprachlicher Zusammenhänge beim Gebrauch von Euphemismen in der politischen Sprache dazu beitragen kann, Möglichkeiten der Manipulation mit Hilfe von Euphemismen einzuschränken und die Aufmerksamkeit der Öffentlichkeit auf ein außerordentlich signifikantes Phänomen in der Sprache zu lenken, das nach unserer Erfahrung vielen Menschen völlig unbewußt ist.

6.   Zusammenfassung und Schlußfolgerungen

Es konnte, ausgehend von der Klärung theoretischer Zusammenhänge, so u. a. von Sprache, Denken und Wirklichkeit, von lexikalischer und aktueller Bedeutung, von Sprache und Gesellschaft, ausgehend von der Klärung einiger grundlegender Begriffe wie dem des Tabus, der Sprache der Politik und von der Einbettung der Untersuchungsproblematik in gesellschaftliche Zusammenhänge, wie der Verantwortung von Politikern und Journalisten gegenüber der Gemeinschaft, der Rolle der Medien in der Gesellschaft und der Charakterisierung der Massenmedien als wichtigen Wirtschaftszweig, gezeigt werden, daß der Euphemismus in der Alltagskommunikation insgesamt wie in der politischen Sprache insbesondere eine wesentliche Rolle spielt.

Durch eine konsequent funktionale Auffassung des Euphemismus, in Abgrenzung von rhetorischen Explikationen des Euphemismus als uneigentliche Redeweise oder Form der Periphrase, haben wir versucht, die bisher oft verschwommenen und unsystematischen Vorstellungen von Wesen, Funktion und Wirkungsweise politischer Euphemismen in Frage zu stellen und eine eigene Theorie zu entwickeln. Die Abgrenzung des Euphemismus von anderen sprachlichen Erscheinungen, wie Metapher, Synonym, Hyperbel, Litotes, Periphrase usw., hat das Bild, das durch die Untersuchungen an Hand des Korpus und der damit verbundenen Beispielanalyse gewonnen wurde, in geeigneter Weise vervollständigt. Es zeigte sich, daß durch die vielfältigen Berührungspunkte des Euphemismus mit anderen sprachlichen und außersprachlichen Phänomenen nur eine komplexe Herangehensweise an den Untersuchungsgegenstand zu befriedigenden Ergebnissen führen kann.

Die Untersuchungen ergaben, daß sich Überschneidungen einzelner Formen der Periphrase, wie der Litotes, der Hyperbel, der Ironie sowie der Metapher, mit dem Euphemismus ergeben, dieser jedoch keineswegs selbst als eine Form der Periphrase aufgefaßt werden kann, sondern als eine *Funktion* sprachlicher Ausdrücke. Der Euphemismus ist zudem nicht gleichzusetzen mit dem Phänomen der Lüge, da Euphemismen i. a. zumindest partiell wahrheitliche Elemente enthalten.

Es konnte festgestellt werden, daß zu jedem euphemistischen Ausdruck A_E ein oder mehrere neutrale Ausdrücke A_N existieren, die durch diesen in einem bestimmten sprachlichen und außersprachlichen Kontext ersetzt werden können. Eine eindeutige oder gar eineindeutige Zuordnung von ersetztem und ersetzendem sprachlichen Ausdruck ist dabei nicht möglich, solange keine adäquaten objektiven Mittel einer Sprachbeschreibung in Form einer Metasprache o. ä. existieren.

Man kann keineswegs davon ausgehen, daß sich ein euphemistischer Ausdruck A_E zu einem neutralen Ausdruck A_N, den er ersetzt, in jedem Falle synonym verhalten muß. Wir konnten vielmehr ermitteln, daß nicht selten Euphemismen Verwendung finden, die nahezu das Gegenteil von dem ausdrücken, was sie eigentlich aussagen und welche HOWARD (1986, 115 f.) in Anlehnung an Arnold Lunn als **"phrops"** bezeichnet, d. h. **"these euphemistic phrases that do not wear their true meaning on their face"** (ebd., 115). HOWARD definiert "phrops" auch als **"auto-antonyms with euphemistic intentions"**, z. B. A_E: *We didn't want this war...* für A_N: We needed this war for economic reasons (US-Vizepräsident Dan Quayle; zit. in: GUA 1.2.91, 4), A_E: *I condemn this aggression against peaceful Iraq* für A_N: I agree with the war against Iraq (der amerikanische Kriegsgefangene Guy

Hunter im irakischen Fernsehen; zit. in: GUA 22.1.91, 3). Natürlich ist in solchen Fällen eine Euphemisierung oft viel schwerer zu erkennen, da hierzu letztlich dem Rezipienten bekannt sein müßte, welche von der Aussage abweichende Meinung der Sprecher/Schreiber tatsächlich vertritt. Abgesehen von den "phrops" besteht zwischen den Ausdrücken A_L und A_N i. a. aber eine mehr oder weniger umfassende Synonymie, die von einer weitgehenden Übereinstimmung der Bedeutungen bis zu einer äußerst peripheren Bedeutungsnähe, z. B. in nur einem oder wenigen Semen, reichen kann.

Der Gebrauch von Euphemismen steht in einem engen Zusammenhang mit dem Tabu. Ist das Tabu bei den umgangssprachlichen Euphemismen meist sozial (Konventionen, Traditionen usw.) oder religiös bzw. aus dem Aberglauben heraus begründet, kann ein Tabu in der Politik zwar auch gesellschaftliche Ursachen haben, es besteht jedoch die Möglichkeit, daß ein Politiker oder Journalist durch die Verwendung bestimmter politischer Euphemismen selbst an der Ausprägung und Verstärkung von Tabus mitwirkt bzw. Politiker durch den Erlaß bestimmter Dekrete unmittelbar einzuhaltende Tabus schaffen (z. B. Zensur der Medien u. ä.). Euphemismen stehen insofern in einer unmittelbaren Interrelation zum Tabu, da durch sie mit einem Verbot belegte Wörter bzw. durch diese ausgedrückte Sachverhalte, Objekte, Erscheinungen etc. umgangen werden und somit die Kommunikation ermöglichen (vgl. auch PEI/GAYNOR 1960, 213). Das Sprachtabu überträgt dabei das Verbot, das eigentlich in der Sache begründet liegt, auf die Bezeichnungen, so daß im Einzelfall eine eindeutige Entscheidung, ob die Sache selbst oder die Bezeichnung dieser Sache tabuisiert ist, schwerfallen wird (vgl. auch LUCHTEN-BERG 1985, 204). Die etwas einseitige Auffassung des politischen Euphemismus als **"psychopolitisches sprachliches Mittel im Dienste der Herrschafts-ausübung oder Anhängerwerbung"** (vgl. ebd.) halten wir für zu oberflächlich, da Euphemismen in der Politik wie dargestellt oft ganz spezifische Aufgaben zukommen, die nicht auf eine derartige Kurzformel verallgemeinert werden sollten.

Politische Euphemismen spielen eine signifikante Rolle bei der Manipulation und Persuasion. Schlüsselbegriffe als Spezialfall der Euphemismen sind dabei besonders für persuasive Definitionen geeignet, da sie oft eine verschwommene denotative Bedeutung besitzen und meist mit weit verbreiteten intensiven Konnotationen verbunden sind. Es sollte jedoch in Betracht gezogen werden, daß Euphemismen nur *ein* sprachliches Mittel darstellen, mit dem Manipulation und Persuasion realisiert werden. Unumstritten ist dabei der Einfluß von Euphemismen auf Denkprozesse und die Erzeugung einer Handlungsbereitschaft bei den Rezipienten.

Der Euphemismus erfuhr im Verlaufe der historischen Entwicklung eine deutliche Begriffserweiterung. Konventionelle Explikationen des Euphemismusbegriffes sind daher meist ungeeignet, dem breiten Anwendungsspektrum der Euphemismen in der Gegenwart, insbesondere in der politischen Sprache gerecht zu werden. Wir halten daher auch in dieser Hinsicht einen funktionalen Ansatz für die adäquateste Möglichkeit, der Komplexität des Euphemismusproblems gerecht zu werden. Dabei sollte trotz temporärer Konzentration auf politische Euphemismen der Blick auf den allgemeinen Euphemismusbegriff nicht verloren gehen. Die Isolierung eines politischen Euphemismusbegriffes erweist sich u. E. als ungeeignet, will man nicht eine völlig neue sprachliche Erscheinung beschreiben, die mit dem Euphemismus i. w. S. nichts gemein hat.

Zweifellos existiert ein enger interrelationaler Zusammenhang von Euphemismus einerseits und Bedeutungs- und Sprachwandel andererseits. Infolge der raschen Annahme der negativen Konnotationen und Assoziationen, mit denen das durch einen Euphemismus ersetzte Wort ursprünglich behaftet war, findet bei politischen Euphemismen wie bei Euphemismen überhaupt i. a. eine rasche Bedeutungsverschlechterung statt, die u. a. dazu führt, daß zur Bezeichnung ein und desselben Denotats immer wieder neue euphemistische Ausdrücke geprägt werden, die jeweils das Schicksal ihrer Vorgänger teilen.[1] Durch den Gebrauch sprachlicher Ausdrücke in euphemistischer Funktion kommt es zu Prozessen der Bedeutungsveränderung, die letztlich zum Sprachwandel insgesamt beitragen. Sprachliche Ausdrücke können eine euphemistische Funktion jedoch auch durch Veränderungen des bezeichneten Denotats annehmen, man spricht in solchen Fällen auch von einer **"pseudoeuphemistischen Sprachentwicklung"** (vgl. LEINFELLNER 1971, 35).

Kriege und bewaffnete Auseinandersetzungen stellen einen Extremfall für die Politik und für die Verwendung politischer Euphemismen gleichermaßen dar. In Zeiten zugespitzter Konflikte kommt es zu einem besonders häufigen Gebrauch verhüllender und verschleiernder Ausdrücke zur Kommunikation über die Wirklichkeit, die auf Grund der damit verbundenen schrecklichen Erscheinungen und des inhumanen Charakters von Kriegen überhaupt den Gebrauch von Euphemismen, sei es zur Beruhigung der Öffentlichkeit, zum Kaschieren politischer und militärischer Fehler oder zur Glorifizierung der eigenen Standpunkte und Maßnahmen, regelrecht herauszufordern scheint. Im Falle des Golfkrieges 1991 erwiesen sich dabei einmal mehr viele Journalisten als willfährige Helfer der Politiker und des Staates insgesamt, indem man sich beispielsweise ergriffenen Zensurmaßnahmen nicht oder kaum widersetzte und stattdessen selbst politische Euphemismen prägte, um verordneten Tabus zu genügen und somit auch dem gesellschaftlichen Auftrag der Medien insgesamt unzureichend gerecht wurde.

Politische Euphemismen lassen sich unter verschiedenen Aspekten betrachten, wobei vor allem ihre Häufigkeit, sprachhistorische Kennzeichen, ihr Vorkommen in bestimmten journalistischen Darstellungsformen, kommunikativ-funktionale, syntaktische und semantische Merkmale als Grundlage ihrer Charakterisierung dienen können. Die Ergebnisse diesbezüglich haben wir im Kapitel 5 ausführlich dargelegt.

Zusammenfassend läßt sich sagen, daß eine Reihe interessanter neuer Ergebnisse zum Euphemismus in der politischen Sprache, der an Hand journalistischer Texte umfassend untersucht wurde, erzielt werden konnten, die das Gesamtbild der politischen Euphemismen entscheidend erweitern und komplettieren können und die Einsichten zu Wirkungen und Leistung von Sprache in der gesellschaftlichen Kommunikation insgesamt vervollständigen. Die Auffassung des Euphemismus als einer *Funktion sprachlicher Ausdrücke* (= Euphemismus i. w. S.) einerseits und als *der verhüllende oder verschleiernde sprachliche Ausdruck* andererseits (= Euphemismus i. e. S.) stellt dabei ein neues Element in der Erforschung der euphemistischen Ausdrucksweise dar. Die von uns vorgeschlagene kommunikativ-funktionale Explikation des Euphemismusbegriffs bietet u. E. eine

---

[1] GLÄSER bezeichnet diesen Vorgang auch als *synonymischen Schub* (vgl. 1966, 254).

praktikable Grundlage für weitere Untersuchungen zu diesem Problemkreis. An Hand der semantischen und funktionalen Merkmale lassen sich so sprachliche Ausdrücke als Euphemismen bestimmen, wobei jeweils der sprachliche und außersprachliche Kontext zu berücksichtigen sind. Auf Grund der vorliegenden Untersuchung scheint die von uns vorgeschlagene Arbeitsdefinition des Euphemismus (vgl. Kap. 4.4 d. A.) auf Euphemismen im politischen Wortschatz anwendbar zu sein. Die Praktikabilität der von LUCHTENBERG 1975 und 1985 vorgeschlagenen Unterscheidung in verhüllende und verschleiernde Euphemismen hat sich dabei auch und vor allem für politische Euphemismen bestätigt.

Eine Einschränkung hinsichtlich der von uns vorgeschlagenen Explikation des Euphemismus müssen wir hinsichtlich der Feststellung vornehmen, daß Euphemismen sich zum ersetzten Ausdruck synonym verhalten. Wie die Untersuchung gezeigt hat, ist sogar die Verwendung solcher sprachlicher Ausdrücke in euphemistischer Funktion möglich, deren Bedeutungsstruktur nahezu kein gemeinsames Sem mit der des ersetzten Ausdruckes aufweist (z. B. A_E: *party* für A_N: war) bzw. bei denen sich die in der Wirklichkeit an einem Objekt, einer Erscheinung usw. vorhandenen Merkmale nicht oder völlig unzureichend in der Bedeutungsstruktur des zur Bezeichnung verwendeten Euphemismus widerspiegeln. Wir schließen uns in diesem Sinne voll und ganz der Auffassung von ORWELL an, der die Forderung erhebt:

> **"What is above all needed is to let the meaning choose the word and not the other way about."** (1963, 335).

7. Perspektiven der kommunikativen Sprachforschung bezüglich der Untersuchung des politischen Euphemismus - Schlußbemerkungen

Ausgehend von den Ergebnissen unserer Untersuchung bieten sich eine Reihe von Ansatzpunkten für weiterführende Forschungen zum Problemkreis des Euphemismus allgemein sowie bezüglich der politischen Euphemismen im besonderen. Vor allem scheint uns die Einbeziehung der Resultate in übergreifende Untersuchungen zum Verhältnis von Sprache und Gesellschaft, Sprache und Manipulation oder zur Interrelation von Information und Persuasion möglich. Der enge Zusammenhang von euphemistischer Sprachverwendung in der Politik und Meinungs- und Bewußtseinsenkung sowie der Handlungssteuerung von Menschen durch Politiker und Journalisten, darüber hinaus aber auch durch jeden, der in der Öffentlichkeit, d. h. unmittelbar vor einem breiten Publikum bzw. über die Medien, Sprache verwendet, unterstreicht die soziologische Relevanz des Untersuchungsgegenstandes.

Die *Soziolinguistik* könnte in engem Zusammenwirken mit der Soziologie wertvolle Ergebnisse liefern, die die Zusammenhänge euphemistischen Sprachgebrauches in der Politik mit einem bestimmten sozialen Rollenverhalten aufdecken, das Zusammenwirken von Euphemismen und Tabus an Hand konkreter Kommunikationssituationen analysieren, insbesondere die Entstehung neuer bzw. die Bekräftigung bereits bestehender Tabus durch eine bestimmte Sprachverwendung. Desweiteren könnten Ursachen dafür aufgedeckt werden, warum es bestimmten sozialen Schichten möglich ist, die Sprache im Interesse bestimmter Ziele gegenüber anderen gesellschaftlichen Gruppen zu verwenden und ob und inwiefern es der Mehrheit der Bevölkerung schwerfällt, politische Euphemismen in bestimmten Kontexten als solche zu erkennen. Darüber hinaus ist es auch von Interesse, den Zugang der demokratischen Öffentlichkeit zu empirischen Informationen kritisch zu hinterfragen, da hier u. E. eine der Hauptursachen für die Potenzen euphemistischen Sprachgebrauchs begründet liegt.

Die *Psycholinguistik* könnte Hand in Hand mit der Psychologie und ihren Disziplinen der Sprachwissenschaft neue Einsichten über psychische Prozesse liefern, die im Zusammenhang mit der Euphemismenverwendung eine Rolle spielen. Insbesondere ist hier die Existenz und die bewußte Nutzung von Konnotationen interessant, die beim Rezipienten einer sprachlichen Äußerung bestimmte psychische Zustände, Gefühle, Assoziationen auslösen und somit einen mehr oder weniger bewußten Zugriff auf Denkprozesse ermöglichen. Der Erforschung des Unbewußten sollte u. E. dabei ein Hauptaugenmerk zukommen, um Grundlagen eines Einwirkens auf das Denken und Handeln von Menschen über diese Sphäre aufzudecken und für die Zukunft der breiten Masse der Menschen ein bewußteres Herangehen an Sprache zu ermöglichen sowie manipulative Eingriffe in die gesellschaftliche Kommunikation durch die Entwicklung eines kritischen Bewußtseins bei immer mehr Menschen zurückzudrängen.

Die *diachronische Sprachwissenschaft* kann Zusammenhänge von euphemistischem Gebrauch einerseits und Bedeutungs- und Sprachwandel andererseits aufdecken helfen. Vor allem ist von Interesse, inwiefern der politische Sprachgebrauch in Vergangenheit und Gegenwart hierbei als eine Triebkraft wirkte bzw. wirkt. Weiterhin lassen sich neue Einsichten zu der Frage erhoffen, weshalb es Euphemismen gibt, die sich über einen langen Zeitraum zur Verhüllung und Verschleierung der Wirklichkeit eignen (vgl. z. B. Schlüsselwörter wie *democracy, liberalism, freedom* usw.), und andere, die bereits nach kurzer Zeit negative Konnotationen in ihre Bedeutungsstruktur aufnehmen, die zum Verblassen der euphemistischen Wirkung führen und die Verwendung neuer Euphemismen i. e. S. nach sich ziehen. Auch dürfte die Aufdeckung grundlegender sozio-kultureller Ursachen einer euphemistischen Sprachverwendung vor allem in der Sphäre der Politik neue Einsichten liefern. Die Aufdeckung von Euphemismenreihen zu bestimmten Diskurssphären könnte helfen, die Verstärkung oder Abschwächung existierender Tabus im Zusammenhang mit der gesellschaftlichen Entwicklung aufzudecken und u. U. Prognosen bezüglich der zu erwartenden Prozesse abzugeben. Eine enge Zusammenarbeit mit der Soziolinguistik scheint dabei möglich und nützlich.

Mit der Zusammenstellung von Wörterbüchern euphemistischen Sprachgebrauches (vgl. hierzu z. B. NEAMAN/SILVER 1990, RAWSON 1981, GREEN 1984 und 1986) kann die *synchronische Sprachwissenschaft* einen wertvollen Beitrag zur Aufklärung über Charakter und Funktionsweise von politischen Euphemismen leisten, die in der gesellschaftlichen Kommunikation der Gegenwart eine wichtige Rolle spielen. Obwohl wir uns darüber im klaren sind, daß solche Wörterbücher nur einen begrenzten Aussagewert und vor allem eingeschränkte Wirkungspotenzen besitzen, halten wir sie für eine mögliche Art der Auseinandersetzung mit dem modernen Sprachgebrauch. Es sollten jedoch auch Wege gefunden werden, die Ergebnisse hinsichtlich der Erforschung des Phänomens Euphemismus einer breiten Öffentlichkeit zugänglich zu machen, da es weniger die intellektuellen Schichten der Gesellschaft sind, denen Relevanz und Funktionsweise von Euphemismen verdeutlicht werden müssen.

Die *Textlinguistik* sollte insbesondere in der Lage sein, Faktoren und Ursachen einer euphemistischen Wirkung von Teiltexten und Texten aufklären und Grenzen zwischen der Verwendung von Einzelwörtern und Wortverbänden bzw. Teilsätzen und Sätzen in euphemistischer Funktion und der euphemistischen Funktion, die von einer komplexeren syntaktischen Struktur ausgehen kann, aufdecken zu helfen.

Der *Sprachdidaktik* kommt u. E. eine wichtige Verantwortung hinsichtlich der Einbeziehung verhüllenden und verschleiernden Sprachgebrauches in die Ausbildungsprogramme von Studenten verschiedenster Fachrichtungen zu. Von ihr sollten Vorstellungen entwickelt werden, wie sich das Problem des Euphemismus, dessen gesellschaftliche Relevanz unbestritten ist, das jedoch in der Vergangenheit kaum die ihm gebührende Beachtung fand, in die fremdsprachliche Ausbildung einbeziehen läßt. Nur über die Heranführung heute Studierender, insbesondere von Studenten pädagogischer Berufe und der Journalistik sowie auch der Politikwissenschaft und der Soziologie, an die Euphemismusproblematik, aber darüber hinaus auch die Behandlung euphemistischer Sprachverwendung im mutter- und fremdsprachlichen Unterricht an den Schulen, läßt sich auf lange Sicht ein bewußterer Umgang mit Sprache, ein kritischeres Herangehen an die eigene Sprachverwendung und die anderer Menschen entwikeln und die Einschränkung der Wirkungsmöglichkeiten von Meinungs- und Verhaltensmanipulation erreichen.

Es ist die blinde Akzeptanz der Euphemismen im politischen Sprachgebrauch, die es denen, die sie verwenden, ermöglicht, die Wirklichkeit in einem günstigen Licht darzustellen, bestehende Mißstände zu verhüllen, Fakten zu verschleiern, Unrecht zu verniedlichen und Probleme herunterzuspielen. Genau hier liegt der Ansatzpunkt für die Entwicklung eines kritischen Sprachbewußtseins:

"Die Freiheit der Rede besteht ... nicht allein darin, daß jeder sagen kann, was er will ..., sondern auch darin, daß jedermann für das, was er sagt, kritisiert werden kann." (LEINFELLNER 1971, 157 f.).

Das Hauptproblem der Gegenwart besteht vor allem darin, daß sich gerade jene Menschen, gegenüber denen mit einem euphemistischen Sprachgebrauch politische Entscheidungen vorbereitet, eine Meinungsbeeinflussung erzielt, eine bestimmte Handlungsbereitschaft oder auch ein Desinteresse erzeugt werden soll, gegenüber der Politik und ihrem sprachlichen Ausdruck gleichgültig verhalten. Gerade deshalb trifft in besonderem die Forderung von DOVRING zu:

"The formal, logical understanding of a message, of how it is formally constructed, of how signs are used and meaning revealed, all this should become a part of public comprehension ..." (1959, 129).

Die demokratische Öffentlichkeit, der einzelne Staatsbürger darf nicht Instrument politischer Willkür sein, nicht zum passiven Empfänger von Handlungsanweisungen und zum wehrlosen Opfer manipulativer Eingriffe in die gesellschaftliche Kommunikation werden. Das Individuum muß die Möglichkeiten und die Grenzen von Sprache und ihrer Verwendung kennen, um Gefahren einer Beeinflussung von Denkprozessen im Interesse anderer wirksam begegnen zu können. Wie schrieb Lewis Carroll einst:

'"When I use a word, 'Humpty Dumpty said, in rather a scornful tone, 'it means just what I choose it to mean - neither more nor less.'

'The question is,' said Alice, 'whether you c a n make words mean so many different things.'

'The question is,' said Humpty Dumpty, 'which is to be master - that's all.'"

(Lewis Carroll: Through the looking-glass, zit. bei: GREEN 1987, 1).

Es könnten beinahe die politischen Euphemismen gewesen sein, an die Alice und Humpty Dumpty dabei besonders dachten.

Abschließend sei mit Nachdruck betont, daß es nicht die politischen Euphemismen selbst sind, die wir für kritikwürdig halten, sondern ihre Auswüchse, ihre Verwendung zur Irreführung von Menschen und ihrer Persuasion zur Durchsetzung bestimmter politischer Ziele, die den Interessen der Menschen oder gar der Menschheit als Ganzes diametral entgegenstehen und vor allem jene, die Sprache in diesem Sinne pervertieren. Wir bekräftigen deshalb voll und ganz die Meinung von HOWARD:

"You are not always wrong to use euphemism. But you are wise to recognize that you are using it." (1986, 115).

Und man möchte ergänzen:

It is quite useful and very important to recognize that other people are using it and with what intent.

LITERATURVERZEICHNIS

Die folgende Bibliographie enthält diejenigen Werke bzw. Autoren, die in der vorliegenden Arbeit zitiert wurden oder unseren Untersuchungen wichtige Impulse verliehen. Insofern stellt sie eine Auswahl der von uns verwendeten Literatur dar.

Gemeinschaftsarbeiten mehrerer Autoren wurden jeweils nur einmal unter dem Namen des erstgenannten Autoren eingeordnet. Arbeiten von mehr als zwei Autoren sind durch den Zusatz *et al.* hinter dem zuerst genannten Autor gekennzeichnet. Die für Zeitungen und Zeitschriften im Text verwendeten Abkürzungen werden im Literaturverzeichnis an der jeweiligen Stelle erklärt.

I.   ZEITUNGEN UND ZEITSCHRIFTEN

DMi - DAILY MIRROR - January 14 - March 2, 1992   *42 Nummern*

ECO - ECONOMIST - January - February 1991   *9 Nummern*
                      March 2 - 8, 1991
                      (= No. 1 - 9/1991)

GUA - GUARDIAN - January 1 - March 2, 1991   *53 Nummern*

MS - MORNING STAR - January 2, 1991   *42 Nummern*
                       January 15 - March 2, 1991

TM - TIME - January - February 1991   *10 Nummern*
                March 4, March 11, 1991
                (= Vol. 137, No. 1 - 10/1991)

220 *Literaturverzeichnis*

II. SEKUNDÄRLITERATUR

a) Lexika, Wörterbücher, Enzyklopädien

ABRAHAM, W. (1988): *Terminologie zur neueren Linguistik.* - 2., völlig neu bearb. Aufl. - 2 Bde. - Tübingen: Niemeyer. - 1059 S.

ASANGER, R. und G. WENNINGER (Hrsg.) (1988): *Handwörterbuch der Psychologie.* 4., völlig neu bearb. u. erw. Aufl. - München; Weinheim: Psychologie-Verl.-Union. - 924 S.

AYTO, J. (1989): *The Longman register of new words. Vol. One.* Harlow [u. a.]: Longman. - 425 p.

AYTO, J. (1990): *The Longman register of new words. Vol. Two.* Harlow [u. a.]: Longman. - 360 p.

BARNHART, R. K. (ed.) (1988): *The Barnhart dictionary of etymology.* New York: The H. W. Wilson Company. - 1284 p.

BBY: *Britannica Book of the Year.* Chicago [u. a.]: Encyclopaedia Britannica, Inc., 1977, 1982, 1986, 1987, 1991.

BECK, R. (1986): *Sachwörterbuch der Politik.* - 2., erw. Aufl. - Stuttgart: Kröner. - 1101 S. (= Kröners Taschenausgabe. 400.)

BROCKHAUS (1893): *Brockhaus' Konversations - Lexikon. Bd. 6.* - 14., völlig neubearb. Aufl. - Leipzig [u. a.]: F. A. Brockhaus. - 1018 S.

BROCKHAUS (1966 - 74): *Brockhaus Enzyklopädie in zwanzig Bänden.* - 17., völlig neu bearb. Aufl. des *Großen Brockhaus.* - Wiesbaden: Brockhaus.

BRUGGER, W. et al. (Hrsg.) (1976): *Philosophisches Wörterbuch.* Unter Mitwirk. d. Professoren d. Philosophischen Fak. d. Hochsch. für Philosophie München. - 14., neu bearb. Aufl. - Freiburg (i. Br.) [u. a.]: Herder. - 592 S.

CCELD (1987): *Collins cobuild English language dictionary.* - Developed and comp. in the Engl. Dep. at the Univ. of Birmingham. [Ed. in chief: J. Sinclair]. - London; Glasgow: Collins. Stuttgart: Klett. - 1703 p.

CED (1989): *Collins dictionary of the English language.* - Second edit., reprint. - London; Glasgow: Collins. Stuttgart: Klett.- 1771 p.

CLAUSS, G. et al. (Hrsg.) (1983): *Wörterbuch der Psychologie.* - 3., neubearb. Aufl. - Köln: Pahl-Rugenstein. - 704 S.

CONRAD, R. (Hrsg.) (1981): *Kleines Wörterbuch sprachwissenschaftlicher Termini.* Leipzig: Bibliographisches Institut. - 306 S.

CONRAD, R. (Hrsg.) (1988): *Lexikon sprachwissenschaftlicher Termini.* - 2., unveränd. Aufl. - Leipzig: Bibliographisches Institut. - 281 S.

CRYSTAL, D. (1987): *The Cambridge encyclopaedia of language.* Cambridge: Cambridge Univ. Pr. - 472 p.

DORSCH, F. et al. (Hrsg.) (1987): *Dorsch Psychologisches Wörterbuch.* - 11., erg. Aufl. - Bern [u. a.]: Huber. - 921 S.

DUDEN (1991): *Duden. Rechtschreibung der deutschen Sprache.* - 20., völlig neu bearb. u. erw. Aufl. - Hrsg. von d. Dudenred. Auf der Grundlage der amtlichen Rechtschreibregeln. - Mannheim: Bibliographisches Institut & F. A. Brockhaus. - 832 S.

DUDEN-LEXIKON (1965): *Das Große Duden-Lexikon in acht Bänden. Bd. 2.* - Hrsg. u. bearb. von d. Lexikonred. d. Bibliographischen Instituts. - Mannheim: Bibliographisches Institut. - 816 S.

EB (1910): *Encyclopaedia Britannica. A dictionary of arts, sciences, literature and information. Vol. IX.* - Eleventh edit. - Cambridge: Cambridge Univ. Pr. - 960 p.

EB (1967): *Encyclopaedia Britannica. A new survey of universal knowledge. Vol. 8.* - 14th edit. - Chicago [u. a.]: Encyclopaedia Britannica. - 988 p.

EB (1987): *The new Encyclopaedia Britannica. Micropaedia. Ready reference. Vol. 4.* - 15th edit. - Chicago [u. a.]: Encyclopaedia Britannica, Inc. - 980 p.

GREEN, J. (1984): *Newspeak. A dictionary of jargon.* London [u. a.]: Routledge & Paul. - 263 p.

GREEN, J. (1986): *The slang thesaurus.* London: Elm Tree Books. - 280 p.

GREEN, J. (1987): *Dictionary of jargon.* London and New York: Routledge & Paul. - 616 p.

HARRÉ, R. and R. LAMB (1983): *The encyclopedic dictionary of psychology.* Oxford: Blackwell Reference. - 718 p.

HdL (1975): *Handbuch der Linguistik.* - Unter Mitarb. von H. Janssen, zusammengestellt von H. Stammerjohann. - München: Nymphenburger Verlagshandlung. - 584 S.

HENDRICKSON, R. (1987): *The Facts on File encyclopaedia of words and phrase origins.* New York [u. a.]: Facts on File. - 581 p.

HERDER (1954): *Der Große Herder. Nachschlagewerk für Wissen und Leben. Bd. 3.* - 5., neu bearb. Aufl. von *Herders Konversationslexikon.* - Freiburg (i. Br.): Verl. Herder. - 1517 S.

HOLDER, R. W. (1987): *A dictionary of American and British euphemisms: The language of evasion, hypocrisy, prudery and deceit.* Bath: Bath Univ. Pr. - 282 p.

HUDSON, K. (1977): *The dictionary of diseased English.* London and Basingstoke: Macmillan. - 267 p.

HUDSON, K. (1983): *The dictionary of even more diseased English.* London and Basingstoke: Macmillan. - 159 p.

KLAUS, G. und M. BUHR (Hrsg.) (1974): *Philosophisches Wörterbuch.* - 10., neubearb. u. erw. Aufl. - 1394 S.

KURIAN, G. Th. (ed.) (1982): *World press encyclopedia.* - 2 vols. - Indexed by M. B. Bank and J. Johnson. - New York, N. Y.: Facts on File. - 1202 p.

LANGENSCHEIDT (1988): *Langenscheidts Handwörterbuch Englisch. Teil I: Englisch - Deutsch.* - Neubearb. von H. Messinger - Berlin [u. a.]: Langenscheidt. - 1471 S.

LAUSBERG (1973): *Handbuch der literarischen Rhetorik.* - 2., verb. Aufl. - München: Hueber.

LDEL (1984): *Longman dictionary of the English language.* Burnt Mill, Harlow: Longman. - 1876 p.

LEMAY, H. et al. (1988): *The Facts on File dictionary of new words.* - First published in paperback as *The new new words dictionary* by Ballantine Books; expanded for Facts on File. - New York and Oxford: Facts on File. - 163 p.

LEWANDOWSKI, Th. (1984 - 85): *Linguistisches Wörterbuch.* - 4., neu bearb. Aufl. - 3 Bde. Heidelberg: Quelle & Meyer. - 1226 S. (= UTB für Wissenschaft. 200.)

LEWANDOWSKI, Th. (1990): *Linguistisches Wörterbuch.* - 5., überarb. Aufl. - 3 Bde. - Heidelberg; Wiesbaden: Quelle & Meyer. - 1287 S. (= UTB für Wissenschaft. 1518.)

LEWIN, E. and A. E. LEWIN (1988): *The thesaurus of slang.* - 150,000 uncensored contemporary slang terms, common idioms and colloquialisms - Arr. for quick and easy reference. - New York; Oxford: Facts on File. - 435 p.

LSD (1991): *Longman Synonym Dictionary.* - Sixth impr. - Burnt Mill, Harlow: Longman. - 1356 p.

MEYER (1907 - 13): *Meyers Großes Konversationslexikon. Ein Nachschlagewerk des allgemeinen Wissens.* - 24 Bde. - 6., gänzlich neu bearb. u. verm. Aufl. - Leipzig und Wien: Bibliographisches Institut.

MEYER (1964): *Meyers Neues Lexikon in acht Bänden. Bd. 7.* Leipzig: Bibliographisches Institut.

MEYER (1972 - 78): *Meyers Neues Lexikon.* - 2., völlig neu erarb. Aufl. in achtzehn Bänden. - Leipzig: Bibliograph. Inst.

MEYER (1978 - 81): *Meyers Neues Lexikon: in acht Bänden mit Atlasbd.* - Hrsg. u. bearb. von d. Lexikonred. d. Bibliograph. Inst. [Chefred.: W. Digel u. G. Kwiatkowski]. - Mannheim [u. a.]: Bibliographisches Institut.

NEAMAN, J. and C. G. SILVER (1983): *Kind words: A thesaurus of euphemisms.* - New York, N. Y.: Facts on File. - 320 p.

NEAMAN, J. and C. G. SILVER (1990): *Kind words: A thesaurus of euphemisms.* - Exp. and rev. edit. - New York, N. Y.: Facts on File. - 371 p.

NICHOLSON, M. (1957): *A dictionary of American-English usage.* - Based on Fowler's *Modern English usage.* - New York, N. Y.: Oxford Univ. Pr. - 671 p.

OED (1989): *The Oxford English dictionary.* - 20 vols. - 2nd edit. - Oxford: Clarendon Pr.

PARTRIDGE, E. (1937): *A dictionary of slang and unconventional English.* Slang - including the language of the underworld, colloquialisms and catch-phrases, solecisms and catachreses, nicknames, vulgarisms and such Americanisms as have been naturalized. - London: Routledge & Sons Ltd. - 999 p.

PARTRIDGE, E. (1977): *A dictionary of catch-phrases.* British and American from 16th century to the present day. - London: Routledge & Paul. - 278 p.

PARTRIDGE, E. (1984): *A dictionary of slang and unconventional English.* Colloquialisms and catch phrases, fossilised jokes and puns - Edit. by P. Beale. - 8th edit. - London [u.a.]: Routledge & Paul - 1400 p.

PEI, M. A. (1966): *Glossary of linguistic terminology.* New York and London: Columbia Univ. Pr. - 299 p.

PEI, M. A. and F. GAYNOR, (1960): *Dictionary of linguistics.* - New British Commonwealth edit. - London: Owen. - 238 p.

RAWSON, H. (1981): *A dictionary of euphemisms and other doubletalk:* Being a compilation of linguistic fig leaves and verbal flourishes for artful users of the English language. - 1st edit. - New York: Crown Publishers. - 312 p.

RAWSON, H. (1983): *A dictionary of euphemisms and other doubletalk.* London: Macdonald. - 312 p.

ROGET'S (1987): *Roget's thesaurus of English words and phrases.*- New edit. prepared by B. Kirkpatrick. - Harlow [u. a.]: Longman. - 1254 p.

ROGET'S II (1988): *Roget's II. The new thesaurus.* - Exp. edit. - By the editors of *The American heritage dictionary.* - Boston: Houghton Mifflin. - 1135 p.

RUNES, D. D. (ed.) (1983): *Dictionary of philosophy.* New York: Philosophical Library. - 360 p.

SAFIRE, W. L. (1972): *The new language of politics. An anecdotal dictionary of catchwords, slogans and political usage.* - Rev. and enl. edit. - New York, N. Y.: Collier Books. - 782 p.

SAFIRE, W. L. (1978): *Safire's political dictionary.* - An enl. up-to-date edit. of *The new language of politics.* - 3rd edit.- New York: Random House. - 845 p.

SCHLANGEN, W. (Hrsg.) (1980): *Politische Grundbegriffe.* - 2. Aufl. - Stuttgart [u. a.]: Kohlhammer. - 192 S.

SCRUTON, R. (1982): *A dictionary of political thought.* London: Pan Books. - 499 p.

SURY, K. von (1974): *Wörterbuch der Psychologie und ihrer Grenzgebiete.* - Unter Mitwirk. zahlreicher Fachgelehrter. - 4., völlig neu bearb. u. erw. Aufl. - Olten und Freiburg (i. Br.): Walter. - 404 S.

TEWES, U. und K. WILDGRUBE (1992): *Psychologie-Lexikon.* München; Wien: Oldenbourg. - 428 S.

WELDON, T. D. (1970): *The vocabulary of politics.* - Reprint. - New York [u. a.]: Johnson. - 199 p. (= Reprints in government and political science.)

WILPERT, G. von (1979): *Sachwörterbuch der Literatur.* - 6., verbess. u. erw. Aufl. - Stuttgart: Kröner. - 928 S. (= Kröners Taschenausgabe. 231.)

YELLAND, H. L. (1983): *A handbook of literary terms.* - Comp. by H. L. Yelland, S. C. Jones and K. S. W. Easton. - Fully rev. edit. - London [u. a.]: Angus & Robertson. - 206 p.

b) Monographien

ALBRECHT, E. (1971): Zur aktuellen Bedeutung der philosophischen Ansichten von Friedrich Engels über die Sprache. - in: *Zs. für Phonetik, Sprachwiss. u. Kommunikationsforschung, 24,* 177 - 196.

ALBRECHT, E. (1975 a): *Sprache und Philosophie.* Berlin: Dt. Verl. d. Wissenschaften. - 327 S.

ALBRECHT, E. (1975 b): Weltanschauliche und methodologische Voraussetzungen sprachwissenschaftlicher Forschung. - in: *Dt. Zs. für Philosophie, 4,* 530 - 538.

ALBRECHT, E. (1981): Aktuelle Fragen in den Wechselbeziehungen von Sprache und Denken. - in : *Dt. Zs. für Philosophie, 11,* 1269 - 1280.

ALLAN, K. and K. BURRIDGE (1991): *Euphemism and dysphemism: language used as a shield and a weapon.* New York: Oxford Univ. Pr. - 263 p.

AMMER, K. (1958): *Einführung in die Sprachwissenschaft. Bd. 1.* Halle/S.: Niemeyer. - 212 S.

AMOSOVA, N. N. (1958): Slovo i kontekst. - in: *Očerki po leksikologii, fraseologii i stilistik'e II.* Leningrad: Izdat'el'stvo universiteta, 3 ff. (=Učonyje zapiski leningradskogo universit'eta, No. 243, serija filologičeskich nauk, vypusk 42.)

ARNOL'D, I. W. (1966): *Leksikologija sovremennogo anglijskogo jazyka. Posobije dl'a studentov anglijskich otdelenij pedagogičeskich institutov.* Moskva; Leningrad: Izdat'el'stvo "Prosveščenije". - 346 S.

ASMUTH, B. und L. BERG-EHLERS (1974): *Stilistik.* Düsseldorf: Bertelsmann. - 178 S.

AUSTIN, J. L. (1962): *Zur Theorie der Sprechakte. [= How to do things with words ; dt.]* - Deutsche Bearb. von E. v. Savigny.- Stuttgart: Reclam. - 213 S. (= Universal-Bibliothek. 9396/98.)

BACHEM, R. (1979): *Einführung in die Analyse politischer Texte.* - 1. Aufl. - München: Oldenbourg. - 186 S. (= Analysen zur deutschen Sprache und Literatur.)

DE BEAUGRANDE, R. A. and W. U. DRESSLER (1981): *Introduction to text linguistics.* London; New York: Longman. - 270 p.

BEGLOW, S. I. (1971): *Millionäre machen Meinung von Millionen. [= Monopolii slova; dt.]* - Übers. von W. Eckstein. - Berlin: Staatsverl. d. DDR. - 253 S.

BERG, W. (1978): *Uneigentliches Sprechen. Zur Pragmatik und Semantik von Metapher, Metonymie, Ironie, Litotes und rhetorischer Frage.* - Tübingen: Narr. - 167 S. - Zugl.: München, Diss., 1977. (= Tübinger Beiträge zur Linguistik. 102.)

BERGSDORF, W. (1978): *Politik und Sprache.* - München; Wien: G. Olzog Verl. - 186 S.

BERGSDORF, W. (Hrsg.) (1979): *Wörter als Waffen.* - Stuttgart: Verl. Bonn aktuell. - 142 S.

BERNSTEIN, B. (1971): *Class, codes and control*. The structuring of pedagogic discourse. - London: Routledge & Paul. - 208 p.

BETZ, W. (1963): Nicht der Sprecher, die Sprache lügt? - in: *Sprache im technischen Zeitalter, 6*, 461 - 464.

BETZ, W. (1968): Das heutige Deutsch - nachlässig, verräterisch oder einfach zeitgemäß. Fünf Gegenthesen zu Dolf Sternberger: Fünf Thesen. - in: STERNBERGER et al. 1968, 335 - 339.

BETZ, W. (1977): *Verändert Sprache die Welt? Semantik, Politik und Manipulation*. - Zürich: Ed. Interfrom. - Osnabrück: Fromm (in Komm.). - 93 S.

BEVER, T. G. and D. T. LANGENDOEN (1973): Can a not unhappy person be called a sad one? - in: ANDERSON, St. R. and P. KIPARSKY (eds.): *A Festschrift for Morris Halle*. New York [usw.]: Holt, Rinehart & Winston, 392 - 409.

BIERWISCH, M. (1979): Wörtliche Bedeutung - eine pragmatische Gretchenfrage. - in: *LS/ZISW, A 60 : Untersuchungen zum Verhältnis von Grammatik und Kommunikation*, 48 - 80.

BIERWISCH, M. (1980): Semantic structure and illocutionary force. - in: SEARLE et al. 1980, 1 - 35.

BIERWISCH, M. (1983 a): Semantische und konzeptuelle Repräsentation lexikalischer Einheiten. - in: RŮŽIČKA/MOTSCH 1983, 61 ff.

BIERWISCH, M. (1983 b): Psychologische Aspekte der Semantik natürlicher Sprachen. - in: MOTSCH/VIEHWEGER 1983, 15 - 64.

BISKY, L. (1976): *Zur Kritik der bürgerlichen Massenkommunikationsforschung*. Berlin: Dt. Verl. d. Wissenschaften. - 190 S.

BOCHMANN, K. (1971): Sprache der Reklame und Sprache der politischen Propaganda im Monopolkapitalismus. - in: *Zs. für Phonetik, Sprachwiss. u. Kommunikationsforschung, 24*, 213 - 219.

BOCHMANN, K. (1981): Die Analyse politischer Texte in der Linguistik der DDR. Ergebnisse und weiterführende theoretisch-methodologische Aspekte. - in: *Die Analyse politischer Texte. Theoretische und Methodenfragen*. Protokoll d. Kolloquiums vom 14.-16.10.1980. (= Wiss. Beiträge der KMU Leipzig, Reihe Sprachwissenschaft.). Leipzig: Karl-Marx-Univ., 5 - 38.

BÖHM, St. et al. (1972): Rundfunknachrichten. Sozio- und psycholinguistische Aspekte. - in: RUCKTÄSCHEL 1972, 153 - 194.

BONHOFFER, D. (1965): What is meant by "telling the truth"? - in: *Ethics*, 363 - 372.

BREMBECK, W. L. and W. S. HOWELL (1952): *Persuasion: a means of social influence*. - New York, N. Y.: Prentice Hall. - 488 p.

BRIGHT, W. (ed.) (1966): *Sociolinguistics. Proceedings of the UCLA Sociolinguistics Conference.* - The Hague [usw.]: Mouton & Co. - 324 p.

BRIGHT, W. (1966 a): *Introduction: The dimensions of sociolinguistics.* - in: BRIGHT 1966, 11 - 15.

BROOKES, H. F. and C. E. FRAENKEL (1982): *Life in Britain.* London: Heinemann. - 139 p.

BROWN, P. and St. LEVINSON (1978): Universals in language usage: politeness phenomena. - in: GOODY, E. N.: *Questions and politeness.* Cambridge: Cambridge Univ. Pr., 56 - 289.

BÜNTING, K.-D. (1983): Textsorten grammatischer Sprachbeschreibung oder Linguisten sind keine Sprachpuristen. - in: FAUST et al. 1983, 445 - 453.

BURCHFIELD, R. (1985): An outline history of euphemisms in English. - in: ENRIGHT 1985, 13 - 31.

BURCKHARDT, C. J. (1961): Das Wort im politischen Geschehen - in: *Wort und Wirklichkeit.* Vortragsreihe der Bayer. Akad. d. Schönen Künste. - München: Oldenbourg. - 163 S.

BÜRGER, H. (1990): *Sprache der Massenmedien.* - Berlin/New York: de Gruyter. - 388 S.

BURTON-ROBERTS, N. (1991): *Analysing sentences: an introduction to English syntax.* - 8th impr. - London [u.a.]: Longman. - 265 p.

CARTWRIGHT, D. (1949): Some principles of mass persuasion. - in: *Human Relations, 2.*

CHAFE, W. L. (1970): *Meaning and the structure of language.* Chicago: Univ. of Chicago Pr. - 360 p.

CHAFE, W. L. (1976): *Bedeutung und Sprachstruktur. [= Meaning and the structure of language; dt.].* - Gekürzte Studiennausg., Übers. von Th. Schneider. - München: Hueber. - 266 S.

CHALKER, S. (1984): *Current English grammar.* London and Basingstoke: Macmillan. - 296 p.

CHASE, St. (1937): *The tyranny of words.* New York: Harcourt, Brace Jovanovich. - 396 p.

CHILTON, P. (ed.) (1985): *Language and the nuclear arms debate: Nukespeak today.* - London and Dover, N. H.: Frances Pinter (Publishers). - 244 p.

CHILTON, P. (1985 a): Words, discourse and metaphors: the meanings of *deter, deterrent* and *deterrence.* - in: CHILTON 1985, 103 - 127.

CHILTON, P. (1988): *Orwellian language and the media.* London: Pluto Pr. - 127 p.

CHOMSKY, N. (1957): *Syntactic structures.* 's-Gravenhage: Mouton & Co. - 116 p.

CHOMSKY, N. (1970): *Sprache und Geist.* - Mit e. Anhang: *Linguistik und Politik.* - Frankfurt/M.: Suhrkamp. - 189 S.
(= Suhrkamp Reihe Taschenbücher.)

OIIOMOICY, N. (1070): *Language and mind.* Enl. edit. New York [u.a.]: Harcourt, Brace Jovanovich. - 194 p.

CHOMSKY, N. and M. RONAT (1979): *Language and responsibility.* - Transl. from the French by J. Viertel. - New York: Pantheon. - 212 p.

CLARK, M. S. and S. T. FISKE (eds.) (1982): *Affect and cognition.* - Hillsdale, N. J.: L. Erlbaum Associates. - 357 p.
(= Carnegie Symposium on Cognition. Carnegie-Mellon-Univ. 17.)

CUBE, F. v. (1969): Anpassung und Widerstand. Erziehung des Menschen gegen Manipulation. Vortrag. Woche der Wissenschaft 13. - 17. Mai 1963 in Recklinghausen. - in: *Die große Manipulation des Menschen.* Protokollarische Berichte. Braunschweig, 121 - 133.

DIECKMANN, W. (1969): *Sprache in der Politik. Einführung in die Pragmatik und Semantik der politischen Sprache* - 2. Aufl. - Heidelberg: C. Winter Universitätsverl. - 132 S.

DOVRING, K. (1959): *Road of propaganda. The semantics of biased communication.* New York: Philosophical Libr. - 158 p.

DRÖGE, F. et al. (1973): *Wirkungen der Massenkommunikation.* - Neuaufl. - Frankfurt/M.: Athenäum Fischer Taschenbuch Verl. - 208 S. (= Fischer Athenäum Taschenbücher. 4024. = Sozialwiss.)

ECO, U. (1988): *Einführung in die Semiotik. [= La Struttura assente, dt.]* - Autorisierte dt. Ausg. von J. Trabant - 6., unveränd. Aufl. - München: Fink. - 474 S. (= Uni-Taschenbücher. 105.)

EDELMAN, M. J. (1964): *The symbolic uses of politics.* Urbana, Ill.: Univ. of Illinois Pr. - 201 p.

EDELMAN, M. J. (1977): *Political language: words that succeed and policies that fail.* - New York: Academic Pr. - 164 p. (= Institute for Research on Poverty monograph series.)

ENGEL-ORTLIEB, D. (1983): Textkohärenz. Erzählung, Beschreibung, Bericht in der Textproduktion. - in: FAUST et al. 1983, 431 - 444.

ENGELS, F. (1962): Dialektik der Natur. - in: MARX, K. und F. ENGELS: *Werke. Bd. 20.* Berlin: Dietz, 307 - 551.

ENRIGHT, D. J. (ed.) (1985): *Fair of speech: The uses of euphemisms.* Oxford [u.a.]: Oxford Univ. Pr. - 222 p.

ENRIGHT, D. J. (1985 a): Mother or maid? An introduction. - in: ENRIGHT 1985, 1 - 12.

ERDMANN, K. O. (1925): *Die Kunst recht zu behalten. Methoden und Kunstgriffe des Streitens u. a. Aufsätze.* - 4. Aufl. - Leipzig: Haessel. - 333 S.

EUPHEMISM (1969): The Euphemism: Telling it like it isn't. - in: *Time Essay, Time Magazine, Sept. 19, 1969*

EVANS, H. (1986): Freedom of information. (= Special Report: Publishing). - in: BBY 1986, 355 f.

FALKENBERG, G. (1982): *Lügen. Grundzüge einer Theorie der Täuschung.* Tübingen: Niemeyer. - 164 S. (= Linguistische Arbeiten. 86.)

FAUST, M. et al. (Hrsg.) (1983): *Allgemeine Sprachwissenschaft, Sprachtypologie und Textlinguistik. Festschrift für Peter Hartmann.* Tübingen: Narr. - 453 S. (= Tübinger Beiträge zur Linguistik. 215.)

FILIPEC, J. (1968): Zur Theorie der lexikalischen Synonyme in synchronischer Sicht. - in: *Wiss. Zs. d. KMU Leipzig, Ges.- u. sprachwiss. Reihe, 17*, 189 ff.

FIRTH, J. R. (1958): *Papers in linguistics 1934 - 51.* - Repr. - London [u.a.]: Oxford Univ. Pr.- 233 p.

FLEISCHER, W. (1977): Zur Rolle der Sprache bei der Bewußtseinsbildung. - in: FLEISCHER, W.: *Sprache - Stil - Ideologie. Beiträge zur Rolle der Sprache bei der Bewußtseinsbildung. (= LS/ZISW, A 41.)*, 1 - 31.

FLEISCHER, W. (1978): Konnotation und Ideologiegebundenheit in ihrem Verhältnis zu Sprachsystem und Text. - in: *Wiss. Zs. d. KMU Leipzig. Ges.- u. sprachwiss. Reihe, 27*, 543 - 553.

FLEISCHER, W. (1981): Ideologie und Sprache. - in: *Dt. Zs. für Philosophie, 11*, 1329 - 1339.

FLEISCHER, W. (1984): *Aspekte der sprachlichen Benennung.* Berlin: Akad.-Verl. - 28 S. (= Sitzungsberichte der Akad. d. Wiss. d. DDR, Gesellschaftswiss., 7/G.)

FLEISCHER, W. und G. MICHEL (1979): *Stilistik der deutschenGegenwartssprache.* - 3. Aufl. - Leipzig: Bibliographisches Institut. - 394 S.

FODOR, J. A. (1970): Three reasons for not deriving 'kill' from 'cause to die'. - in: *Linguistic Inquiry, 1*, 429 - 438.

FOWLER, R. (1992): *Language in the news: Discourse and ideology in the press.* London: Routledge & Paul. - 256 p.

FOWLER, R. and T. MARSHALL (1985): The war against peacemongering: language and ideology. - in: CHILTON 1985, 1 - 22.

FRESE, J. (1972): Politisches Sprechen. Thesen über einige Rahmenbedingungen. - in: RUCKTÄSCHEL 1972, 102 - 114.

FREUD, S. (1990): Das Unbewußte. - in : FREUD, S.: *Psychoanalyse. Ausgewählte Schriften.* Leipzig: Reclam, 263 - 298.

FRÖHLICH, R. (1953): Wortwandel und Sachwandel. - in: *Muttersprache. Zs. zur Pflege u. Erforschung d. deutschen Sprache*, 117 - 120.

GALPERIN, I. R. (1981): *Stylistics*. - 3rd edit. - Moscow: Vysšaja Skola. - 334 p.

GAUGER, H. M. (1972): *Zum Problem der Synonyme. Avec un resumé en français: Apport au problème des synonymes.* Tübingen: Narr. - 149 S. (= Tübinger Beiträge zur Linguistik. 9.)

GEIS, M. L. (1987): *The language of politics*. New York [u. a.]: Springer. - 189 p.

GLÄSER, R. (1966): Euphemismen in der englischen und amerikanischen Publizistik. - in: *Zs. für Anglistik u. Amerikanistik, 3*, 229 - 258.

GLÄSER, R. (1970): Sprache und Pragmatik der englisch-amerikanischen kommerziellen Werbung. - in: *Zs. für Anglistik u. Amerikanistik, 3*, 314 ff.

GLÄSER, R. (1979): *Fachstile des Englischen*. - 1. Aufl. - Leipzig: Verl. Enzyklopädie. - 208 S. (= Linguistische Studien.)

GRAUMANN, C. F. (1972): Die Beziehung zwischen Denken und Sprechen als psychologisches Problem. - in: RUCKTÄSCHEL 1972, 139 - 152.

GRAUSTEIN, G. et al. (1982): *English grammar. A university handbook*. - 3., unveränd. Aufl. - Leipzig: Verl. Enzyklopädie. - 406 S.

GRAUSTEIN, G. und W. THIELE (1979): An approach to the analysis of English texts. - in: GRAUSTEIN, G. und A. NEUBERT (eds.): *Trends in English text linguistics (= LS/ZISW, A 55)*, 3 - 15.

GRAUSTEIN, G. und W. THIELE (1986): Linguistische Einheiten im Text. - in: *Der angloamerikanische Einfluß auf die deutsche Sprache der Gegenwart in der DDR*. Berlin: Akad.-Verl., 120 - 123. (= Sitzungsberichte der Akad. d. Wiss. d. DDR. Gesellschaftswiss. 6/G.)

GREEN, D. (1987): *Shaping political consciousness. The language of politics in America from McKinley to Reagan*. Ithaca & London: Cornell Univ. Pr. - 277 p.

GREENBAUM, S. and R. QUIRK (1991): *A student's grammar of the English language*. - 3rd impr. - Harlow [u.a.]: Longman. - 490 p.

GRIMMINGER, R. (1972): Kaum aufklärender Konsum. Strategie des "Spiegel" in der gegenwärtigen Massenkommunikation. - in: RUCKTÄSCHEL 1972, 15 - 68.

GROSS, J. (1985): Intimations of mortality. - in: ENRIGHT 1985, 203 - 219.

GROSSE, R. und A. NEUBERT (Hrsg.) (1974): *Beiträge zur Soziolinguistik*. Halle/S.: Niemeyer. - 225 S.

GROSSE, R. und A. NEUBERT (1974 a): Thesen zur marxistisch-leninistischen Soziolinguistik. - in: GROSSE/NEUBERT 1974, 9 - 24.

GYI, M. (1984): Semantics of nuclear politics. - in: *Et Cetera, 41,* 135 - 147.

HABERMAS, J. (1976): *Strukturwandel der Öffentlichkeit. Untersuchung zu einer Kategorie der bürgerlichen Gesellschaft.* - 8. Aufl. - Neuwied; Berlin: Luchterhand. - 339 S. (= Sammlung Luchterhand. 25.)

HAERTNER, E. (1970): *Probleme der euphemistischen Ausdrucksweise.* - Mit Beispielen von H. de Balzac; Diss. - Zürich: Juris. - 178 S.

HALLIDAY, M. A. K. (1965): *The linguistic sciences and language teaching.* Bloomington: Indiana Univ. Pr. - 322 p.

HALLIDAY, M. A. K. (1971): Language structure and language function. - in: LYONS, J. (ed.): *New horizons in linguistics.* - Reprint. - Harmondsworth: Penguin Books, 140 - 165.

HALLIDAY, M. A. K. (1976): *System and function in language. Selected papers.* - Ed. by G. R. Kress. - London: Oxford Univ. Pr. - 250 p.

HALLIDAY, M. A. K. (1990): New ways of meaning: A challenge to applied linguistics. - in: εφαρμοσμένη γλωσσολογία (= Journal of applied linguistics). Annual publication of the Greek Applied Linguistics Association. Thessaloniki, 7 - 36.

HANSEN, B. [Mitarb.] (1985): *Englische Lexikologie:* Einführung in Wortbildung und lexikalische Semantik. - 2., durchges. Aufl. - Leipzig: Verl Enzyklopädie. - 246 S.

HARNISCH, H. (1972): Zu einigen spätbürgerlichen Auffassungen vom Wesen und von den Funktionen der Sprache. - in: W. SCHMIDT 1972, 36 - 63.

HARTIG, M. (1981): *Sprache und sozialer Wandel.* Stuttgart [u. a.]: Kohlhammer. - 172 S. (= Urban Taschenbücher. 327.)

HARTIG, M. und U. KURZ (1971): *Sprache als soziale Kontrolle. Neue Ansätze zur Soziolinguistik.* Frankfurt/M.: Suhrkamp. - 240 S. (= Edition Suhrkamp. 453.)

HARTUNG, W. (1977): Zum Inhalt des Normbegriffs in der Linguistik. - in: *Normen in der sprachlichen Kommunikation.* Berlin: Akad.-Verl., 9 - 69.

HARTUNG, W. (1982): "Normale" Voraussetzungen sprachlicher Kommunikation und ihre Beziehung zur Manipulation. - in: *LS/ZISW, A 97, 41 - 54.*

HARTUNG, W. et al. (1974): *Sprachliche Kommunikation und Gesellschaft.* Berlin: Akad.-Verl. - 636 S. (= Sprache und Gesellschaft. 1.)

HARTUNG, W. und H. SCHÖNFELD et al. (1981): *Kommunikation und Sprachvariation.* - Von e. Autorenkoll. unter d. Leitung von W. Hartung und H. Schönfeld. - Berlin: Akad. - Verl. - 471 S. (= Sprache und Gesellschaft. 17.)

HARTUNG, W. et al. (1982): Thesen zum Problemkreis: Imperialstische Manipulation und Sprache. - in: *LS/ZISW, A 97, 1 - 9.*

HARTUNGEN, Ch. v. (1926): *Psychologie der Reklame.* - 2., verm. Aufl. - Stuttgart: Poeschel. - 352 S.

HAVERS, W. (1946): *Neuere Literatur zum Sprachtabu.* Wien: Rohrer in Komm. - 210 S. (= Akad. d. Wissenschaften in Wien. Phil.-hist. Klasse, Sitzungsberichte, 223, 5.)

HAYAKAWA, S. I. (1969): *Modern guide to synonyms and related words. List of antonyms,* copious cross-references, a complete and legible index. Darmstadt: Verl. Darmstädter Blätter. - 726 S.

HAYAKAWA, S. I. (1978): *Language in thought and action.* - 4th edit. - New York: Harcourt, Brace Jovanovich. - 318 p.

HEISS, I. (1987): *Untersuchungen zu Anglizismen in der deutschen Gegenwartssprache in der DDR.* Potsdam: Päd. Hochsch., Hist.- phil. Fak.; Diss. A., masch. - 169 S.

HELBIG, G. (1973): *Geschichte der neueren Sprachwissenschaft.* Leipzig: Bibliograph. Institut. - 392 S.

HELBIG, G. (1980): Zur Sprache und zu Problemen der Textlinguistik. - in: *Deutsch als Fremdsprache, 5,* 257 - 266.

HELBIG, G. (1986): *Entwicklung der Sprachwissenschaft seit 1970.* - 1. Aufl. - Opladen: Westdt. Verl. - 323 S. (= WV Studium. 161.)

HELMER, J. (1972): Metaphor. - in: *Linguistics, 88,* 5 - 14.

HERDER, J. G. v. (1817): Verstand und Erfahrung, Vernunft und Sprache. Eine Metakritik zur Kritik der reinen Vernunft. 1817.- in: HERDER, J. G. v.: *Sämmtliche Werke. Abth. 3: Zur Philosophie und Geschichte. Bd. 14.* - Hrsg. von J. Müller. - Tübingen: Cotta.

HERDER, J. G. v. (1877-1913): *Sämmtliche Werke.* - Hrsg. von B. Suphan. - Berlin: Hempel.

HOFFMANN, A. (1977): Zur Beschreibung der Struktur und Funktion der englischen Nominalphrase. Potsdam: Päd. Hochsch., Hist. - phil. Fak. d. Wiss. Rates; Diss. B, masch. - 188 S.

HOFFMANN, A. (1977 a): Arbeitsstandpunkte zu dem Forschungsprojekt "Sprachwissenschaftliche Grundlagen der fremdsprachlichen Bildung und Erziehung". Teilprojekt 3: Untersuchungen zu grammatischen und funktional-semantischen Kategorien der englischen Sprache der Gegenwart. - in: *Potsdamer Forschungen, A 25.* Potsdam: Päd. Hochsch., 33 - 36.

HOFFMANN, J. (1986): *Die Welt der Begriffe. Psychologische Untersuchungen zur Organisation des menschlichen Wissens.* Berlin: Dt. Verl. d. Wissenschaften. - 172 S.

HOFFMANN, S. O. (1988): Psychoanalyse. - in: ASANGER/WENNINGER 1988, 579 ff.

HOGGART, S. (1985): Politics. - in: ENRIGHT 1985, 174 - 184.

HOLLY, W. et al. (1989): *Redeshows. Fernsehdiskussionen in der Diskussion.* Tübingen: Niemeyer. - 162 S. (= Medien in Forschung und Unterricht. Ser. A, Bd. 26.)

HÖPPNER, J. (1971): Bemerkungen zum Verhältnis von Sprache und Gesellschaft. - in: *Zs. für Phonetik, Sprachwiss. u. Kommunikationsforschung, 24,* 246 - 252.

HOWARD, Ph. (1986): *The state of the language. Ch. 6: Euphemism.* Harmondsworth: Penguin Books, 100 - 118.

HUMBOLDT, W. v. (1946): *Über das vergleichende Sprachstudium in Beziehung auf die verschiedenen Epochen der Sprachentwicklung.* - Leipzig: Meiner. - 25 S. (= Taschenausgaben der "Philosophischen Bibliothek". 17.)

HUMBOLDT, W. v. (1949): *Über die Verschiedenheit des menschlichen Sprachbaues und ihren Einfluß auf die geistige Entwicklung des Menschengeschlechts.* - Mit e. Nachwort hrsg. von H. Nette. - Darmstadt: Claassen & Roether. - 385 S.

JACKENDOFF, R. S. (1981): On Katz's autonomous semantics. - in: *Language, 57,* 425 - 435.

JACKENDOFF, R. S. (1983): *Semantics and cognition.* Cambridge, Mass.: M.I.T. Press. - 283 p.

JAKOBSON, R. and M. HALLE (1956): *Fundamentals of language.* The Hague [u.a.]: Mouton & Co. - 87 p.

KACNEL'SON, S. D. (1974): *Sprachtypologie und Sprachdenken. [= Tipologija jazyka i rečevoje myšlenije; dt.]* - Ins Dt. übertr. u. hrsg. von H. Zikmund. - Berlin: Akad.-Verl. - 172 S.

KAINZ, F. (1927): Lügenerscheinungen im Sprachleben. - in: LIPMANN, O. und P. PLANT (Hrsg.): *Die Lüge in psychologischer, philosophischer, juristischer, pädagogischer, historischer, soziologischer, sprach- und literaturwissenschaftlicher und entwicklungsgeschichtlicher Betrachtung.* Leipzig: Barth, 212 - 243.

KAINZ, F. (1954): *Psychologie der Sprache. Bd. 1: Grundlagen der allgemeinen Sprachpsychologie. 1941.* - 4., unveränd. Aufl. - Stuttgart: Enke. - 373 S.

KAINZ, F. (1972): *Über die Sprachverführung des Denkens.* Berlin: Duncker & Humblot. - 518 S. (= Erfahrung und Denken. Schriften zur Förderung der Beziehungen zwischen Philosophie und Einzelwissenschaften. 38.)

KALM, J. E. (ed.) (1985): *The right word at the right time: A guide to the English language and how to use it.* London, New York [u.a.]: The Reader's Digest Association. - 688 p.

KATZ, J. J. (1972): *Semantic theory.* New York [u. a.]: Harper & Row. - 464 p.
KATZ, J. J. and J. A. FODOR (1963): The structure of a semantic theory. - in: *Language, 39,* 170 - 210.

KELLER, R. (1975): Zur theorie metaphorischen gebrauchs. Ein beitrag zur semantik von pragmatik. - in: *Zs. für germanist. Linguistik, 3,* 49 - 62.

KELLER, R. (1990): *Sprachwandel. Von der unsichtbaren Hand in der Sprache.* Tübingen: Francke. - 218 S.

KITTAY, E. F. (1987): *Metaphor: its cognitive force and linguistic structure.* Oxford: Clarendon Pr. - 358 p.

KLAUS, G. (1964): *Die Macht des Wortes. Ein erkenntnistheoretisch-pragmatisches Traktat.* Berlin: Dt. Verl. d. Wissenschaften. - 198 S.

KLAUS, G. (1971): *Sprache der Politik.* Berlin: Dt. Verl. d. Wissenschaften. - 294 S.

KLEIN, J. (Hrsg.) (1989): *Politische Semantik: Bedeutungsanalytische und sprachkritische Beiträge zur politischen Sprachverwendung.* Opladen: Westdt. Verl. - 328 S.

KLEINWÄCHTER, W. (1989): *Weltproblem Information. Massenmedien und Kommunikationstechnologien in den internationalen Beziehungen der Gegenwart.* Berlin: Dietz. - 291 S.

KLEMM, H. (1986): *Untersuchungen zur Semantik ideologierelevanter Lexik des modernen Englisch.* Potsdam: Päd. Hochsch., Hist.-phil. Fak.; Diss. A, masch. - 161 S.

KLEMPERER, V. (1947): *LTI (Lingua Tertii Imperii). Notizbuch eines Philologen.* Berlin: Aufbau Verl. - 300 S.

KLIX, F. (1967): Untersuchungen zur Begriffsbildung I: Psychologische Probleme des Ursprungs, des Erwerbs und der Struktur begrifflichen Klassifizierens. - in: *Zs. für Psychologie, 173,* 157 - 203.

KNAUER, G. (1981): Bemerkungen zur semantischen Analyse politischer Texte. - in: *Die Analyse politischer Texte. Theoretische und Methodenfragen.* Protokoll des Kolloquiums vom 14.-16.10.1980. Leipzig: Karl-Marx-Univ., 145 - 154. (= Wiss. Beiträge der KMU Leipzig, Reihe Sprachwissenschaft.)

KNIPPING, F. (1969): *Monopole und Massenmedien.* Berlin: Dt. Verl. d. Wissenschaften. - 244 S.

KÖCK, W. K. (1972): *Manipulation durch Trivialisierung.* - in: RUCKTÄSCHEL 1972, 275 - 368.

KRAMARAE, Ch. et al. (eds.) (1984): *Language and power.* Beverly Hills [u.a.]: Sage Publications. - 320 p.

KRESS, G. (1983): Linguistic and ideological transformation in news reporting. - in: WALTON, P. and H. DAVIS (eds.): *Language, image, and media.* Oxford: Blackwell, 120 - 138.

KRESS, G. (1985): Discourses, texts, readers, and the pro-nuclear arguments. - in: CHILTON 1985, 65 - 87.

KRESS, G. and R. HODGE (1979): *Language as ideology.* London [u.a.]: Routledge & Paul. - 161 p.

KÜHLWEIN, W.; A. RAASCH (Hrsg.) (1980): *Angewandte Linguistik: Positionen, Wege, Perspektiven.* Tübingen: Narr. - 168 S.

KUZNEC, M. D.; J. M. SKREBNEV (1968): *Stilistik der englischen Sprache.* [= *Stilistika anglijskogo jazyka; dt.].* - Aus d. Russ. übers. von R. Gläser. - Leipzig: Verl. Enzyklopädie.

LABOV, W. (1984): *The study of language in its social context.* - in: PRIDE/HOLMES 1984, 180 - 202.

LAKOFF, G. and M. JOHNSON (1980): *Metaphors we live by.* Chicago: Univ. of Chicago Pr. - 242 p.

LANGENDOEN, D. T. and T. G. BEVER (1973): *Can a not unhappy person be called a sad one?* - in: ANDERSON, St. R. and P. KIPARSKY (eds.): A Festschrift for Morris Halle. New York [usw.]: Holt, Rinehart & Winston, 392 - 409.

LASSWELL, H. D. (1935): *World politics and personal insecurity.* New York: Whittlesey House. - 307 p.

LASSWELL, H. D. (1971): *National security and individual freedom.* - Unabridged republ. of the 1st edit. 1950. - New York: Da Capo Pr. - 259 p. (= Civil liberties in American history.)

LASSWELL, H. D. (1979): *The signature of power, buildings, communication and policy.* - With the collab. of M. B. Fox. - New Brunswick, N.J.: Transaction Books. - 234 S.

LASSWELL, H. D. et al. (1949): *Language of politics. Studies in quantitative semantics.* New York: Stewart. - 398 p.

LAY, R. (1978): *Manipulation durch die Sprache.* München: Langen-Müller/Herbig. - 391 S.

LEECH, G. N. (1981): *Semantics. The study of meaning.* - Second edit., revised and updated. - Harmondsworth: Penguin Books. - 384 p.

LEECH, G. N. and J. SVARTVIK (1984): *A communicative grammar of English.* - Burnt Mill, Harlow: Longman. - 324 p.

LEHNERT, M. (1969): *Morphem, Wort und Satz. Eine kritische Betrachtung zur neueren Linguistik.* Berlin: Akad.-Verl. - 90 S. (= Sitzungsberichte der Akad. d. Wiss. zu Berlin, Klasse für Sprachen, Literatur und Kunst. Jg. 1969. Nr. 1.)

LEINFELLNER, E. (1971): *Der Euphemismus in der politischen Sprache.* Berlin: Duncker & Humblot. - 177 S.

LEISI, E. (1955): *Das heutige Englisch. Wesenszüge und Probleme.* Heidelberg: Carl Winter - Universitätsverl. - 228 S.

LEISI, E. (1961): *Der Wortinhalt. Seine Struktur im Deutschen und Englischen.* - 2., erw. Aufl. - Heidelberg: Quelle & Meyer.- 135 S.

LEITNER, G. (1983 a): *Gesprächsanalyse und Rundfunkkommunikation. Die Strategie englischer phone-ins.* Hildesheim, Zürich [u. a.]: Olms. - 223 S.

LEITNER, G. (1983 b): *Language and mass media.* Berlin [u. a.]: Mouton. - 124 p. (= Internat. journal of the sociology of language. 40.)

LERMAN, C. L. (1985): Media analysis of a presidential speech: Impersonal identity forms in discourse. - in: VAN DIJK, T. A. (ed.): *Discourse and communication: New approaches to the analyses of mass media discourse and communication.* Berlin: de Gruyter, 185 - 215.

LEWIS, B. (1988): *The political language of Islam.* Chicago and London: Univ. of Chicago Pr. - 168 p.

LORENZ, W. und G. WOTJAK (1974): Die Beziehungen zwischen Bedeutungs- und Abbildstrukturen. Versuch einer Interpretation. - in: GROSSE/NEUBERT 1974, 99 - 120.

LORENZ, W. und G. WOTJAK (1977): *Zum Verhältnis von Abbild und Bedeutung. Überlegungen im Grenzfeld zwischen Erkenntnistheorie und Semantik.* - 1. Aufl. - Berlin: Akad.-Verl. - 520 S. (= Sammlung Akademie - Verlag: Sprache. 39.)

LUCHTENBERG, S. (1975): *Untersuchung zu Euphemismen in der deutschen Gegenwartssprache.* Bonn: Phil. Fak. der Rheinischen Friedrich-Wilhelms-Univ., Inaugural-Diss., masch. - 576 S.

LUCHTENBERG, S. (1985): *Euphemismen im heutigen Deutsch: mit einem Beitrag zu "Deutsch als Fremdsprache".* - Frankfurt/M. [u. a.]: Lang. - 299 S. (= Europäische Hochschulschriften: Reihe 1, Deutsche Sprache und Literatur; Bd. 834.)

LUDWIG, K.-D. (1976): *Zum Verhältnis von Sprache und Wertung.* -Überarb. u. gek. Fassung der Diss. Leipzig, 1973. - Berlin: Akad.- Verl. - 189 S. (= LS/ZISW, A 31.)

LUTZ, W. (1987): Doublespeak at large. - in: *English Today, 12 (Oct.),* 21 - 24.

LYONS, J. (1968): *Introduction to theoretical linguistics.* Cambridge: Cambridge Univ. Pr. - 519 p.

LYONS, J. (1977-78): *Semantics.* - 2 vols. - Cambridge [u. a.]: Cambridge Univ. Pr. - 897 p.

LYONS, J. (1990): *Language and linguistics. An introduction.* - Reprint. - Cambridge: Cambridge Univ. Pr. - 356 p.

MACKENSEN, L. (1973): *Verführung durch Sprache.* München: List. - 327 S.

MAIER, H. (1977): *Sprache und Politik. Essay über aktuelle Tendenzen. Briefdialog mit Heinrich Böll.* - Zürich: Ed. Interfrom. - 61 S.

MARTIN, J. (1974): *Antike Rhetorik. Technik und Methode.* München: Beck. - 420 S. (= Handbuch der Altertumswissenschaft; Abt. 2, Teil 3.)

MARTINET, A. (1971): *Grundzüge der allgemeinen Sprachwissenschaft. [Eléments de linguistique générale; dt.]* - Autor. Übers. aus d. Franz. von A. Fuchs unter Mitarb. von H.-H. Lieb. - 5. Aufl. - Stuttgart: Kohlhammer. - 201 S.

MARX, K. und F. ENGELS: Die deutsche Ideologie. - in: MARX, K.; F. ENGELS: *Werke. Bd. 3.* Berlin: Dietz, 9 - 530.

MAY, D. (1985): Euphemisms and the media. - in: ENRIGHT 1985, 122 - 134.

MEIER, G. F. (1971): Das Verhältnis von Sprache und Erkenntnisprozeß in der Sicht sowjetischer Arbeiten. - in: *Zs. für Phonetik, Sprachwiss. u. Kommunikationsforschung, 24,* 121 - 125.

MENCKEN, H. L. (1943): *The American language. An inquiry into the development of English in the United States.* - 4th edit., corr., enl. and rewritten. Suppl. 1.2. - New York: Knopf. - 769 p.

MENCKEN, H. L. (1963): Euphemisms. - in: DEAN, L. F. and K. G. WILSON (eds.): *Essays on language and usage.* - 2nd edit. - New York, N. Y.: Oxford Univ. Pr., 40 - 50.

MENG, K. (1972): Sprachliche Mittel zur Realisierung der Funktionen der Nachricht. - in: W. SCHMIDT 1972, 123 - 144.

MICHEL, G. (1972): Zum sprachlichen Ausdruck von Wertungen in politischen Texten. - in: W. SCHMIDT 1972, 111 - 122.

MICHEL, G. und W.-D. KRAUSE (Hrsg.) (1987): *Sprachliche Felder und Textsorten.* Beiträge zur Tagung des Instituts für marxistisch-leninistische Sprachtheorie und der Forschungsleitgruppe Fremdsprachen am 17./18.9.1987 in Potsdam. Potsdam: Päd. Hochsch. - 149 S. (= Potsdamer Forschungen der Päd. Hochsch. Potsdam, Gesellschaftswiss. Reihe. 90.)

MICHEL, G. und L. WILSKE (Hrsg.) (1979): *Zum Tätigkeitsaspekt und Systemaspekt der Sprache.* Potsdam: Päd. Hochsch. - 178 S. (= Potsdamer Forschungen der Päd. Hochsch. Potsdam. Reihe A 35.)

MOSER, H. (1967): *Sprache - Freiheit oder Lenkung? Zum Verhältnis von Sprachnorm, Sprachwandel, Sprachpflege.* Rede anläßlich d. feierlichen Überreichung d. Konrad-Duden-Preises d. Stadt Mannheim...am 19.4.1964. Mannheim: Dudenverl. - 66 S. (= Duden-Beiträge. H. 25.)

MOSER, H. (1972): Sprachbarrieren als linguistisches und soziales Problem. - in: RUCKTÄSCHEL 1972, 195 - 222.

MOSS, P. (1985): Rhetoric of defence in the United States: language, myth and ideology. - in: CHILTON 1985, 45 - 63.

MOSS, P. (1985 a): Cultural silence: nukespeak in radio discourse: a case study. - in: CHILTON 1985, 147 - 166.

MOTSCH, W. (1980): Situational context and illucutionary force. - in: SEARLE et al. 1980, 155 - 168.

MOTSCH, W. und D. VIEHWEGER (Hrsg.) (1983): *Richtungen der modernen Semantikforschung.* - Mit Beitr. von M. Bierwisch ... - Berlin: Akad.-Verl. - 425 S. (= Sammlung Akademie-Verlag: Sprache. 37.)

NELSEN, A. (1966): The dangers of getting used to lies. - in: *Congressional records, Feb. 9, 1966.*

NEUBERT, A. (1962): Semantischer Positivismus in den USA. Ein kritischer Beitrag zum Studium der Zusammenhänge zwischen Sprache und Gesellschaft. Halle/S.: Niemeyer. - 380 S.

NEUBERT, A. (1974): Zu Gegenstand und Grundbegriffen einer marxistisch-leninistischen Soziolinguistik. - in: GROSSE/NEUBERT 1974, 25 - 46.

NEUBERT, A. (1977 a): Zu einigen Grundfragen der englischen Lexikologie. - in: LS/ZISW, A 36, 2 - 36.

NEUBERT, A. (1977 b): Sprache als "praktisches Bewußtsein". Leipzig: Karl-Marx-Univ. - 19 S. (= Leipziger Universitätsreden; Neue Folge. 45.)

NEUBERT, A. (1978): Arten der lexikalischen Bedeutung. - in: LS/ZISW, A 45, 1 - 23.

NEUBERT, A. (1981 a): Zu einigen aktuellen Problemen der lexikalischen Semantik. Berlin: Akad.-Verl. - 20 S. (= Sitzungsberichte der Sächs. Akad. d. Wiss. zu Leipzig, Philolog.-hist. Kl., 121, 6.)

NEUBERT, A. (1981 b): Die Sprache als unmittelbare Wirklichkeit des Gedankens? - in: Dt. Zs. für Philosophie, 11, 1294 - 1301.

NEUBERT, A. (1983): Diskurs über den Diskurs. Neue Denkanstöße in der Sprachwissenschaft oder Zur Gegenstandsbestimmung der Linguistik. - Berlin: Akad.-Verl. - 16 S. (= Sitzungsberichte der Sächs. Akad. d. Wiss. zu Leipzig, Philolog.-hist. Kl., 124, 2.)

NEUMANN, W. (1977): Über Probleme und Prozesse bei der Bestimmung des Gegenstandes der Linguistik. - in: LS/ZISW, A 40, 5 ff.

NEUMANN, W. et al. (1976): Theoretische Probleme der Sprachwissenschaft. - 2 Bde. - Berlin: Akad.-Verl. - 777 S.

NISBET, R. (1985): The State. - in: ENRIGHT 1985, 185 - 202.

OGDEN, C. K. and I. A. RICHARDS (1946): The meaning of meaning. - 8th edit. - London: Routledge & Paul. - 363 p. (= Internat. library of psychology, philosophy and scientific method.)

OHNHEISER, I. (1979): Wortbildung und Synonymie. Untersuchungen zur nominalen Wortbildungssynonymie in der russischen Gegenwartssprache. Leipzig: Verl. Enzyklopädie. - 246 S.

ORR, J. (1963): Le rôle de l'euphémie. - in: ORR, J.: Essais d'etymologie et de philologie françaises. Paris: Klincksieck. - 215 p. (= Bibliotheque française et romane. Sér. A, 4.)

ORTONY, A. (ed.) (1980): Metaphor and thought. Cambridge: Cambridge Univ. Pr. - 501 p.

ORWELL, G. (1955): Nineteen eighty-four. A novel. - By George Orwell [d.i. E. Blair]. - Reprint. - London: Secker & Warburg. - 318 p.

ORWELL, G. (1961): Politics vs. literature. - in: ORWELL, G.: Collected essays. - 2nd edit. - London: Secker & Warburg, 393 - 414.

ORWELL, G. (1963): Politics and the English language. - in: DEAN, L. F. and K. G. WILSON (eds.): *Essays on language and usage.* New York: Oxford Univ. Pr., 325 - 336.

PACKARD, V. (1957): *The hidden persuaders.* New York: McKay. - 275 p.

PACKARD, V. (1971): *Die geheimen Verführer. Der Griff nach dem Unbewußten in jedermann.* Frankfurt/M.: Ullstein Verl. - 319 S. (= Ullstein. 462.)

PACKARD, V. (1977): *The people shapers.* Boston; Toronto: Little, Brown & Company. - 398 p.

PARTRIDGE, E. (1950): Euphemism and euphemisms. - in: PARTRIDGE, E.: *Here, there and everywhere. Essays upon language.* - 2nd, rev. edit. - London: Hamilton. - 188 p.

PARTRIDGE, E. (1960): *A charm of words. Essays and papers on language.* London: Hamilton. - 190 p.

PARTRIDGE, E. (1960 a): Business English and its confederates. - in: PARTRIDGE 1960, 21 - 28.

PARTRIDGE, E. (1985): *Usage and abusage. A guide to good English.* Harmondsworth: Penguin Books. - 381 p.

PARTRIDGE, E. and J. W. CLARK (1968): *British and American English since 1900.* - With contrib. on English in Canada, South Africa, Australia, New Zealand and India. - Reprint. - New York: Greenwood Pr. - 341 p.

PAUSCH, H. A. (1974): Die Metapher. - in: *Wirkendes Wort, 24,* 56 - 69.

PÊCHEUX, M. (1983): *Language, semantics and ideology. [= Les vérités de la palice; engl.].* Stating the obvious. - Transl. by H. Nagpal. - London [u. a.]: Macmillan. - 244 p. (= Language, discourse, society.)

PEI, M. A. (1968): *The story of the English language.* London: Allen & Unwin. - 430 p.

PEI, M. A. (1969): *Words in sheep's clothing.* - 1st edit. - New York: Hawthorne Books. - 248 p.

PEI, M. A. (1973): *Doublespeak in America.* New York: Hawthorne Books. - 216 p.

PEIRCE, C. S. (1955): *Philosophical writings of Peirce.* - Selected and edit. with an introd. by J. Buchler. - New York: Dover Publications, Inc. - 386 p.

PFEIFER, W. (1974): Merkmalsanalyse klassengebundenen Wortschatzes. - in: *LS/ZISW, A 12,* 1 ff.

PISARCZYK, K. (1969): Der Euphemismus. Politische Sprache in DDR und BRD. - in: *Frankfurter Hefte. Zs. für Kultur und Politik, 2,* 107 - 116.

POLENZ, P. v. (1968): Sprachkritik und Sprachwissenschaft. - in: STERNBERGER et al. 1968, 289 - 310.

PORZIG, W. (1971): *Das Wunder der Sprache. Probleme, Methoden und Ergebnisse der Sprachwissenschaft.* - 5., durchges. Aufl. - Hrsg. von A. Jecklin und H. Rupp. - München: Francke. - 431 S. (= UTB. 32. Allgemeine und vergleichende Sprachwissenschaft.)

PRIDE, J. B. and J. HOLMES (eds.) (1984): *Sociolinguistics. Selected readings.* Harmondsworth: Penguin Books. - 381 p.

QUILLER-COUCH, A. T. (1913): *Jargon.* Cambridge: Cambridge Univ. Pr.

QUIRK, R. (1974): *The linguist and the English language.* London: Arnold. - 181 p.

QUIRK, R. and S. GREENBAUM (1975): *A university grammar of English.* - 4th impr., corr. - London: Longman. - 484 p.

QUIRK, R. et al. (1980): *A grammar of contemporary English.* London: Longman. - 1120 p.

QUIRK, R. et al. (1991): *A comprehensive grammar of the English language.* - Index by D. Crystal. - 9th impr., rev. - London [u. a.]: Longman. - 1779 p.

REICH, H. H. (1973): Die Verwendbarkeit des Begriffes Euphemismus bei der Untersuchung politischen Sprachgebrauchs. - in: *Zum öffentlichen Sprachgebrauch in der Bundesrepublik Deutschland und in der DDR. Methoden und Probleme seiner Erforschung.* - Aus Referaten e. Tagung zusammengestellt von M. W. Hellmann. - Düsseldorf: Schwann, 216 - 232. (Diskussion, 233 - 241.). (= Sprache der Gegenwart. XVIII.)

REZNIKOV, L. O. (1968): *Erkenntnistheoretische Fragen der Semiotik. [= Gnoseologičeskije voprosy semiotiki; dt.]* - Die vorliegende deutschsprachige Fass. wurde vom Autor erg. u. erw. Aus d. Russ. übertr. von W. Winkler. Erg. u. erw. Übers. von M. Feder. - Berlin: Dt. Verl. d. Wissenschaften. - 299 S.

RICHARDSON, K. (1985): Pragmatics of speeches against the peace movement in Britain: a case study. - in: CHILTON 1985, 23 - 44.

ROTENBERG, V. S. (1982): Funktionale Dichotomie der Gehirnhemisphären und die Bedeutung der Suchaktivität für physiologische und psychologische Prozesse. - in: AMMON, G. (Hrsg.): *Handbuch der dynamischen Psychiatrie. Bd. 2.* München; Basel: Reinhardt-Verl., 290.

RUCKTÄSCHEL, A. (Hrsg.) (1972): *Sprache und Gesellschaft.* - Mit e. Vorwort von A. Rucktäschel. - München: W. Fink Verl. - 405 S. (= UTB. 131.)

RŮŽIČKA, R. (1983): *Sprachwissen und Sprachkunst. Ein Beispiel: Die Metapher.* Berlin: Akad.-Verl. - 44 S. (= Sitzungsberichte d. Sächs. Akad. d. Wissenschaften zu Leipzig, Philolog.-hist. Kl., 124, 4.)

RŮŽIČKA, R. und W. MOTSCH (1983): *Untersuchungen zur Semantik.* Berlin: Akad.-Verl. - 394 S. (= Studia grammatica. 22.)

SAFIRE, W. L. (1980): *On language.* New York: Times Books. - 331 p.

SANDIG, B. (1972): Bildzeitungstexte. Zur sprachlichen Gestaltung. - in: RUCKTÄSCHEL 1972, 69 - 80.

SAPIR, E. (1949): *Language. An introduction to the study of speech.* New York: Harcourt, Brace & World. - 242 p.

SAUSSURE, F. de (1967): *Grundfragen der allgemeinen Sprachwissenschaft. [= Cours de la linguistique générale; dt.].* - Hrsg. von Ch. Bally und A. Sechehaye, unter Mitwirk. von A. Riedlinger. Übers. von H. Lommel. - 2. Aufl., mit e. neuen Register und e. Nachwort von P. v. Polenz. - Berlin: de Gruyter. - 294 S.

SAUSSURE, F. de (1974): *Cours de la linguistique générale.* - Publie par Ch. Bally avec la collab. de ... - Ed. critique prép. par T. de Mauro. - Nouvelle édit. - Paris: Payot, 8 - 510. (= Payotheque.)

SCHAFF, A. (1969): *Einführung in die Semantik.* Frankfurt/M.; Wien: Europ. Verl. Anst. / Europa Verl. - 378 S.

SCHAFF, A. (1969 a): Unscharfe Ausdrücke und die Grenzen ihrer Präzision. - in: SCHAFF, A.: *Essays über die Philosophie der Sprache.* - Aus d. Poln. übers. von E. M. Szarota. - 2., unveränd. Aufl. - Frankfurt/M.; Wien: Europ. Verl. Anst. / Europa Verl. - 154 S.

SCHÄFFNER, Chr. und A. NEUBERT (Hrsg.) (1986): *Politischer Wortschatz in textueller Sicht. LS/ZISW, A 146.* - 172 S.

SCHARNHORST, J. (1964): Die stilistische Gliederung des deutschen Wortschatzes. - in: *Sprachpflege,* 65 ff.

SCHAU, A. (1985): *Von Awacs bis Zwangsanleihe. ABC aktueller Schlagwörter.* Göttingen: Steidl. - 169 S.

SCHERNER, M. (1983): Zur (Vor-) Geschichte der Textlinguistik aus Sicht einer 'realistischen' Sprachwissenschaft. - in: FAUST et al. 1983, 373 - 390.

SCHERZBERG, J. (1972): Zur Struktur des Wortschatzes der Wirtschaftspolitik der DDR. - in: W. SCHMIDT 1972, 187 - 217.

SCHIPPAN, Th. (1975): *Einführung in die Semasiologie.* - 2., überarb. Aufl. - Leipzig: Bibliographisches Institut. - 269 S.

SCHIPPAN, Th. (1979): Konnotationen und Ideologiegebundenheit im lexikalischen Bereich. - in: *LS/ZISW, A 51,* 103 - 111.

SCHIPPAN, Th. (1987): *Lexikologie der deutschen Gegenwartssprache.* - 2., durchges. Aufl. - Leipzig: Bibliographisches Institut. - 307 S.

SCHMIDT, R. (1986): *Television, advertising and televangelism. Discourse analysis of persuasive language.* Amsterdam [u. a.]: Benjamins. - 88 p.

SCHMIDT, S. J. (1972): Sprache und Politik. Zum Postulat rationalen politischen Handelns. - in: RUCKTÄSCHEL 1972, 81 - 101.

SCHMIDT, W. (1969): Zur Ideologiegebundenheit der politischen Lexik. - in: *Zs. für Phonetik, Sprachwiss. u. Kommunikationsforschung,* 22, 255 ff.

SCHMIDT, W. (1971): Linguistische und philosophische Aspekte der Wirksamkeit politischer Rede. - in: Zs. *für Phonetik, Sprach wiss. u. Kommunikationsforschung, 24,* 301 - 316.

SCHMIDT, W. (Hrsg.) (1972): *Sprache und Ideologie. Beiträge zu einer marxistisch-leninistischen Sprachwirkungsforschung.* Halle/S.: Niemeyer. - 238 S.

SCHMIDT, W. (1972 a): Das Verhältnis von Sprache und Politik als Gegenstand der marxistisch-leninistischen Sprachwirkungsforschung. - in W. SCHMIDT 1972, 9 - 35.

SCHMIDT, W. (1986): *Lexikalische und aktuelle Bedeutung. Ein Beitrag zur Theorie der Wortbedeutung.* - 5., unveränd. Aufl. - Berlin: Akad.-Verl. - 130 S. (= Schriften zur Phonetik, Sprachwiss. u. Kommunikationsforschung. 7.)

SCHMIDT, W. und H. HARNISCH (1972): Kategorien und Methoden einer marxistisch-leninistischen Sprachwirkungsforschung. - in: W. SCHMIDT 1972, 65 - 110.

SCHMIDT, W. et al. (1983): *Sprache - Bildung und Erziehung.* - 3., unveränd. Aufl. - Leipzig: Bibliographisches Institut. - 280 S.

SCHMIEDEL, L. und M. SCHUBERT (1979): *Semantische Struktur und Variabilität von Schlüsselwörtern aus Politik und Wirtschaft Großbritanniens - ein Beitrag zur Aufdeckung systemhafter Beziehungen im ideologierelevanten Bereich des englischen Lexikons.* Leipzig: Karl-Marx-Univ., Sektion Theoret. und angewandte Sprachwiss.; Diss. A, masch. - 275 S.

SCHNEIDER, G. (1970): Monopolkapitalistische Manipulation mit Hilfe der Sprache. - in: *Wiss. Zs. d. Päd. Hochsch. Potsdam, 14/3,* 391 - 397.

SCHNELLE, H. (1968): Methoden mathematischer Linguistik. - in: THIEL, M.: *Methoden der Sprachwissenschaft.* (= Enzyklopädie der geisteswiss. Arbeitsmethoden, 4. Lieferung.) - München; Wien: Oldenbourg, 135 - 158.

SCHOLWIN, W. R. (1971): Zur Funktion der Sprache bei der Manipulierung des Menschen in den USA. - in: *Zs. für Phonetik, Sprachwiss. u. Kommunikationsforschung, 24,* 317 - 322.

SCHREUDER, H. (1970): *Pejorative sense development in English.* - Reprint of Proefschrift. Amsterdam, 1929. - College Park, Md.: McGrath. - 196 p.

SCHUMANN, H. B. (1979): Zum Problem der lexikalischen Stilebenen. - in: *LS/ZISW, A 51,* 112 ff.

SCHWENGER, H. (1984): *Im Jahr des Großen Bruders. Orwells deutsche Wirklichkeit.* München: Piper. - 125 S. (= Serie Piper Aktuell.)

SEARLE, J. R. (1970): *Speech acts. An essay in the philosophy of language.* - Reprint. - Cambridge: Cambridge Univ. Pr. - 203 p. (= Cambridge philosophy. 626.)

SEARLE, J. R. (1980): The background of meaning. - in: SEARLE et al. 1980, 221 - 232.

SEARLE, J. R. et al. (eds.) (1980): *Speech act theory and pragmatics.* Dordrecht [u. a.]: Reidel. - 317 p. (= Synthese language library. 10.)

SEGERSTEDT, T. T. (1947): *Die Macht des Wortes. Eine Sprachsoziologie.* [= Ordens makt; dt.]. - Aus d. Schwed. übers. - Zürich: Pan-Verl. - 147 S. (=Internat. Bibl. für Psychologie und Soziologie. 3.)

SEIDLER, H. (1953): *Allgemeine Stilistik.* Göttingen: Vandenhoeck & Ruprecht. - 366 S.

SEIDLER, H. (1966): Euphemismus. - in: KAYSER, W. et al. (Hrsg.): *Kleines literarisches Lexikon. Bd. 3: Sachbegriffe.* - 4., neu bearb. u. stark erw. Aufl. von...In Fortführung d. von W. Kayser besorgten 2. u. 3. Aufl. hrsg. von H. Rüdiger u. E. Koeppen. - Bern; München: Francke.

SERÉBRENNIKOV, B. A. et al. (1973 - 76): *Allgemeine Sprachwissenschaft.* - Von e. Autorenkoll. unter d. Leitung von B. A. Serébrennikov. - *Bd. 1: Existenzformen, Funktionen und Geschichte der Sprache.* Berlin: Akad. - Verl., 1973. - 533 S. / *Bd. 2: Die innere Struktur der Sprache.* 1975. - 521 S. / *Bd. 3: Methoden sprachwissenschaftlicher Forschung.* 1976. - 296 S.

ŠMELEV, D. N. (1973): *Problemy semantičeskogo analiza leksiki.* - Moskva: Nauka - 277 S.

SPIEGL, F. (1987): *In-words and out-words.* A browser's guide to archaisms, euphemisms, colloquialisms, genteelisms... London: Elm Tree Books. - 179 p.

SPIES, H. (1957): Moral, Sex und Euphemismus im neuesten Englisch. - in: *Studies in English language and literature.* Wien; Stuttgart, 200 - 209. (= Wiener Beiträge zur Englischen Philologie. LXV.)

STEGMÜLLER, W. (1968): *Das Wahrheitsproblem und die Idee der Semantik. Eine Einführung in die Theorien von A. Tarski und R. Carnap.* - 2., unveränd. Aufl. - Wien [u. a.]: Springer. - 328 S.

STEINER, E. (1985): The concept of context and the theory of action. - in: CHILTON 1985, 213 - 230.

STERN, G. (1964): *Meaning and change of meaning.* - With special reference to the English language. - Bloomington, Ind.: Indiana Univ. Pr. - 456 p.

STERN, J. S. (1972): Manipulation durch das Klischee. - in: RUCKTÄSCHEL 1972, 260 - 274.

STERNBERGER, D. (1966): Die Sprache in der Politik. - in: *Die deutsche Sprache im 20. Jahrhundert.* - Mit Beitr. von G. Patzig [u. a.]. - Göttingen: Vandenhoeck & Ruprecht, 84 ff. (= Kleine Vandenhoeck-Reihe. 232/234.)

STERNBERGER, D. et al. (1968): *Aus dem Wörterbuch des Unmenschen.* - 3., neue, erw. Ausgabe mit Zeugnissen des Streites über die Sprachkritik. - Hamburg; Düsseldorf: Claassen. - 340 S.

STRAUMANN, H. (1935): *Newspaper headlines. A study in linguistic method.* London: Allen & Unwin. - 263 p.

STRAUSS, G. (1985): Schwere Wörter in der Politik. - in: STRAUSS 1986, 149 - 280.

STRAUSS, G. (1986): *Der politische Wortschatz. Zur Kommunikations- und Textsortenspezifik.* Tübingen: Narr. - 280 S. (= Forschungsberichte des Instituts für Deutsche Sprache Mannheim; Bd. 60.)

TOPITSCH, E. (1960): Über Leerformeln. Zur Pragmatik des Sprachgebrauchs in Philosophie und politischer Theorie. - in: TOPITSCH, E. (Hrsg.): *Probleme der Wissenschaftstheorie. Festschrift für V. Kraft.* Wien: Springer, 233 ff.

ULLMANN, St. (1962): *Semantics. An introduction to the science of meaning.* - 1st edit. - Oxford: Blackwell. - 278 p.

ULLMANN, St. (1967): *Grundzüge der Semantik. Die Bedeutung in sprachwissenschaftlicher Sicht. [= The principles of semantics; dt.].* - Übers. von S. Koopmann. - Berlin: de Gruyter. - 347 S.

VIEHWEGER, D. (Hrsg.) (1977): *Probleme der semantischen Analyse.* Berlin: Akad.-Verl. - 395 S. (= Studia grammatica. XV.)

VIEHWEGER, D. (1983): Semantik und Sprechakttheorie. - in: MOTSCH/VIEHWEGER 1983, 145 - 245.

WEBSTER, H. (1973): *Taboo. A sociological study.* New York: Octagon Books. - 393 p.

WEDDE, H. (1980): *Kommunikative Bedingungen und Mittel der Wortbedeutungsaktualisierung im modernen Englisch.* Potsdam: Päd. Hochsch., Hist.- phil. Fak. d. Wiss. Rates; Diss. A, masch. - 210 S.

WEDDE, H. (1987): *Meinungsmanipulierung in britischen und amerikanischen Massenmedien.* - in: Wiss. Zs. d. Päd. Hochsch. Potsdam, 31, 373 - 379.

WEINRICH, H. (1966): *Linguistik der Lüge. Kann Sprache die Gedanken verbergen?* Heidelberg: L. Schneider. - 80 S.

WEISGERBER, J. L. (1924-25): Die Zusammenhänge zwischen Muttersprache, Denken und Handeln. - Aus: Zs. für Deutsche Bildung 6(1930), 2.3. - in: *19 Sonderabdrucke und selbständige kleine Schriften sprachwissenschaflichen Inhaltes aus den Jahren 1924-25.* - 44 S.

WEISGERBER, J. L. (1953-54): *Vom Weltbild der deutschen Sprache.* - 2., erw. Aufl.; Bd. 1. 2., Halbbde. 1. 2. - Düsseldorf: Schwann.

WEISGERBER, J. L. (1962 a): *Grundzüge der inhaltbezogenen Grammatik.* - 3., neu bearb. Aufl. - Düsseldorf: Schwann. - 431 S.

WEISGERBER, J. L. (1962 b): *Von den Kräften der deutschen Sprache.* - 3., rev. Aufl. - Bd. 1 ff. - Düsseldorf: Schwann.

WELDON, T. D. (1962): *Kritik der politischen Sprache. Vom Sinn politischer Begriffe. [= The vocabulary of politics; dt.].* - Mit e. Einl. u. Anm. von E. Topitsch. - Neuwied; Berlin: Luchterhand. - 214 S.

WELLANDER, E. (1917): *Studien zum Bedeutungswandel im Deutschen.* Uppsala: Berling. (= Uppsala Universitets Årsskrift. 1917. Filosofi 2.)

WHORF, B. L. (1962): *Language, thought and reality. Selected writings of B. L. Whorf.* - Ed. and with introd. by J. B. Carroll. Forew. by St. Chase. - 5th print. - Cambridge, Mass.: M.I.T. Press. - 278 p.

WHORF, B. L. (1976): *Sprache, Denken, Wirklichkeit. Beiträge zur Metalinguistik und Sprachphilosophie. [= Language, thought and reality; dt.].* - Hrsg. u. übers. von P. Krausser. - Reinbek: Rowohlt. - 157 S. (= rowohlts deutsche enzyklopädie. 174.)

WILLIAMS, R. (1976): Keywords. *A vocabulary of culture and society.* London: Croom Helm. - 286 p.

WILSKE, L. (Hrsg.) (1983): *Sprachkommunikation und Sprachsystem. Linguistische Grundlagen für die Fremdsprachenmethodik.* Leipzig: Verl. Enzyklopädie. - 253 S.

WILSKE, L. (1987): Funktional-kommunikative Felder und Textsortenbeschreibung in der funktional-kommunikativen Sprachbetrachtung. - in: MICHEL/KRAUSE 1987, 11 - 22.

WODAK, R. (ed.) (1989): *Language, power and ideology. Studies in political discourse.* Amsterdam [u.a.]: Benjamins. - 288 p. (= Critical theory. Vol. 7.)

WOTJAK, G. (1971): Anmerkungen zum Problem der Synonymie und Antonymie. - in: *Fremdsprachen, 1,* 30 - 33.

WOTJAK, G. (1971 a): *Untersuchungen zur Struktur der Bedeutung.* Ein Beitrag zu Gegenstand und Methode der modernen Bedeutungsforschung unter besonderer Berücksichtigung der semantischen Konstituentenanalyse. München: Hueber. - 343 S.

WUNDERLICH, D. (Hrsg.) (1972): *Linguistische Pragmatik.* Frankfurt/M.: Athenäum. - 413 S. (= Schwerpunkte Linguistik und Kommunikationswissenschaft. 12.)

Anhang 1:

Kurzchronik der Ereignisse im Zusammenhang mit dem Golfkrieg

(Quellen: DMi 1.3.91, 4 f; TM 11.3.91, 28 ff.)

02. August 1990:	Kuwait wird vom Irak militärisch besetzt. Saddam Hussein ignoriert die UN-Resolutionen und hält zwischenzeitlich 6000 westliche Geiseln als "human shields" gefangen.
12. August 1990:	Douglas Croskery ist das erste britische Opfer in Kuwait. Er wird von irakischen Soldaten erschossen, als er versucht, aus Kuwait zu fliehen. Massive UN-Sanktionen treten in Kraft. US-Truppen beginnen Militäraufmarsch in Saudi-Arabien.
28. August 1990:	Irak erklärt Kuwait zu seine "19. Provinz"
23. Oktober 1990:	Edward Heath erreicht die Freilassung von 33 britischen Geiseln durch den Irak.
29.November 1990:	Der UN-Sicherheitsrat stimmt mit 12:2 Stimmen bei einer Enthaltung (China) einem Ultimatum bis 15.1.91 an den Irak zu, Resolution 678. Bis zu diesem Zeitpunkt muß die irakische Armee Kuwait verlassen haben, andernfalls droht die UNO mit der Anwendung von "all necessary means", was möglicherweise aber nicht notwendig auch militärische Gewalt einschließt.
30. November 1990:	Bush lädt den irakischen Außenminister Tariq Aziz zu einem Treffen nach Washington ein und bietet an, US-Außenminister James Baker vor dem 15.1.91 nach Bagdad zu schicken, um mit Saddam Hussein zu sprechen
06. Dezember 1990:	Saddam gibt die Freilassung aller westlichen Geiseln bekannt.
22. Dezember 1990:	Irak erklärt, es werde Kuwait nicht aufgeben und im Falle eines Angriffes der Alliierten chemische Waffen einsetzen.
09. Januar 1991:	Baker und Aziz treffen sich in Genf. Nach 6 1/2 Stunden werden die Gespräche ohne Ergebnis abgebrochen.
12. Januar 1991:	Der US-Kongreß erteilt Präsident Bush die Vollmachten,

Irak den Krieg zu erklären.

15. Januar 1991:	Ablauf des UN-Ultimatums
16. Januar 1991:	Die USA und ihre Verbündeten starten Angriffe auf Bagdad und Kuwait. Es folgen 22 Tage ununterbrochener Bombardements der irakischen Hauptstadt. Allein in den ersten drei Stunden werden 18.000 Tonnen Granaten und Bomben abgeworfen, doppelt soviel wie beim Angriff auf Dresden im II. Weltkrieg. Der Golfkrieg hat begonnen.
17. Januar 1991:	Irak feuert sieben SCUD-Raketen auf israelische Städte ab. Es folgen Angriffe auf Dhahran und Riyadh in Saudi-Arabien.
19. Januar 1991:	Irak präsentiert britische und amerikanische Gefangene im Fernsehen.
24. Januar 1991:	Ölkatastrophe am Golf. Etwa 11 Millionen Barrel Rohöl fließen ins Meer. Irak und die Alliierten beschuldigen sich gegenseitig.
25. Januar 1991:	Irakische Kampfflugzeuge beginnen rätselhafte Flucht in den Iran. Insgesamt 147 Flugzeuge entrinnen so der Zerstörung durch die Alliierten.
28. Januar 1991:	Etwa 4.000 irakische Soldaten besetzen die saudiarabische Grenzstadt Khafji, verlieren sie jedoch nach 36 Stunden in blutigen Gefechten wieder an die Alliierten. Britische Kampfflugzeuge beginnen mit der Bombardierung irakischer Brücken mit lasergelenkten Bomben. Das US-Kriegsschiff "Missouri" eröffnet das Feuer auf irakische Stellungenan der Golfküste.
11. Februar 1991:	Irak beginnt mit der Brandstiftung an weit über 600 kuwaitischen Ölquellen.
12. Februar 1991:	Die Alliierten treffen einen zivilen Luftschutzbunker in Bagdad. Dabei sterben etwa 500 Frauen und Kinder.
14. Februar 1991:	Irak bietet erstmals einen Rückzug an, knüpft daran jedoch eine Reihe von Bedingungen. Bush: "a cruel hoax".
16. Februar 1991:	Aziz reist nach Moskau. Ein Friedensplan Gorbatschiows wird von den USA jedoch abgelehnt.

20. Februar 1991:   Bush stellt Irak ein Ultimatum für den Beginn des Bodenkrieges.

23. Februar 1991:   Der Bodenkrieg beginnt um 1.00 Uhr nachts (MEZ).

27. Februar 1991:   Um 14.30 Uhr (Washingtoner Zeit) trifft sich Bush mit dem US-Kriegskabinett und erklärt den Golfkrieg für beendet.

Anhang 2:

Relative Häufigkeit H_E von politischen Euphemismen nach einzelnen Tagen der Berichterstattung über den Golfkrieg im Vergleich

Bemerkung: Die bei Zeitungen jeweils drei, bei Zeitschriften jeweils zwei, höchsten Werte sind durch Fettdruck hervorgehoben.

a) Januar 1991

Datum	Guardian	Daily Mirror	Morning Star	Time	Economist
01.01.	**0,67**	-	-	-	x
02.01.	0,46	-	**1,17**	-	x
03.01.	0,37	-	-	-	x
04.01.	0,49	-	-	-	x
05.01.	0,51	-	-	-	**1,05**
07.01.	**0,61**	-	-	0,60	x
08.01.	0,55	-	-	x	x
09.01.	**0,76**	-	-	x	x
10.01.	0,37	-	-	x	x
11.01.	0,23	-	-	x	x
12.01.	0,30	-	-	x	0,77
14.01.	0,30	1,22	-	**0,77**	x
15.01.	0,46	**2,15**	**0,76**	x	x
16.01.	0,23	1,07	0,63	x	x
17.01.	0,31	**1,44**	**0,68**	x	x
18.01.	0,34	**1,81**	0,65	x	x
19.01.	0,18	1,12	0,45	x	**1.02**
21.01.	0,11	0,76	0,44	**0,64**	x
22.01.	0,11	0,81	0,54	x	x
23.01.	0,23	0,77	0,60	x	x
24.01.	0,17	0,94	0,47	x	x
25.01.	0,18	1,09	0,42	x	x
26.01.	0,12	0,85	0,46	x	0,82
28.01.	0,21	1,00	0,49	0,26	x
29.01.	0,29	1,14	0,24	x	x
30.01.	0,54	0,98	0,75	x	x
31.01.	0,27	1,29	0,52	x	x

- = nicht untersucht
x = erscheint nur einmal wöchentlich

b) Februar / März 1991

Datum	Guardian	Daily Mirror	Morning Star	Time	Economist
01.02.	0,12	1,38	0,59	x	x
02.02.	0,18	1,15	0,43	x	**0,83**
04.02.	0,18	0,97	0,45	0,30	x
05.02.	0,26	1.05	0,61	x	x
06.02.	0,19	1,31	0,63	x	x
07.02.	0,31	0,62	0,60	x	x
08.02.	0,24	0,84	0,59	x	x
09.02.	0,43	0,93	0,37	x	0,44
11.02.	0,15	0,85	0,68	0,31	x
12.02.	0,35	0,96	**0,86**	x	x
13.02.	0,56	1,29	0,44	x	x
14.02.	0,35	1,35	0,76	x	x
15.02.	0,43	0,55	0,71	x	x
16.02.	0,27	0,84	0,59	x	0,45
18.02.	0,29	0,85	0,33	0,39	x
19.02.	0,40	1,01	0,51	x	x
20.02.	**0,47**	0,71	0,68	x	x
21.02.	**0,57**	1,00	0,46	x	x
22.02.	0,42	**2,73**	**0,82**	x	x
23.02.	0,37	1,09	0,52	x	**0,75**
25.02.	**0,48**	**1,82**	0,75	**0,42**	x
26.02.	0,40	1,01	0,62	x	x
27.02.	0,36	0,97	0,39	x	x
28.02.	0,33	**1,55**	**0,82**	x	x
01.03.	0,25	0,70	0,56	x	x
02.03.	0,37	0,48	0,44	x	0,34
04.03.	-	-	-	**0,42**	x
05.03.	-	-	-	x	x
06.03.	-	-	-	x	x
07.03.	-	-	-	x	x
08.03.	-	-	-	x	x
09.03.	-	-	-	x	-
11.03.	-	-	-	0,34	x

- = nicht untersucht
x = erscheint nur einmal wöchentlich

Anhang 3:

Politische Euphemismen unter sprachhistorischem Aspekt

a) Einzelwörter und Wortverbände in euphemistischer Funktion

Zeitungen und Zeitschriften	Euph. gesamt	davon			
		traditionelle Euphemismen		okkasionelle Euphemismen	
GUARDIAN	2201	1336	60,7 %	865	39,3 %
DAILY MIRROR	1415	776	54,8 %	639	45,2 %
MORNING STAR	688	437	63,5 %	251	36,5 %
TIME	437	232	53,1 %	205	46,9 %
ECONOMIST	422	221	52,4 %	201	47,6 %

b) Abkürzungen in euphemistischer Funktion

Zeitungen und Zeitschriften	Euph. gesamt	davon			
		traditionelle Euphemismen		okkasionelle Euphemismen	
GUARDIAN	78	15	19,2 %	63	80,8 %
DAILY MIRROR	82	42	51,2 %	40	48,8 %
MORNING STAR	24	14	58,3 %	10	41,7 %
TIME	33	21	63,6 %	12	36,4 %
ECONOMIST	14	8	57,1 %	6	42,9 %

Anhang 4:

MAD DOGS AND ENGLISHMEN (aus: *Guardian*, 23.1.91, 21)

We have	They have
Army, Navy and Air Force	A war machine
Reporting guidelines	Censorship
Press briefings	Propaganda

We	They
Take Out	Destroy
Suppress	Destroy
Eliminate	Kill
Neutralise or decapitate	Kill
Decapitate	Kill
Dig in	Cower in their foxholes

We launch	They launch
First strikes	Sneak missile attacks
Pre-emptively	Without provocation

Our men are	Their men are
Boys	Troops
Lads	Hordes

Our boys are	Theirs are...
Professional	Brainwashed
Lion-hearts	Paper tigers
Cautious	Cowardly
Confident	Desperate
Heroes	Cornered
Dare-devils	Cannon fodder
Young knights of the skies	Bastards of Baghdad
Loyal	Blindly obedient
Desert rats	Mad dogs
Resolute	Ruthless
Brave	Fanatical

Our boys are motivated by...	Their boys are motivated by...
An old-fashioned sense of duty	Fear of Saddam

Our boys	Their boys
Fly into the jaws of hell	Cover in concrete bunkers

Our ships are...	***Their ships are...***
An armada	A navy
Israeli non-retaliation is...	***Israeli non-retaliation is...***
An act of great statesmanship	Blundering / Cowardly
The Belgians are	***The Belgians are also***
Yellow	Two-faced
Our missiles are...	***Their missiles are...***
Like Luke Skywalker zapping Darth Vader	Ageing duds (rhymes with Scuds)
Our missiles cause...	***Their missiles cause...***
Collateral damage	Civilian casualties
We...	***They...***
Precision bomb	Fire wildly at anything in the skies
Our PoWs are...	***Their PoWs are...***
Gallant boys	Overgrown schoolchildren
George Bush is...	***Saddam Hussein is...***
At peace with himself	Demented
Resolute	Defiant
Statesmanlike	An evil tyrant
Assured	A crackpot monster
Our planes...	***Their planes...***
Suffer a high rate of attrition	Are shot out of the sky
Fail to return	Are zapped

All the expressions above have been used by the British press in the past week.

Anhang 5:

WORDS OF WAR

A short dictionary of some lexical units
(words, word phrases and abbreviations) in euphemistic function,
which were used in British and American newspapers and magazines
during the Gulf war period in 1991

The euphemistic expressions A_E on the left are being explained by (almost) neutral expressions A_N or short comments on the right.

A

action	-	war
aggressive patrolling	-	reconnaissance flights accompanied by dropping bombs, etc.
airfield denial weapon	-	a kind of bomb, esp. for destroying airfields
air help	-	the bombing of enemy forces in order to support an attack by land or sea (e.g. by fighter-bombers)
air operation	-	bombing raid
airport denial activity	-	the destruction of airfields by bombs
to allow oneself wide latitude in choosing one's means	-	to be ready to use all means including military force
anti-Saddam campaign	-	the war against Iraq to drive the Iraqi army out of Kuwait
army of liberation	-	the Allied forces fighting against Iraq
to assure the security, stabilility and development (e.g. in a region)	-	to secure one's own economic interests

B

baby	-	a kind of bomb in the words of a British soldier
ballet	-	an expression from the theatre discourse for *ground war* (!)
battlefield interdiction	-	direct attacks on military targets (e. g. by troops, artillery, tanks, etc.)

battlefield preparation	-	heavy bombing of Iraqi forward military positions
battle-winning equipment	-	modern weapons of the Allied troops
to be on the receiving end of missiles	-	to be killed and injured by missile attacks
to B-52 (also: to be B-52d)	-	to attack (to be attacked) with B-52 bombers
body-count business	-	an expression from Gen Neal for giving the numbers of civilian and military deaths or injured
BDA	-	bomb damage assessment
bombing efforts	-	bombing raids
border incident	-	the battle of Khafji in Saudi Arabia in which several dozens of soldiers lost their lives and were injured (Allied military rhetoric)
to brush sth. aside	-	to destroy sth.
to build a new world order	-	the aim of the Gulf war in the rhetoric of Western politicians
burden-sharing arrangements	-	financial contributions by other nations (e. g. Japan, Germany and others) to the costs of war

C

campaign	-	war
carpet bombing	-	the bombing of great areas of land certainly causing thousands of deaths and injured
to choreograph a war	-	another expression from the theatre for *to lead militarily*
civilian destruction	-	civilian deaths and injured
the civilised world	-	all countries having a type of Western democracy or pretending to have one (e. g. Turkey, Peru, etc.)
to clean sb. out	-	to force sb. to leave by military means
collateral damage	-	civilian deaths and injured caused by military force (as if this was a necessary evil)
collision	-	war
combat engineers	-	members of military special forces
combat pool	-	groups of journalists led by military men only to certain spots in order to report only about certain aspects of war (cf. also: contingency)

computer game	-	the destruction of Iraqi Scud missiles by American Patriot rockets
contingency	-	a group of journalists led to certain spots by military men in order to report only about certain, not so unpleasant aspects of war (a method of censorship)
the costs of war	-	not only the financial losses but also including the number of deaths and injured people caused by the war
to cut the effectiveness (e.g. of an army) by ... per cent	-	to destroy a certain amount of military targets and kill soldiers to a (certain) degree

D

daisy-cutter	-	bombs packed with up to 15,000 lb of high explosives as used by the Allied "Special Forces" detonating shortly before reaching the ground and thus sucking the air out of the lungs of the people underneath and burning everything there
de-airing	-	shooting down an enemy plane
deep-strike battlefield	-	e. g. the A-10 and Harrier aircraft, weapons Apache and Cobra helicopters, etc.: weapons designed to cause a lot of damage and casualties on the side of the enemy
denial activity	-	destruction (cf. bombing *efforts*)
desert battle zone	-	a name for the territory of Kuwait and Iraq in the war as if there was only desert and nothing else
Desert Eagles	-	the name of a squadron reminding of US hockey and baseball teams
destocking exercise	-	a term created by the *Guardian* meaning that the USA in the Gulf war shed itself of certain "surplus cold war armaments"
deterrent force	-	an effect said to arise from the Gulf war preventing future attacks of other ambitious dictators
to die on active service (also: to die in action)	-	to be killed in a war as a soldier
to disarm sb.	-	to destroy the army of sb.

DISMAC	-	digital scene-matching area correlation (a system that compares the digital version of a programmed map with the terrain seen by the digital camera in the missile)
to do a (fine) job	-	to kill people in a war (in a short time, faster than expected)
Dodge City	-	a name created by the Allied soldiers for the Saudi Arabian front-line town of Hafr al Batin (originally a city in SW Kansas famous as a frontier town on the Santa Fe trail), thus conjuring up a picture of a Western film scene
dress rehearsal	-	again an expression from the theatre world meaning the last preparations for the ground war

E

the (Kuwaiti) episode	-	the occupation of Kuwait by the Iraqi army, but also: the Gulf war
eco-terrorism (also:ecological or environmental vandalism and terrorism, ecocide)	-	the pollution of the Persian Gulf by crude oil for which the Allies blamed Iraq and vice versa
efforts	-	the military actions undertaken by the Allies, e.g. the ruthless bombing of Baghdad
end game (also: endgame)	-	the final phase of the Gulf war (originally the closing stage of a game of chess or any other game)
to engage targets	-	to bomb targets in order to destroy them
enterprise	-	war
to erase (a military unit)	-	to kill soldiers and destroy weapons and military vehicles
to exercise restraint	-	said by US spokesman Fitzwater of the Allied troops in the final phase of the war when they bombed retreating Iraqi units
Exocet	-	the name of a missile used by the Allies having strong connotational implications in Britain in connection with the Falklands war
exotic killers	-	weapons of mass destruction (e. g. nerve gas)

F

FAEs	-	fuel-air explosives (cf. daisy-cutter)
a fight	-	the war
fighting for peace	-	the task of the Allied army in a headline of the *Daily Mirror*
to fight for the security of the whole of Europe	-	said of the task of the Allied troops in the Gulf in a *Daily Mirror* comment
fine tuning	-	a description of the US ultimatum for a complete Iraqi withdrawal from Kuwait (relating to its time frame)
firestorm	-	war
fireworks demonstrations	-	the bombing of Baghdad in the words of a US army colonel
first-world standards	-	the technological abilities of the Western countries
the four-day rout of Saddam Hussein	-	the ground war in a Guardian headline
free fall bomb	-	a kind of nuclear bomb
free-lancers	-	in the Gulf war a description coined for those journalists evading the censorship-like "pool-system"
Frog missile	-	an example of trivializing an awful thing (= *F*ree *R*ocket *O*ver *G*round)
the führer	-	hyperbolic expression referring to Saddam Hussein (as if he was Hitler himself)

G

game	-	war
general-purpose helicopters	-	Britain's Lynx helicopter in an *Economist* comment
to get sth.	-	to destroy sth.
to give an initiative	-	journalese for not to pay attention a cautious welcome to (this initiative)
to give sb. a good clout	-	to bomb sb. (said by a Wing Commander)
Global Protection Against Limited Strikes	-	an expression for a new SDI-like limited defence system against missile attacks
to go in	-	to invade

to go in for the kill	-	said of the Allied troops in the ground war
good vs. evil, right vs. wrong	-	an oversimplification of the character of the Gulf war in George Bush's words
to go the extra mile	-	said by George Bush claiming that every effort to prevent a war was being made
granny of the skies	-	name for the Buccaneer fighter plane
Gulf hero	-	a hyperbolic expression for any Allied soldier

H

to hammer sb. hard	-	to bomb sb. relentlessly
hardware	-	weapons and weapon systems, military equipment
to have a turkey shoot	-	to destroy a lot of targets and kill a lot of people
high-tech blitzkrieg	-	euphemism for the relentless bombing of Baghdad
high-tech smart weapons	-	weapons using computer and radar systems to find and hit their targets
hit list	-	a number of about 180 "high priority targets" to be destroyed by the Allies
to hit sb.	-	to kill sb. or destroy sth. or both
to hit the jackpot	-	to destroy a lot of targets
house clearing	-	military action in urban terrain
human shield	-	a person taken hostage and held in militarily or otherwise important places in order to keep the enemy from destroying these places
hurly-burly	-	war

I

inch-perfect strike	-	the destruction caused by laser-guided bombs
information ministry (of Iraq)	-	a misleading term because no real information concerning, e. g. number of Iraqi victims was given by this ministry ; in fact, it helped to disguise facts and the truth
intelligent bomb	-	said of one of the so-called high-tech weapons (cf. smart bomb)
invaders	-	the Allied troops according to Iraqi information minister Jassem

the in-wars	-	the soldiers
item	-	target; sth. to be destroyed and sb. to be killed (e. g. the Iraqi Republican Guard), said by US brigadier general Neal at one of the daily press briefings

J

job	-	the military task of an army; the war
Joint Information Bureau	-	an institution of the Allies to control the flow of information or even give disinformation
just war	-	a very old concept to justify any war from either side of the front

K

to keep details (of the ground attack) to a minimum	-	to censor reports and forbid taking photographs in the Gulf war
to keep the casualties to a minimum	-	declared aim of the Allies in the Gulf war, but probably 243,000 people, including several thousand civilians died in over 110,000 bombing raids
to kick Saddam's butt	-	to humiliate the Iraqi people (trivialization coined by Gen Schwarzkopf)
killing machine	-	the Iraqi army and its resources
killing zone	-	a square on a map of Iraq drawn by Allied pilots when bombing was planned
kill level	-	the number of tanks and artillery pieces that have been destroyed (coined by a member of the US Congress)
to kill the wrong people	-	a phrase used to apologize for the bombardment of a civilian air raid shelter in Baghdad
to knock sb./sth. out	-	to kill sb. / to destroy sth.
KTO	-	the Kuwaiti theatre of operations; the battlefield

L

the lads	-	the Allied, esp. British soldiers

to land	-	to explode and destroy sth. (said of bombs)
to level sth. (e. g. the positions of the enemy)	-	to destroy sth. and thus kill people
to liberate sth. (e. g. Kuwait)	-	to force an army of a foreign country out of a certain place in order to achieve one's own political aims, that is not to liberate from one's own influence
to light up	-	to bomb
limited damage	-	the prospect of an Iraqi missile attack on Israel according to Israeli experts
limited effect	-	said of the results of Allied bombing attacks
line-crosser	-	Iraqi deserter (probably American football analogy)
little popcorn stuff	-	trivialization of the targets to be destroyed, relating to the sight a pilot has from above
a location	-	the destroyed Iraqi air-raid shelter according to US spokesman Fitzwater
the logic of war	-	gives the impression that once running a war develops its own momentum and acts as if it is following a logic contingent upon its own reality; a really frightening concept
to lose the peace	-	not to manage to achieve one's own political aims by a war
lucrative target	-	an important building, a group of soldiers etc. to be bombed / killed

M

mass extermination	-	the killing of many people
massive response	-	according to Britain's Foreign Minister Hurd this would have been the consequence if Iraq had used chemical weapons in the war
Mighty Mo	-	personification of the USS Missouri that has the potential to fire nuclear missiles
militarily insignificant	-	the battle of Khafji according to N. Schwarzkopf
military solution	-	war
to minimise long-term human suffering	-	an officially declared aim of the Gulf war

to minimize (civilian casualties)	-	sth. hardly possible in a war when throwing bombs, destroying bunkers in a housing area etc.; according to the British Defence Secretary Tom King and Brigadier General Hammerbeck this was given particular attention in the Gulf war
the misguided actions of one man	-	the problems in the Gulf according to President Bush (obviously blaming Saddam Hussein)
missile shield	-	the Patriot missiles in Saudi Arabia
mission	-	bomb attack
mobile reporting team (abbr. MRT)	-	journalists reporting about the war under the supervision of Allied press officers (censorship)
mopping-up operation	-	the ground war according to one of Bush's unofficial five-man war cabinet
morale-reducing operation	-	bombing raid
the Mother of Battles (also: Jihad = Holy War)	-	the Gulf war in the words of Saddam Hussein; related to the Koran
to move in for the kill	-	to start the ground war

N

necessary	-	another word for *what the USA and their Allies think has to be done* having its greatest importance in the phrase *all necessary means* incorporated in UN resolution No. 678 which gives the Allies the mandate "to use all *necessary* means to uphold and implement" the UN resolutions "for the maintenance and preservation of international peace and security", interpreted as giving them the right to use even military force to put an end to Iraq's occupation of Kuwait
to negate (a division)	-	to kill and destroy
neutralisation (of Iraq's military capacity)	-	destruction of Iraq's army
news blackout	-	a measure of censorship, the prohibition of any news coverage (e. g. of military operations)
New World Order (abbr. NWO)	-	a euphemistic term for a would-be new social world order which would arise from the "liberation of Kuwait"
no-go zone	-	area in Saudi Arabia barred to the Allies

non-fighting nations	-	the countries keeping out of war like Japan and Germany (the term seems to imply hidden criticism)
a normal day's business	-	military operations in a war
not-so-minor operations	-	a litotes for massive war

O

to obliterate sth. (e. g. Iraq's nuclear network)	-	to destroy sth.
Operation Desert Shield	-	the preparation for the Gulf war, esp. the military build-up by the Allies in Saudi Arabia; the term again implies that there seems to be only desert all around
Operation Desert Storm	-	the beginning of the Gulf war in Allied war rhetoric
Operation Gramby	-	a secret Health Department document in Britain planning for the Gulf war
our boys	-	the British soldiers in their national press
to own the skies	-	to have destroyed all important air defense so that one's own military planes can travel freely and without danger
to overrun (the Iraqis)	-	to fight against (the Iraqis) in a war

P

party	-	in one context used in the sense of war (!)
Patriot	-	a US anti- aircraft missile
to patrol aggressively	-	to start minimal attacks (of a minor nature), esp. to test the capabilities of an enemy army
peace	-	the aim of Iraq according to Iraq's UN ambassador Al-Mashat uttered in January 1991 (almost five months after the military occupation of Kuwait
peacekeeping mission of the UN	-	the task of the Allied troops in the Gulf according to *Time*
to pin-point a target	-	to hit a target exactly without damaging other things or killing people, esp. civilians
pinpoint bombing	-	bombing conducted by the Allied air force
policy of restraint	-	the censorship of information in the Gulf war

to polish off	-	to force out
pooled (report)	-	censored (report; cf. pool reporters)
pool reporters	-	the reporters working officially, that is with the autorisation of military commanders, under direct censorship by press officers etc.
the poor man's atom bomb	-	chemical weapons
the poor man's H-bomb	-	a fuel-air bomb (cf. daisy-cutter)
precision bombing	-	the Allied air raids
to probe (a city)	-	to bomb (a city)
punitive bombing	-	the character a possible Gulf war would have
pyrotechnics	-	the light effects caused by the bombing raids over Baghdad

Q

Queen's Royal Lancers (also: Queen's Royal Irish Hussars)	-	traditional expressions using the positive connotations traditionally belonging to the Queen and playing down the dangers of warfare in present time
quiet diplomacy	-	secret diplomacy

R

the reckoning	-	the war
to reduce casualties by destroying them	-	a self-contradictory phrase (you cannot avoid killing people by destroying at least half of Saddam's crack Republican Guard)
to rehearse	-	said of the allies attacking Iraqi forces in order to prepare a massive ground war
to require burial	-	to be dead
response (also: reply, retaliation)	-	words used to justify the Gulf war as an "answer" to Iraq's aggression
to restore freedom to Kuwait	-	to restore the old order in Kuwait which was far from being democratic and free
rich target environment	-	the territory of Kuwait and Iraq in Allied military rhetoric
Roll of Honour	-	a list of the British soldiers killed in the Gulf war published in the *Daily Mirror*

to run like clockwork	-	said of the Gulf war by military men and politicians again and again in order to calm down any scepticism

S

Saddam	-	often used instead of *all Iraqis, the Iraqi army, the Iraqi people,* etc.
the Sams	-	the Iraqi soldiers (from: Saddam)
sanitised war	-	sanitised here is used instead of *censored*; the remarkable censorship was esp. exercised in order to avoid the 'Vietnam factor', that is the emotional reaction of the people when seeing the cruel reality of war
saturation bombing	-	the kind of ruthless and endless bombing as imposed on Iraqi forces
Scud (also: SCUD)	-	an Iraqi-used Soviet-built kind of missile fired at Saudi Arabia and Israel
search and destroy effort	-	the bombing of Iraqi troops by the Allies according to President Bush
semi-rebellious	-	said of the undecided countries in Western Europe like Belgium, Germany, etc.
shaping the battlefield	-	the preparation of the ground war by relentless bombing
shell shock	-	another expression for post-traumatic stress disorder; a psychological condition as a consequence of human war experience
showdown	-	war
Sit Room (= Situation Room)	-	bunker of the US President from which he led the war against Iraq
the SLUD effect	-	rhymes with Scud; stands for: *S*alivation, *L*achrymation, *U*rination, *D*efecation; from army slang
smart weapons/bombs (also: sophisticated weapons)	-	bombs or missiles which are claimed not to miss their targets (cf. high-tech weapons)
smash hits	-	said of British bombs (in a *Daily Mirror* headline)
to soften up	-	to kill
soft targets	-	targets like schools, shopping centres, etc.

Special Air Service (abbr. SAS)	-	a special army unit designed to solve some "special tasks"; mythical status in British military annals of recent times, symbol of power of well-trained British soldier
the storm	-	the war
Stormin' Norman	-	trivialization of the Allied military leader Norman Schwarzkopf
stuff	-	targets to be destroyed
surgical strike	-	a term coined to calm the public about the effects of Allied bombing in Kuwait and Iraq
to sweep the war machine aside	-	to destroy the Iraqi army entirely

T

to take sb./sth. out	-	to kill sb./to destroy sth.
TEL	-	transporter erector launcher
TERCOM	-	terrain contour mapping (a system that allows missiles to fly low over pre-mapped territory
to think about sth.	-	a phrase often used by politicians pretending to consider sth. (e. g. a proposal) while going on like they did before
tool	-	a weapon, military equipment, etc.
tool-box	-	the military arsenal of the Allies according to US chief of staff Powell
Top Gun	-	the Tornado fighter-bombers and their pilots (referring to a film with Tom Cruise)
TOW missiles	-	tube-launched, optically sighted, wire guided missiles
triple-A	-	anti-aircraft artillery
trolling	-	pilots flying around looking for whatever target they could destroy
turkey shoot	-	the character of the war according to a US pilot

U

to uphold the rule of law	-	the task of a possible Gulf war according to the British priest Hapgood
unhappy teddies	-	depressed Iraqi soldiers
the unimaginable	-	the war

a United Nations war   -   the Gulf war according to a statement in the
                                         Guardian

V

victorious alliance   -   the Allied troops according to the British Foreign
                                         Minister Hurd

victimisation   -   deportation and other forms of measures
                                         against foreign nationals in connection with a
                                         war

W

war-making targets   -   military targets

warning air strike   -   an option considered before the Gulf war
                                         meaning a single and massive air attack

the war winner   -   heroization of Gen Schwarzkopf in the *Daily
                                         Mirror*

the whole grisly business   -   the war

to widen the campaign   -   to start the ground war

to wipe sb./sth. out   -   to kill sb./to destroy sth.

to work through a list   -   to destroy several targets (according of targets
                                         to a British colonel)

world coalition   -   the army fighting against Iraq

world freedom   -   an abstraction that is hardly imaginable

Z

to zero in/into   -   to bomb

Zionist entity   -   all countries opposing Iraq (according to Iraqi
                                         radio)

THESEN

1. Die vorliegende Untersuchung ordnet sich ein in das Forschungsprojekt "Untersuchungen zur Sprachwirkungsforschung und zu Wechselbeziehungen zwischen Grammatik und Lexik" am Fachbereich Anglistik/Amerikanistik der Universität Potsdam. Die Arbeit knüpft direkt an an Forschungsarbeiten, die insbesondere an den wissenschaftlichen Einrichtungen in Potsdam und Leipzig sowie an anderen Universitäten und Hochschulen der alten und neuen Bundesländer und international zu diesem Problemkreis vorgelegt wurden.

2. Das Ziel der Dissertation besteht darin, einen Beitrag zu leisten zur Verbesserung des theoretischen Niveaus und zur Vervollkommnung der praktischen Ergebnisse bei der Ausbildung insbesondere von künftigen Lehrern der englischen Sprache, von Übersetzern, Studenten der Journalistik, der Soziologie und der Politikwissenschaft. Sie soll helfen, die Einsichten zu einer speziellen sprachlichen Erscheinung, dem Euphemismus, zu erweitern und zu vertiefen und unter dem besonderen Aspekt der journalistischen Berichterstattung und Information der Öffentlichkeit zu einem speziellen Problemkreis, dem Golfkrieg (Januar bis März 1991), insonderheit in Großbritannien und den USA zu analysieren und zu bewerten.

3. Die vorliegende Untersuchung wurde an Hand lexikalischer Einheiten vorgenommen, die aus einem Korpus von Texten britischer und amerikanischer Printmedien aus den Monaten Januar bis März 1991 im Zusammenhang mit der Berichterstattung über den Golfkrieg gewonnen wurden. Dabei waren insgesamt fünf verschiedene Zeitungen und Zeitschriften Großbritanniens und der USA, der *Guardian,* der *Daily Mirror,* der *Morning Star,* sowie der *Economist* und das Nachrichtenmagazin *Time,* hinsichtlich ihrer gesamten Berichterstattung zum genannten Diskurs Gegenstand der Auswertung. Es wurde dabei besonderer Wert auf die gründliche Analyse gelegt und zugunsten des Aussagewertes der Ergebnisse zu bestimmten Tendenzen und Charakteristika beim Gebrauch politischer Euphemismen in den jeweiligen Medien auf eine große Breite in der Zahl der untersuchten Printmedien verzichtet. Das empirisch gewonnene Sprachmaterial wurde mit Hilfe aktueller Enzyklopädien und Wörterbücher insbesondere der englischen und deutschen Sprache einer umfangreichen Analyse unterzogen. Die gewonnenen Ergebnisse wurden vor allem auf der Grundlage von BARNHART 1988, CCELD 1987, CED 1989, GREEN 1984/1986/1987, HENDRICKSON 1987, HOLDER 1987, LDEL 1984, LEWIN/LEWIN 1988, NEAMAN/SILVER 1983 und 1990, OED 1989, PARTRIDGE 1984, RAWSON 1981, LANGENSCHEIDT 1988, ROGET'S 1987, ROGET'S II 1988 sowie weiterer im Literaturverzeichnis angegebener Werke verifiziert und speziell in semantischer Hinsicht analysiert.

4. Sprachliche Kommunikation ist ein Grundbedürfnis sowie eine der wesent-
    lichsten Grundlagen der Existenz der menschlichen Gesellschaft. Zwischen
    Sprache und Denken besteht dabei ein enger interrelationaler Zusammen-
    hang derart, daß Sprache einerseits die Voraussetzung und zum anderen das
    Ergebnis von Denkprozessen darstellt, gewissermaßen Bedingung und
    Ausdruck komplizierter psychischer Vorgänge ist, die ihrerseits die Basis für
    eine mehr oder weniger bewußte Widerspiegelung der Wirklichkeit bilden.
    Hieraus ergibt sich logisch, daß eine Einflußnahme auf Widerspiegelungs-
    und Denkprozesse über die Sprache prinzipiell möglich ist. Dennoch sollten
    die Wirkungspotenzen und die Leistungen von Sprache nicht überschätzt
    sowie der Einfluß von Sprache auf das Denken nicht vereinseitigt werden. Es
    ist zwingend anzunehmen, daß signifikante Einflüsse auf Denkprozesse nicht
    nur über das Bewußtsein, sondern häufig über das Unbewußte ausgeübt
    werden. Nur hieraus läßt sich in vielen Fällen die beachtliche Wirkungspotenz
    von Euphemismen erklären. Das Kriterium für die Beurteilung des Wahrheits-
    gehaltes einer sprachlichen Äußerung über die reale Welt ist hierbei die
    natürliche und gesellschaftliche Wirklichkeit.

5. Die Bedeutung von Wörtern ist charakterisiert durch "gesellschaftlich
    gewonnene, durch Erkenntnis- und Kommunikationsbedürfnisse geprägte,
    durch die Beziehung auf Formative gegliederte ideelle verallgemeinerte
    Abbilder, die durch aktive Widerspiegelungstätigkeit erzeugt und im Kommu-
    nikationsprozeß durch Formative vermittelt werden" (SCHIPPAN 1987, 126).
    Dabei stellt das Wort als solches in der sprachlichen Kommunikation die
    kleinste bedeutungstragende und isolierbare Einheit zur Benennung von
    Dingen, Erscheinungen, Prozessen usw. der Wirklichkeit dar. Trotz der
    relativen Selbständigkeit des Wortes ist zu beachten, daß dieses, abgesehen
    von seiner lexikalischen Bedeutung, in bestimmten sprachlichen und außer-
    sprachlichen Kontexten eine aktuelle Bedeutung besitzen kann, die sich von
    der erstgenannten z. T. erheblich unterscheidet. Mit Hilfe von Wörtern werden
    darüber hinaus größere lexikalische Einheiten (komplexe Wörter, Wortver-
    bände, Sätze, Texte) gebildet, in denen sie auf spezifische Weise an der
    Konstituierung der Bedeutung dieser übergeordneten Einheiten beteiligt sind.

6. Sprache als solche ist immer unscharf. So drückt Sprache niemals unmittelbar
    die natürliche und gesellschaftliche Wirklichkeit aus, sondern jeweils nur eine
    individuell-menschliche Auffassung über diese. Insofern enthält Sprache,
    enthalten Wörter nicht nur begriffliche Komponenten, sondern meist zugleich
    emotionale, wertende, z.T. voluntative Elemente, d.h. Konnotationen, die oft
    erst im Kontext realisiert werden und interindividuell unterschiedlich ausge-
    prägt sein können. Die Zuordnung von sprachlichen Zeichen und Bedeutung
    ist dabei arbiträr, und es wirken subjektive Faktoren, individuelle Einstel-
    lungen, Überzeugungen, Erfahrungen usw. bei der Inkodierung und
    Dekodierung von Objekten, Prozessen, Zuständen usw. der Wirklichkeit in
    bzw. aus sprachlichen Zeichen.

7. Normen bilden eine wichtige Grundlage menschlichen Zusammenlebens und darüber hinaus für die Existenz der menschlichen Gesellschaft überhaupt. Durch die Befolgung sprachlicher und vor allem auch außersprachlicher Normen entstehen gemeinsame, charakteristische Merkmale im Sprachgebrauch einer Kommunikationsgemeinschaft, die wir auch als *common core* (vgl. QUIRK et al. 1991, 16) bezeichnen können. Auf die Entstehung solcher Normen haben spezifische historische, kulturelle, nationale, soziale, politische u. a. Faktoren Einfluß. Das Tabu als Bezeichnung für all jene Verbote, die in sozialen u. a. Konventionen ihre Ursache haben, ist dabei direkter Bestandteil der Normen des Zusammenlebens in der menschlichen Gesellschaft.

8. Der Euphemismus stellt eine Möglichkeit dar, bestehende Tabus in der gesellschaftlichen Kommunikation zu umgehen und Denkinhalte in sprachlicher Form auszutauschen, ohne tatsächlich existierende, selbst auferlegte oder willkürlich geschaffene Tabus zu verletzen. In der Alltagskommunikation spielen Euphemismen insbesondere in der Sphäre von Tod, Krankheit, Sexualität, körperlichen Exkrementen, generativen Organen, Trunkenheit u. a. sowie im Bereich der Religion und des Aberglauben traditionell eine wichtige Rolle. Im 20. Jahrhundert erlangte der Euphemismus vor allem im Zusammenhang mit den beiden Weltkriegen, der rasanten technischen und industriellen Entwicklung und der potentiellen Gefahr einer globalen Vernichtung der Menschheit, befördert auch durch die ideologische Auseinandersetzung zwischen den verschiedenen Gesellschaftssystemen in der Zeit des Kalten Krieges eine zunehmende Bedeutung in der Sphäre der Politik, d. h. im politischen Sprachgebrauch.

9. Wenn von politischen Euphemismen oder von Euphemismen in der Sprache der Politik die Rede ist, so sind damit jene sprachlichen Ausdrücke gemeint, die sich mehr oder weniger eindeutig auf den Sachbereich der Politik beziehen, d. h. die uns im politischen Sprachgebrauch von Politikern (Reden, Statements, politische Programme usw.) oder in politischen journalistischen Beiträgen (Berichten, Kommentaren, Kurzmeldungen, Schlagzeilen, Interviews, Rundfunk- und Fernsehdiskussionen usw.) begegnen. Da wir uns vorrangig mit journalistischen Texten in britischen und amerikanischen Printmedien beschäftigten, galt es, einige Besonderheiten des journalistischen Stils zu beachten, die im Kapitel 3.7 d. A. ausführlich dargestellt sind.

10. Traditionelle Euphemismusdefinitionen beinhalten z. T. stark voneinander abweichende Explikationen des Begriffes und sind insbesondere auf politische Euphemismen nur bedingt anwendbar. Gemeinsam sind ihnen die Charakterisierung des Euphemismus als uneigentliche Redeweise (Periphrase), die Betonung seiner mildernden, beschönigenden, verhüllenden oder verschleiernden Wirkung, die unterschiedliche Motivierung des Euphemismengebrauches meist aus religiösen oder gesellschaftlichen Tabus oder aus dem Aberglauben heraus sowie die Anerkennung des Verblassens der euphemistischen Wirkung sprachlicher Ausdrücke und der enge Zusammenhang mit dem Bedeutungs- und Sprachwandel.

11. Wir halten einen konsequent funktionalen Ansatz bei der Explikation des Euphemismus für die richtige Grundlage bei der Auseinandersetzung mit diesem sprachlichen Phänomen. So definieren wir den Euphemismus als:

(1) i. w. S.

die Funktion einer lexikalischen Einheit, objektive Tatsachen zu mildern, zu beschönigen, zu verhüllen oder zu verschleiern zum Zwecke der Vermeidung des Gebrauches sprachlicher Ausdrücke, die die Wirklichkeit direkter, unmittelbarer, unbeschönigt, unverhüllt und weitgehend adäquat widerspiegeln und zur Durchsetzung bestimmter kommunikativer Ziele.

(2) i. e. S.

die Bezeichnung für eine lexikalische Einheit, die in einem bestimmten sprachlichen und außersprachlichen Kontext eine mildernde, beschönigende, verhüllende oder verschleiernde, d. h. euphemistische Funktion erfüllt.

Den Gebrauch sprachlicher Ausdrücke in verhüllender bzw. verschleiernder Funktion bezeichnen wir als Euphemisierung von Gegenständen, Prozessen, Zuständen usw. der Wirklichkeit bzw. von diesbezüglichen sprachlichen Ausdrücken.

12. Euphemismen begegnen uns sowohl auf der Ebene der langue als auch der parole. Die euphemistische Funktion eines sprachlichen Ausdrucks kann dabei bereits durch potentielle Kontextbedeutungen auf der Ebene der langue angelegt sein oder sich, wie z. B. bei Neologismen, überhaupt erst in der parole, im aktuellen Sprachgebrauch, im sprachlichen und außersprachlichen Kontext einstellen. Euphemismen können zur Bewahrung von Traditionen und Tabus beitragen. Politische Euphemismen finden sich relativ selten auf der langue-Ebene und entfalten ihre Funktion viel häufiger überhaupt erst im aktuellen Sprachgebrauch, was vor allem aus der hohen Dynamik politischer Prozesse, der ständigen Entwicklung und Veränderung der gesellschaftlichen Wirklichkeit und der Reaktion der Politik auf Tagesfragen sowie den damit verbundenen schnell wechselnden sprachlichen Formen zu erklären ist.

13. Trotz vieler Berührungspunkte zu Formen der Periphrase (Hyperbel, Ironie, Metapher, Litotes u. a.) ist eine Einordnung des Euphemismus unter den Oberbegriff der Periphrase, wie von der Rhetorik befürwortet, abzulehnen, da es sich beim Euphemismus vielmehr um eine Funktion handelt, die bestimmte Formen der Periphrase in bestimmten Kontexten erfüllen können. In Abgrenzung zur Lüge stellt der Euphemismus eine verfeinerte Methode dar, die Wahrheit bzw. der Wahrheit nahekommende sprachliche Ausdrücke zu umgehen.

14. Zu jedem euphemistischen Ausdruck A_E existiert mindestens ein neutraler Ausdruck A_N, dessen Ersatz zu verhüllenden oder verschleiernden Zwecken in bestimmten Kontexten zwingend angenommen werden kann und der, relativ frei von Konnotationen, ein Objekt, einen Sachverhalt, einen Vorgang usw. der Wirklichkeit direkter, adäquater, unverfälschter widerspiegelt, als dies der euphemistische Ausdruck kann und intendiert ist zu tun. In vielen Fällen verhält sich der euphemistische Ausdruck A_E synonym zum neutralen Ausdruck A_N im Sinne einer Bedeutungsähnlichkeit. Er unterscheidet sich dabei von diesem aber zumeist erheblich in seiner konnotativen Bedeutung. Die Bedeutungsähnlichkeit kann dabei u. U. nur ein, oft peripheres Sem betreffen; jedoch ist auch in einigen Fällen der Gebrauch von autoantonymen Ausdrücken, sogenannten "phrops" (vgl. HOWARD 1986, 115 f.) in euphemistischer Funktion denkbar und beobachtbar (vgl. z. B. A_E: *ballet* für A_N: war).

15. Der Euphemismus spielt in der politischen Sprache der Gegenwart in Großbritannien und den USA, aber auch darüber hinaus eine wichtige Rolle bei der Manipulation und Persuasion der Menschen durch Politiker und Journalisten im Interesse bestimmter kurz- oder langfristiger politischer Ziele. Bei der persuasiven Definition als Form manipulativer Sprachverwendung ergeben sich enge Berührungspunkte zwischen Politik und Werbung. Zur persuasiven Definition eignen sich insbesondere politische Schlüsselbegriffe und Schlagwörter, die einen Spezialfall euphemistischen Sprachgebrauchs darstellen.

16. Zwischen der Verwendung von Euphemismen einerseits und Sprach- und Bedeutungswandel andererseits besteht ein enger interrelationaler Zusammenhang. Ein euphemistischer Ausdruck übernimmt im Laufe der Sprachentwicklung i. a. in zunehmendem Maße, wenngleich auch in unterschiedlichen Zeiträumen, jene negativen Merkmale in seine Bedeutungsstruktur, die ursprünglich jenem Ausdruck anhafteten, den dieser euphemistische Ausdruck einst in verhüllender oder verschleiernder Absicht ersetzte. Insofern befördern Euphemismen Prozesse der Bedeutungsverschlechterung, die die Verwendung immer neuer sprachlicher Ausdrücke oder neuer lexikalisch-semantischer Varianten zu euphemistischen Zwecken herausfordern und tragen auf diese Weise zu einem beschleunigten Bedeutungswandel vor allem von Wörtern und Wortverbänden und zum Sprachwandel insgesamt bei.

17. Ursache für die Verwendung von politischen Euphemismen ist die Existenz von Tabus in der Politik, die insbesondere über gesellschaftliche Normen und damit verbundene Anpassungserscheinungen zur Wirkung kommen, wobei die Politik und die Politiker selbst an der Herausbildung solcher Normen und damit auch von Tabus selbst einen maßgeblichen Anteil haben. Besonders wird dies deutlich an der Verstärkung von Tabus und damit auch des Gebrauches politischer Euphemismen im Zusammenhang mit politischen und gesellschaftlichen Krisensituationen, wobei Krieg den Extremfall für die Politik und den politischen Euphemismusgebrauch darstellt. Aus diesem Grunde

schien der Golfkrieg 1991 und die damit verbundene politische Berichterstattung bezüglich unseres Untersuchungsgegenstandes besonders
geeignet.

18. Bei den politischen Euphemismen handelt es sich um eine überaus häufige
    Erscheinung, wobei bei den einzelnen Printmedien z. T. recht erhebliche
    Unterschiede zu beobachten sind. Zum Zweck der Vergleichbarkeit zwischen
    einzelnen Zeitungen und Zeitschriften stellt die relative Häufigkeit von
    Euphemismen H_E, die die durchschnittliche Anzahl euphemistischer
    Ausdrücke in bestimmten Texten bezogen auf die Zahl von 100 Wörtern
    beinhaltet, ein adäquates, aussagekräftiges Mittel dar. Auffallend ist die
    große relative Häufigkeit politischer Euphemismen beim *Daily Mirror* (1,14)
    und beim *Economist* (0,71). Dagegen ist sie beim *Guardian* (0,28) und beim
    Nachrichtenmagazin *Time* (0,37) am geringsten, was u. E. darauf hinweisen
    kann, daß sich letztgenannte Printmedien eher um eine sachlich-nüchterne
    Information bemühen, während der häufige Euphemismen-gebrauch beim
    Daily Mirror vor allem deshalb als soziologisch relevant anzusehen ist, da i. a.
    die Leser dieser Zeitung ein geringeres durchschnittliches Bildungsniveau
    aufzuweisen haben. Es zeigten sich frappierende Affinitäten beim Anstieg der
    relativen Häufigkeit politischer Euphemismen H_E in den untersuchten Print-
    medien zu bestimmten Zeitpunkten, die im Zusammenhang mit dem Eintreten
    bestimmter außergewöhnlicher politischer Entwicklungen standen (vgl. Kap.
    5.2 d. A.).

19. Politische Euphemismen lassen sich unter sprachhistorischem Aspekt in
    traditionelle und okkasionelle Euphemismen unterscheiden, wobei in letztere
    die Ad-hoc-Bildungen intergriert sind, d. h. Euphemismen, die in einer
    bestimmten kommunikativen Situation neu entstehen und danach meist nie
    wieder oder selten in euphemistischer Funktion auftauchen. Von insgesamt
    5.394 ermittelten Einzelwörtern, Wortverbänden (phrases) und Abkürzungen
    in euphemistischer Funktion wurden 3.102 (57,5 %) als traditionelle und
    2.292 (42,5 %) als okkasionelle politische Euphemismen eingestuft, was
    darauf hindeutet, daß im Bereich der politischen Euphemismen eine
    besondere Tendenz der Innovation, der Neologismenbildung und zu Ad-hoc-
    Bildungen zu verzeichnen ist. Okkasionelle politische Euphemismen finden
    sich am häufigsten im *Economist* und in *Time*, am seltensten im *Morning Star*.
    Okkasioneller Gebrauch ist bei euphemistischen Abkürzungen besonders oft
    festzustellen (vgl. Kap. 5.3 d. A.).

20. Politische Euphemismen begegnen uns im Journalismus in bestimmten
    Darstellungsformen (vgl. Kap. 5.4 d. A.). Relativ gesehen (nach dem Wert H_E)
    finden sich insgesamt die meisten Euphemismen in Schlagzeilen und
    Kurzberichten, die wenigsten in Kurzmeldungen und Kommentaren. Die
    relative Häufigkeit von Euphemismen ist bei den direkt oder indirekt wieder-
    gegebenen Statements auffallend hoch. Auffallend oft wurden politische
    Euphemismen in Schlagzeilen, Kurzberichten und Kommentaren des *Daily
    Mirror* festgestellt.

21. Unter kommunikativ-funktionalem Aspekt unterscheiden wir in verschleiernde, d. h. bewußt manipulativ verwendete, und verhüllende, d. h. primär mildernde, zur Schonung von Gefühlen etc. verwendete, politische Euphemismen. Dabei spielen verschleiernde Euphemismen in der Sprache der Politik eine besonders wichtige Rolle, da sie primär der Lenkung von Denk- und Verhaltensprozessen von Menschen dienen. 48,8 % aller ermittelten politischen Euphemismen wurden in verschleiernder Funktion, d. h. mehr oder weniger bewußt manipulativ gebraucht, was den oft persuasiven Charakter der politischen Sprache in den Printmedien der Gegenwart unterstreicht (vgl. Kap. 5.5 d. A.).

22. Unter semantischem Aspekt lassen sich nach Gegenstand und Ziel insgesamt 22 verschiedene Gruppen von Euphemismen unterscheiden, die in ihrer sozialen Relevanz unterschiedliche Implikationen aufweisen. In den meisten Fällen dienen politische Euphemismen zur Verschleierung und Verhüllung des wirklichen Charakters politischer Maßnahmen, Prozesse usw., von Hintergründen und Ursachen, insbesondere in politischen Krisensituationen, zur Vernebelung politischer Taktiken und Handlungen, dem Herunterspielen und der Verharmlosung existierender Gefahren sowie zur Rechtfertigung und Entschärfung politischer Fehler u. a. (vgl. hierzu Kap. 5.6 d. A.).

23. Unter syntaktischem Aspekt können wir zunächst durch Einzelwörter, Wortverbände (phrases), Sätze und Texte ausgedrückte politische Euphemismen differenzieren. Am häufigsten begegnen uns Substantiv- und Verbverbände sowie einzelne Substantive und Adjektive bzw. komplexe Sätze in euphemistischer Funktion. Es läßt sich feststellen, daß nicht nur Einzelwörtern und Wortverbänden, sondern auch Teilsätzen, Sätzen sowie Teiltexten und Texten insgesamt eine euphemistische Funktion zukommen kann. Dabei ergibt sich diese nicht automatisch aus dem einfachen Vorhandensein politischer Euphemismen, die durch kleinere syntaktische Einheiten ausgedrückt werden, sondern die euphemistische Funktion kommt dem jeweiligen Satz bzw. Text als Ganzes zu.

24. An Hand der analysierten Einzelbeispiele wurde deutlich, daß bei politischen Euphemismen der okkasionelle Gebrauch lexikalischer Einheiten in euphemistischer Funktion eine signifikante Rolle spielt. Dabei können in der langue bereits vorhandene, scheinbar unauffällige sprachliche Ausdrücke in der parole in ihrem aktuellen Bezug (vgl. z. B. A_E: *effort*, A_E: *daisy-cutter*, A_E: *to hit the jackpot*) zu gefährlichen Bagatellisierungen führen, die dem objektiven Kommunikations-gegenstand in keiner Weise gerecht werden. Dennoch läßt sich die Verwendung politischer Euphemismen nicht pauschal verurteilen, sondern bietet dem politisch interessierten und gebildeten Menschen durchaus einen intellektuellen Reiz und besitzt dabei einen gewissen Unterhaltungswert. Politische Euphemismen sind jedoch dort abzulehnen, wo sie Denkprozesse manipulativ beeinflussen, verdeckte Handlungsanweisungen im Interesse bestimmter politischer Absichten beinhalten und die Bewußtseinsbildung in persuasiver Weise insbesondere über das Unbewußte unzulässig abkürzen (vgl. Kap. 5.8 d. A.).

25. Die vorliegende Dissertationsschrift und die in ihr dargestellten Ergebnisse bieten eine Reihe von Anknüpfungspunkten für weiterführende Untersuchungen, so der Textlinguistik, der Psycholinguistik, der synchronischen und diachronischen Sprachwissenschaft sowie der Fachdidaktik. Eine Anwendung und Einbeziehung bei der Ausbildung insbesondere von Studenten der Anglistik, pädagogischer Fachrichtungen, der Journalistik, der Soziologie und der Politikwissenschaft erscheint nicht nur möglich, sondern in besonderem Maße notwendig.

ASPEKTE DER ENGLISCHEN GEISTES- UND KULTURGESCHICHTE

Herausgegeben von Jürgen Klein
Ernst-Moritz-Arndt-Universität Greifswald

Band 1 Wolfgang Maier: Oscar Wilde *The Picture of Dorian Gray*. Eine kritische Analyse der anglistischen Forschung von 1962 bis 1982. 1984.

Band 2 Heiner Gillmeister: Chaucer's Conversion. Allegorical Thought in Medieval Literature. 1984.

Band 3 Monika Bönisch: Archaische Formen in Samuel Becketts Romanen. 1984.

Band 4 Rudolf Freiburg: Autoren und Leser. Studien zur Intentionalität literarischer Texte. 1985.

Band 5 Reinhard Paczesny: Synkretismus als epochales Problem. Überlegungen zum Romanwerk George Moores. 1985.

Band 6 Jürgen Klein: Astronomie und Anthropozentrik. Die Copernicanische Wende bei John Donne, John Milton und den Cambridge Platonists. 1986.

Band 7 Sabina Fleitmann: Walter Charleton (1620 - 1707), "Virtuoso": Leben und Werk. 1986.

Band 8 Ingrid Schwarz: Narrativik und Historie bei Sir Walter Scott. Eine strukturale Analyse der Waverley Novels am Beispiel von "Old Mortality". 1986.

Band 9 Jochen Ganzmann: Vorbereitung der Moderne. Aspekte erzählerischer Gestaltung in den Kurzgeschichten von James Joyce und Katherine Mansfield. 1986.

Band 10 Dirk Friedrich Paßmann: "Full of Improbable Lies": Gulliver's Travels und die Reiseliteratur vor 1726. 1987.

Band 11 Gregory Claeys/Liselotte Glage (Hrsg.): Radikalismus in Literatur und Gesellschaft des 19. Jahrhunderts. 1987.

Band 12 Margaret Wright (Ed.): Dynamic Approaches to Culture Studies. 1988.

Band 13 Birger P. Priddat: Das Geld und die Vernunft. Die vollständige Erschließung der Erde durch vernunftgemäßen Gebrauch des Geldes. Über John Lockes Versuch einer naturrechtlich begründeten Ökonomie. 1988.

Band 14 Andrea Beck: Konstitution von ästhetischen Sinnsystemen in sieben Hauptwerken Virginia Woolfs. 1988.

Band 15 Karl-Josef Walber: Charles Blount (1654-1693), Frühaufklärer: Leben und Werk. 1988.

Band 16 Jürgen Klein/ Johannes Kramer (Hrsg.): J.H. Alsted, Herborns calvinistische Theologie und Wissenschaft im Spiegel der englischen Kulturreform des frühen 17. Jahrhunderts. Studien zu den englisch-deutschen Geistesbeziehungen der frühen Neuzeit. 1988.

Band 17 Ruth Wenzel: Posen des modernen Denkens. Die Yale Critics. 1988.

Band 18 Andreas Gardt: James Joyce auf deutsch: Möglichkeiten der literarischen Übersetzung. 1989.

Band 19 Klaus Zöllner: "As you can see in the text..." Which passages do literary scholars quote and interpret in "Gulliver's Travels"? "Quotation analysis" as an aid to understanding comprehension processes of longer and difficult texts. 1989.

Band 20 Marie-Theres Harst: Form und Funktion des Druckbildes in englischen Texten des 16. Jahrhunderts. 1988.

Band 21 Manfred Schumacher: Das Groteske und seine Gestaltung in der Gothic Novel: Untersuchungen zur Struktur und Funktion einer ästhetischen Kategorie. 1990.

Band 22 Monika Sassin: Stabreim und Bedeutungsgewichtung im *Beowulf*-Epos. 1991.

Band 23 Karl J. Häußler: Das Drama der Schule. Die Spiegelung der Schulwirklichkeit im britischen Drama von 1945 bis 1985. 1991.

Band 24 Armin Geraths/Peter Zenzinger (Hrsg.): Text und Kontext in der modernen englischsprachigen Literatur. 1991.

Band 25 Lucia Mirbach: Strukturen substantivischer Wortfolge im elisabethanischen Prosastil von Wilson, Ascham, Mulcaster und Puttenham. 1993.

Band 26 Bettina Gessner-Utsch: 'Subjektiver Roman'. Studien zum Verhältnis von fiktionalen Subjektivitäts- und Wirklichkeitskonzeptionen in England vom 18. Jahrhundert bis zum Modernismus. 1994.

Band 27 Andreas Bohlen: Die sanfte Offensive. Untersuchungen zur Verwendung politischer Euphemismen in britischen und amerikanischen Printmedien bei der Berichterstattung über den Golfkrieg im Spannungsfeld zwischen Verwendung und Mißbrauch der Sprache. 1994.

Christina Ohde

Der Irre von Bagdad

Zur Konstruktion von Feindbildern in überregionalen
deutschen Tageszeitungen während der Golfkrise
1990/91

Frankfurt/M., Berlin, Bern, New York, Paris, Wien, 1994. 250 S., zahlr. Tab.
Europäische Hochschulschriften: Reihe 40,
Kommunikationswissenschaft und Publizistik. Bd. 45
ISBN 3-631-46899-7   br. DM 74.--*

"Brandstifter", "teuflischer Fanatiker", "Schlächter von Bagdad" – mit
solchen oder ähnlichen Ausdrücken scheuchten die deutschen Tageszeitungen ihre Leser auf, nachdem der irakische Staatspräsident
Saddam Hussein im August 1990 ins Nachbarland Kuwait einmarschiert
war. Mit offensichtlicher Geringschätzung und politischer Einäugigkeit,
die oft gefährlich nah am Abgrund von Propaganda und Kriegshetze
taumelte, betrieben v.a. die Redakteure der konservativen Qualitäts-
presse eine Berichterstattung, die von Ausgewogenheit und Fairness
meist weit entfernt war. Gezielt persuasiv eingesetzte Sprache sowie
die Beschwörung traditioneller Orientvorstellungen hinterließen auch in
den Berichten und Kommentaren zur Golfkrise 1990/91 ihre Spuren.
Stereotypien und Feindbilder waren dabei gleichzeitig Voraussetzung
und Ergebnis journalistischer Wirklichkeitswahrnehmung und -darstel-
lung.

Aus dem Inhalt: News-bias-Forschung · Einstellungen · Stereotype ·
Vorurteile · Feindbilder · Wahrnehmung + Realität · Wirklichkeits-
konstruktion · Medienrealität · Persuasive Kommunikation · Auslands-
berichterstattung · Journalistische Ethik · Nachrichtenfaktoren

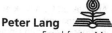

Peter Lang   **Europäischer Verlag der Wissenschaften**
Frankfurt a.M. • Berlin • Bern • New York • Paris • Wien
Auslieferung: Verlag Peter Lang AG, Jupiterstr. 15, CH-3000 Bern 15
Telefon (004131) 9411122, Telefax (004131) 9411131
- Preisänderungen vorbehalten - *exklusive Umsatzsteuer

Die vorliegende Untersuchung ist ein Beitrag zur kommunikativ-funktionalen Betrachtung des Zusammenhangs von Sprache und Gesellschaft. Im Mittelpunkt steht die Verhüllung und Verschleierung von Gegebenheiten der Wirklichkeit mittels sprachlicher Ausdrücke. Hierbei werden manipulative Methoden bei der politischen Sprachverwendung anhand englischsprachiger journalistischer Texte aufgedeckt und analysiert. Durch den Bezug des Sprachmaterials auf den Golfkrieg 1991 wird zudem zur Wahrheitsfindung zu einem wichtigen politischen Ereignis der Zeitgeschichte beigetragen. Durch ihren interdisziplinären Ansatz ist die Untersuchung für Wissenschaftler und Studenten verschiedener Fachrichtungen ebenso informativ wie für den politisch und linguistisch interessierten Leser. Ein kurzes "Wörterbuch" mit Lexik zum Golfkrieg komplettiert diese Studie.

Andreas Bohlen wurde 1963 in Potsdam geboren. Er studierte Anglistik und Slavistik an der Pädagogischen Hochschule Potsdam von 1984 bis 1989. Im Jahre 1992 promovierte er im Fachbereich Anglistik und Amerikanistik der Universität Potsdam auf dem Gebiet der Englischen Sprachwissenschaft. Von 1992 bis 1994 arbeitete er im Forschungs- und Technologie-Transfer der Heinrich-Heine-Universität Düsseldorf als wissenschaftlicher Mitarbeiter. Seit 1994 ist er im Potsdamer Informations- und Technologie-Transfer (PITT) der Universität Potsdam tätig.